Le Français

pratique et culturel

avec révision de grammaire et structure

Le Français
pratique et culturel
avec révision de grammaire et structure

Mustapha K. Bénouis
University of Hawaii

Harcourt Brace Jovanovich, Publishers
San Diego   New York   Chicago   Austin   Washington, D.C.
London   Sydney   Tokyo   Toronto

To Setti and Mohammed Bénouis
To Jessie MacDonald Wade and James O. Wade
To Grace MacDonald Brooks

Preface

Intermediate students of French, familiar with the basic skills, are often frustrated in a natural impulse to extend their new linguistic facility beyond the classroom. All language is a vehicle with which we maneuver through the complexities that confront us daily—planning an itinerary, hunting for a job, scheduling an appointment, cheering on a team at a weekend game, telephoning long distance, operating a computer terminal. A student's world, already cluttered with such matters, is complicated further by the intricacies of curriculum scheduling, career planning, and social networking—a familiar obstacle course for the college student preparing to enter the modern mainstream. For students enrolled in foreign-exchange programs, and for Americans planning independent travel abroad, the ability to communicate efficiently in a new language is essential; yet a mere travel guidebook or standard French reader lacks the solid grounding in grammar and the insider's edge on cultural differences provided by *Le Français pratique et culturel*.

    As its very name suggests, this innovative text revitalizes the traditional components of the foreign language text—dialogue, grammar and structure, vocabulary, French culture—through an overarching focus on the practical and contemporary aspects of French as it is spoken today. All teaching material, including a wealth of exercises that constitute a workbook in themselves, arises from situations that students who are traveling, working, or studying in French-speaking countries are bound to encounter. Each chapter section is thematically connected to the material that precedes it, so that all new words and linguistic concepts are couched within the given cultural and situational context. Through this multilayered format, which includes conversation, cultural notes, exercises in composition and structure, cultural illustrations with a timely flavor, a supplemental chapter on computers, and even an entertaining appendix of colloquial terms rarely included in textbooks yet inevitably encountered abroad in casual conversation, students can participate in the workings of contemporary French society virtually firsthand.

Thus, the objective of *Le Français pratique et culturel* is to offer students a sophisticated overview, through realistic detail and relevant example, of the variety of intersections between the French and American ways of life. The student may conclude, **through this** easily accessible, comparative approach, that the mechanisms of French culture, while often intriguingly different, are not so foreign after all, and that French, far from being a series of textbook exercises, is a language that is very much alive.

I wish to express my appreciation to Albert I. Richards, senior acquisitions editor, now retired, for his encouragement, advice and support. I want to thank Ronald C. Harris, whose pertinent suggestions helped in the final organization of the manuscript. Finally, I wish to thank the staff of Harcourt Brace Jovanovich—in particular Paula Bryant, production editor; Lesley Lenox, production manager; Cathy Reynolds, designer; and Stacy Simpson, art editor.

Mustapha K. Bénouis

Table des Matières

Le Français

pratique et culturel

avec révision de grammaire et structure

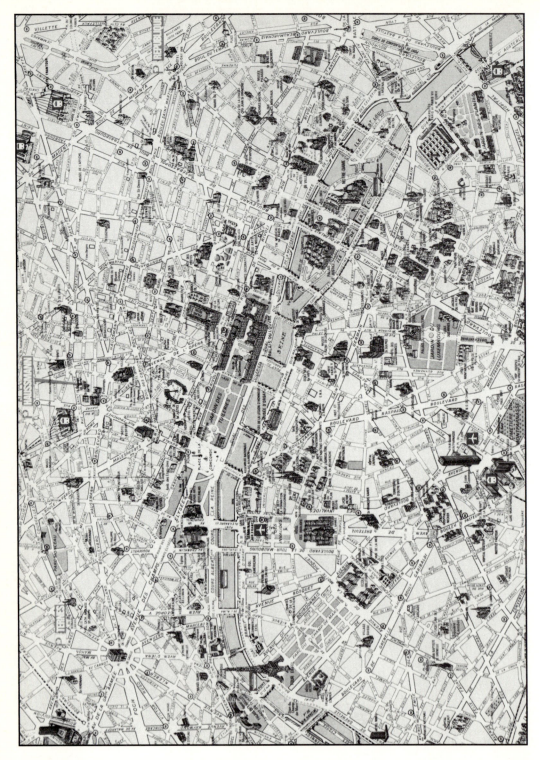

Plan de Paris

Demain est souvent le jour
le plus chargé de la semaine.

Proverbe espagnol

À l'Aéroport

M. Henry Johnson, **responsable de gestion** de la société[1] Caterpillar, **se rend à Paris pour affaires**. Il atterrit à l'**aéroport de Roissy** où l'attendent M. Robert Chapuis, **directeur** de la filiale[2] française, et M. Pierre Bonnet, son **adjoint**. Après les **formalités de police** et de douane, M. Johnson récupère ses bagages (deux valises) dans le hall d'arrivée. Là, il rencontre[3] ses **hôtes** français à l'**aérogare**. M. Johnson, qui est diplômé* de[4] l'École de Commerce et de Gestion de l'Université des Hawaï, a suivi[5] les cours de français pratique et culturel spécialement **conçus** à l'intention[6] des étudiants de cet établissement[7]. Il voyage beaucoup et connaît bien la France, la Belgique, la Suisse et le Canada où il fait des séjours[8] fréquents. Son français est donc acceptable. Heureusement! car M. Chapuis comprend un peu l'anglais, mais le parle très mal.

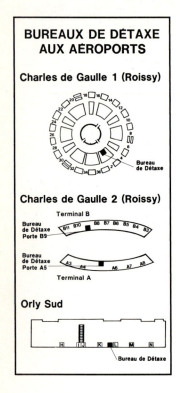

BUREAUX DE DÉTAXE
AUX AÉROPORTS

Charles de Gaulle 1 (Roissy)

Charles de Gaulle 2 (Roissy)

Orly Sud

Roissy: la douane

Plan des bureaux de détaxe (*tax refunds*) pour les touristes étrangers

Dialogue

L'accueil d'un collègue

M. *Chapuis:* M. Johnson, je suppose? Je suis Robert Chapuis. Ravi[9] de vous recevoir.

M. *Johnson:* Heureux de faire votre connaissance[10]. (*Ils se serrent la main*[11].)

M. *Chapuis:* Permettez-moi de vous présenter M. Bonnet, mon adjoint.

M. *Bonnet:* Monsieur! (*M. Bonnet fait un signe de la tête*[12] *et serre la main que lui tend*[13] *M. Johnson.*)

M. *Johnson:* Enchanté! (*Il tend la main à M. Bonnet qui la lui serre. Les présentations termi-nées, ils se dirigent tous les trois vers le parking de l'aéroport où M. Bonnet a garé*[14] *sa* **voiture.**)

M. *Chapuis:* J'espère que vous avez fait un bon vol[15] et que le voyage ne vous a pas trop fatigué?

M. *Johnson:* Quand on voyage en Concorde le vol est reposant. Le **décalage horaire** me **gêne** peu d'ouest en est. Je vais quand même aller au lit tôt. Je dois dormir pour être en forme demain.

Roissy: passage public

M. *Chapuis*: C'est une très bonne idée car nous avons une journée très chargée[16] demain. Comme vous le savez, notre réunion est prévue[17] pour 9 heures du matin.

M. *Johnson*: Nous pouvons parler de l'**ordre du jour** au petit déjeuner.

M. *Chapuis*: Entendu. L'emploi du temps[18] me convient très bien.

M. *Bonnet*: Voilà ma voiture. Nous allons à l'hôtel en moins d'une heure s'il n'y a pas d'**embouteillages** ou d'accidents sur le **périphérique**.

Texte

Les transports aériens français

La France compte trois grandes compagnies aériennes: deux internationales, Air France et UTA (Union des Transporteurs Aériens), et une intérieure, Air Inter. Air France occupe la quatrième place mondiale pour le nombre de passagers/kilomètres transportés. La longueur de son réseau[19] dépasse[20] 650 000 km.

Outre[21] Air Inter, il existe une douzaine de compagnies régionales dont la plus importante est Touraine Air Transport. Ces compagnies font partie de l'Association des Transporteurs Aériens Régionaux (ATAR). Il existe également une cinquantaine de sociétés effectuant des opérations de transport à l'aide d'avions-taxis et d'hélicoptères.

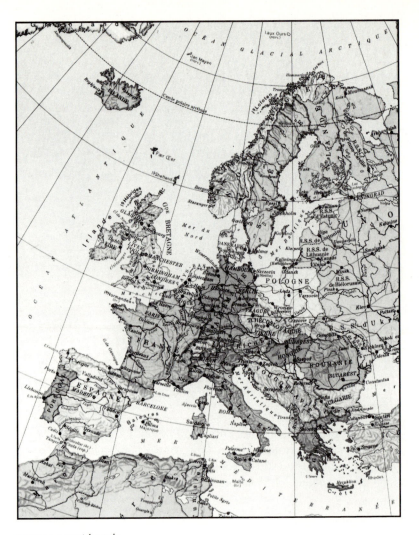

L'Europe occidentale

Dans le domaine aéroportuaire, la France compte trois grands aéroports dans la région parisienne (Orly, Roissy–Charles-de-Gaulle et Le Bourget), un aéroport franco-suisse (Mulhouse-Bâle) et cinq grands aéroports de province: Lyon (Satolas), Marseille (Marignane), Nice, Toulouse (Blagnac), et Bordeaux (Mérignac). À ces grands aéroports s'ajoutent environ soixante-dix aéroports et quatre-cent-soixante aérodromes[22] régionaux. Les départements et territoires français d'outre-mer[23] totalisent soixante-quatre aéroports.

En dehors des aéroports de Paris, la majorité des aéroports français sont gérés par des chambres de commerce et d'industrie.

Bureau de renseignements

Glossaire

1. **société** (f.): *company, corporation*
2. **filiale** (f.): *subsidiary company, branch*
3. **rencontrer**: *to meet*
4. **diplômé de**: *graduated from, a graduate of*
5. **suivre** (pp. **suivi**) **un cours**: *to take a course*
6. **intention, à l'— de** (f.): *for*
7. **établissement** (m.): *institution*
8. **séjour** (m): *stay*
9. **ravi**: *delighted*
10. **connaissance** (f.): *acquaintance*
11. **se serrer la main**: *to shake hands*
12. **signe** (m.) **de la tête**: *a nod*
13. **tendre** (pp. **tendu**): *to extend*
14. **garer**: *to park*
15. **vol** (m.): *flight*
16. **chargé**: *loaded, heavy;* **chargé de**: *responsible for*
17. **prévu** (pp. de **prévoir**): *scheduled, planned*
18. **emploi** (m.) **du temps**: *schedule, timetable*
19. **réseau** (m.): *system, network*
20. **dépasser**: *to go beyond*
21. **outre**: *beside, in addition to*
22. **aérodrome** (m.): *airfield*
23. **outre-mer**: *overseas*

CARTE DE DÉBARQUEMENT
DISEMBARKATION CARD

1 NOM:
NAME (en caractère d'imprimerie—please print)

 Nom de jeune fille:
 Maiden name

 Prénoms:
 Given names

2 Date de naissance:
 Date of birth (quantième) (mois) (année) (day) (month) (year)

3 Lieu de naissance:
 Place of birth

4 Nationalité:
 Nationality

5 Profession:
 Occupation

6 Domicile:
 Permanent address

7 Aéroport d'embarquement:
 Airport of embarkation

Carte de débarquement

Vocabulaire

responsable de gestion (m.): la personne chargée de **gérer** (*to manage, administer, run*), d'administrer, de diriger une affaire ou une société; le directeur, ou la directrice, qui assure le **fonctionnement** (*running, operation*) d'une affaire. Les personnes qui occupent des **postes** (m.) (*post, position*) de responsabilité constituent les **cadres** (m.) (*supervisors*). Il y a les **cadres moyens** (*middle management*) et les **cadres supérieurs** (*top management, executives*). Un(e) **gérant**(e) (*manager*) est celui (ou celle) qui **gère** une enterprise ou une affaire pour quelqu'un(e) d'autre.

se rendre à: aller à, se déplacer jusqu'à. Un **rendez-vous** est le moment et le lieu où des personnes ont convenu de se rendre.

pour affaires: pour raison professionnelle, pour traiter des affaires.

aéroport (m.) **de Roissy** (appelé aéroport Charles-de-Gaulle): L'un des aéroports internationaux de Paris. Les deux autres sont ceux d'Orly et du Bourget. Roissy-en-France est une commune du Val-d'Oise, située à environ 16 km au nord-est de la capitale.

directeur: celui qui dirige (**se diriger vers**: aller vers; prendre une **direction**). En politique, un chef est un **dirigeant** ou leader.

adjoint: assistant, aide. Un adjoint au maire est un conseiller municipal qui l'assiste et peut le remplacer.

formalités (f. pl.) **de police**: le contrôle des passeports et des visas pour les passagers venant de l'étranger. Ce contrôle est **assuré** (*carried out*) par la police des frontières. Les services de douane contrôlent les bagages pour **s'assurer** (*to make sure*) que les voyageurs ne transportent pas de produits dont l'importation est interdite ou frappée d'un impôt ou d'une taxe d'entrée.

hôte (m.), **hôtesse** (f.): la personne qui reçoit des **invités** (*guests*); la personne reçue peut aussi être désignée par le terme d'**hôte**.

aérogare (f.): la gare (*station*) de l'aéroport. Un grand aéroport a plusieurs **terminaux**. Un **aérodrome** possède une **piste d'atterrissage** (*landing strip*) permettant aux petits **avions** (*planes*) d'**atterrir** (*to land*) et de **décoller** (*to take off*), mais pas d'**installations aéroportuaires** (*airport facilities*).

conçu (pp. de **concevoir**): imaginé, prévu, préparé. L'action de concevoir constitue la **conception** (*design*).

voiture (f.): un véhicule de transport; une automobile. Dans les gares de chemin de fer, le chef de gare invite les voyageurs à monter sur le train en disant: « En voiture, s'il vous plaît! »

décalage horaire (m.): la différence d'heures basée sur le nombre de **fuseaux horaires** (*time zones*).

gêner: être désagréable, embarrasser, limiter les mouvements.

ordre du jour (m.): l'horaire et les questions prévues au programme d'une réunion, d'une discussion; le calendrier des activités (*agenda*).

embouteillage (m.): un ralentissement ou arrêt de la circulation routière dû à l'étroitesse du passage comme si les véhicules passaient par le **goulot** (*neck*) étroit d'une **bouteille** (*bottle*).

périphérique: qui se trouve sur la **périphérie**; l'**artère routière** qui entoure la ville de Paris. On prévoit la construction de super-périphériques autour de Paris.

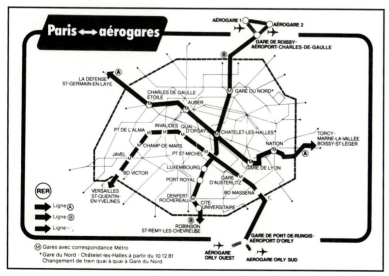

De Paris aux aérogares par métro et chemin de fer

Questions

1. Quelle est la profession de M. Johnson?
2. Où est-ce qu'il va? Pour quelle raison?
3. Est-ce qu'il parle français?
4. Quelle sorte de français parle-t-il?
5. Qui est-ce qui l'attend à son arrivée?
6. Est-ce que les Français qui l'attendent parlent anglais?
7. Quand est-ce que M. Johnson rencontre ses hôtes français?
8. Qu'est-ce que M. Chapuis dit quand il rencontre M. Johnson?
9. Que répond M. Johnson?
10. Est-ce que M. Johnson est fatigué? Pourquoi?
11. Est-ce que M. Johnson a l'intention d'aller au lit tard?
12. À quelle heure est prévue la réunion des responsables?
13. À quel moment MM. Johnson et Chapuis vont-ils parler de l'ordre du jour?
14. Où se trouve la voiture de M. Bonnet?
15. Combien de temps faut-il pour aller de l'aéroport à l'hôtel?
16. Quelles sont les grandes compagnies aériennes françaises? Quelle est l'importance d'Air France sur le plan mondial?
17. Combien y a-t-il de compagnies régionales?
18. Quels sont les principaux aéroports de Paris et de province?
19. Combien d'aérodromes existe-t-il en France? Quelle est la différence entre un aéroport et un aérodrome?
20. Qui gère la majorité des aéroports en France?

Billet de passage

Grammaire

A. Le présent de l'indicatif:

1. Aspects:

   Le présent de l'indicatif sert à indiquer:

   a. Une action, un fait ou un état momentanés:

   > Il arrive par avion à Roissy.
   > Je suis ravi de vous connaître.
   > Il pleut.

   b. Une action, un fait habituels ou un état permanent:

   > Le décalage horaire ne me gêne pas.
   > Il voyage beaucoup.
   > M. Johnson est diplômé de l'Université des Hawaï.

   c. Des faits indépendants du temps et des assertions considérées comme universelles (vérités scientifiques, proverbes et dictons):

   > Le soleil se lève à l'est.
   > L'eau gèle à 0° centigrade.
   > Pierre qui roule n'amasse pas mousse.

   d. Un événement historique:

   > Louis XIV meurt en 1715.

   e. Une action passée ou future très proche du présent:

   > Je rentre à l'instant. (Passé immédiat)
   > Je vais au lit assez tôt ce soir. (Futur immédiat)

2. Conjugaison:

   a. Excepté **aller,** tous les verbes en **-er** (ou verbes du premier groupe) ont les terminaisons suivantes:

Singulier		Pluriel	
je	**-e**	nous	**-ons**
tu	**-es**	vous	**-ez**
il, elle, on	**-e**	ils, elles	**-ent**

   b. Les verbes réguliers en **-ir** ou verbes du deuxième groupe (avec **ss** au pluriel) ont les terminaisons suivantes:

Singulier		Pluriel	
je	**-is**	nous	**-issons**
tu	**-is**	vous	**-issez**
il, elle, on	**-it**	ils, elles	**-issent**

Beaucoup de verbes anglais en *-ish* correspondent à des verbes français en **-ir**:

accomplish: **accomplir**	*brandish*: **brandir**
cherish: **chérir**	*embellish*: **embellir**
establish: **établir**	*finish*: **finir**
furnish: **fournir**	*garnish*: **garnir**
perish: **périr**	*polish*: **polir**
vanish: **s'évanouir**	*varnish*: **vernir**

De nombreux verbes en **-ir** sont formés sur des adjectifs (notamment de couleur) et certains d'entre eux correspondent aux verbes anglais se terminant par *-en*:

blanc, blanche: **blanchir** (*to whiten*)	brun: **brunir** (*to brown*)
court: **raccourcir** (*to shorten*)	doux, douce: **adoucir** (*to sweeten*)
dur: **durcir** (*to harden*)	grand: **grandir** (*to grow*)
gros: **grossir** (*to grow larger*)	jeune: **rajeunir** (*to rejuvenate*)
large: **élargir** (*to widen*)	lent: **ralentir** (*to slow*)
mince: **mincir** (*to slim down*)	mou, molle: **mollir** (*to soften*)
noir: **noircir** (*to blacken*)	riche: **enrichir** (*to enrich*)
rouge: **rougir** (*to redden*)	sombre: **assombrir** (*to darken*)
vert: **verdir** (*to turn green*)	vieux, -eil: **vieillir** (*to age*)

Autres verbes en **-ir** courants:

atterrir	agir	bâtir
définir	guérir	obéir
réagir	remplir	réussir

c. Les verbes irréguliers ou du troisième groupe (avec infinitif en **-ir**, **-oir** et **-re** ont les terminaisons suivantes:

	Singulier		Pluriel
je	**-s** (ou **-x**)	nous	**-ons**
tu	**-s** (ou **-x**)	vous	**-ez** (ou **-es**)
il, elle, on	-t (ou **-d**)	ils, elles	**-ent** (ou **-ont**)

d. Modèles: présent de verbes des trois groupes—**présenter, finir, attendre**:

je présente	finis	(j') attends
tu présentes	finis	attends
il, elle, on présente	finit	attend
nous présentons	finissons	attendons
vous présentez	finissez	attendez
ils, elles présentent	finissent	attendent

e. Présent des verbes **faire, dire, pouvoir, partir, recevoir**:

je fais	dis	peux	pars	reçois
tu fais	dis	peux	pars	reçois
il, elle, on fait	dit	peut	part	reçoit
nous faisons	disons	pouvons	partons	recevons
vous faites	dites	pouvez	partez	recevez
ils, elles font	disent	peuvent	partent	reçoivent

3. **Être en train de** + *infinitif*:

Pour une action en cours au moment présent, on emploie **être en train de** + *infinitif*.

Il est en train de travailler.
Nous sommes en train de manger.

B. Genre et nombre:

La catégorie grammaticale du genre comprend:

Le **masculin**: un avion, le responsable
Le **féminin**: une société, la douane

Le nombre comprend:

Le **singulier**: une filiale, le directeur
Le **pluriel**: des bagages, les affaires

Parfois la marque du pluriel est un **-x**: bijoux, travaux.
L'usage dicte le genre. Les suffixes aident à le déterminer.

1. Suffixes masculins:

-age	=	bagage, décalage, embouteillage, voyage
-ail	=	éventail, portail, travail
-al	=	canal, hôpital, journal
-at	=	contrat, format, secrétariat
-eau	=	bateau, bureau, niveau
-ent	=	accident, client, patient, résident
-er, -ier	=	caissier, déjeuner, dîner, escalier
-et	=	budget, banquet, billet, valet
-eur	=	chasseur, coiffeur, porteur, serveur
-ien	=	électricien, opticien, pharmacien
-in	=	magasin, médecin, vin
-isme	=	optimisme, rationalisme, socialisme
-oir	=	couloir, soir
-ment	=	appartement, établissement, médicament

2. Suffixes féminins:

-ade	=	promenade, salade
-aison	=	maison, liaison, raison
-ance	=	connaissance, distance, finance
-ande	=	amande, viande
-ée	=	entrée, idée, journée, matinée, soirée
-ence	=	agence, urgence
-erie	=	épicerie, boulangerie, laverie
-esse	=	hôtesse, politesse, vitesse
-ette	=	assiette, fourchette, serviette
-eur	=	chaleur, peur, valeur
-euse	=	coiffeuse, serveuse, vendeuse
-ie	=	biologie, compagnie, chimie
-ique	=	informatique, musique, pratique
-ise	=	brise, église, valise
-sion	=	télévision, excursion, révision
-ssion	=	admission, commission, permission
-tion	=	addition, intention, présentation
-té	=	formalité, société, université
-trice	=	directrice, interlocutrice, opératrice
-ure	=	architecture, rupture, voiture
-xion	=	annexion, réflexion

C. Les articles:

1. Les articles indéfinis:

	Singulier	Pluriel
Masculin:	**un** aéroport	**des** aéroports
Féminin:	**une** voiture	**des** voitures

L'article indéfini précède un nom représentant un être, une chose ou un concept indéterminés.

2. Les articles définis:

	Singulier	Pluriel
Masculin:	**le** voyage	**les** voyages
Féminin:	**la** voiture	**les** voitures

Devant une voyelle ou un **h** muet: le, la = l'

Masculin: l'aéroport, l'hôtel
Féminin: l'arrivée, l'heure

L'article défini précède un nom désignant un être, une chose ou un concept déjà mentionnés ou considérés comme connus. Il précède également

les noms désignant des idées, des concepts et des abstractions ou une catégorie de personnes ou de choses:

la soif: *thirst*   le vin: *wine*
la politesse: *politeness*   les gens: *people*

3. Les articles contractés:

    Les formes **au, aux, du** et **des** sont des contractions des articles **le** et **les**
et des prépositions **à** et **de**: à + le (les) = au (aux); de + le (les) = du
(des).

4. Les articles partitifs:

    Les articles partitifs **du, de l', de la** et **des** indiquent une quantité indé-
terminée ou une partie d'un tout.

    Vous prenez **du** vin ou **de la** bière?
    Ils ont **de l'**argent et **de la** chance.
    Avez-vous **des** enfants?

_____ **Poème** _____

Conjugaison

M.K.B.

1re personne: L'État, c'est moi!
2e personne: Je suis l'état second.
3e personne: Nous sommes le Tiers-État.
        Tout cela est bien singulier!
1re personne: L'État, c'est nous. C'est tout.
2e personne: Vous êtes des tas° d'états dans l'état.   *a lot, heaps*
3e personne: Il n'y a pas d'état à cet étage. Raison d'état.
        Cela est encore singulier!
Le général: Je suis l'État-Major.°   *headquarters, staff*
Le maire°: Et moi l'état civil.   *mayor*
Le strapontin°: L'état de siège.   *folding seat*
Le pur-sang°: L'étalon.°   *thoroughbred; stallion*
Le patron: L'établissement.
Le curé°: L'état-providence.°   *priest; welfare state*
Tout le monde (enfin un singulier pluriel!): Être état ou ne pas
            état, voilà la question
                De la nation
                À l'état pur.

Poème inédit

Révision

Présent de Verbes Irréguliers

A. Savoir, boire et écrire

je sais	bois	écris
tu sais	bois	écris
il, elle, on sait	boit	écrit
nous savons	buvons	écrivons
vous savez	buvez	écrivez
ils, elles savent	boivent	écrivent

B. Devoir, voir et s'asseoir

je dois	vois	m'assois/assieds
tu dois	vois	t'assois/assieds
il, elle, on doit	voit	s'assoit/assied
nous devons	voyons	nous assoyons/asseyons
vous devez	voyez	vous assoyez/asseyez
ils, elles doivent	voient	s'assoient/asseyent

C. Acquérir, dormir, servir et venir

j'acquiers	sers	dors	viens
tu acquiers	sers	dors	viens
il, elle, on acquiert	sert	dort	vient
nous acquérons	servons	dormons	venons
vous acquérez	servez	dormez	venez
ils, elles acquièrent	servent	dorment	viennent

D. Mettre, prendre, craindre et résoudre

je mets	prends	crains	résous
tu mets	prends	crains	résous
il, elle, on met	prend	craint	résout
nous mettons	prenons	craignons	résolvons
vous mettez	prenez	craignez	résolvez
ils, elles mettent	prennent	craignent	résolvent

E. Courir, mourir, conclure et connaître

je cours	meurs	conclus	connais
tu cours	meurs	conclus	connais
il, elle, on court	meurt	conclut	connaît
nous courons	mourons	concluons	connaissons
vous courez	mourez	concluez	connaissez
ils, elles courent	meurent	concluent	connaissent

Structure

L'interrogation

1. Formes et types de questions:
   On peut poser une question de trois façons, avec:

   > **L'inversion**: Voulez-vous du café?
   > **Est-ce que**: Est-ce que vous voulez du café?
   > **L'intonation**: Vous voulez du café?

   Ces formes peuvent s'appliquer à deux types d'interrogation:
   a. L'interrogation portant sur la réalité d'un fait:

   > Vous attend-il?
   > Est-ce qu'il vous attend?
   > Il vous attend?

   b. L'interrogation portant sur un aspect d'un fait connu:
      Elle se fait avec des pronoms et adjectifs interrogatifs, avec ou sans prépositions, selon la nature de la question:

   > **Qui** vous attend?
   > **À quelle heure** est-ce qu'on vous attend?
   > On vous attend **où**?

2. Catégories de questions du deuxième type:
   a. Nature:

   > **Que** voulez-vous?
   > **Qu'**est-ce que vous voulez?
   > Vous voulez **quoi**?
   > **Quelle** sorte de café voulez-vous?

   b. Identité:

   > **Qui** vous a réservé la chambre?
   > **À qui** avez-vous parlé?

   c. Date, moment:

   > **Quand** arrivent-ils?
   > **Quel** jour arrivent-ils?

   d. Lieu, emplacement, destination, origine:

   > **Où** est-ce qu'ils vont?
   > **À quel** arrêt descendez-vous?
   > **D'où** est-ce que vous venez?

e. Manière, moyen:

> **Comment** allez-vous le reconnaître?
> De **quelle** manière fait-on marcher cet appareil?
> Par **quel moyen** est-ce qu'on y arrive?

f. But, cause, raison:

> **Pourquoi** avez-vous dit cela?
> Dans **quel** but travaille-t-il?

g. Nombre, prix, dimensions, poids et mesures:

> **Combien de** valises avez-vous?
> **Combien** coûte la chambre?
> **Combien** pèsent vos valises?
> **Combien** mesurez-vous? **Quelle** est votre taille?
> **Quelle** est votre pointure? Vous chaussez du **combien**?

h. Âge, durée:

> Vous avez **quel** âge?
> **Combien** de jours allez-vous passer à Lyon?

i. Choix, options:

On peut se servir des adjectifs **quel, quelle, quels, quelles** et des pronoms **lequel, laquelle, lesquels, lesquelles** (qui, excepté **laquelle,** se contractent avec **à** ou **de** pour donner **auquel, auxquels, auxquelles** et **duquel, desquels, desquelles**).

> **Quel** hôtel préférez-vous? **Lequel** est-ce que vous choisissez?
> Dans **laquelle** se trouve-t-il?
> De **laquelle** est-ce que vous parlez?
> **Auxquels** des deux allez-vous cet été?
> **Desquelles** parle-t-il en ce moment?

Notes culturelles

A. Les présentations:

On présente la personne la plus importante en dernier: « **M. Durand,** je vous présente M. Perrier. M. Perrier, je vous présente **M. Durand.** » MM. Durand et Perrier répondent, chacun à son tour: « Je suis heureux de faire votre connaissance! » M. Durand tend la main en premier et M. Perrier la lui serre. On peut être formel en disant seulement « Bonjour, Monsieur! » ou seulement

« Monsieur! » tout en inclinant la tête[1]. Bien sûr quand il est question de présenter une femme et un homme, la femme est présentée en dernier. L'homme lui dit: « Mes hommages! » Au téléphone, les Français se présentent en disant: « Ici . . . (le nom de celui qui appelle) . . . à l'appareil. »
—« Ici Joseph Durand à l'appareil. »

Il est préférable de se référer à soi-même en employant ses prénom et nom de famille sans le titre de Monsieur ou Madame. Quand un(e) Français(e) se présente, il (elle) dit: « Je suis (ou je m'appelle) Untel »[2].

Les Français se serrent la main chaque fois qu'ils se rencontrent. Quand on rencontre une femme qu'on connaît bien, on lui « fait la bise » (on l'embrasse) au lieu de lui serrer la main.

B. Les salutations:
« Bonjour, Madame!
—Bonjour, Monsieur! »

En France, on n'est pas censé employer le nom de la personne quand on salue quelqu'un. Dire « Monsieur! » ou « Madame! » quand on s'adresse à elle est plus formel que quand on ajoute le nom de la personne. Parlant à un subordonné, un supérieur peut le faire: « Bonjour, M. Leblanc! / Bonsoir, Mme Robinson! »

Deux personnes qui se rencontrent ou se quittent le soir se disent « Bonsoir! » La nuit, quand les personnes vont à la maison ou à leur chambre d'hôtel, elles se disent « Bonne nuit! »

C. Le regard et la voix:
Il est poli et même nécessaire de regarder une personne dans les yeux quand on lui parle. Quand quelqu'un ne vous regarde pas dans les yeux on dit qu'il a « le regard fuyant »[3].

Dans la conversation courante la voix est en général un peu plus haute pour les Français que pour les Américains. On veut se faire entendre aux sens propre et figuré. La distance entre les interlocuteurs est à peu près la même en France qu'aux USA.

D. Les cartes de visite[4]:
En général, les cartes de visite françaises sont de format plus grand que les cartes de visite américaines. Elles comportent souvent les indications suivantes:

- Nom, prénom(s) et profession au centre.
- Adresse et numéro de téléphone en bas.

Elles sont donc plus simples que les cartes de visite étrangères qui comportent les titres, diplômes ou grades[5] universitaires. On laisse[6] sa carte de visite (sous la porte ou dans la boîte aux lettres) quand on se rend chez une personne et qu'elle n'est pas là ou quand on donne rendez-vous à quelqu'un qu'on vient de rencontrer. Certains font mettre le nom en haut à gauche pour avoir ainsi de l'espace pour écrire un mot[7].

MADAME JEAN COPPA
ATTACHÉE DE DIRECTION

CRÉDIT LYONNAIS   TÉL. (79) 33.93.25
73000 CHAMBÉRY   C. C. P.   LYON 156

JEAN-PAX MEFRET
GRAND REPORTER

83, rue Montmartre - Tél. (1) 233.44.00 - Télex 211112

Cartes de visite; remarquez le grand format (dimensions réelles).

Glossaire

1. **incliner la tête**: *to nod*
2. **Untel**: *So and So, John Doe*
3. **regard** (m.) **fuyant**: *shifty look*
4. **carte** (f.) **de visite**: *calling card*
5. **grade** (m.): *degree;* —**universitaire**: *college degree*
6. **laisser**: *to leave*
7. **mot** (m.): *word, message*

Questions sur les Notes culturelles

1. Qui présente-t-on en premier?
2. Que dit-on et que fait-on quand on est présenté à quelqu'un?
3. Qui tend la main en premier au cours des présentations?
4. Comment les Français se présentent-ils au téléphone?
5. Comment les Français préfèrent-ils se référer à eux-mêmes?
6. Quand se serrent-ils la main?
7. À qui fait-on la bise?
8. Quand dit-on d'une personne qu'elle a le regard fuyant?
9. Quelles différences y a-t-il, dans une conversation, entre les Français et les Américains en ce qui concerne la voix et distance entre les interlocuteurs?
10. Est-ce que les cartes de visite françaises et américaines sont du même format?
11. Quelles sont les indications données sur une carte de visite?
12. Où se trouve l'adresse sur une carte de visite?
13. Est-ce que le numéro de téléphone se trouve au même endroit?
14. Que comportent, en général, les cartes de visite étrangères?
15. Quand laisse-t-on sa carte de visite en France?

Exercices

A. Complétez le dialogue suivant:

Mme Dubois: _____? _____.

M. Williams: Je suis ravi de vous connaître.

Mme Dubois: _____.

M. Williams: Un vol sans histoires. Le film était drôle et le service à bord excellent.

Mme Dubois: _____.

M. Williams: Pas trop mal. Je l'ai étudié à l'université du Connecticut.

Mme Dubois: _____?

M. Williams: Non, j'ai seulement une valise et cette serviette.

Mme Dubois: _____.

M. Williams: Ah! vous savez, la circulation est infernale dans toutes les capitales.

B. Faites les présentations selon les indications données:

    1. Mlle Odile Hersant, directrice d'une agence de voyages.

    2. M. Charles Leblanc, professeur à la Faculté de Droit.

    3. Mme Ventura, gérante à l'hôtel Concorde.

    4. M. Louis Gros, technicien chez Lesueur.

    5. M. Dubois, chef des services municipaux.

C. Présentez-vous en saluant votre interlocuteur par « Bonjour, Madame » ou « Monsieur » et en employant les renseignements donnés, selon la formule « Je suis Untel. Je suis ingénieur électricien. »:

    1. Georges Labat, directeur adjoint chez IBM.

    2. Jean Bertrand, secrétaire administratif chez Danone.

    3. Louis Labbé, chef de la comptabilité de la société Legros.

    4. Sylvie Revel, professeur au Lycée Jules Ferry.

    5. René Laval, caissier au Crédit Lyonnais.

D. Complétez les phrases suivantes en vous inspirant du texte:

    1. Je _____ de vous connaître.

    2. _____ de vous présenter M. Delage.

    3. Il y a trois heures de _____ entre New York et Paris.

    4. M. Johnson _____ en Suisse et en Algérie.

    5. M. Cook _____ de français commercial.

    6. Le contrôle des _____ est assuré par _____.

    7. Encore un _____! Ah! la circulation à Paris!

    8. Ma _____ est garée dans le _____ de l'aéroport.

    9. Les _____ d'est en ouest me _____ beaucoup.

    10. Nous parlerons de _____ au _____.

E. Complétez les phrases suivantes en mettant les articles qui conviennent. Faites les contractions nécessaires:

    1. __ étudiants vont à __ université. Ils suivent __ cours de toutes sortes. Souvent, ils ont __ programme très chargé.

    2. __ bagages __ directeur sont encore à __ douane de __ aéroport de __ capitale.

    3. __ directrice de __ établissement a fait __ séjour à __ îles Fidji pendant __ mois de juillet.

    4. Il y a tous __ jours __ accidents de __ circulation sur __ autoroute de __ périphérie.

    5. Nous attendons __ arrivée de __ collègue américain. Il a réservé __ chambre à __ hôtel.

    6. __ agent de douane contrôle __ valises de __ voyageurs. __ passeport est visé par __ police de __ frontières.

    7. Je crois que __ ordre du jour de __ réunion est établi. Il convient à __ directeur et à __ adjoint.

    8. __ adjoint de __ directeur est chargé de __ accueil de __ responsable de __ filiale suisse.

  9. M. Vanel fait __ signe de __ tête et serre __ main de __ invité.

 10. Il y a __ embouteillage monstre sur __ Champs-Élysées; __ circulation est __ enfer pour __ automobilistes.

F. Mettez les verbes des phrases suivantes au pluriel:

    1. Il prend les bagages.
    2. Elle choisit une chambre.
    3. Tu reçois du courrier d'Amérique.
    4. J'acquiers des connaissances utiles.
    5. Est-ce que tu vois l'hôtel d'ici?
    6. Je cours à la banque et je reviens.
    7. Elle doit arriver à l'instant.
    8. Je dors bien en avion.
    9. Elle craint d'arriver en retard à la réunion.
  10. Tu soumets une bonne idée.
  11. Je peux venir vous chercher.
  12. Il sert de guide aux étrangers.
  13. Je m'assois à cette table.
  14. Tu te rends à Bruxelles.
  15. Il ne dit rien à propos de l'affaire.

G. Mettez les verbes des phrases suivantes au singulier:

    1. Vous concluez un accord intéressant.
    2. Nous partons après-demain.
    3. Ils font une réservation.
    4. Vous attendez le directeur.
    5. Ils ne savent pas parler anglais.
    6. Nous mourons de froid ici.
    7. Des accidents surviennent souvent.
    8. Vous atterrissez à l'aéroport de Roissy.
    9. Nous résolvons ce problème à l'instant.
  10. Elles boivent du café au lait.
  11. Vous rompez les relations avec lui?
  12. Ils écrivent aux amis de San Francisco.
  13. Nous lisons un magazine de sports.
  14. Vous ne concevez pas de projets immédiats.
  15. Ils conduisent des voitures de fonction.

H. Complétez les phrases suivantes en mettant le verbe donné au présent de l'indicatif et à la forme qui convient:

    1. Il _____ de New York. (revenir)
    2. Nous _____ à Londres. (atterrir)
    3. Je _____ en vacances à Bruxelles. (se rendre)
    4. Vous _____ passablement l'allemand. (comprendre)
    5. M. et Mme ne _____ pas en Espagne. (partir)
    6. Vous _____ un peu fatigué. (paraître)

7. Tu _____ un séjour de trois mois en Suisse. (faire)
8. Elle _____ le directeur de la banque. (recevoir)
9. Vous _____ où se trouvent les bagages. (savoir)
10. Ils _____ mal sans lunettes. (voir)
11. Nous _____ M. Bonnet. (attendre)
12. Sophie _____ un geste de la main. (faire)
13. Nous _____ notre réunion à 10 heures. (finir)
14. Elles _____ le menu à 60 francs. (choisir)
15. Le directeur ne _____ pas attendre. (pouvoir)

I. Remplacez les verbes des phrases suivantes par l'expression **être en train de** + *infinitif*:
   1. Vous concluez une étude administrative.
   2. Je prends un café noir.
   3. Jean-Paul finit son travail.
   4. Elles écrivent des lettres.
   5. Nous faisons notre possible pour vous satisfaire.
   6. Le responsable dort en ce moment.
   7. Elle acquiert une formation solide.
   8. Maryse s'habille pour la soirée.
   9. Vous perdez du temps de cette façon.
   10. Ils entreprennent un projet difficile.

J. Remplacez les verbes soulignés par les verbes donnés entre parenthèses:
   1. Je <u>termine</u> ce rapport avant 10 heures. (finir)
   2. Tu <u>saisis</u> ce que je veux dire. (comprendre)
   3. Le gérant ne <u>semble</u> pas très content. (paraître)
   4. Nous <u>allons</u> en parler au déjeuner. (pouvoir)
   5. Vous <u>tombez</u> d'accord avec lui. (être)
   6. Les affaires ne <u>sont</u> pas très bonnes. (avoir l'air)
   7. Je <u>vais</u> prendre une bière. (vouloir)
   8. Les passagers <u>arrivent</u> dans le hall de l'aérogare. (attendre)
   9. Vous <u>venez</u> avec nous? (boire)
   10. Nous <u>embarquons</u> à 6 heures du matin. (partir)

K. Posez les questions qui ont entraîné les réponses suivantes:
   1. M. Bonneville n'est pas ici. Il est allé à la banque.
   2. Je suis négociant en vins à Dijon.
   3. Je prends celle-ci plutôt que celle-là.
   4. Nous parlons du film que nous venons de voir.
   5. Il a rencontré ses amis.
   6. Elles reviennent dans deux ou trois heures.
   7. Je ne mange pas parce que je n'ai pas faim.
   8. Nous avons payé la chambre 300 francs.

9. Ils ont la chambre 326.
10. Elle parle de ces amis lyonnais.
11. Il chausse du 42.
12. J'ai 25 ans et je pèse 75 kilos.
13. Nous prenons le menu à 100 Francs.
14. La chambre coûte 300 Francs.
15. Je préfère ceux-ci à ceux-là.
16. C'est moi qui monte vos valises.
17. Elle mesure 1 m 70.
18. Nous venons de San Francisco.
19. Louis préfère un café noir sans sucre.
20. Oui, nous avons des réservations.

L. Faites des questions en portant l'interrogation sur les mots soulignés et selon les indications entre parenthèses. Employez le modèle suivant:

> J'ai acheté un tableau. (prix)
> Combien coûte le tableau? Quel est le prix du tableau?

1. M. Durand parle à un collègue. (identité)
2. Ils arrivent à Paris. (moment)
3. Je bois quelque chose. (nature)
4. Tu vas passer quelques jours à Aix-en-Provence. (durée)
5. Sylvie va à Marseille. (moyen de transport)
6. Nous avons acheté un appartement. (prix)
7. Vous allez en vacances cet été. (lieu)
8. Je porte des chaussures. (pointure)
9. Ce colis pèse beaucoup. (poids)
10. Nous voulons la table du coin plutôt que l'autre. (choix)

M. Vous avez la parole: communication à partir de mots-clés.
      Situation: Vous allez étudier en France et habiter chez une famille française, les Michaud. M. Michaud vient vous chercher à l'aéroport. Jouez les rôles selon les indications données.
M. *Michaud*: se présenter; souhaiter bienvenue.
L'*étudiant(e)*: répondre; demander distance entre aéroport et maison, temps nécessaire pour aller maison Michaud?
M. *Michaud*: donner distance et temps; parler circulation habituelle entre ville et aéroport.
L'*étudiant(e)* (il pleut): demander, pleuvoir souvent?
M. *Michaud*: répondre; poser même question à étudiant.
L'*étudiant(e)*: répondre; demander, M. Michaud, parler anglais?
M. *Michaud*: répondre un peu; manquer de pratique.
L'*étudiant(e)*: proposer aide, apprendre anglais.
M. *Michaud*: remercier; proposer échange, aider français.
L'*étudiant(e)*: remercier, gentillesse de M. Michaud. être venu vous chercher.

N. Traduisez:

En anglais:

1. Je suis très heureux de vous accueillir.
2. Robert Duval à l'appareil, à votre service.
3. Est-ce que vous avez établi l'ordre du jour de la réunion?
4. Permettez-moi de vous présenter mon adjoint, M. Dupont.
5. Mme Morand est directrice de la société Poulain.

En français:

1. *The company manager is going to Paris on business.*
2. *I am waiting for him at the airport terminal.*
3. *I am happy to introduce Miss Sylvia Francis to you.*
4. *His assistant speaks decent English.*
5. *Our meeting is scheduled for 10 o'clock in the morning.*

Qui vivra verra.

(Dicton)

À l'Hôtel

Situation

M. Johnson arrive au Méridien où il descend[1] chaque fois qu'il va à Paris. Son collègue parisien lui y a réservé une chambre. Pendant que le bagagiste récupère ses valises[2], M. Johnson va à la **réception** remplir les formalités d'usage.

À la réception

Dialogue

À la réception

Le réceptionnaire: Bonjour, Monsieur. À votre service!

M. Johnson: Bonjour, Monsieur. Je suis Henry Johnson. On m'a réservé une chambre à un lit[3].

Le réceptionnaire: Un instant, s'il vous plaît, je vérifie sur l'ordinateur[4]. En effet, Monsieur Johnson. Une chambre pour une semaine. La réservation a été faite par M. Chapuis, directeur de Caterpillar-France. Vous arrivez de Chicago, n'est-ce pas?

M. Johnson: C'est ça. Je **compte** passer une semaine à Paris. Ensuite, je prendrai le TGV[5] pour **Lyon**.

Le réceptionnaire: Vous avez la chambre 204. Voici la clé[6]. **Veuillez** remplir cette fiche[7] et indiquer le mode de paiement.

M. Johnson: Je **réglerai** avec la Carte Bleue. Tenez, la voici. Vous mettrez mes **frais** d'hôtel sur ce compte.

Le réceptionnaire: Avec plaisir, Monsieur! Le chasseur[8] vous conduira[9] à votre chambre et montera vos bagages. Où sont-ils?

M. Johnson: Là, dans le hall[10], les deux valises bleues. Vous serez bien aimable de me **réveiller** à 7 heures demain matin.

Le réceptionnaire: Entendu, c'est noté. Bonsoir, Monsieur!

Texte

L'organisation d'un grand hôtel

Quand on descend dans un grand hôtel, on y trouve les principaux services dont on a besoin: hébergement[11], restauration, magasins[12], salons de **coiffure** et lieux de détente[13] et de distraction[14]. L'**exploitation** de l'hôtel suppose une organisation structurée comprenant plusieurs services coiffés par des directeurs disposant d'un personnel spécifique et **hiérarchisé**.

L'hébergement est la responsabilité du directeur hôtelier qui dirige les services de la réception et des étages[15]. La réception assure l'**accueil** des clients. Traditionnellement, on distingue: les portiers[16] ou **concierges**, les chasseurs ou grooms qui aident les clients et font des courses[17], les liftiers[18] qui s'occupent de l'ascenseur, les bagagistes qui se chargent des bagages à l'arrivée et au départ des clients, les voituriers qui appellent les taxis et aident les clients à monter ou à descendre de voiture. De nos jours, les distinctions sont moins nettes ou inexistantes. Les autres services au niveau[19] du hall sont les suivants: l'information, assurée par des hôtes ou hôtesses; les réservations, transmises par télex et **consignées** dans un fichier

Fiche à remplir à l'arrivée

Entrée d'un grand hôtel (à gauche)

informatisé[20]; la **caisse** qui centralise les notes[21] de restaurants, bars, etc. pour **établir** la note ou **facture** du client; le service des bagages; et le central téléphonique[22].

Le service des étages est responsable de la décoration, de l'**entretien** et du **nettoyage** des chambres. Ces activités se répartissent en[23] trois principaux services: les étages avec des gouvernantes, des valets[24] et des femmes de chambres; la lingerie[25], chargée de l'entretien du linge[26] et des uniformes; et la buanderie[27] qui assure leur lavage[28], repassage[29] et distribution.

Le service de la restauration comprend les restaurants, cafétérias, bars et cafés. Chacun de ces établissements a son propre personnel et son propre horaire[30]. Le travail du directeur comprend la préparation et la gestion du budget, la coordination de ces services, et l'**encadrement** du personnel. Il supervise l'état des locaux[31] ainsi que les menus.

Le service administratif, financier et commercial travaille dans l'ombre[32] au succès de tout l'établissement. C'est le système nerveux de son exploitation.

Bien sûr, tous les hôtels ne sont pas organisés de la même façon. L'organisation des petits hôtels est moins complexe. Ce sont souvent des entreprises familiales fonctionnant avec un personnel peu nombreux et offrant seulement les services essentiels.

Glossaire

1. **descendre à l'hôtel**: *to check into a hotel*
2. **valise** (f.): *suitcase*
3. **lit** (m.): *bed*; **chambre à un —**: *a single*
4. **ordinateur** (m.): *computer*
5. **TGV (Train à Grande Vitesse)**: *bullet train*
6. **clé** (f.): *key*
7. **fiche** (f.): *form, filing card*
8. **chasseur** (m.): *bellboy, bellhop*
9. **conduire** (pp. **conduit**): *to lead, direct*
10. **hall** (m.): *lobby*
11. **hébergement** (m.): *accommodation; housing*
12. **magasin** (m.): *shop, store*
13. **lieu** (m.) **de détente** (f.): *place of relaxation*
14. **distraction** (f.): *entertainment*
15. **service des étages**: *floor department; room service*
16. **portier** (m.): *doorman*
17. **faire des courses**: *to run errands*
18. **liftier** (m.): *elevator attendant*
19. **niveau** (m): *level*
20. **fichier** (m.) **informatisé**: *computerized file drawer*
21. **note**: *bill, check (restaurant)*
22. **central** (m.) **téléphonique**: *switchboard*
23. **se répartir en**: *to be divided in*
24. **valet** (m.): *house boy*
25. **lingerie** (f.): *laundry department*
26. **linge** (m.): *linen, clothes*
27. **buanderie** (f.): *laundry room, facility*
28. **lavage** (m.): *washing*
29. **repassage** (m.): *ironing*
30. **horaire** (m.): *schedule*
31. **local, -aux** (m.): *facility, premises*
32. **ombre** (f.): *shade; shadow*

Vocabulaire

réception (f.): l'action ou le fait de **recevoir**; le lieu où l'on reçoit (*front desk, front office*). Quand on organise une réception, on invite des personnes chez soi. La personne qui reçoit les clients d'un hôtel est un(e) **réceptionnaire**; chez le médecin ou le dentiste, c'est un(e) **réceptionniste**.

compter: prévoir, envisager; calculer. La personne qui s'occupe des **comptes** (*accounts*) dans une entreprise est un **comptable** (*accountant*). Elle s'occupe de la **comptabilité** (*accounting*). Les appareils qui mesurent des produits et enregistrent les chiffres sont des **compteurs** (*meters*). Les compteurs de stationnement sont des **parcmètres**.

Lyon: troisième ville de France, sur le Rhône, située au sud-est de Paris sur l'axe Paris-Côte d'Azur. Grand centre industriel et capitale de la région Rhône-Alpes, cette ville est depuis longtemps un carrefour (*crossroad*) européen. Ses habitants, les **Lyonnais**, ont la réputation d'être toujours sérieux et, selon les **méridionaux** (*southerners*), un peu taciturnes. La ville est également réputée pour sa bonne cuisine.

Veuillez: forme polie de l'impératif de **vouloir** (*Would you*). On retrouve souvent cette expression dans les avis (*notices*) au public et les formules de politesse, notamment dans les lettres.

régler: payer, acquitter une **somme** (*sum*) due. Le paiement de la somme constitue le **règlement** (*payment, settlement*).

frais (m. pl.): dépenses (*expenses*) occasionnées par l'achat de produits ou de services; les **coûts** (*costs*) de ces produits ou services. Quand ces coûts sont payés, on est **défrayé**, c'est-à-dire déchargé de ses frais. On peut acquérir quelque chose que quelqu'un d'autre paie, par conséquent **à ses frais** (*at his expense*). Les **faux-frais** (*miscellaneous expenses*) sont les dépenses imprévues qui s'ajoutent aux dépenses principales.

Téléphone public

réveiller: tirer du sommeil (*to awaken*). Quand on ne dort pas, on est **éveillé** (*awake*). Le moment où l'on finit de dormir est le **réveil** (*awakening*). Pour se réveiller **à l'heure** (*on time*), on se sert d'un **réveil-matin** (*alarm clock*).

coiffure (f.): disposition des cheveux; ce que l'on porte sur la tête (*haircut, hairdo; headdress*). La personne qui tient un salon de coiffure est un **coiffeur** ou une **coiffeuse**. On distingue des **coiffeurs pour hommes** (*barber*) et des **coiffeurs pour dames** (*hairdresser, beauty parlor*). **Coiffer**: arranger la chevelure; mettre à la tête de quelqu'un ou de quelque chose; diriger (*to head*).

exploitation (f.): action d'exploiter, de faire marcher une affaire (*management*); l'affaire exploitée (*enterprise*). On précise la nature de l'affaire en ajoutant un adjectif: une **exploitation agricole** (*a farming enterprise*), une **exploitation hôtelière** (*a hotel business*). La personne qui gère une exploitation est un **exploitant** (*an operator, a manager*).

hiérarchisé: disposé selon une **hiérarchie** [ʃ]. Une hiérarchie est une structure organisationnelle supposant des rapports verticaux et horizontaux. Le schéma qui représente une telle structure est un **organigramme** (*an organizational chart*). La **voie hiérarchique** (*official route*) va **de haut en bas** (*from top to bottom*) *et* **de bas en haut** dans une organisation.

accueil (m.): le fait d'**accueillir**, de recevoir (*greeting, hosting, welcoming*). On fait **bon accueil** ou **mauvais accueil**. Si les clients sont **bien accueillis**, ils reviendront; sinon ils iront ailleurs (*elsewhere*) la prochaine fois. Le personnel de la réception devra donc être **accueillant** (*hospitable*).

concierge (m./f.): personne qui surveille l'entrée d'un immeuble (*doorkeeper, custodian*). Les concierges ou *pipelet(te)s* (du nom d'un personnage des *Mystères de Paris*, d'Eugène Sue) ont la réputation d'être des gens très curieux et de tout savoir sur ce qui se passe dans leur immeuble.

consigné: inscrit, enregistré (*recorded, entered*). Dans une gare ou un aéroport, la **consigne** est le service qui assure la garde des bagages de même que le lieu où ils sont déposés. De nos jours, il existe des **consignes automatiques** qui fonctionnent par insertion de pièces de monnaie en général pour une durée maximale de 24 heures. Dans une école secondaire, on peut être puni par des heures de **consigne** (*detention*).

caisse (f.): la boîte ou l'appareil où l'on met l'argent (billets, pièces, chèques); le lieu où se trouve cet appareil (*cashbox, cash register*). La personne qui **encaisse** l'argent est un(e) **caissier**(-ère). L'opération est un **encaissement**.

établir une facture: établir la note de la somme à payer (*to prepare a bill, an invoice*). On dit aussi **dresser** ou **faire** une **facture**. La **facturation** est l'établissement des factures.

entretien (m.): fait d'**entretenir**, de **maintenir** en bon état. On emploie parfois le mot **maintenance** (f.) comme synonyme.

nettoyage (m.): action de **nettoyer** (*to clean*). Quand on a des vêtements à nettoyer, on les envoie au **pressing** (*cleaner's*). Les **éboueurs** assurent le ramassage des **ordures** (*garbage*) sur la voie publique.

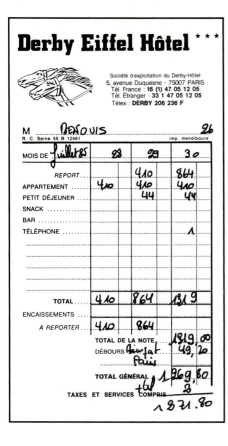

Derby Eiffel Hôtel ★★★

Société d'exploitation du Derby-Hôtel
5, avenue Duquesne - 75007 PARIS
Tél. France : **16 (1) 47 05 12 05**
Tél. Étranger : **33 1 47 05 12 05**
Télex : **DERBY 206 236 F**

M *Parovis* 26
R. C. Seine 55 B 12461 imp. mendiboure

MOIS DE *Juillet 85*	28	29	30
REPORT		410	864
APPARTEMENT	410	410	410
PETIT DÉJEUNER		44	44
SNACK			
BAR			
TÉLÉPHONE			1
TOTAL	410	864	1319
ENCAISSEMENTS			
A REPORTER	410	864	

TOTAL DE LA NOTE ... *1319,00*
DÉBOURS *Aéroport* ... *49,20*
Paris

TOTAL GÉNÉRAL ... *1369,80*
TAXES ET SERVICES COMPRIS ... *+tel 2*

1871.80

Annonce d'un pressing (*dry cleaner's*)
Facture d'un client (en ce cas l'auteur!) (à gauche)

encadrement (m.): l'action, le fait d'**encadrer,** de contrôler et diriger le travail du personnel subalterne. Les **cadres** dans leur ensemble constituent l'encadrement. En France, les cadres sont regroupés dans un **syndicat** (*union*) appelé la Confédération Générale des Cadres (CGC).

Questions

1. Qui a fait la réservation d'hôtel de M. Johnson? Que lui a-t-il réservé?
2. Combien de temps M. Johnson pense-t-il rester à Paris? Que compte-t-il faire ensuite?
3. Comment M. Johnson pense-t-il régler ses frais d'hôtel?
4. Qu'a-t-il comme bagages? Qui les montera à la chambre?
5. Que demande M. Johnson au réceptionnaire avant de monter à sa chambre?
6. Quels services les clients trouvent-ils dans un hôtel?

7. Quel est le personnel qui, traditionnellement, assure l'accueil des clients?
8. Quels sont les services que l'on trouve dans le hall?
9. Quels sont les employés qui s'occupent de l'information?
10. Quel genre de travail fait-on à la caisse?
11. De quoi le personnel des étages est-il responsable?
12. Qui sont les employés qui travaillent avec les gouvernantes?
13. Quelles sont les activités de la lingerie?
14. Où est lavé le linge de l'hôtel?
15. De quel service les bars et cafétérias dépendent-ils?
16. En quoi consiste le travail du directeur de ce service?
17. Quel service n'entre pas en contact avec les clients?
18. Comment peut-on le caractériser?
19. Est-ce que tous les hôtels sont organisés de cette façon?
20. Quelle est la différence entre les grands établissements hôteliers et les petits hôtels?

Grammaire

A. Le futur simple de l'indicatif:

1. Formation et conjugaison:
   a. Les terminaisons du futur sont les mêmes pour *tous* les verbes. Elles s'ajoutent à l'infinitif de la majorité des verbes en **-er**, **-ir** et **-re** (qui perdent ce **e**):

je	-ai	je présenterai
tu	-as	tu finiras
il, elle, on	-a	il, elle, on attendra
nous	-ons	nous dirons
vous	-ez	vous partirez
iles, elles	-ont	ils, elles mettront

   b. Certains verbes ont un radical différent pour le futur:

accueillir:	**accueiller-**	j'	accueillerai
acquérir:	**acquerr-**	tu	acquerras
aller:	**ir-**	il	ira
avoir:	**aur-**	elle	aura
devoir:	**devr-**	on	devra
être:	**ser-**	nous	serons
faire:	**fer-**	vous	ferez
falloir:	**faudr-**	il	faudra
pleuvoir:	**pleuvr-**	il	pleuvra

pouvoir:	**pourr-**	elles	pourront
recevoir:	**recevr-**	je	recevrai
savoir:	**saur-**	tu	sauras
tenir:	**tiendr-**	nous	tiendrons
valoir:	**vaudr-**	il	vaudra
venir:	**viendr-**	vous	viendrez
voir:	**verr-**	ils	verront

c. Variations orthographiques:

Au futur, les verbes dont l'avant-dernière syllabe est un **e** muet prennent une double consonne ou un accent grave (`` ` ``). Pour les verbes qui ont un **y**, celui-ci se change en **i**:

appeler:	Je vous appellerai à mon arrivée.
jeter:	Nous jetterons l'ancre à La Rochelle.
renouveler:	Il renouvellera sa carte de séjour.
acheter:	Tu achèteras le journal quand tu reviendras.
amener:	Vous amènerez votre adjoint à la réunion.
appuyer:	Elle appuiera sur la sonnette.
employer:	Ils emploieront un nouveau modèle.
payer:	Vous paierez à la caisse.

2. Emplois:

Le futur simple sert à indiquer:

a. Une action, un fait ou un état à venir:

> Je **prendrai** le TGV pour Lyon.
> Le chasseur **montera** vos bagages.

b. Une affirmation ou une demande atténuée:

> Vous **serez** aimable de me réveiller à 7 heures.
> Je vous **prierai** de bien vouloir remplir cette fiche.

c. Une recommandation, un précepte moral ou religieux:

> Un seul Dieu tu **adoreras**.
> Tu ne **tueras** point.

d. Une vérité générale:

> **Rira** bien qui **rira** le dernier.
> L'homme **sera** toujours un loup° pour l'homme.   *wolf*

e. Une action, un fait ou un état dépendant d'une condition:

> Si vous travaillez, vous **réussirez**.
> Je vous **réveillerai** à 6 heures, si vous voulez.

Remarque: À l'inverse de l'anglais, le français emploie le futur après **quand, lorsque, aussitôt que, dès que.**

> Je serai à l'aéroport, quand ils **arriveront.**
> Prévenez-moi dès que vous **aurez** de ses nouvelles.

Chanson

Nous partirons nous deux

Nous partirons dans un train express
Pour nulle part.
Nous prendrons le temps
De nous regarder.
Nous partirons dans les super-jets
Des jumbos-stars
Sur les western-lines.
Nous planerons.
Nous partirons nous deux.

Nous partirons sur des chevaux nains
De Mandchourie.
Nous cavalerons
Sur les autoroutes.
Nous serons des amants-voyageurs

Des émigrants.
Nous regarderons
Le monde tourner.
Nous partirons nous deux.

Ma petite fille, ma tendresse,
Ma femme d'aventure,
Nous embarquerons
Sur des paquebots.
Dans des gares de rendez-vous
Des marchands d'oranges
Nous regarderont
Nous embrasser.
Nous partirons nous deux.

Yves Simon, *Au pays des merveilles de Juliet*, (RCA Victor Stéréo 440761).

B. Les pronoms personnels:

Un pronom personnel remplace un nom. Il prend le genre et le nombre du nom qu'il remplace. Il peut être de la première, deuxième ou troisième personne du singulier ou du pluriel.

1. Catégories:

Le pronom personnel peut être **sujet, objet direct** ou **indirect** d'un verbe. Quand le pronom personnel objet (direct ou indirect) est le même que le sujet du verbe, il est appelé **réfléchi.** Il est appelé **disjonctif** (ou **accentué**) quand il est isolé en tête de phrase, devant un infinitif, devant un participe ou après une préposition.

Liste des **Pronoms Personnels**

	Sujet	Object direct	Objet indirect	Réfléchi	Disjonctif
1	je*	me*	me	me	moi
2	tu	te*	te	te	toi
3	il,	le*	lui	se*	lui
	elle	la*	lui	se	elle
	on		en, y†	se	soi
1	nous	nous	nous	nous	nous
2	vous	vous	vous	vous	vous
3	ils	les	leur	se	eux
	elles	les	leur	se	elles
			en, y		

*Devant un verbe commençant par une voyelle ou un **h** muet, **je, me, te, se, le** et **la** deviennent **j', m', t', s'** et **l'**.

†**En** et **y** sont des pronoms invariables pouvant remplacer un nom de chose, une idée et parfois un nom de personne. **En** a le sens de: de lui, d'elle, de cela, d'eux, d'elles. **Y** a le sens de: à lui, à elle, à cela, à eux, à elles.

2. Emploi et position:

   a. Pronoms objets directs:

   Les pronoms objets directs se placent devant le verbe dont ils sont l'objet:

   > M. Chapuis **m'**attendra à l'hôtel.
   > Je **te** présenterai au directeur.
   > Nous **l'**accueillerons ensemble.
   > Il **nous** reconnaîtra sans difficulté.
   > Ils iront **vous** *chercher* à l'aéroport.
   > Vous **les** verrez dans le hall.

   b. Pronoms objets indirects.

   Les pronoms objets indirects se placent également devant le verbe dont ils dépendent.

   > Le réceptionnaire **me** donne la clé.
   > Elle **te** trouvera une chambre.
   > On ira **lui** *parler* de l'affaire.
   > On **en** parlera.
   > Il **y** va en TGV.
   > Ils **nous** fourniront l'horaire des trains.
   > Je **vous** apporterai le programme.
   > Tu **leur** diras de venir demain.

   c. Pronoms disjonctifs.

   (1) Seul en tête de phrase pour attirer l'attention:

   > **Moi,** je crois qu'il ne viendra pas.

(2) Dans les tournures présentatives:

C'est **toi** qui iras attendre M. Johnson.

(3) Devant un infinitif exclamatif ou un participe:

Lui, payer l'addition!
Elle assise, on commença à manger.

(4) Après une préposition:

Je m'adresse à **vous**.
Il voudra discuter avec **eux**.

(5) Complément d'un impératif:
On emploie les pronoms disjonctifs sauf à la troisième personne du singulier et du pluriel où l'on emploie les pronoms objets directs ou indirects selon le cas:

Attendez-**nous** devant l'entrée.
Parlez-**moi** de la question.
Voyez-**la** et demandez-**lui** si elle est d'accord.
Invitez-**les** et montrez-**leur** un prototype.

3. Place de deux pronoms compléments:

a. Devant le verbe ou l'auxiliaire, le complément indirect est en première position, sauf pour **lui** et **leur**:

Il **me l'**apportera demain.
Elle **te les** donnera tout à l'heure.

Mais:

Il **la lui** apportera demain.
Elle **les leur** donnera tout à l'heure.

b. Après le verbe, le complément direct est en première position.

Donnez-**la-moi**, je vous prie.
Dites-**le-leur**.

c. **En** et **y** sont toujours en deuxième position.

Il **vous en** reste encore. Donnez-**m'en** un peu.
Ils **m'y** recevront après-demain.

d. À la forme négative, **ne** précède les pronoms objets.

Il <u>ne</u> **la** voit pas.
Nous <u>ne</u> **vous la** demanderons pas cette fois-ci.

Futur des verbes **s'asseoir, courir** et **envoyer**:

Je m'assoirai/assiérai	je	courrai	j'	enverrai
Tu t'assoiras/assiéras	tu	courras	tu	enverras
Il s'assoira/assiéra	elle	courra	on	enverra
Nous nous assoirons/assiérons	nous	courrons	nous	enverrons
Vous vous assoirez/assiérez	vous	courrez	vous	enverrez
Elles s'assoiront/assiéront	ils	courront	ils	enverront

Structure

Phrases interrogatives concernant la chronologie et la durée

1. Pour poser une question concernant la date ou la chronologie d'un événement, on utilise les adjectifs interrogatifs **quel, quelle, quels** et **quelles** suivis de termes désignant des périodes de temps: heure, jour, mois, trimestre, semestre, année, etc.

    Quel jour arrive-t-il?
    Quelle heure est-il?
    Quels jours a-t-il travaillé?

2. Souvent, ces termes sont précédés d'une préposition:
    a. <u>En</u> quel jour, <u>en</u> quel mois, <u>en</u> quelle année?
    b. <u>À</u> quelle heure, <u>à</u> quel moment?
    c. <u>Jusqu'à</u> quel jour, <u>pour</u> quel mois?

        À quelle heure l'avion de New-York arrive-t-il?
        Jusqu'à quel moment faudra-t-il attendre?
        La réunion est prévue **pour quelle** heure, s'il vous plaît?

3. On peut poser des questions de chronologie avec les mots **hier, avant-hier, aujourd'hui, demain, après-demain, le lendemain.**

        Est-ce que le directeur part pour Montréal **demain**?
        L'avion de Tahiti arrive **aujourd'hui**?
        Est-ce que vous irez à la réunion de cet **après-demain**?

4. Pour poser une question relative à une action qui dure jusqu'au moment où l'on parle, on utilise **depuis quand, depuis combien de, il y a combien de** suivis du verbe au présent de l'indicatif.

        Depuis quand attendez-vous?
        Depuis combien de mois travaille-t-elle chez Caterpillar?
        Il y a combien d'années que M. Chapuis habite Paris?

Notes culturelles

L'hôtel

A. Les Français et l'hôtel:

Près de 30 millions de Français (55%) partent en vacances. La plupart de ces vacanciers, soit cinq sur six (5/6), restent en France. Parmi ceux-ci, seuls 7% se logent à l'hôtel, soit environ 1.750.000 personnes par an. La majorité préfère l'hébergement par des parents (32%), le camping-caravaning (24%), la location[1] ou la résidence secondaire.

B. Les hôtels français:

Il existe en France deux grandes catégories d'hôtels:

1. Les hôtels non homologués[2]:

Les hôtels non homologués sont les petits hôtels d'un confort assez faible. Les chambres ont seulement un lavabo[3] et le bidet traditionnel, mais

Publicité d'un association hôtelière

pas de baignoire[4]. Pour prendre un bain[5] ou une douche[6], le client paie un supplément et utilise la salle de bains de l'étage où se trouve la chambre. Ces hôtels sont encore les plus nombreux mais leur nombre diminue. Les chambres y sont numérotées consécutivement et le numéro n'indique pas nécessairement l'étage. L'hôtelier vous indique l'étage en vous remettant clé. La chambre 32 peut être au deuxième ou au quatrième étage. Le rez-de-chaussée français correspond au *first floor* américain. En général, ces hôtels servent le petit déjeuner.

2. Les hôtels homologués de tourisme:

Parmi les hôtels homologués de tourisme on distingue quatre types: les hôtels proprement dits, les hôtels résidences, les relais et les motels. Ces établissements, qui doivent avoir un minimum de 10 chambres, sont classés par étoiles[7]. Ce classement officiel est établi en fonction des facteurs suivants: superficie[8] du hall, entrée indépendante, ascenseurs, nombre de téléphones, surface des chambres, insonorisation[9], service dans les chambres, parking, langues étrangères parlées par le personnel, etc. Les guides touristiques, tels que le *Guide Michelin*, établissent leur propre classement en fonction d'autres critères: emplacement[10], esthétique, services disponibles[11], personnel et qualité de la cuisine. Contrairement aux hôtels américains, généralement plus récents, la moitié des hôtels homologués français n'ont ni salles de bains, ni douches. On prévoit[12] la modernisation des hôtels non homologués qui pourront être alors reclassés. Les hôtels homologués, dont le nombre atteint[13] environ 19.000, totalisent près de 460.000 chambres soit 60% du parc[14] hôtelier.

Publicité d'un hôtel touristique

Les hôtels haut de gamme[15] (quatre ou quatre étoiles luxe), comme ceux de la chaîne Frantel, correspondraient aux hôtels américains dits « *de-luxe* »; un hôtel moyen de deux ou trois étoiles correspondrait à la catégorie « première classe »; un établissement à une ou sans étoile serait l'équivalent d'un hôtel de « deuxième classe » dit « *tourist* » ou « *economy hotel* ». La tendance actuelle en France est de promouvoir[16] l'hôtellerie bas de gamme (deux étoiles confort) notamment par reclassement[17]. Ce reclassement est indiqué par les lettres NN (Nouvelles normes). Sofitel, Novotel, Ibis et Mercure dominent ce secteur.

Publicité d'un hôtel parisien

Publicité hôtelière

Glossaire

1. **location** (f.): *rental*
2. **homologué**: *registered, certified*
3. **lavabo** (m.): *wash basin*
4. **baignoire** (f.): *bathtub*
5. **bain** (m.): *bath*;
   salle de bains: *bathroom*
6. **douche** (f.): *shower*
7. **étoile** (f.): *star*
8. **superficie** (f.): *area*
9. **insonorisation** (f.): *soundproofing*
10. **emplacement** (m.): *location, place*
11. **disponible**: *available*
12. **prévoir** (pp. **prévu**): *to foresee, project*
13. **atteindre** (pp. **atteint**): *to reach*
14. **parc** (m.) **hôtelier**: *total number of hotels*
15. **haut de gamme**: *top-of-the-line*
16. **promouvoir** (pp. **promu**): *to promote*
17. **reclassement** (m.): *reclassification, upgrading*

Questions sur les Notes culturelles

1. Combien de Français partent en vacances?
2. Quelle sorte d'hébergement préfèrent-ils?
3. Quelles sont les deux principales catégories d'hôtels français?
4. Quel niveau de confort trouve-t-on dans les petits hôtels?
5. Y a-t-il un rapport entre le numéro d'une chambre et l'étage où elle se trouve?
6. À quoi correspond aux États-Unis le rez-de-chaussée français?
7. Qu'est-ce qu'un hôtel homologué? Combien de types y en a-t-il?
8. Comment sont classés les hôtels français? En fonction de quels critères établit-on ce classement?
9. Est-ce que le confort des hôtels américains est supérieur ou inférieur à celui des hôtels français?
10. Quelle est la tendance actuelle de l'hôtellerie française?

A Aix-en-Provence, 2 salles de réunion de 15 personnes et salle de restaurant de 100 personnes.

Nous vous offrons 80 chambres de 1 à 3 lits confortables avec salle de bains complètement aménagée, téléphone direct, radio et réveil automatique, télévision.
A chaque étage «La Tisanière» vos boissons chaudes et quelques biscuits sont mis gracieusement à votre disposition.

A Marseille-Marignane : 2 salles de réunion et 1 salle de restaurant de 100 personnes.

- Piscine
- Tennis country
- Boule
- Bar américain

Nos restaurants «La Soupière» vous serviront leurs spécialités de saison.
Nous avons quelque chose de spécial pour les enfants !
Ouvert de 7h30 à 22h.

Climat DE FRANCE La Soupière

Services offerts par une chaîne hôtelière du Midi

Exercices

A. Complétez le dialogue suivant:

Le réceptionnaire: _____.

La cliente: Bonjour, Monsieur, j'ai une réservation au nom de Renée Lafourcade.

Le réceptionnaire: _____

La cliente: C'est bien ça!

Le réceptionnaire: _____.

Voici la fiche à remplir. Quel mode de paiement préférez-vous?

La cliente: _____

Le réceptionnaire: C'est parfait! Où sont vos bagages, Madame?

La cliente: _____

Le réceptionnaire: _____. Mes hommages du soir, Madame!

HÔTEL DES NATIONS ★★★
Quartier Latin
54 rue Monge 75005 PARIS

Direction : B. et M. Réaubourg

Tél. (1) 43 26 45 24   Telex 200397 F

Métro Monge ou Cardinal-Lemoine

Bus nᵒˢ **47 et 89**   SIREN 303 995 930

Carte de visite d'un hôtelier

B. Complétez les phrases suivantes en vous inspirant du texte:

1. L' _____ d'un hôtel suppose une organisation bien _____.
2. Le _____ dirige les _____ de la réception et des étages.
3. Le _____ de la réception est chargé de l'_____ des clients.
4. Les _____ sont transmises par télex et consignées dans un _____.
5. La caisse _____ les comptes et centralise les _____ pour établir la _____.
6. Le service des _____ s'occupe de l'_____ et du _____ des chambres.
7. Les gouvernantes dirigent des _____ et _____ de chambres.
8. La _____ est chargée du _____ et du _____ du linge.

9. Le travail du directeur de la _____ comprend la préparation et la _____
   du _____.
10. Le service administratif travaille dans _____ au _____ de _____.

C. Mettez les verbes des phrases suivantes au futur:
   1. Vous allez au lit dans quelques minutes.
   2. Je prends un café noir sans sucre.
   3. Jean-Paul finit son travail à midi.
   4. Tu accueilles les collègues hollandais le 15.
   5. Nous faisons notre possible pour vous satisfaire.
   6. J'attends toujours ton retour.
   7. C'est lui le responsable du service d'accueil.
   8. Maryse ne vient pas aujourd'hui.
   9. Il n'a pas de temps cet après-midi.
   10. Ils peuvent entreprendre ce voyage.

D. Mettez les sujets et verbes des phrases suivantes au pluriel s'ils sont au singulier et vice versa:
   1. Je finirai ce rapport avant 10 heures.
   2. Vous comprendrez ce que je veux dire.
   3. Le directeur ne viendra pas à la réunion.
   4. Nous pourrons vous en parler au déjeuner.
   5. Seras-tu d'accord avec lui?
   6. Les affaires n'iront pas comme prévu.
   7. Tu auras le temps de prendre une bière.
   8. Les passagers attendront dans le hall.
   9. Est-ce qu'elle viendra avec nous?
   10. Ils voudront partir à 6 heures du matin.

E. Faites des phrases dont les verbes sont au futur selon le modèle suivant:

   Je/avertir/dès que/le savoir.
   Je t'avertirai dès que je le saurai.

   1. Tu/vérifier/aussitôt que/pouvoir.
   2. Je/prendre un bain/lorsque/arriver.
   3. Le voiturier/appeler un taxi/dès que/vous/lui dire.
   4. L'hôtesse/vous accueillir/quand/vous voir.
   5. Nous/envoyer une carte postale/dès que/y parvenir.
   6. Elles/acheter des cadeaux/aussitôt que/aller en ville.
   7. Vous/faire la facture/quand/avoir toutes les notes.
   8. Vous/appuyer sur la sonnette/quand/venir.
   9. Ils/retenir des places/dès que/savoir le numéro.
   10. Je/s'asseoir/quand/vouloir.

F. Mettez, dans le passage suivant, les verbes entre parenthèses au présent ou au futur selon le cas:

Si je (avoir) assez d'argent, je (aller) en France cet été. À Paris, je (descendre) à l'hôtel Méridien qui (jouir) d'une très bonne réputation. Les employés (s'occuper) bien de moi quand ils (voir) que je (venir) d'Amérique et dès qu'ils (recevoir) mes pourboires généreux. S'il (faire) beau, je (se promener) le long des quais de la Seine où je (acheter) quelques vieux livres que j'(envoyer) chez moi par la poste. Quand il (pleuvoir), il (valoir) mieux aller au cinéma. Si je (aller) à pied, il me (falloir) faire attention aux voitures car les Parisiens (conduire) très vite. Je (devoir) prendre le métro pour y aller. Vous (voir)! Ça (être) un séjour inoubliable.

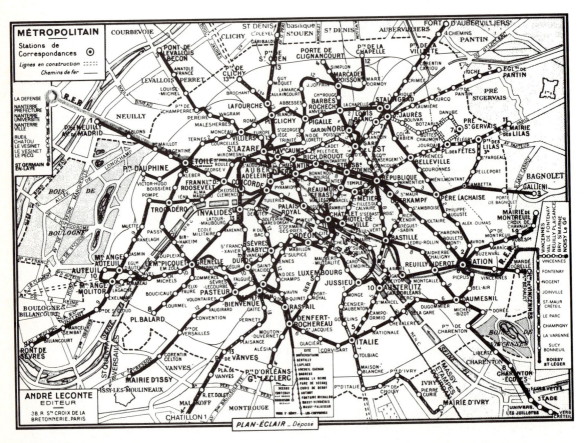

Plan du métro parisien

G. Répondez aux questions en employant des pronoms personnels objets directs selon le modèle suivant:

   Nettoierez-vous les chambres?
   Oui, je <u>les</u> nettoierai.

   1. Est-ce que le chasseur montera la valise?
   2. Voyez-vous le chasseur?
   3. Entendrez-vous la sonnerie du réveil?
   4. Est-ce qu'il vous monte les valises?
   5. Avez-vous descendu les bagages?
   6. Appelleront-ils le taxi?
   7. Est-ce qu'il prendra la clé?
   8. Laisse-t-elle son numéro de téléphone?
   9. Faudra-t-il prendre l'avenue Foch?
   10. Le réceptionnaire remet-il la clé au client?

H. Remplacez les mots soulignés par des pronoms personnels objets indirects selon le modèle suivant:

   Il parlera <u>au maître d'hôtel</u>.
   Il <u>lui</u> parlera.

   1. Il parle <u>du chasseur</u>.
   2. Je réserve une place <u>à ma femme</u>.
   3. Elle a laissé son numéro <u>au réceptionnaire</u>.
   4. Il y a un message pour <u>toi et moi</u>.
   5. Ils se rendront <u>aux îles Hawaï</u> cet été.
   6. Le client montre ses valises <u>aux bagagistes</u>.
   7. La réceptionnaire donne la clé <u>à la cliente</u>.
   8. J'ai téléphoné <u>à mes amis français</u>.
   9. Le directeur va <u>à la réunion</u>.
   10. M. Dupont vient <u>de sa maison</u>.

I. Remplacez les mots soulignés par des pronoms personnels objets directs et indirects selon le modèle suivant:

   Le chasseur donne <u>la clé au client</u>.
   Le chasseur <u>la lui</u> donne.

   1. Le chasseur donne <u>le numéro à la cliente</u>.
   2. Elle transmet <u>le message au client du 16</u>.
   3. Le réceptionnaire répète <u>l'adresse au chasseur</u>.
   4. La caissière remet <u>la facture au client</u>.

5. J'ai laissé <u>mon numéro à la réception</u>.
6. Elle demande <u>les renseignements au concierge</u>.
7. Nous offrirons <u>ces services à nos clients</u>.
8. Le valet appporte <u>le linge à la buanderie</u>.
9. Vous montrerez <u>votre carte de crédit à la réceptionnaire</u>.
10. Tu annonceras <u>la bonne nouvelle à nos amis</u>.
11. Ils enverront <u>la carte à leurs parents</u>.
12. Il achètera <u>du café au magasin</u>.
13. Le chasseur montre <u>ma valise au bagagiste</u>.
14. J'ai vu <u>ce film</u> avec <u>ma femme</u>.
15. Nous apporterons <u>la clé à la réception</u>.
16. Ils prendront <u>l'ascenseur</u> avec <u>les clients</u>.
17. Vous trouverez <u>le directeur dans son bureau</u>.
18. Elle vérifie <u>les réservations de M. Johnson</u>.
19. Il va avec <u>Paul</u> voir le concierge.
20. Vous devrez remplir <u>les fiches au guichet</u>.

J. Complétez les phrases en employant des pronoms personnels disjonctifs selon le modèle suivant:

_____, j'entends bien.
Moi, j'entends bien.

1. _____, je vais au Canada.
2. _____, elle vous remercie beaucoup.
3. _____, tu préfères le restaurant.
4. _____, nous arrivons des États-Unis.
5. _____, vous écoutez bien.
6. _____, ils sont français.
7. _____, elles vont au cinéma.
8. _____, il comprend l'anglais.
9. _____, je reste ici.
10. _____, tu téléphones à la police.

K. Mettez les verbes entre parenthèses au futur:
1. Je (se lever) de bonne heure demain.
2. Tu (se présenter) à la caisse.
3. Nous (s'assurer) que ses papiers sont en règle.
4. Elles (s'ennuyer) s'il pleut.
5. Robert (se laver) dans ma salle de bains, s'il le veut.
6. Je (ne pas s'étonner) de le voir arriver.
7. Vous (se tenir) tranquille en attendant qu'il vérifie.
8. Tu (se renseigner) sur l'horaire des trains?
9. Ils (ne pas s'inquiéter) de mon absence.
10. Cette histoire (se savoir) dans toute la ville.

L. Répondez aux questions suivantes en vous servant des indications données entre parenthèses:

1. Quel jour sommes-nous aujourd'hui? (le 7 septembre)
2. À quelle heure partira votre avion? (6 heures du soir)
3. Est-ce que vous partez aujourd'hui? (non, après-demain)
4. Depuis combien de temps êtes-vous à Montréal? (une semaine)
5. Depuis quand est-ce que vous attendez le bus? (une heure)
6. Il y a combien d'années que M. Hill dirige le Hilton? (cinq ans)
7. Vous réservez la salle pour quel jour, Madame? (demain en huit)
8. À quel moment sortirez-vous? (cet après-midi)
9. Est-ce qu'ils iront au festival ce matin? (non, demain matin)
10. En quelle année a-t-elle commencé à travailler? (1986)

M. Posez les questions qui ont entraîné les réponses suivantes:

1. M. Johnson arrivera à 10 heures du matin.
2. J'attends à cette table depuis deux heures.
3. Elle gère cette exploitation depuis 1985.
4. M. et Mme Dassault partiront lundi matin.
5. Vous pourrez revenir dans deux ou trois jours.
6. Nous établirons l'ordre du jour dans la matinée.
7. Ils feront ce travail en une heure.
8. Je ne fume plus depuis trois ans.
9. Elles vont aux Caraïbes depuis dix ans.
10. Nous étudions le français depuis six mois.

N. Vous avez la parole: Communication à partir de mots-clés.

Situation: À votre arrivée à Paris en route pour Aix-en-Provence, vous décidez de passer quelques jours dans la capitale. Vous descendez au Derby-Hôtel, avenue Duquesne, un petit hôtel ☆☆☆NN* recommandé par un de vos amis. Jouez les rôles selon les indications données.

Le voyageur: salutation; demander chambre?

L'hôtelier: répondre à la salutation; demander nombre de personnes, genre de chambre (avec/sans télévision)?

Le voyageur: une personne, salle de bains; demander prix avec télévision?

L'hôtelier: répondre toutes chambres avec salle de bains; prix chambre un lit + télé = 410 F. Petit déjeuner inclus.

Le voyageur: prendre chambre + télé.

L'hôtelier: demander nombre de nuits?

Le voyageur: incertitude: trois ou quatre.

L'hôtelier: demander passeport; mode de paiement?

Le voyageur: présenter passeport, Carte Bleue (VISA).

L'hôtelier: donner clé, numéro chambre (48); indiquer étage (2), ascenseur pour bagages; petit déjeuner servi dès 7 heures; laisser clé bureau en sortant.

*Trois étoiles, nouvelles normes.

O. Traduisez:

En anglais:

1. Veuillez dire au chasseur de monter mes valises à ma chambre.
2. La société réglera ma note d'hôtel et mes frais de séjour.
3. Avec l'ordinateur, la réservation sera rapidement transmise à la réception de l'hôtel.
4. Les petits hôtels non homologués ont un niveau de confort inférieur à celui des hôtels deux étoiles.
5. Des cadres spécialisés constituent la clé de la réussite d'un établissement hôtelier.

En français:

1. *You check into a hotel for its accommodations and the relaxation it offers.*
2. *The front desk will wake her at 6 o'clock if she asks.*
3. *Do you need a single or a double? Please fill out this form.*
4. *I will settle my account with the Visa card.*
5. *She will go to the hairdresser when she arrives at the hotel.*

Commandez ce soir votre petit déjeuner pour demain!

*Qui n'entend qu'une cloche
n'entend qu'un son.*

    Proverbe Français

Au Téléphone

    Bernard Lafont, un garçon **BCBG,** est descendu au Hyatt Regency de Hong-Kong. Le 2 juillet à 6h 45 du matin, il veut, de sa chambre, **donner un coup de fil** à une amie de Bordeaux. Pour cela, il fait:

- Le 7 pour se **brancher** sur le réseau extérieur,
- Le 106 qui est l'**indicatif** international,
- Le 33, l'indicatif de la France,
- Le 56, l'indicatif départemental (Bordeaux est dans la Gironde)
- Le 419–76–35, le numéro de son amie (419 est le préfixe de la partie de la ville où se trouve son amie)

Que se passe-t-il ensuite? Le téléphone sonne. La **sonnerie** réveille son amie. Eh oui! Il a oublié[1] le décalage horaire qui existe entre Hong-Kong et Bordeaux! Le fuseau horaire de Bordeaux est en retard de sept heures (–7) sur celui de Hong-Kong. Il est minuit moins le quart en France. Elle **décroche** quand même le récepteur et répond d'une voix endormie.

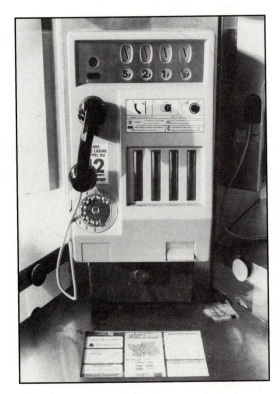

Poste de téléphone public

Dialogue

Le téléphone sonne

Sylvie: Allô! J'écoute!

Bernard: Allô! Sylvie? C'est Bernard. Je te téléphone de Hong-Kong.

Sylvie: Salut[2]! Bernard! Téléphoner à une heure pareille! Rien de grave, j'espère.

Bernard: Non, non, pas du tout! Je m'excuse de t'avoir réveillée. Je voulais te souhaiter « Bon anniversaire »[3], mais j'ai oublié le décalage horaire. Je m'en rends compte[4] maintenant seulement.

Sylvie: Tu as raison. Mon anniversaire, c'est demain, mon cher.

Bernard: J'aurais dû[5] t'appeler plus tard. Je ne t'aurais pas dérangé[6] en pleine nuit.

Sylvie: Ça ne fait rien!

Bernard: Bon anniversaire! quand même! Je te fais la bise.

Sylvie: C'est gentil[7] de ta part, Bernard. Ce sera le 2 juillet dans un quart d'heure. Tu es donc le premier à me souhaiter un bon anniversaire. C'est vraiment chic[8] de ta part d'avoir pensé à moi, là-bas en Chine.

Bernard: Tu sais, Sylvie, que pour toi je ferais n'importe quoi! Tu me manques[9]. J'ai hâte[10] de rentrer.

Sylvie: Tu me manques beaucoup toi aussi. Je t'attends avec impatience. Amuse-toi[11] bien!

Bernard: À bientôt donc!

Sylvie: À très bientôt, mon cher!

Texte

Le téléphone

Grâce à[12] l'électronique et à l'**informatique**, les **liaisons** téléphoniques sont désormais[13] faciles à obtenir. De nos jours[14], les communications par satellites avec n'importe quel point du globe sont ultra-rapides, directes et **bon marché.** Pour une communication interurbaine[15], on peut, quand on a l'automatique[16], appeler quelqu'un directement sans passer par le central. On **compose** soi-même le **numéro,** si on le connaît. Cela n'empêche[17] pas des erreurs, parfois. On peut se tromper de numéro[18]. Dans ce cas, on ne doit pas oublier de s'excuser d'avoir fait le mauvais numéro. Il y a des individus impolis qui raccrochent sans s'excuser.

Un satellite de télécommunications

Quand une ligne est occupée[19], il faut patienter et attendre qu'elle soit libre ou bien rappeler plus tard. Quelquefois, une ligne peut être en dérangement[20]. Si l'on ne connaît pas le numéro de téléphone de quelqu'un, on consulte un annuaire[21] ou on le demande au/à la **standardiste**.

Certains **abonnés** installent des répondeurs[22] automatiques qui **enregistrent** les appels pendant leur absence. D'autres, pour protéger leur intimité[23], font mettre leur numéro sur la liste rouge[24].

Les compagnies de téléphone délivrent des cartes à leurs abonnés qui peuvent ainsi téléphoner de n'importe où[25] et imputer[26] la communication à leur propre compte. Si l'on veut téléphoner à partir d'une cabine téléphonique et que l'on n'a pas assez de pièces de monnaie[27], on peut demander la communication en PCV[28]. En général, ce sont les jeunes, les étudiants et les militaires qui utilisent cette méthode pour téléphoner **chez** eux.

Glossaire

1. **oublié**: *forgotten*
2. **Salut!**: *Hi! Hello!*
3. **Bon anniversaire!**: *Happy birthday!*
4. **Je m'en rends compte**: *I realize it*
5. **j'aurais dû**: *I should have*
6. **dérangé**: *disturbed*
7. **gentil**: *nice, kind*
8. **chic**: *classy, thoughtful*
9. **tu me manques**: *I miss you*
10. **j'ai hâte de**: *I am eager to*
11. **Amuse-toi**: *Have fun*
12. **grâce à**: *thanks to*
13. **désormais**: *henceforth, from now on*
14. **de nos jours**: *nowadays*
15. **interurbain**: *long distance*
16. **automatique** (m.): *direct dialing*
17. **empêcher**: *to prevent*
18. **se tromper de numéro**: *to get a wrong number*
19. **occupé**: *busy*
20. **en dérangement**: *out of order*
21. **annuaire** (m.): *directory*
22. **répondeur** (m.) **automatique**: *answering machine*
23. **intimité** (f.): *privacy*
24. **liste** (f.) **rouge**: *unlisted numbers*
25. **n'importe où**: *anywhere*
26. **imputer à**: *to charge to*
27. **pièce** (f.) **de monnaie**: *coin*
28. **en PCV (Payable Chez Vous)**: *collect (call)*

Profil d'un chef de file en télécommunications

1874 Invention du téléphone par Alexander Graham Bell à Brantford (Ontario).

1876 Premier appel interurbain entre deux localités éloignées de 16 km en Ontario.

1901 Guglielmo Marconi recevait à Signal Hill (Terre-Neuve) le premier signal radio transatlantique émis d'Angleterre.

1931 Les sept principales compagnies de téléphone canadiennes formaient le Réseau téléphonique transcanadien (aujourd'hui Telecom Canada) et faisaient poser 185 000 poteaux téléphoniques sur plus de 7 000 km pour relier les régions du Canada d'est en ouest.

1948 Installation du premier relais commercial à micro-ondes au monde, de part et d'autre du détroit de Northumberland, pour assurer les communications entre la Nouvelle-Écosse et l'Île-du-Prince-Édouard.

1958 Le Réseau téléphonique transcanadien terminait la construction du plus long système de relais à micro-ondes au monde, entre Halifax et Vancouver (5 400 km).

1962 Le Canada devient le troisième pays au monde à posséder son propre satellite, Alouette 1.

1971 Premier réseau numérique de transmission hyperfréquence.

1972 Premier réseau national de télécommunications par satellite géostationnaire, ANIK A1.

1976 Première gamme de centraux numériques de commutation à l'usage des bureaux.

1976 Première démonstration de radiodiffusion directe par satellite (RDS) vers des stations terriennes.

1977 Premier réseau à commutation par paquets.

1978 Premier satellite mondial de télécommunications commercial à double bande ANIK B.

1981 Premier système télémanipulateur spatial, le « BRAS CANADIEN », servant à lancer des charges utiles comme des satellites de télécommunications, soumis à des essais durant le deuxième vol de la navette spatiale Columbia.

1982 Premier et plus long réseau de télécommunications national entièrement numérique.

1985 Lancement dans les 23 plus grands centres métropolitains du Canada, du premier service national de radio cellulaire mobile au monde.

1986 Contrat de construction du plus long réseau national intégré de fibres optiques, s'étalant sur 7 000 km d'un bout à l'autre du pays; fin prévue pour 1991.

Tour à hyperfréquences (radio et TV) à Toronto (à droite)

Vocabulaire

BCBG: Bon Chic Bon Genre. Expression des années 80 désignant une personne bien élevée, ayant du style et de la classe (*clean-cut type*).

donner un coup de fil: appeler au téléphone. La personne à qui on parle est à l'autre **bout du fil** (*end of the line*). Un coup de fil est aussi un **appel** (*a call*) ou une **communication** téléphonique.

brancher: mettre sur une ligne électrique ou téléphonique. On branche un appareil électrique grâce à une **prise** (*a plug*). Le contraire est **débrancher** (*to unplug, disconnect*). Le résultat de ces opérations sont le **branchement** et le **débranchement**. En argot moderne, « être **branché**» c'est être au courant des modes et usages les plus récents (*to be « in »*).

indicatif (m.): moyen permettant d'**indiquer,** d'identifier quelque chose (*call number or letters*). Cela peut être des chiffres, des lettres ou un air de musique pour les stations de radio (*station identification*). Sur la route, il y a des panneaux **indicateurs** (*roadsigns*).

sonnerie (f.): un appareil qui produit des **sons.** On peut sonner une **cloche** (*bell*) ou une trompette. Les **sonnettes** sont de petites cloches qu'on actionne pour attirer l'attention de quelqu'un.

décrocher: détacher quelque chose placée sur un **crochet** (*hook*). Pour le téléphone, c'est prendre en main le **combiné** (*hand set*). Le contraire est **accrocher** (*to hook, hang up*). On décroche le combiné pour parler. À la fin de la communication, on **raccroche** en posant le combiné sur le **plongeur** ou **contacteur** (*the impulse contacts*) qui se trouve dans le **berceau** (*cradle*).

informatique (f.): science du **traitement de l'information** (*data processing*) par les ordinateurs. Un système est informatisé quand il fonctionne au moyen d'ordinateurs. Un(e) spécialiste de l'informatique est un(e) **informaticien(-ne).** Il n'est pas nécessaire d'être un spécialiste pour faire du **traitement de textes** (*wordprocessing*) quand on dispose d'un **matériel** (*hardware*) adéquat et d'un bon **logiciel d'application** (*software program*).

liaison (f.): action de **lier** ou **relier** (*to link*); résultat de cette action. Il existe des liaisons aériennes, ferroviaires, routières, téléphoniques et, dans un tout autre contexte, des liaisons amoureuses (*love affairs*). Un rapport ou une relation entre deux personnes ou deux choses est un **lien** (*a link*). Les liaisons sont assurées par l'intermédiaire de **lignes.** Un ensemble de liaisons constitue un **réseau** (*network*). Il existe des réseaux de plusieurs sortes: électriques, téléphoniques, de transports, d'amitiés, d'espionnage, etc.

bon marché: expression adjectivale invariable synonyme de **pas cher.** Quand un **article** (*item*) coûte moins cher qu'un autre, on dit qu'il est **meilleur marché** (*cheaper*).

composer un numéro: faire un numéro; actionner chaque chiffre sur le **cadran d'appel** (*dial*) de l'appareil téléphonique. Un **numéro** (*number*) indique un ordre dans une série; un **nombre** (*number*) indique une quantité. Un numéro peut comporter un ou plusieurs **chiffres** (*digits*). Traditionnellement, les **postes** (ou appareils) de simple appel comportent un disque mobile (*driving wheel or finger plate*) avec des **trous** (*holes*) pouvant tourner au-dessus d'une **couronne** (*crown*) numérotée de 0 à 9 et une **butée** (*finger stop*). À chaque chiffre correspondent trois lettres de l'alphabet. Les nouveaux appareils comportent un **clavier** (*keyboard*) de 12 **touches** (*keys*), 10 touches numérotées et deux marquées l'une d'une dièse (#) ou carré et l'autre d'un astérisque (*) ou d'une étoile. Le **combiné** (*hand set*) ou **récepteur** (*receiver*) se compose d'un **écouteur** (*earphone*) et d'un **microphone** (*mouthpiece*) reliés par un **manche** (*handle*).

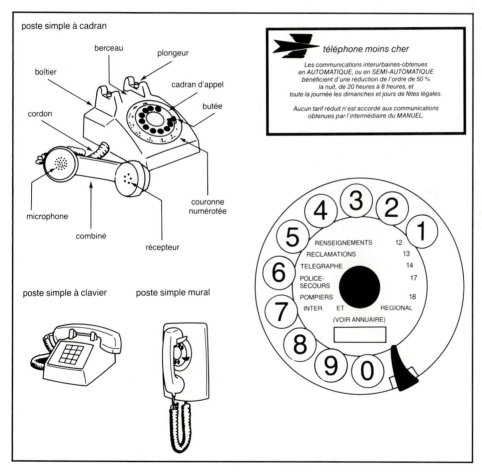

Appareils téléphoniques

standardiste: personne chargée du **standard** téléphonique (*operator*). Le standard permet de desservir plusieurs **postes** (*extensions*) connectés à un petit groupe de lignes téléphoniques.

abonné: un client qui **s'abonne** (*subscribes*), qui prend un **abonnement** (*subscription*). On s'abonne à un journal, à un service, etc. On peut se faire délivrer une **carte d'abonnement** pour le théâtre ou le métro.

enregistrer: inscrire, prendre note sur un **registre** (*to record, register*). Quand on imprime des **sons** (*sounds*) sur un disque, on obtient un **enregistrement** (*recording*). Un répondeur **enregistreur** est un appareil qui enregistre des messages téléphoniques sur cassette. *Attention!*: à l'université, les étudiants **s'inscrivent** (*register*) au début de l'année scolaire; c'est le moment des **inscriptions** (*registration*). Ils ne s'enregistrent pas, excepté au laboratoire de langues, où ils peuvent le faire sur **bande** (*tape*) magnétique ou sur cassette avec des **magnétophones** (*tape recorders*). On enregistre des **émissions** (*shows*) de télévision sur des **magnétoscopes** (*VCRs*).

chez: préposition servant à indiquer un **lieu** et suivie d'un nom (chez le docteur) ou d'un pronom personnel accentué (**moi, toi, elle, lui, soi, nous, vous, elles, eux**). Dans ce cas, l'expression veut dire **à la maison, dans son pays** (*at home*).

Billets et carte d'abonnement de métro («carte orange»)

Questions

1. À qui M. Bernard Lafont veut-il téléphoner?
2. Quel numéro fait-il pour avoir son amie à Bordeaux?
3. Quelle est la conséquence de son coup de téléphone?

4. Quel est le décalage horaire entre Hong-Kong et Bordeaux?
5. Quelle est la réaction de Sylvie au coup de téléphone?
6. Pourquoi Bernard a-t-il téléphoné à Sylvie?
7. Bernard s'est trompé de date. Comment?
8. Que pense Sylvie de la situation?
9. Quelles sont les pensées de Bernard vis-à-vis de Sylvie?
10. Que répond Sylvie aux déclarations de Bernard?
11. Quelles sont les caractéristiques des liaisons téléphoniques modernes?
12. Est-ce qu'on est obligé de passer par le standard?
13. Que fait-on quand on se trompe de numéro de téléphone?
14. Que fait-on quand une ligne est occupée?
15. Que fait-on quand on ne connaît pas le numéro de téléphone de quelqu'un?
16. À quoi sert un répondeur automatique?
17. Qui met son numéro de téléphone sur la liste rouge?
18. Quels sont les avantages des cartes d'abonnement?
19. Quand demande-t-on à téléphoner en PCV?
20. Qui sont, en général, les gens qui utilisent cette méthode?

Grammaire

Le passé composé, la négation et les adjectifs et pronoms possessifs

A. Le passé composé:

1. Formation et conjugaison:
   Le passé composé comporte deux éléments:

   a. Un auxiliaire (**être** ou **avoir**).
   b. Un participe passé.

   > Nous **avons** (a) **acheté** (b) un billet.
   > Il **est** (a) **revenu** (b) jeudi.

2. Emplois:
   Le passé composé sert à indiquer:

   a. Une action passée récente:

   > J'**ai téléphoné** tout à l'heure.

   b. Une action terminée dont les conséquences sont actuelles:

   > Bernard **a oublié** le décalage horaire; il réveille Sylvie.

   c. Une vérité générale où le présent est justifié par le passé:

   > Les petits **ont** toujours **souffert** des bêtises des grands.

   Remarque: Dans la conversation usuelle, le passé composé remplace le **passé simple**, temps littéraire.

3. Choix de l'auxiliaire:

   Avoir est employé avec les verbes transitifs. **Être** est employé avec les verbes pronominaux (réfléchis et réciproques) et les verbes de mouvement comme **aller, venir, monter, descendre, partir, entrer** et **sortir**, quand ils sont intransitifs.

   Notez la différence entre les deux phrases suivantes:

   > Je **suis** monté à la chambre.
   > J'**ai** monté la valise.

4. Formes de participes passés:

   a. Le participe des verbes en **-er** se termine en **-é**:

donner: donné	composer: composé
passer: passé	sonner: sonné

   b. Le participe des verbes réguliers en **-ir** se termine en **-i**:

choisir: choisi	durcir: durci
finir: fini	grandir: grandi

   c. Le participe des autres verbes peut être en **-é, -i, -u, -is, -it** ou **-int**:

Liste de participes passés

-u	-u	-it
apercevoir: aperçu	savoir: su	conduire: conduit
attendre: attendu	taire: tu	construire: construit
avoir: eu	tendre: tendu	dire: dit
boire: bu	valoir: valu	écrire: écrit
concevoir: conçu	vendre: vendu	faire: fait
connaître: connu	vivre: vécu	instruire: instruit
convaincre: convaincu	voir: vu	traduire: traduit
croire: cru	vouloir: voulu	
défendre: défendu		**-int**
devoir: dû	**-i**	atteindre: atteint
disparaître: disparu	partir: parti	craindre: craint
étendre: étendu	sourire: souri	éteindre: éteint
falloir: fallu	suffire: suffi	joindre: joint
lire: lu	suivre: suivi	peindre: peint
plaire: plu		plaindre: plaint
pleuvoir: plu	**-is**	
pouvoir: pu	apprendre:	**-é**
recevoir: reçu	appris	être: été
reconnaître: reconnu	asseoir: assis	naître: né
rendre: rendu	mettre: mis	
	prendre: pris	

5. Accord du participe passé:

Le participe passé s'accorde en genre et en nombre avec le sujet:

a. Quand l'auxiliaire est **être**:

<u>Elles</u> sont allé**es** à Marseille.

Mais avec les verbes pronominaux, l'accord ne se fait que si le pronom réfléchi est objet *direct*:

Elles **se** sont lavé**es**. (**se** est *objet direct*)
Elle s'est lav**é** **les mains**. (l'object direct est **les mains**)
Ils **se** sont téléphon**é**. (**se** est *indirect*, donc pas d'accord)

b. Quand l'objet direct (pronom personnel ou relatif) précède le passé composé conjugué avec **avoir**:

Les billets? Je <u>les</u> ai acheté**s**.
La brochure <u>que</u> je vous ai donné**e** est intéressante.

Cette règle est importante puisqu'elle influe sur la prononciation des participes en **-is, -it** et **-int**.

Il a mis |*mi*| la table. → Il l'a mis**e** |*miz*|.
On a dit |*di*| des choses. → Les choses **qu'**on a dit**es** |*dit*|.

B. La négation:

1. Formation:

La forme négative de base se fait selon le schéma **ne** + *verbe* ou *auxiliaire* + **pas**. Devant une voyelle, **ne** devient **n'**:

Le téléphone sonne.
Tu entends la sonnerie.
Il a réveillé Sylvie.
Le téléphone **ne** sonne **pas**.
Tu **n'**entends **pas** la sonnerie.
Il **n'**a **pas** réveillé Sylvie.

Ne se place devant les pronoms personnels réfléchis, objets directs et indirects:

Elle **ne** s'est **pas** réveillée.
Je **ne** les ai **pas** vus.
Il **ne** les lui a **pas** donnés.

2. Autres expressions négatives:

Ne . . . aucun*   (*None, not . . . any*)

Je n'entends **aucun** bruit. Je n'en entends **aucun**.

Ne . . . guère   (*Not much, not many, hardly any*)

Il n'a **guère** d'amis.

Ne . . . jamais?*   (*Never, not . . . ever*)

Bernard n'oublie **jamais** l'anniversaire de Sylvie.

Ne . . . nul*   (*Not a . . .*)

Elle **ne** voit **nulle** chose qui l'intéresse.

Ne . . . pas du tout   (*Not at all*)

Elle n'aime **pas du tout** être dérangée la nuit.

Ne . . . pas encore   (*Not yet*)

Ils **ne** sont **pas encore** partis.

Ne . . . personne*   (*Nobody, not . . . anybody*)

Il n'a rencontré **personne** à l'université.

Ne . . . plus   (*No more*)

Vous n'avez **plus** de chèques de voyage?

Ne . . . point   (*Absolutely not, absolutely no*)

Il **ne** veut **point** de dérangement nocturne.

Ne . . . rien*   (*Nothing, not . . . anything*)

Nous n'avons **rien** acheté aujourd'hui.

Ne . . . que   (*Only*)

On **ne** doit téléphoner **qu'**après 8 heures.

*Ces expressions peuvent être inversées:
Aucun (bruit) **ne** le réveille.
Nulle chose **ne** t'intéresse.
Personne ne t'a téléphoné ce matin.
Jamais nous n'avons vu une chose pareille!
Les jeux sont faits; **rien ne** va plus.

3. Les articles partitifs à la négation:

   À la négation, les articles indéfinis **un, une, des** et les articles partitifs **du, de la** et **des** deviennent **de** (ou **d'** devant une voyelle ou un **h** muet):

Attendez-vous **un** collègue? Nous n'attendons pas **de** collègue.
Ont-elles loué **une** voiture? Elles n'ont pas loué **de** voiture.
Avez-vous trouvé **un** hôtel? Je n'ai pas trouvé **d'**hôtel.
As-tu reçu **des** nouvelles? Je n'ai pas reçu **de** nouvelles.
Il boit **du** vin. Elle ne boit pas **de** vin.
Vous faites **de** l'équitation? Je ne fais pas **d'**équitation.

C. Les adjectifs et pronoms possessifs:

1. Liste des adjectifs:

	Singulier		Pluriel	
	Masculin	Féminin	Masculin	Féminin
	mon	ma	mes	
	ton	ta	tes	
	son	sa	ses	
	notre	notre	nos	
	votre	votre	vos	
	leur	leur	leurs	

2. Liste des pronoms:

	Singulier		Pluriel	
	Masculin	Féminin	Masculin	Féminin
	le mien	la mienne	les miens	les miennes
	le tien	la tienne	les tiens	les tiennes
	le sien	la sienne	les siens	les siennes
	le nôtre	la nôtre	les nôtres	les nôtres
	le vôtre	la vôtre	les vôtres	les vôtres
	le leur	la leur	les leurs	les leurs

3. Emplois:

   Les adjectifs et les pronoms possessifs varient selon la personne (première, deuxième ou troisième du singulier ou du pluriel) du possesseur et s'accordent en genre et nombre avec la chose possédée. Devant une voyelle ou un **h** muet **ma, ta, sa** deviennent **mon, ton, son**.

Tiens, voilà **mon** numéro de téléphone. Tu me donnes **le tien**?
C'est **son** anniversaire. Ce n'est pas **le mien**.
C'est **son** honnêteté qui est mise en question. Ce n'est pas **la mienne**.
Votre téléphone est en dérangement. Pas **le nôtre**.
Sylvie est **son** amie. Qui est **la tienne**?
Leur amitié date de 15 ans. **La nôtre** est plus récente.

Poème

Déjeuner du matin

Jacques Prévert

Il a mis le café
Dans la tasse
Il a mis le lait
Dans la tasse de café
Il a mis le sucre
Dans le café au lait
Avec la petite cuiller
Il a tourné
Il a bu le café au lait
Et il a reposé la tasse
Sans me parler
lit   Il a allumé°
Une cigarette
rings   Il a fait des ronds°
Avec la fumée
ashes   Il a mis les cendres°
Dans le cendrier
Sans me parler
Sans me regarder
Il s'est levé
Il a mis
Son chapeau sur sa tête

Il a mis son manteau de pluie
Parce qu'il pleuvait
Et il est parti
Sous la pluie
Sans une parole
Et moi j'ai pris
Ma tête dans ma main
Et j'ai pleuré.

(*Paroles*, Éditions Gallimard)

Révision

Présent, futur et passé composé du verbe **tenir**:

je	tiens	tiendrai	ai	tenu
tu	tiens	tiendras	as	tenu
il, elle	tient	tiendra	a	tenu
nous	tenons	tiendrons	avons	tenu
vous	tenez	tiendrez	avez	tenu
ils, elles	tiennent	tiendront	ont	tenu

Structure

La possession

En plus du verbe **posséder** et des adjectifs et pronoms possessifs, on peut exprimer la possession au moyen des constructions suivantes:

1. Le verbe **appartenir** + **à** + *nom* ou *pronom personnel indirect* (m', t', lui, nous, vous, leur):

   > L'appareil ne m'**appartient** pas. Il **appartient** aux PTT.
   > Est-ce que ces affaires t'**appartiennent**?

2. Le verbe **être à** + *pronom personnel disjonctif* (moi, toi, lui, elle, nous, vous, eux, elles):

   > Les bagages que tu vois dans le hall **sont à elle.**
   > L'annuaire **est à eux.** Il n'**est** pas **à moi.**

3. La préposition **de:**

   > Le frère **de** Bernard habite Bourges.
   > Demain est l'anniversaire **de** Sylvie.

   Cas: Léon (m.) possède une <u>valise</u> (f.), Marie (f.) un <u>parapluie</u> (m.). On peut exprimer la possession des façons suivantes:

Léon	*Marie*
C'est **sa** valise.	C'est **son** parapluie.
C'est **la sienne.**	C'est **le sien.**
La valise **appartient à** Léon.	Le parapluie **appartient à** Marie.
La valise **lui appartient.**	Le parapluie **lui appartient.**
La valise **est à lui.**	Le parapluie **est à elle.**
C'est la valise **de** Léon.	C'est le parapluie **de** Marie.

Notes culturelles

Au téléphone

A. Le téléphone en France:

En France, le service du téléphone est assuré par l'Administration des Postes et Télécommunications désignée par l'ancien sigle[1] PTT (Postes, Télégraphes et Téléphones). Les PTT ont fait de gros efforts d'investissement pour moderniser l'équipement téléphonique et les réseaux urbains, interurbains et ruraux. Les trois-quarts des résidences ont le téléphone. Le nombre des abonnés était de 15 millions en 1980 et doit doubler en 1990. On a commencé, à titre d'essai[2], l'installation de « visiophones » (téléphones avec écran vidéo). On a également installé le Minitel, un annuaire informatisé que l'on peut consulter grâce à des terminaux placés dans les bureaux de postes. Les personnes sans téléphone peuvent téléphoner à partir de[3] la poste ou d'une cabine téléphonique.

Quand on téléphone à un bureau[4] ou un service disposant de[5] plusieurs appareils, on passe par un standard. La personne qui s'en occupe, ou standardiste, demande quel est le poste qu'on désire toucher. En attendant de vous passer le poste demandé, elle vous dit: « Ne quittez pas[6], s'il vous plaît! »

Si l'on a un répondeur automatique, on peut enregistrer, à l'intention des correspondants, un message du type suivant: « Bonjour! Vous êtes chez Roland Duval. Je serai de retour vers 19 heures. Veuillez laisser[7] vos nom, numéro de téléphone et, si vous le désirez, un message. Parlez après le top[8]. Merci! À bientôt! » Les Français donnent un numéro par groupes (trois et deux): 419.76.35 = quatre-cent-dix-neuf/soixante-seize/trente-cinq.

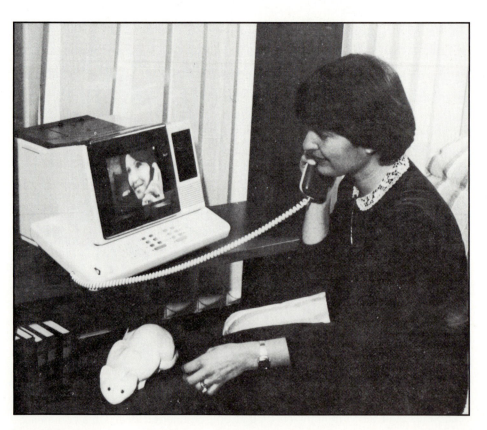

Le visiophone

Un standard téléphonique

B. Expressions exclamatives:

Dans la conversation ordinaire, les Français peuvent exprimer des réactions ou des sentiments par des expressions exclamatives usuelles du genre:

1. Surprise, incrédulité, étonnement:

   Ça alors!   Pas possible!?   Tiens?!?[9]
   Non?!?!?   Vraiment?

2. Encouragement, enthousiasme:

   Allez-y! Vas-y! (Exemple sportif: Allez les Bleus!)   Bis![10]
   Bravo!   Formidable!   Oui!!!

3. Déception[11]:

   Quel dommage![12]   Quelle pagaille![13]   Ça alors![14]
   Mince![15]   Zut![15]

4. Accord ou assentiment:

   Bien sûr!   Entendu!   D'accord!
   Parfait!   O.K.!

5. Désaccord, mécontentement, pointe de colère:

Dites donc![16]   Et alors![17]
Ah! ça non![18]   Vous exagérez!
Quelle blague![19]   Tu parles![20]   Ça suffit!

6. Pour attirer l'attention de quelqu'un:

Formes polies:

Pardon, Monsieur! (Madame!)

Les formes suivantes sont moins polies:

Hé! vous là-bas!   Psstt!   Dites donc![21]

Glossaire

1. **sigle** (m.): *acronym, set of initials*
2. **à titre d'essai**: *on a trial basis*
3. **à partir de**: *from*
4. **bureau** (m.): *office*
5. **disposer de**: *to have at one's disposal*
6. **Ne quittez pas!**: *Hold on!*
7. **laisser**: *to leave*
8. **top** (m.): *beep*
9. **Tiens!**: *Really! You don't say!*
10. **Bis!**: *Encore!*
11. **déception** (f.): *disappointment*
12. **Quel dommage!**: *What a pity! Too bad!*
13. **Quelle pagaille!**: *What a mess!*
14. **Ça alors!**: *What a bummer!*
15. **Mince! Zut!**: *Shoot! Darn!*
16. **Dites donc!**: *Come on! Wait a minute!*
17. **Et alors!**: *Is that so!*
18. **Ah! ça non!**: *Hold it! That's far enough!*
19. **Quelle blague!**: *What a joke!*
20. **Tu parles!**: *Yeah!*
21. **Dites donc!**: *Hey, you there!*

Questions sur les Notes culturelles

1. Par quel sigle désigne-t-on l'administration qui assure le service du téléphone en France?
2. Quels efforts cette administration fait-elle en matière d'investissement?
3. Quelle est l'évolution du nombre des abonnés du téléphone en France? Qu'est-ce qu'un visiophone?
4. Qu'est-ce que le Minitel? Où peut-on le consulter?
5. D'où peut-on téléphoner quand on n'a pas le téléphone chez soi?

6. Que vous disent les standardistes quand vous demandez le poste de quelqu'un au téléphone?

7. Quel type de message pouvez-vous enregistrer sur votre répondeur automatique?

8. Comment un Français exprimera-t-il le numéro de téléphone suivant: 359.18.46?

9. Quels sentiments les expressions suivantes indiquent-elles: « Tiens? », « Quel dommage! » « Bien sûr! » « Vas-y! »?

10. Avec quelles expressions peut-on indiquer un mécontentement?

Exercices

A. Complétez le dialogue suivant:

Mme Delpias: Allô! j'écoute!

Un inconnu: _____?

Mme Delpias: Monsieur, il n'y a personne ici du nom de Renée.

L'inconnu: _____?

Mme Delpias: Vous vous êtes trompé de numéro, Monsieur.

L'inconnu: _____.

Mme Delpias: Je vous en prie, Monsieur, Ce n'est pas grave.

B. Complétez les phrases suivantes en vous inspirant du texte:

1. Les _____ modernes sont faciles avec _____ du globe.
2. On peut _____ quelqu'un sans passer par le _____.
3. Si l'on _____ de numéro, on doit _____.
4. Les _____ qui se trompent, _____ sans s'excuser.
5. Si l'on ne connaît pas _____, on consulte _____.
6. Certains _____ installent des _____ pour enregistrer les appels pendant leur absence.
7. Pour téléphoner à partir d'_____, il faut avoir des _____.
8. Si l'on n'a pas d'argent pour _____, on demande la communication en _____.
9. Pour donner un _____ à l'étranger, il faut connaître l'_____ international.
10. N'oubliez pas le _____ quand vous demandez une _____ téléphonique avec les États-Unis ou la Chine.

C. Mettez les verbes des phrases suivantes au passé composé:

1. Sylvie et Bernard sortent ensemble.
2. Ils se téléphonent tous les jours.
3. Nous faisons installer le téléphone chez nous.
4. Vous ne consultez pas l'annuaire de la ville?

5. Je me trompe de numéro.
6. Robert s'excuse de s'être trompé.
7. Solange va à la poste envoyer un télégramme.
8. Elle doit sûrement se tromper de numéro.
9. Il ne veut pas la réveiller.
10. Nous revenons dimanche.
11. Il faut aller au bureau de poste.
12. Tu éteins la lumière en sortant.
13. Les PTT conçoivent un important programme de modernisation.
14. Je ne connais personne de ce nom-là.
15. En Bourgogne, nous buvons du bon vin.
16. Croyez-vous en sa bonne volonté?
17. Marcel prend le premier train à destination de Strasbourg.
18. Elles peuvent envoyer un télégramme par téléphone.
19. Sait-il sa leçon par cœur?
20. Est-ce que vous vous plaignez de son comportement?

D. Mettez les verbes des phrases suivantes à la forme négative:
1. Il est allé à Hong-Kong.
2. Nous avons acheté ce répondeur.
3. Ils se sont lavé les mains.
4. Vous avez composé le bon numéro.
5. Louis a entendu sonner le téléphone.
6. Je suis parti en voyage.
7. Tu t'es trompé de numéro.
8. Annette s'est réveillée en pleine nuit.
9. Nous avons attendu votre coup de fil.
10. Elles ont vendu leur propriété.

E. Remplacez les mots soulignés par les pronoms personnels **le, la, les** que vous placerez convenablement. Faites les changements nécessaires:
1. J'ai aussitôt obtenu la communication.
2. Elle a bien dit ces mots-là.
3. Nous avons pris la voiture.
4. Ils ont oublié les numéros de téléphone.
5. Tu as monté la valise à sa chambre.
6. Vous avez perdu les cartes d'abonnement.
7. Elles ont aperçu leurs amis.
8. J'ai su toutes les réponses.
9. Nous avons pris les dispositions nécessaires.
10. Ils ont choisi cette formule bon marché.

F. Complétez les phrases suivantes en mettant le verbe donné au passé composé et à la forme négative:

1. Vous me _____ que la poste était fermée? (dire)
2. Pierre _____ à quel numéro me téléphoner. (savoir)
3. Il _____ de parler de son voyage à Hong-Kong. (finir)
4. Nous _____ de répondeur enregistreur. (installer)
5. Vous _____ de numéros. (se tromper)
6. Je _____ au travail de bonne heure. (partir)
7. Elle _____ consulter l'annuaire de la ville. (vouloir)
8. Ils _____ mon numéro de téléphone. (obtenir)
9. J' _____ absent de mon bureau ce jour-là. (être)
10. Nous _____ à Paris pour rester à l'hôtel. (venir)

Page d'un annuaire

G. Mettez les phrases suivantes à la forme négative en remplaçant les mots soulignés par **aucun, jamais, personne, plus** et **rien**:

   1. J'ai vu <u>quelqu'un</u> à la poste, ce matin.
   2. Il a <u>toujours</u> adoré Saint-Saëns.
   3. <u>Tout</u> marche comme il faut aujourd'hui.
   4. Vous avez noté <u>tous les</u> numéros de téléphone.
   5. <u>Quelqu'un</u> a tiré la sonnette d'alarme.
   6. <u>Tout</u> m'a plu dans cette ville.
   7. Nous irons <u>toujours</u> en vacances avec eux.
   8. Sylvie a eu <u>des</u> doutes sur les intentions de Bernard.
   9. <u>Toute</u> chose nouvelle m'étonne.
 10. J'aime <u>encore</u> le son du cor, le soir au fond des bois.

H. Mettez les phrases suivantes à la forme négative:

   1. Il a demandé des renseignements.
   2. J'ai pris de la limonade.
   3. Vous avez acheté une voiture américaine.
   4. Nous avons reçu des étudiants étrangers.
   5. Louise a trouvé du travail.
   6. Ils ont préparé un ordre du jour.
   7. Vous avez une idée intéressante.
   8. Tu as présenté un projet d'accord.
   9. J'ai eu des difficultés.
 10. Elles ont choisi un numéro.

I. Complétez les phrases suivantes selon le modèle donné:

     La valise est à moi. C'est _____.
     C'est **ma** valise.

   1. Les bagages sont à moi. Ce sont _____.
   2. Cette place est à lui. C'est _____.
   3. L'enfant est à elle. C'est _____.
   4. Les cigarettes sont à toi. Ce sont _____.
   5. L'agence Héniste est à nous. C'est _____.
   6. Les billets de cinéma sont à vous. Ce sont _____.
   7. L'hôtel du coin est à eux. C'est _____.
   8. La belle voiture est à elles. C'est _____.
   9. Le passeport est à moi. C'est _____.
 10. Les serviettes sont à eux. Ce sont _____.

J. Remplacez les phrases données par des phrases équivalentes selon le modèle
   suivant:

La voiture neuve est à moi.
La voiture neuve m'appartient. C'est la mienne!

1. Les papiers d'identité sont à moi.
2. Le jeton est à lui.
3. La carte est à elle.
4. L'argent gagné est à nous.
5. Les pièces de monnaie sont à vous.
6. Les affaires sont à toi?
7. L'ordinateur est à eux.
8. Les vêtements bleus sont à nous.
9. Les listes d'achat sont à elles.
10. Les journaux sont à vous.

K. Remplacez dans les phrases suivantes le pronom possessif par le nom entre parenthèses précédé de l'adjectif possessif correspondant. Employez le modèle suivant:

J'ai perdu le mien. (passeport)
J'ai perdu mon passeport.

1. Nous avons les nôtres. (billets)
2. Elles cherchent les leurs. (bagages)
3. Tu pourrais faire le mien. (travail)
4. Est-ce que vous connaissez les miennes? (préférences)
5. Non, je n'ai pas vu la tienne. (valise)
6. Je pourrais prendre les vôtres. (réservations)
7. La sienne n'est pas au courant. (femme)
8. Le leur ne comprend pas l'hébergement. (billet)
9. Voudriez-vous contrôler le sien. (horaire)
10. Le mien n'est pas cher. (tarif)

L. Réagissez aux déclarations suivantes par des expressions exclamatives selon les indications données entre parenthèses:
1. Bernard m'a téléphoné de Hong-Kong! (Surprise)
2. J'ai branché un répondeur automatique sur mon téléphone! (Enthousiasme)
3. Raymond m'a donné un coup de fil, mais j'étais absente. (Déception)
4. Laissez mon annuaire là où il est! (Désaccord)
5. Il dit qu'il ne connaît pas mon numéro de téléphone! (Incrédulité)
6. Il ne vous a pas entendu! (Attirer l'attention poliment)
7. Nous avons fait du bon travail! (Satisfaction)
8. Le réseau téléphonique français a été modernisé. (Incrédulité)
9. Sylvie n'a pas pu aller en Chine avec Bernard. (Déception)
10. Vous me téléphonerez en PCV quand vous arriverez. (Accord)

M. Vous avez la parole: communication à partir de mots-clés.

   Situation: Vous téléphonez au secrétariat de l'Institut d'Anglais pour contacter le professeur Duteil responsable de l'accueil des étudiants américains. Jouez les rôles selon les indications données.

La/le secrétaire: salutation téléphonique; indiquer nom institut, nom secrétaire « à l'appareil ».

L'étudiant(e): salutation; vouloir parler à Mme Duteil.

La/le secrétaire: demander de la part de qui, s.v.p.?

L'étudiant(e): donner nom et qualité [étudiant(e)].

La/le secrétaire: dire de ne pas quitter; . . . absence réponse Mme Duteil; demander étudiant(e) vouloir laisser message?

L'étudiant(e): réponse négative; demander numéro téléphone maison Mme Duteil.

La/le secrétaire: regretter: numéro sur liste rouge.

L'étudiant(e): demander heures Mme Duteil présence bureau?

La/le secrétaire: donner heures et jours semaine.

L'étudiant(e): remercier; indiquer intention retéléphoner; salutation!

N. Traduisez:

En anglais:

1. La ligne est occupée. Raccrochez et rappelez dans un instant.
2. Je m'excuse, j'ai fait le mauvais numéro.
3. Pourriez-vous me passer la communication en PCV avec le 22 à Asnières?
4. Avec un répondeur automatique, finis les coups de téléphone à 2 heures du matin!
5. Attendez un instant! Je vais vous brancher sur le réseau interurbain.

En français:
1. You can use coins and dial the number directly from a booth.
2. Please do not hang up; I will connect you with the international switchboard.
3. I would like to charge this call to my own account.
4. Impolite people call at any hour of the night without apologizing.
5. She was asleep when the telephone rang. She lifted the receiver and answered with a sleepy voice.

Code alphabétique des PTT

Pour épeler des noms difficiles et éviter la confusion entre certaines lettres, les PTT recommandent le code suivant:

A comme Anatole
B comme Berthe
C comme Célestin
D comme Désiré
E comme Eugène
É comme Émile
F comme François
G comme Gaston
H comme Henri

I comme Irma
J comme Joseph
K comme Kléber
L comme Louis
M comme Marcel
N comme Nicolas
O comme Oscar
P comme Pierre
Q comme Quintal

R comme Raoul
S comme Suzanne
T comme Thérèse
U comme Ursule
V comme Victor
W comme William
X comme Xavier
Y comme Yvonne
Z comme Zoé

Indicatifs internationaux de quelques pays

Algérie:	213	Japon:	81
Allemagne Féderale:	49	Luxembourg:	352
Autriche:	43	Maroc:	212
Belgique:	32	Norvège:	47
Brésil:	55	Pays-Bas:	31
Canada:	1	Pologne:	48
Danemark:	45	Portugal:	351
Espagne:	34	Royaume-Uni	44
États-Unis:	1	Suède:	46
Grèce:	30	Suisse:	41
Israël:	972	Tunisie	216
Italie:	39		

Chapitre 4

L'appétit vient en mangeant.
Rabelais, *Gargantua*

Au Restaurant

Situation

M. Chapuis a invité son collègue, M. Johnson, à dîner au restaurant Le **Bec** Fin où il a réservé une table pour 7 heures et demie. À leur arrivée, le maître d'hôtel les accueille.

Dialogue

Au **Bec** Fin

Le maître d'hôtel: Bonsoir, Messieurs!

M. *Chapuis:* Bonsoir, Monsieur! Nous avons une réservation au nom de Chapuis, Robert Chapuis.

Le maître d'hôtel: M. Chapuis . . . en effet. Une table pour deux personnes. Par ici, si'il vous plaît. Voici votre table. Si vous voulez bien prendre place.

M. *Chapuis:* Je vous remercie. Pourriez-vous nous apporter la carte des **vins,** je vous prie.

Le maître d'hôtel: Certainement, Monsieur. Le sommelier[1] vous l'apporte tout de suite. Le **garçon** vous apportera le menu. Voudriez-vous un **apéritif,** Messieurs?

M. *Johnson:* Moi, je prendrais bien un Dubonnet.

Le maître d'hôtel: Bien sûr, Monsieur. Et Monsieur?

M. *Chapuis:* Il fait chaud et j'ai soif! Je prendrais un Pernod.

Le maître d'hôtel: Mais certainement, Monsieur.

QUELQUES MINUTES PLUS TARD

M. *Johnson:* Ce menu est très varié. Je ne sais pas vraiment par quoi commencer. Un **hors-d'œuvre** ou un **potage.** . . .

Le maître d'hôtel: Notre soupe à l'oignon[2] est excellente. C'est une spécialité de la maison.

M. Johnson: Eh! bien, ce sera une soupe à l'oignon pour moi.

M. Chapuis: Vous savez, l'oignon ne me dit pas grand-chose[3]. Une **bisque d'écrevisse** ne me déplairait[4] pas.

Le maître d'hôtel: Et comme entrée?

M. Johnson: Le **tronçon de turbot Normandie**[5] me tente[6]. Après ça, j'aimerais bien la **noisette d'agneau** avec des asperges[7].

Le maître d'hôtel: Bien, Monsieur! Et Monsieur?

M. Chapuis: La truite[8] braisée au vin blanc semble **appétissante**. Ce sera la truite pour moi. Ensuite, le filet mignon grillé avec des haricots[9] verts.

Le maître d'hôtel: Comment voulez-vous le filet? Bleu[10], saignant[11], à point[12], bien cuit[13]?

M. Chapuis: Plutôt[14] saignant. Pour le reste, nous verrons. Pour le vin, nous commencerons par un Riesling d'Alsace.

Le maître d'hôtel: Très bien, Monsieur.

À LA FIN DU REPAS

M. Chapuis: Monsieur, **l'addition**, s'il vous plaît.

Le maître d'hôtel: Mais bien sûr, Monsieur, je reviens dans un instant. . . . Voilà, Monsieur. J'espère que votre repas a été agréable.

M. Chapuis: La truite était délicieuse. Le filet aurait pu être un peu plus tendre. Mais dans l'ensemble, ça allait. Tenez, voilà ma carte de crédit.

Menu d'un petit restaurant parisien

Restaurant "Chez René"
Menu du jour

Entrée:
Pâté de foie (7,50 F)
Crêpe au crabe (10,50 F)
Escargots de Bourgogne (15,00 F)

Soupe:
Le bouillon de boeuf (7,50 F)
Le potage au riz (11,00 F)
La crème de céleri (13,00 F)

Plat principal:
Le bifteck —Frites (25,00 F)
Le poulet à la crème — Croquettes de pommes de terre (35,00 F)
Le filet de sole au vin blanc — Epinards à la crème (41,00 F)

Salade:
Coeur de laitue vinaigrette (5,50 F)
Salade de chicorée et romaine (6,50 F)
Salade d'endives et cresson (9,00 F)

Fromages:
Plateau de fromages assortis (15,00 F)

Desserts:
Les fraises au vin (8,50 F)
La couronne d'ananas (5,50 F)
La mousse au chocolat (12,00 F)

SERVICE 15% COMPRIS — BOISSONS EN SUS
"Chez René" Place de la Liberté — 75014 PARIS

Texte

Les rouages[15] d'un restaurant

La liste détaillée des **plats** servis par un restaurant constitue le menu. Le(s) menu(s) proposé(s) par un restaurant dépend(ent) de sa qualité. En dehors du service à la carte, les restaurants français proposent d'ordinaire plusieurs types de menus:

1. Le menu gastronomique pour ceux qui aiment manger. Il comporte un grand choix de mets[16]. Ce menu est cher.
2. Le menu touristique avec un choix plus limité. La **boisson** et le service sont compris[17]. Le prix est raisonnable.
3. Le menu du jour qui peut être le seul choix, surtout dans les petits restaurants. Son prix est fixe et comprend le couvert[18] mais pas le service.

Un menu type comprend:

1. Des hors-d'œuvre ou une soupe ou un potage (le soir)
2. Une entrée, en général du poisson[19]
3. Le plat de résistance ou plat principal: de la **viande** avec une garniture[20], des légumes[21] ou des **pommes de terre**
4. Un fromage et/ou un dessert (fruits ou pâtisserie)

Le personnel d'un grand restaurant est aussi hiérarchisé que celui d'un grand hôtel. En plus du chef **cuisinier** qui fait la renommée[22] de son établissement (comme Paul Bocuse à Lyon), ce personnel comprend les employés qui entrent en contact avec les clients. Ceux-ci doivent être accueillants, polis et bien **formés.**

Le bon maître d'hôtel sait accueillir les clients et reconnaître les habitués[23]. Il peut recommander un menu, suggérer un plat, ou expliquer à un client comment est préparé un plat. C'est lui qui remplace le patron[24] du restaurant pendant son absence.

Le sommelier expérimenté sait discrètement proposer les vins qui conviennent aux plats commandés surtout quand il a affaire[25] à des clients étrangers qui ne connaissent pas les habitudes gastronomiques du pays. Il **débouche** la bouteille de vin avec un tire-bouchon et sert le vin choisi qui a été préalablement goûté[26] par le client. Si le client n'est pas content du vin servi, le sommelier s'assure que le client est satisfait en lui apportant une autre bouteille.

Le chef de rang[27] est responsable d'un groupe de tables ou « rang » (5 à 10 tables). Plusieurs rangs (en général trois) constituent un « carré ». Ce chef a un à deux garçons sous ses ordres. Ceux-ci aident les clients à s'asseoir et leur remettent le menu. Ils s'occupent de trois à cinq tables. Le chef de rang prend note des mets et des boissons commandés par les clients, leur présente les plats et découpe[28] les viandes. C'est lui aussi qui prépare l'addition.

Les commis[29] sont les employés au bas de l'échelle[30] du personnel. Ils apportent les plats de la cuisine à la salle à manger et débarrassent[31] les tables.

Le personnel doit avoir une tenue[32] impeccable, du tact et toujours le sourire. La familiarité est à éviter[33]. Il doit savoir répondre aux questions des clients et les conseiller sans les gêner. Un bon pourboire est la preuve que le client est content. Un client satisfait est un client fidèle.

Paul Bocuse et son personnel devant son restaurant

Glossaire

1. **sommelier** (m.): *wine steward*
2. **oignon** (m.): *onion*
3. **ne me dit pas grand-chose**: *does not appeal to me*
4. **déplaire**: *to displease*
5. **tronçon** (m.) **de turbot Normandie**: *piece of (fried) halibut*
6. **tenter**: *to tempt*
7. **asperge** (f.): *asparagus*
8. **truite** (f.): *trout*
9. **haricots** (m.): *beans*
10. **bleu**: *rare (meat)*
11. **saignant**: *medium rare*
12. **à point**: *medium*
13. **bien cuit**: *well done*
14. **plutôt**: *rather*
15. **rouages** (m.): *cogwheels, inner movement*
16. **mets** (m.): *dishes, foods*
17. **compris**: *included*
18. **couvert** (m.): *setting, cover charge*
19. **poisson** (m.): *fish*
20. **garniture** (f.): *garnish*
21. **légumes** (m.): *vegetables*
22. **renommée** (f.): *fame, reputation*
23. **habitué** (m.): *regular (customer)*
24. **patron** (m.): *boss*
25. **avoir affaire à**: *to deal with*
26. **goûté**: *tasted*
27. **chef de rang** (m.): *head waiter*
28. **découper**: *to carve*
29. **commis** (m.): *busboys*
30. **échelle** (f.): *ladder*
31. **débarrasser**: *to clear*
32. **tenue** (f.): *behavior, bearing; uniform*
33. **éviter**: *to avoid*

Vocabulaire

bec (m.): le **bec** est la **bouche** (*mouth*) d'un oiseau (*bird*). En gastronomie, les deux mots sont communément employés comme synonymes. Une **fine bouche** est une personne qui sait manger; avoir un **bon coup de fourchette** est être gros mangeur.

vin (m.): boisson alcoolisée (*alcoholic beverage*) obtenue par la fermentation du **jus** (*juice*) de **raisin** (*grapes*). Le raisin est le fruit de la **vigne** (*grapevine*). Un champ de vigne est un **vignoble** (*vineyard*). Les vins sont classés en trois grandes catégories: les vins **rouges**, les vins **blancs** et les vins **rosés**. Les vins qui fermentent dans la bouteille et qui ne sont pas produits en Champagne sont dits **mousseux** ou **pétillants** (*sparkling*). Les vins sont classés en quatre catégories:

- Vins d'appellation d'origine contrôlée (AOC) ou grands crus
- Vins délimité de qualité supérieure (VDQS) ou vins de marque
- Vins de pays
- Vins de consommation courante (VCC) ou vins ordinaires

garçon (m.): la personne qui **sert** dans un café, bar ou restaurant. On emploie aussi le mot **serveur** (*waiter*). (Quand c'est une femme, c'est une **serveuse**.)

On mange bien ici
Vendanges dans un vignoble des Pyrénées (à gauche)

apéritif (m.): une boisson, généralement alcoolisée, prise avant le repas. Exemples: le Banyuls, le Cinzano, le Dubonnet, le Martini qui sont des vins cuits (*cooked*) **doux**. Le Pernod et le Ricard sont des anisettes (liqueurs à base d'anis) que l'on boit en y ajoutant de l'eau bien fraîche. En dehors du café, une boisson que l'on prend à la fin du repas est en général un **digestif**, une liqueur ou un alcool comme le **cognac** que l'on prend après le café (d'où son appellation commune de **pousse-café**).

hors-d'œuvre (m. inv.): le hors-d'œuvre est un petit plat froid que l'on sert au début du repas. Ce plat peut être des **crudités** [carottes, céleri, tomates, etc. **crus** (*raw*)] ou de la **charcuterie** (*pork cuts*). Quand ce type de plat est un petit sandwich ou un biscuit salé servi avec l'apéritif ou un cocktail, on le désigne par **amuse-gueule** (m. inv.) (*appetizer*). Une **assiette anglaise** est un assortiment de viandes froides servi comme plat principal.

potage (m.): bouillon de légumes ou de viande. On cultive des légumes pour usage personnel dans un jardin **potager**. On se sert d'herbes **potagères** pour la cuisine.

bisque (f.) **d'écrevisse** (f.): une soupe crémeuse préparée à partir de **crustacés** d'eau douce (*fresh-water shellfish; crayfish*). Parmi les crustacés de mer, on trouve le **homard** (*lobster*) qui est souvent préparé à l'**armoricaine**, c'est-à-dire à la mode de Bretagne (*Breton style*) et non « à l'américaine » comme beaucoup de gens le disent, la **langouste** (*spiny lobster*), les **langoustines** (*Norway lobsters, Dublin bay prawn*), les **crevettes** (*shrimp*) et le **crabe**. À Tahiti il existe des crevettes d'eau douce qu'on appelle **chevrettes**. On achète le **poisson**, les crustacés et les **fruits de mer** (*seafood*) dans une **poissonnerie** (*fish market*).

Marchande de poissons à Marseille

tronçon (m.) **de turbot Normandie**: un morceau de poisson frit dans du beurre (*butter*) avec des tomates, des aubergines (*eggplant*) et du homard.

noisette (f.) **d'agneau** (m.): des morceaux d'agneau (*lamb*) sans **os** (*bones*) ni **gras** (*fat*). Une **noisette** (*hazelnut*) est une petite **noix** (*nut*). Par analogie, on utilise ces termes pour désigner la partie centrale de la **viande** (*meat*) provenant des muscles lombaires: **noix de veau** (*round of veal*) ou de **bœuf** (*beef*). Un agneau est un jeune **mouton** (*sheep*). La femelle du mouton, la **brebis**, donne du **lait** (*milk*) avec lequel on fait du fromage comme celui de Roquefort. Le bleu d'Auvergne est fait de la même manière que le Roquefort, mais avec du lait de **vache** (*cow*). Le mouton mâle est le **bélier** (*ram*).

appétissant: qui donne de l'appétit. On dit « Bon appétit! » (*Have a good meal!*) à des gens qui mangent ou qui vont manger.

repas (m.): aliment ou nourriture pris à un moment donné de la journée. Faire un repas (*to take a meal*) n'est pas le **préparer** mais le **consommer**. Il y a trois principaux repas: le **petit déjeuner** (*breakfast*) ou repas du matin, le **déjeuner** (*lunch*) ou repas de midi, le **dîner** (*dinner*) ou **souper** (plus léger) ou repas du soir (*supper*).

addition (f.): la feuille de papier sur laquelle on a **additionné** les prix des plats et boissons qu'on a consommés au restaurant (*check*). L'équivalent dans un hôtel (ou total des dépenses) est la **note**. Dans un magasin, le montant des **achats** (*purchases*) est inscrit sur une **facture**. Le mot anglais *bill* traduit les trois mots français **addition**, **note** et **facture**.

Les fruits de mer

plat (m.): récipient (*vessel*) à fond plat sur lequel on sert des **aliments** ou **nourriture** (*food*); cette pièce de **vaisselle** (*dishes, china*) est plus grande qu'une **assiette** (*plate*); le contenu (*contents*) du récipient. Un **petit plat** est une petite spécialité culinaire. Quand on veut faire honneur à des **invités** (*guests*), on « met les petits plats dans les grands » (*one uses the good china*).

boisson (f.): action de **boire** (*to drink*); ce que l'on **boit** (*beverage, drink*). Il y a des **boissons alcoolisées** (*alcoholic drinks*) et des **boissons non alcoolisées** (*soft drinks, non-alcoholic beverages*). Celui qui boit est un **buveur** (*drinker*). Les cafés, bars et autres établissements de ce genre sont des **débits** (*outlets*) **de boisson**. Les boissons et autres aliments vendus par ces établissements sont désignés par le terme de **consommations**. Le **pourboire** désignait, à l'origine, la petite somme d'argent que l'on donnait à quelqu'un *pour boire* quelque chose.

viande (f.): **chair** (*flesh*) d'un animal. On l'achète dans une **boucherie** (*butcher shop*). Ce peut être du **bœuf**, du **veau**, du **mouton** (*mutton*) ou de l'**agneau** (*lamb*). La viande de **porc** (*pork*) [ou **cochon** (*pig, hog*)] est vendue dans une **charcuterie** (*pork butcher shop*). Le **poulet** (*chicken*) est vendu par le marchand de **volaille** (*poultry*) qui vend également des **œufs** (*eggs*). Le **gibier** (*game*) est la viande d'**animaux sauvages**. Il existe en France des **boucheries chevalines** (*horsemeat shops*), ce qui étonne beaucoup les étrangers, surtout les Américains.

pomme de terre (f.): tubercule avec lequel on fait des **frites** (*French fries*) ou de la **purée de pomme de terre** (*mashed potato*). Les **pommes rissolées** sont des pommes de terre rôties.

cuisinier: la personne qui fait **cuire** (*cook*) les aliments dans la **cuisine** (*kitchen*). Le résultat de ce travail est aussi la **cuisine** (*cooking*). La France est connue pour sa bonne cuisine. Un plat bien préparé est un **plat cuisiné**. La **cuisinière** (*stove*) n'est pas nécessairement celle qui travaille dans la cuisine; c'est, en général, l'appareil sur lequel on **fait cuire** les aliments. L'action de cuire ou faire cuire est la **cuisson** (*cooking*).

formé: qui a reçu une **formation** (*training*), un enseignement théorique et pratique sous la direction d'instructeurs ou **formateurs**. Quand on apprend un **métier** (*profession, skill*) en le pratiquant, il s'agit d'une **formation sur le tas** (*on-the-job training*). Quand on continue de se perfectionner tout en travaillant, on participe à la **formation continue** (*continuing education*).

déboucher: enlever un **bouchon** (*plug, cork*). Les bouchons sont traditionnellement faits de **liège** (*cork*). On se sert d'un **tire-bouchon** (*corkscrew*) pour déboucher une bouteille. Quand on laisse fermenter le cidre en bouteille, on obtient du cidre **bouché**.

Questions

1. Où va M. Johnson? Pourquoi?
2. Qui les accueille à leur arrivée au restaurant?
3. Que boivent-ils avant le repas?

4. Que leur propose le maître d'hôtel pour commencer le repas?
5. Est-ce qu'ils choisissent la même chose?
6. Que prennent-ils comme entrée?
7. Comment M. Chapuis veut-il son filet mignon?
8. Quel vin M. Chapuis choisit-il pour commencer le repas?
9. Que demande M. Chapuis à la fin du repas?
10. Comment a-t-il trouvé son repas?
11. De quel moyen de paiement se sert-il?
12. Qu'appelle-t-on menu? De quoi dépend-il?
13. Quels types de menus peut-on trouver dans un restaurant?
14. Que comprend un menu type?
15. Qui fait, ou ne fait pas, la renommée d'un restaurant?
16. Que doit savoir faire un maître d'hôtel?
17. Quel est le travail du sommelier?
18. Qui prend note des mets et boissons commandés?
19. Que font les garçons et les commis de cuisine?
20. Quelles qualités le personnel d'un restaurant doit-il avoir?

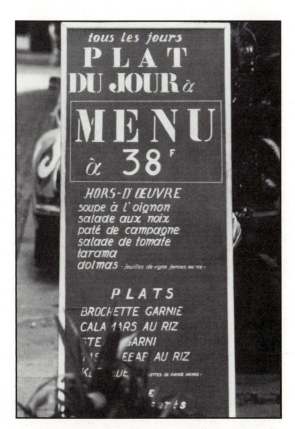

Menu d'un restaurant populaire

Grammaire

A. L'imparfait de l'indicatif:

1. Formation et conjugaison:

a. Terminaisons de l'imparfait:

Singulier		Pluriel	
je	**-ais**	nous	**-ions**
tu	**-ais**	vous	**-iez**
il/elle, on	**-ait**	ils/elles	**-aient**

Le radical à employer est généralement l'infinitif sans sa terminaison (-er, -ir, -oir, -re ou -dre, -tre)*. Pour les verbes en **-ir** réguliers comme **choisir** et les verbes en **-aître**, on ajoute **-iss** ou **-ss** au radical.

b. Imparfait de quelques verbes usuels—**avoir, être, finir, partir, connaître:**

je/j'	avais	étais	finissais	partais	connaissais
tu	avais	étais	finissais	partais	connaissais
il/elle	avait	était	finissait	partait	connaissait
nous	avions	étions	finissions	partions	connaissions
vous	aviez	étiez	finissiez	partiez	connaissiez
ils/elles	avaient	étaient	finissaient	partaient	connaissaient

2. Emplois:

L'imparfait sert à indiquer:

a. Une action en cours au moment où une autre a eu lieu:

Patrick mangeait quand nous sommes arrivés.

b. Une action qui dure dans le passé:

Elle vivait à Paris et travaillait chez IBM France.

c. Une action habituelle dans le passé:

Nous nous promenions tous les soirs sur la plage.

d. Une action présente dont on veut atténuer l'importance:

Je voulais vous demander votre avis là-dessus.

e. Des souhaits, regrets, des suggestions ou conditions avec **si:**

Si nous allions à l'auberge du «Chat qui Pelote»?
Français! Si vous saviez!
Si jeunesse savait, si vieillesse pouvait! (Henri Estienne)
Si j'avais le temps, j'irais en Irlande.

Radicaux irréguliers: asseoir: **assoy-** ou **assey-**; boire: **buv-**; coudre: **cous-**; craindre: **craign-**; dire: **dis-**; écrire: **écriv-**; faire: **fais-**; fuir: **fuy-**; joindre: **joign-**; lire: **lis-**; plaire: **plais-**; résoudre: **résolv-**; suffire: **suffis-**; taire: **tais-**; voir: **voy-**.

Remarque: On peut exprimer qu'une action était en cours (forme progressive) avec **être en train de** + *verbe.*

Vous **dormiez.** → Vous **étiez en train de** dormir.
Il **mangeait.** → Il **était en train de** manger.

B. Le conditionnel:

1. Formation et conjugaison:

a. Le présent du conditionnel:

Le présent du conditionnel s'obtient en ajoutant les terminaisons de l'**imparfait** au radical du **futur** (cf. Chapitre 2, pages 25–48):

Conditionnel présent des verbes **aimer, choisir, vouloir, recevoir:**

je/j'	aime**rais**	choisi**rais**	voud**rais**	recev**rais**
tu	aime**rais**	choisi**rais**	voud**rais**	recev**rais**
il/elle, on	aime**rait**	choisi**rait**	voud**rait**	recev**rait**
nous	aime**rions**	choisi**rions**	voud**rions**	recev**rions**
vous	aime**riez**	choisi**riez**	voud**riez**	recev**riez**
ils/elles	aime**raient**	choisi**raient**	voud**raient**	recev**raient**

b. Le passé du conditionnel*:

Conditionnel présent d'**avoir** ou **être** + *participe passé:*

	vouloir			**partir**	
j'	aurais	voulu	je	serais	parti
tu	aurais	voulu	tu	serais	parti
il/elle, on	aurait	voulu	il/elle, on	serait	parti(e)
nous	aurions	voulu	nous	serions	partis
vous	auriez	voulu	vous	seriez	partis
ils/elles	auraient	voulu	ils/elles	seraient	parti(e)s

2. Emplois:

a. Dans les formules de politesse:

Pour suggérer, demander quelque chose, exprimer un désir ou un souhait:

Vous **pourriez** prendre le menu à 40 Francs.
Je **voudrais** une table sur la terrasse.
Aimeriez-vous de l'eau minérale?
Nous **aurions préféré** une table près de la fenêtre.

b. Dans les phrases conditionnelles avec **si** + *imparfait:*

Je **ferais** le tour du monde, si je **gagnais** le gros lot.
Si j'**avais su,** je ne **serais** pas **venu.**

---

*Une deuxième forme du conditionnel passé, comparable à un subjonctif, est inusitée en dehors du français littéraire.

c. Pour rapporter dans les média une nouvelle non confirmée:

Le Premier Ministre du Zaïre **irait** à l'étranger.
Le nombre des accidents de voiture **aurait augmenté** en août.

C. Les adjectifs et les pronoms démonstratifs:

1. Les adjectifs:

	Singulier	Pluriel
Masculin:	ce, cet*	ces
Féminin:	cette	ces

Pour marquer la proximité ou l'éloignement, on ajoute **-ci** ou **-là** au nom qui suit l'adjectif démonstratif.

Ce menu a l'air intéressant. **Ce** menu-**ci** me plaît.
Cette table est bien placée. **Cette** table-**là** ne l'est pas.
Ces verres ne sont pas propres. Si on prenait **ces** verres-**là**?
Ces fourchettes-**ci** sont à vous?

2. Les pronoms:

	Singulier	Pluriel
Masculin:	celui-ci, celui-là	ceux-ci, ceux-là
Féminin:	celle-ci, celle-là	celles-ci, celles-là
Neutre:	ceci, cela, ça	

Lequel de ces menus préféreriez-vous? **Celui-ci** ou **celui-là**?
Et comme la table, vous aimeriez **celle-ci** ou **celle-là**?
Je connaissais ces endroits, mais pas **ceux-là**.
Il a dit **ceci** et **cela**, mais **ça** n'a pas d'importance.

Ces pronoms peuvent être employés sans **-ci** ou **-là** s'ils sont suivis par un pronom relatif ou une préposition.

Celui qui saurait la réponse gagnerait le concours.
Cette fenêtre est ouverte. **Celle** de ma chambre est fermée.
Ceux dont tu parles sont partis.
Ce que je cherche n'est pas de ce monde.

Révision

A. Imparfait de **faire, plaire, prendre** et **vendre**:

je	faisais	plaisais	prenais	vendais
tu	faisais	plaisais	prenais	vendais

---

*Ce → **cet** devant une voyelle ou un **h** muet: **Cet** été, j'irai en Savoie. **Cet** hôtel n'a pas de restaurant.

il, elle, on	faisait	plaisait	prenait	vendait
nous	faisions	plaisions	prenions	vendions
vous	faisiez	plaisiez	preniez	vendiez
ils, elles	faisaient	plaisaient	prenaient	vendaient

B. Conditionnel présent de **devoir, pouvoir, savoir** et **venir**:

je	devrais	pourrais	saurais	viendrais
tu	devrais	pourrais	saurais	viendrais
il, elle, on	devrait	pourrait	saurait	viendrait
nous	devrions	pourrions	saurions	viendrions
vous	devriez	pourriez	sauriez	viendriez
ils, elles	devraient	pourraient	sauraient	viendraient

_____ *Poème* _____

L'expiation, I

Victor Hugo

Il neigeait. On était vaincu par sa conquête.
Pour la première fois l'aigle baissait la tête.
Sombres jours! L'empereur revenait lentement,
Laissant derrière lui brûler Moscou fumant.
Il neigeait. L'âpre° hiver fondait en avalanche.   *harsh, rough*
Après la plaine blanche une autre plaine blanche.
On ne connaissait plus les chefs ni le drapeau°.   *flag*
Hier la grande armée, et maintenant troupeau.
On ne distinguait plus ni les ailes° ni le centre.   *wings*
Il neigeait. Les blessés s'abritaient dans le ventre°   *belly*
Des chevaux morts; au seuil des bivouacs désolés
On voyait des clairons à leur poste gelés,
Restés debout, en selle et muets°, blancs de givre°,   *silent   frost*
Collant leur bouche en pierre aux trompettes de cuivre°.   *copper*
Boulets, mitrailles°, obus°, mêlés aux flocons° blancs,   *artillery fire shells*
Pleuvaient; les grenadiers, surpris d'être tremblants,   *flakes*
Marchaient pensifs, la glace° à leur moustache grise.   *ice*
Il neigeait, il neigeait toujours! La froide bise°   *north wind*
Sifflait°; sur le verglas°, dans des lieux inconnus,   *whistled   ice, sleet*
On n'avait pas de pain et l'on allait pieds nus.
Ce n'étaient plus des cœurs vivants, des gens de guerre:
C'était un rêve° errant dans la brume°, un mystère,   *dream   mist, fog*
Une procession d'ombres dans le ciel noir.
La solitude vaste, épouvantable à voir,
Partout apparaissait, muette vengeresse°.   *vengeful*
Le ciel faisait sans bruit avec la neige épaisse°   *thick*
Pour cette immense armée un immense linceul°.   *shroud*
Et chacun se sentant mourir, on était seul. . . .

Structure

A. **Savoir** et **connaître**:

1. **Savoir** signifie posséder dans sa mémoire, dans son esprit.

knowledge

Il **sait** beaucoup de choses; il a du **savoir**°.
Un **savant** est quelqu'un qui a de la science.

Savoir peut être suivi d'un infinitif (et exprimer ainsi une aptitude physique ou mentale) ou d'une proposition subordonnée.

Je ne **sais** pas nager.
Elle **sait** qu'il viendra.
Ils ne **savent** pas faire la cuisine.

Précédé de **ne** (sans **pas**), **savoir** exprime le doute et l'incertitude plutôt que l'ignorance.

Je ne **sais** s'il viendra cet après-midi.

2. **Connaître** signifie être informé de, avoir une notion de; avoir rencontré. Il ne peut pas être suivi d'un infinitif.

acquaintance

Vous **connaissez** M. Chaban? En art, c'est un **connaisseur**!
—Oui, c'est une vieille **connaissance**°.
Nous ne **connaissons** pas ce pays.

B. Expressions figées avec **avoir**:

Les expressions composées d'**avoir** + *nom* (sans article) correspondent à des expressions anglaises du type *to be* + *adjectif*:

Expression	Équivalent anglais	Synonyme
avoir affaire à	(*to be dealing with*)	être devant
avoir besoin de	(*to be in need of*)	nécessiter
avoir chaud	(*to be warm*)	
avoir droit à	(*to be entitled to*)	mériter
avoir envie de	(*to crave*)	désirer
avoir faim	(*to be hungry*)	être affamé
avoir froid	(*to be cold*)	
avoir mal	(*to be hurt*)	souffrir
avoir peur	(*to be afraid*)	craindre
avoir raison	(*to be right*)	
avoir soif	(*to be thirsty*)	être assoiffé
avoir sommeil	(*to be sleepy*)	
avoir tort	(*to be wrong*)	se tromper

On peut, pour se rappeler ces expressions, établir des rapprochements par analogie (=) ou opposition (≠) de sens:

avoir <u>faim</u> = avoir envie ou besoin de <u>manger</u>
avoir <u>soif</u> = avoir envie ou besoin de <u>boire</u>
avoir <u>sommeil</u> = avoir envie ou besoin de <u>dormir</u>
avoir <u>chaud</u> ≠ avoir <u>froid</u>
avoir <u>raison</u> ≠ avoir <u>tort</u>.

Dicton

Un dicton arabe prétend qu'il y a quatre types d'individus et suggère l'attitude à adopter vis-à-vis de chacun d'eux.

1. Celui qui sait et qui sait qu'il sait.
   C'est le savant. Écoutez-le.
2. Celui qui sait et qui ne sait pas qu'il sait.
   C'est le distrait°. Réveillez-le.   _absent-minded_
3. Celui qui ne sait pas et qui sait qu'il ne sait pas.
   C'est l'ignorant. Instruisez-le.
4. Celui qui ne sait pas et qui ne sait pas qu'il ne sait pas.
   C'est l'insensé°. Fuyez-le.°   _crazy_   _avoid him_

Notes culturelles

A. Nature des repas français:

La table occupe traditionnellement une grande place dans la vie des Français. La parution[1] annuelle de guides gastronomiques comme le _Guide Michelin_, le _Gault-Millau_ et le _Kléber-Colombes_ témoigne[2] de l'importance de cette tradition. À la maison comme au restaurant, le Français moyen[3] apprécie la bonne chère[4] et les bons petits plats. Il prend trois repas par jour et souvent fréquente un restaurant en raison de son menu et de ses spécialités. Il n'est pas rare de voir les Français évoquer la géographie d'un pays ou d'une région en fonction de sa gastronomie (ou de son inexistence).

Contrairement aux Américains qui se contentent souvent d'un casse-croûte[5] ou d'un repas léger[6] et rapide, les Français consacrent[7] autant de temps et d'appétit au déjeuner qu'au dîner. Par contre, le petit déjeuner n'est pas aussi copieux qu'en Grande-Bretagne ou qu'aux États-Unis, sauf dans la campagne[8]. Beaucoup de Français (un tiers[9], au moins) vont au travail après n'avoir bu qu'une boisson chaude. Mais ils emportent un casse-croûte (pain et charcuterie ou fromage). D'ordinaire, le petit déjeuner français comprend:

- Une boisson chaude: café au lait ou chocolat
- Des tartines[10] beurrées ou des croissants que l'on peut tremper[11] dans la boisson chaude

B. Les provinces françaises et leurs spécialités gastronomiques:

La France se vante[12], à juste titre[13], d'être le pays du bien vivre et du bien manger. Chaque région, chaque province, chaque ville a sa spécialité culinaire, son fromage ou son vin. Pour faire connaissance de la France, il faut déguster[14] les trésors[15] de sa table. Il faudrait plus d'un livre pour en parler. Contentons-nous de citer les richesses les plus connues:

- L'Alsace: la bière, la choucroute[16] et les saucisses de Strasbourg, les vins blancs comme le Riesling ou le Sylvaner
- La Bretagne: les crêpes, le cidre
- La Bourgogne: les vins (le beaujolais), les escargots, la moutarde de Dijon
- La Champagne: le vin du même nom
- Le Languedoc: le cassoulet[17] (de Castelnaudary ou de Toulouse)
- La Normandie: les fromages (Camembert), les tripes à la mode de Caen, le cidre, le calvados[18]
- La Provence: la ratatouille, la bouillabaisse de Marseille, les vins (rosé, Côtes de Provence, Château-Neuf du Pape)
- Le Périgord et le Quercy: le pâté de foie gras, les truffes.

Carte physique de la France

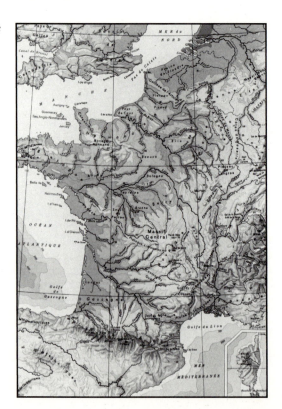

C. Pourboire et service:

Le pourboire est différent du service. Le montant du service est un pourcentage fixe souvent inclus avec le couvert. Ce montant, comme le prix du vin, est souvent compris dans le prix du repas. Sur un menu, cela est indiqué par **tc** (tout compris). Le pourboire est en principe destiné à remercier le garçon du service, donc pas obligatoire (12% à 15%); mais si vous oubliez de le laisser, il n'est pas rare de voir certains garçons vous le rappeller[19].

Glossaire

1. **parution** (f.): *publishing, coming out, appearance*
2. **témoigner**: *to attest, bear witness*
3. **moyen**: *average*
4. **chère** (f.): *food, fare*
5. **casse-croûte** (m.): *snack*
6. **léger**: *light*
7. **consacrer**: *to devote*
8. **campagne** (f.) *countryside*
9. **tiers** (m.): *third*
10. **tartine** (f.): *slice of bread*
11. **tremper**: *to dip, dunk*
12. **se vanter**: *to brag*
13. **à juste titre**: *rightfully*
14. **déguster**: *to taste discriminatingly*
15. **trésor** (m.): *treasure*
16. **choucroute** (f.): *sauerkraut*
17. **cassoulet** (m.): *pork and beans*
18. **calvados** (m.): *apple brandy*
19. **rappeller**: *to remind*

Questions sur les Notes culturelles

1. Quelle est l'importance de la table dans la vie des Français? Comment voit-on cette importance?
2. Combien de repas par jour les Français prennent-ils?
3. Quelles sont les différences entre les Français et les Américains en ce qui concerne les repas?
4. Que comprend un petit déjeuner français?
5. De quoi se vante la France?
6. Quelles sont les spécialités gastronomiques de l'Alsace?
7. Quelles sont les provinces connues pour leurs vins?
8. Quelle est la province qui a les escargots et la moutarde de Dijon comme spécialités?
9. Dans quelle province se trouvent Toulouse et Castelnaudary? Quelle est leur spécialité?
10. Quelles sont les deux provinces qui produisent du cidre?
11. Quelle est la différence entre le service et le pourboire?
12. Comment indique-t-on que le service et le couvert sont compris dans le prix d'un menu?

Exercices

A. Complétez le dialogue suivant:

Le client (accompagné d'une dame): _____.

Le maître d'hôtel: En effet, Monsieur une table pour deux. Voilà! nous y sommes.

Le client: _____.

Le maître d'hôtel: Bien sûr, Monsieur. Le garçon vous l'apporte tout de suite. Madame et Monsieur prendraient un apéritif?

La dame: _____.

Le maître d'hôtel: Certainement, Madame! Oui, Monsieur. . . .

Le maître d'hôtel: Comment voulez-vous votre bifteck?

Le client: _____.

Le maître d'hôtel: Et comme vin, Monsieur a choisi?

Le client: _____

B. Complétez les phrases suivantes en vous inspirant du texte:
    1. Les _____ par un restaurant _____ de sa qualité.
    2. Ceux qui aiment _____ choisissent le menu _____.
    3. Un menu type commence par un _____ ou un _____.
    4. Un repas se termine par _____ ou un _____.
    5. Le _____ fait la réputation de son _____.
    6. Le bon maître d'hôtel sait _____ et reconnaître les _____.
    7. Le _____ propose les vins qui conviennent aux _____.
    8. Le chef _____ a un ou deux _____ sous son autorité.
    9. Les _____ sont les employés au bas de _____.
    10. Le personnel doit _____, éviter _____ et _____ aux questions des clients.

C. Complétez les phrases suivantes en mettant le verbe donné à l'imparfait et à la forme qui convient:
    1. Vous _____ que le restaurant est fermé aujourd'hui? (dire)
    2. Pierre _____ à quelle adresse nous toucher. (savoir)
    3. Il _____ de manger quand je suis arrivé. (finir)
    4. Nous _____ d'un lave-vaisselle ultramoderne. (disposer)
    5. Vous _____ vous brûler les doigts. (aller)
    6. Je _____ au travail quand le téléphone a sonné. (partir)
    7. Elle _____ choisir le menu à prix fixe. (vouloir)
    8. Ils _____ le maître d'hôtel du Bec Fin. (connaître)
    9. J' _____ absent ce jour-là. (être)
    10. Nous _____ d'arriver quand tu as frappé à la porte. (venir)

D. Complétez les phrases suivantes en mettant les verbes donnés au passé composé ou à l'imparfait selon le cas:
    1. Je _____ (dormir) profondément quand tu _____ (sonner).
    2. Elle _____ (se réveiller). Dehors, il _____ (pleuvoir).
    3. Il _____ (travailler) comme garçon de café au Bar Hatein. Il _____ (perdre) son poste depuis.
    4. Il _____ (venir) toujours me chercher quand j'_____ (être) occupé à faire la cuisine.

5. Ma mère _____ (partir) en voyage. Elle _____ (revenir) un mois après.

6. Il _____ (se tromper) de table, mais il _____ (se rendre compte) à la dernière minute.

7. Nous _____ (attendre) le beau temps. Il _____ (ne pas venir).

8. Je _____ (savoir) que tu _____ (avoir) un frère chef cuisinier à la Tour d'Argent.

9. Jacqueline _____ (se laver) les cheveux quand quelqu'un _____ (monter) la voir.

10. Il _____ (connaître) cette bonne auberge, mais il _____ (ne pas le dire).

E. Mettez les verbes des phrases suivantes au conditionnel présent:

1. Elles ont de la chance.
2. Je viens en voiture.
3. Il prend du vin rouge au snack-bar.
4. Nous sommes avec nos amis.
5. Elles attendent l'ouverture du restaurant universitaire.
6. Vous avez l'occasion de lui parler.
7. Je vais en vacances en Provence.
8. Tu as l'embarras du choix.
9. Ils sont de passage à Lyon.
10. Son ami va à la cafétéria.

F. Mettez les verbes soulignés dans les phrases suivantes au conditionnel passé:

1. Il faut y mettre un peu plus de sel.
2. Je savais où aller ce soir-là.
3. Nous ferons notre possible pour venir.
4. Elles peuvent au moins nous prévenir.
5. Tu dois te plaindre au patron de l'établissement.
6. Mme Renard aperçoit le facteur.
7. Vous boirez du bon cassis en Provence.
8. J'avais des ennuis avec cet homme-là.
9. Ces amies vont en voyage cet été.
10. Connaissez-vous par hasard un certain Louis Maury?

G. Faites des phrases exprimant une possibilité dépendant d'une condition dont le verbe est à l'imparfait. Employez le modèle suivant:

Avoir de l'argent/ma mère/voyager.
Si ma mère **avait** de l'argent, elle **voyagerait**.

1. Annuler la réservation/l'agence/payer une indemnité.
2. Envoyer des calendriers/le commerçant/garder le contact avec ses clients.
3. Être riche/je/partir en vacances plus souvent.
4. Aimer les hôtels chics/vous/aller au « Georges V ».
5. Connaître l'adresse/nous/venir vous voir.

H. Faites des suggestions avec **si** + *imparfait* selon les indications données. Employez le modèle suivant:

>   Nous/aller au cinéma, ce soir.
>   Si nous **allions** au cinéma, ce soir.

1. Vous/faire la vaisselle.
2. Nous/boire une bonne bouteille de chez nous.
3. Paul et Christiane/s'asseoir à cette table-là.
4. Tu/rejoindre les copains.
5. Vous/écrire à votre ami de Béziers.

I. Exprimez les conditions et hypothèses suivantes selon le schéma indiqué en employant les verbes donnés entre parenthèses: **si** + *imparfait*, verbe principal au *conditionnel*.

1. S'il n'y (avoir) pas d'accidents, nous (arriver) en 20 minutes.
2. Si vous (être) fatigué, vous (aller) vous coucher.
3. Si elles (finir) le travail, elles (venir) nous voir.
4. Si je (recevoir) de l'argent, je (pouvoir) aller en vacances.
5. Si tu (faire) la cuisine, il ne (se plaindre) pas.
6. Si nous (pouvoir) le faire, nous (prendre) un menu plus cher.
7. Si vous (savoir), vous (ne pas choisir) ce restaurant.
8. Si je (connaître) son numéro, je l' (appeler).
9. Si elles (comparer) les prix, elles (voir) la différence.
10. Si mes amis (partir), je ne (être) pas content.

J. Remplacez les mots soulignés par le pronom démonstratif équivalent. Ajoutez **-ci** ou **-là** selon le cas:

1. Ces bagages ne m'appartiennent pas.
2. Vous avez dîné dans ce restaurant?
3. Avec cette agence, vous êtes toujours satisfaits.
4. Je ne sais pas à qui sont ces affaires.
5. Cet hôtel est chic mais cher.
6. Ce que tu dis me semble très pertinent.
7. Ces employés ne sont pas très serviables.
8. Le frère de cet homme est un chef cuisinier de renom.
9. Je ne comprends pas ce que tu me racontes.
10. Le malheur de ces gens-ci fait le bonheur de ces gens-là.

K. Remplacez le pronom démonstratif dans les phrases suivantes par l'adjectif démonstratif et le nom donné entre parenthèses:

1. Celui-ci n'est pas très cher. (hôtel)
2. Ceux-là ne sont pas encore arrivés. (collègues)
3. Je ne travaille pas avec celle-là. (organisation)
4. Celles-ci seraient libres si vous attendiez. (places)

5. Nous irons voir celui-là. (film)

6. Ceci ne me paraît pas très clair. (affaire)

7. Cela ne me concerne pas du tout. (problème)

8. Ceux-ci veulent une bouteille de vin blanc. (clients)

9. Celle-là m'intéresserait à la rigueur. (offre)

10. Celui-là n'est pas dégourdi. (garçon).

L. Complétez les phrases suivantes en employant **savoir** ou **connaître** selon le cas:

1. Vous _____ Paul Bocuse? Vous _____ qu'est-ce qu'il fait?

2. _____-vous un bon petit restaurant pas cher? _____-vous où je pourrais en trouver un?

3. Il parle. Il parle. Mais il ne _____ pas s'arrêter. Je _____ son défaut.

4. Je ne _____ pas taper à la machine. Tu _____ quelqu'un qui pourrait m'apprendre?

5. Est-ce que tu _____ s'il aime le poisson cru à la tahitienne? Je ne _____ pas si nous devrions en servir.

M. Complétez les phrases suivantes en employant des expressions idiomatiques du type **avoir + besoin, chaud, envie, faim, froid, peur, raison, soif, sommeil, tort:**

1. Je n'ai pas _____ de manger à cette heure-ci; je n'ai pas _____.

2. Nous avons _____ de dormir car nous avons _____.

3. Si vous aviez _____, vous prendriez un peu d'eau.

4. Il mange beaucoup; il a toujours _____.

5. Je n'ai pas assez de temps, j'ai _____ d'arriver en retard.

6. Mettez votre veste, si vous avez _____.

7. Voudriez-vous baisser la température; elle a _____.

8. Votre argument ne tient pas debout; vous avez _____.

9. Je pense qu'il avait _____; ce restaurant n'est pas fameux.

10. On a toujours _____ d'un plus petit que soi.

N. Vous avez la parole: communication à partir de mots-clés.

Situation: Vous décidez de déjeuner dans un petit restaurant de la ville connu pour sa bonne cuisine. Le restaurateur vous accueille à la porte. Jouez les rôles selon les indications données.

Le (la) restaurateur(-trice): table? nombre personnes?

Le client: répondre; demander poliment certaine table.

Le (la) restaurateur (-trice): approuver cordialement; dire que serveur apporter menu; prendre apéritif?

Le (la) client(e): réponse négative; demander eau minérale.

Le (la) serveur(-euse): apporter menu; demander menu choisi?

Le (la) client(e): prendre menu touristique.

Le (la) serveur(-euse): comment client vouloir filet?

Le (la) client(e): réponse. . . . (Fin du repas)

Le (*la*) *serveur(-euse)*: choix dessert: fruit, pâtisserie, glace?
Le (*la*) *client(e)*: choisir; demander: + pain.
Le (*la*) *serveur(-euse)*: café, digestif?
Le (*la*) *client(e)*: choisir; demander addition.
Le (*la*) *restaurateur(-trice)*: client bien manger?
Le (*la*) *client(e)*: répondre; remercier; payer avec carte crédit; prendre congé.

O. Traduisez:

En anglais:

1. Le sommelier devrait conseiller ceux qui ne connaissent pas les vins du pays qui conviendraient aux plats commandés.
2. En revenant d'Alsace, nous sommes allés au pays de la bonne chère et du bon vin: la Bourgogne.
3. Ces bouteilles sont à moi; celles-là sont les leurs. Il ne faudrait pas se tromper.
4. Le mien n'est pas aussi bon marché que le tien. Tu aurais dû voir la différence.
5. Si j'avais faim, je prendrais le menu qui satisfairait mon appétit.

En français:

1. *I do not know this maitre d', but he really knows how to welcome the regular customers of his restaurant.*
2. *I need to tell him that I would like my filet well done.*
3. *The yearly publishing of guides attests to the importance of food in the lives of the French people.*
4. *Trout does not appeal to me that much; lobster would not be a bad idea, Mr. Johnson.*
5. *Having finished his onion soup, Mr. Johnson, who was hungry, said he would like the piece of fried halibut Norman style.*

Qui n'a pas quitté son pays
est plein de préjugés.
Carlo Goldini

Les Réservations

Fin février, les Lesueur décident de passer des **vacances** en Floride. M. Lesueur téléphone à une agence de voyages.

Dialogue

M. Lesueur fait des réservations

M. *Lesueur*: Allô! l'Agence Dumesnil?

Le *voyagiste*[1]: Agence Dumesnil, à votre service.

M. *Lesueur*: Ici Marcel Lesueur. Nous avons l'intention, mon épouse et moi, d'aller passer 15 jours en Floride. Pourriez-vous me dire quels sont les **vols** disponibles et le prix des billets[2]?

Le *voyagiste*: À quelle date comptez-vous y aller?

M. *Lesueur*: Entre le 1er et le 25 juillet.

Le *voyagiste*: La PanAm a trois vols hebdomadaires[3] directs à destination de[4] Miami: les dimanches, mardis et jeudis. Si ça ne vous gêne pas de passer par New York, vous pouvez prendre Air France et de là la correspondance[5] sur United. Air France, a un vol quotidien à destination des États-Unis. Avec American Airlines, il faut faire escale[6] à Dallas. Les vols ont lieu[7] les lundis, mercredis et vendredis seulement. Les prix sont relativement les mêmes: 7.000 francs l'aller-retour, taxes non comprises.

M. *Lesueur*: L'escale à Dallas m'intéresse! Allons-y dire bonjour au fameux J.R. Nous pourrons dire à nos amis que nous sommes passés par le Texas. D'ailleurs, vendredi me **convient** à merveille[8]. Allons donc passer un week-end à Dallas.

Le *voyagiste*: Parfait, Monsieur! Vous préférez des places en première classe, classe affaires ou classe touristes?

M. *Lesueur*: Touristes, Monsieur! Pensons à faire des **économies**.

Le *voyagiste*: Entendu, Monsieur. Nous disions donc deux places touristes sur American Airlines . . . pour le vendredi 7 juillet avec le retour prévu pour le samedi 22. Et pour l'hôtel, vous voulez que je vous réserve des chambres à Dallas et à Miami?

M. *Lesueur*: Quels sont les hôtels et les prix disponibles?

Le *voyagiste*: Pour Dallas, le Holiday Inn est assez commode[9]. Pour Miami, je suggèrerais le Hyatt. C'est au bord de la mer et le prix de la chambre est raisonnable. Entre 500 et 600 francs la nuitée[10].

M. *Lesueur*: Eh bien, allez-y[11]! **Retenez**-moi une chambre pour deux personnes au Holiday Inn de Dallas et au Hyatt de Miami.

Le *voyagiste*: Quand comptez-vous venir prendre vos billets et quel mode de paiement préféreriez-vous?

M. *Lesueur*: Je passerai les prendre dans trois ou quatre jours. Disons jeudi prochain. Je vous réglerai avec ma carte de crédit, si vous n'y voyez pas d'inconvénient.

Le *voyagiste*: Mais c'est parfait, Monsieur. Demandez M. Costa quand vous viendrez. À très bientôt, Monsieur.

M. *Lesueur*: Au revoir, Monsieur!

L'hôtesse de l'air sert les passagers

Les réservations

Les réservations sont à l'avantage des clients et des **fournisseurs** de services: les premiers sont assurés d'obtenir ce qu'ils ont demandé et les derniers de **prévoir** la gestion de leur affaire en fonction de la demande. Les compagnies aériennes essaient, par exemple, d'augmenter leur **taux de remplissage**.

Bien sûr, on peut téléphoner soi-même et se faire établir des réservations. C'est souvent le cas pour un restaurant. On peut non seulement demander une table pour un certain nombre de **convives**, mais aussi **se renseigner** sur les menus et les prix pratiqués. Les restaurants chics n'acceptent les clients que sur réservations. Ce n'est généralement pas le cas des petits établissements.

Comment réserver?

Réserver dans les BEST-WESTERN - et donc en France dans les Mapotels - c'est simple, rapide, sûr . . . et gratuit.
Si vous séjournez dans un Best-Western où que ce soit dans le Monde - et donc en France dans un Mapotel - vous vous adressez au bureau de l'hôtel, qui fera le nécessaire.
Depuis votre bureau ou domicile, vous appelez le Central de réservations Best-Western le plus proche. La liste des Centraux se trouve en quatrième de couverture.

★
★ ★

Dans le cadre du système Best-Western International, quatre formules sont possibles.

RÉSERVATION LIBRE AVEC
HEURE LIMITE D'ARRIVÉE
Les hôtels acceptant cette formule (ils n'y sont pas obligés, vu les risques) réserveront votre chambre, suivant les cas jusqu'à 16 h ou 18 h. Au-delà, ils en disposeront.

RÉSERVATION GARANTIE
PAR VERSEMENT D'ARRHES
La réservation sera ferme dès réception par l'hôtelier des arrhes demandées. La chambre sera réservée sans limite d'heure. Si vous ne vous présentez pas, les arrhes sont acquises à l'hôtelier.

RÉSERVATION GARANTIE
PAR CARTE DE CRÉDIT
En réservant, vous indiquez le numéro de votre carte American Express, Diner's ou Visa. La chambre sera réservée sans limite d'heure. Si vous ne vous présentez pas, votre compte sera débité du montant d'une nuit.

RÉSERVATION GARANTIE
PAR AGENCE DE VOYAGES
Vous pouvez également réserver en vous adressant à une agence de voyages. Vous bénéficiez alors de l'expérience d'un professionnel du voyage, ce qui constitue une assurance complémentaire non négligeable. Partout dans le Monde, les bonnes agences connaissent et apprécient Best-Western.

INFORMATIONS, RÉSERVATIONS
CENTRAL MAPOTEL PARIS
3, rue de la Ville l'Evêque, 75008 - Téléphone (1) 266-41-74. Télex: 290987.

Publicité de la chaîne hôtelière Best-Western

Pour les voyages par avion et les séjours à l'hôtel, il est impératif d'avoir des réservations si l'on veut être sûr d'avoir une place sur un vol donné et une chambre quand on débarque dans une ville que l'on ne connaît pas. Il vaut mieux faire des réservations que de regretter d'avoir été imprévoyant.

En général, les hôtels et les compagnies aériennes préfèrent les clients prévoyants qui font des réservations longtemps à l'avance. Le meilleur moyen d'éviter des surprises ou des ennuis[12], est de recourir à[13] des agences de voyages. Elles ont tous les renseignements nécessaires à leur disposition: horaires[14], tarifs, disponibilités[15], conditions, brochures, dépliants[16] et fascicules[17] touristiques. Elles s'occupent également des formalités administratives et vous procurent les visas pour les pays qui les **exigent**. Si l'on envisage de passer des vacances dans un pays étranger, on peut écrire à l'Office National du Tourisme qui vous enverra des brochures concernant la région choisie.*

Les réservations de chambres d'hôtel sont régies[18] par une convention qui stipule, par exemple, que:

- Les hôtels ne peuvent pas garantir le prix minimum des chambres en **haute saison**.
- Quand l'hôtel exige le **versement** d'arrhes[19], celles-ci doivent s'élever[20] au prix d'une nuitée. La réservation n'est définitive qu'une fois ces arrhes versées.
- Un hôtel peut annuler[21] une réservation individuelle si le client ne se présente pas dans les délais[22] indiqués.

Pour les petits hôtels que l'on connaît et pour les hôtels de saison, on peut demander des réservations par correspondance.

Provins, ville aux monuments des XIIe – XIVe siècles

*Voir ADRESSES UTILES en fin de chapitre.

Glossaire

1. **voyagiste** (m.): *travel agent*
2. **billet** (m.): *ticket*
3. **hebdomadaire**: *weekly*
4. **à destination de**: *to, going to, toward*
5. **correspondance** (f.): *connection*
6. **escale** (f.): *stopover*
7. **avoir lieu**: *to take place*
8. **à merveille** (f.): *marvelously, perfectly*
9. **commode**: *convenient*
10. **nuitée** (f.): *overnight stay (e.g., in a hotel)*
11. **allez-y**: *go ahead*
12. **ennuis** (m.): *problems, difficulties, trouble*
13. **recourir à**: *to rely upon*
14. **horaire** (m.): *schedule*
15. **disponibilité** (f.): *availability*
16. **dépliant** (m.): *folder*
17. **fascicule** (m.): *booklet*
18. **régie**: *regulated*
19. **arrhes** (f.pl.): *deposit*
20. **s'élever à**: *to amount to*
21. **annuler**: *to cancel*
22. **délai** (m.): *allotted time, deadline*

Vocabulaire

vacances (f.pl.): période de **congé** (*leave*) pour ceux qui travaillent et ceux qui vont à l'école. Les bénéficiaires de ce temps de **repos** (*rest*) sont des **vacanciers** (*vacationers*). Les vacances d'été sont appelées **grandes vacances**. Noter qu'au singulier, une **vacance** (f.) signifie emploi non occupé, un poste **vacant** (*vacancy, opening*). Quand un hôtel n'est pas **complet** (*full*), il affiche « Chambres libres » (*Vacancy*).

vol (m.): déplacement dans les airs, action de **voler**. Les oiseaux et les avions volent. Un vol peut être **sans escale** (*nonstop*), direct, de nuit, etc. **Voler** a aussi le sens de s'approprier le bien d'autrui (*to steal*). Quand vous voyagez, faites attention aux **voleurs** et aux pickpockets!

convenir: aller, correspondre. Ce qui convient est **convenable** (*suitable*). Ne pas respecter les **convenances** (*conventions*), c'est être **inconvenant**. On peut avoir un **inconvénient**, c'est-à-dire un petit problème. **Convenir** (de quelque chose): se mettre d'accord sur quelque chose. Le fait de le faire ou le résultat est une **convention** (*agreement*). Quand on se met d'accord sur quelque chose, on peut dire: « C'est **convenu**. » Le mot **convention** n'est pas l'équivalent de l'anglais *convention* [**congrès** (m.) en français].

économie: ce que l'on **épargne** (*save*), que l'on ne dépense pas. Une personne **économe** ne fait pas de dépenses inutiles; elle **économise** de l'argent et place ses **économies** en banque ou dans une **caisse d'épargne** (*Savings and Loan*). Une voiture **économique** ne consomme pas beaucoup d'essence. Elle n'est pas **énergivore** (*gas guzzler*).

retenir: empêcher de partir, **réserver**. Dans certains cas, pour retenir quelque chose, il faut verser des **arrhes** (f.pl.) (*deposit*). À l'école, on peut être puni de **retenue** (*détention*).

fournisseur (m.): individu, groupe ou société qui **fournit** un produit ou un service. L'action de fournir est la **fourniture**, et les produits fournis sont des **fournitures** (*supplies*).

prévoir (pp. **prévu**): envisager, établir des **prévisions** (*to schedule, to expect, to plan on*). Un individu qui prévoit est **prévoyant;** celui qui ne le fait pas est **imprévoyant.**

taux de remplissage (m.): le nombre de passagers par rapport au nombre de places disponibles (*occupancy rate, load factor*). Ce taux peut être élevé, moyen ou bas. Si ce taux est très bas, l'appareil est presque **vide** (*empty*); il faut essayer de le **remplir** (*to fill*). Quand un véhicule ou une salle sont **pleins** à craquer, on dit qu'ils sont **bondés** (*crammed*).

convives (m.pl.): personnes qui mangent ensemble, qui ont été **conviées** à dîner (*table companions, dinner guests*).

se renseigner: s'informer, obtenir des **renseignements**. Un espion est un agent de renseignement. Il y a des **bureaux de renseignements** dans les gares et les divers services publics.

exiger: requérir, demander, vouloir impérativement. Un individu qui exige beaucoup, qui a des **exigences** (*demands*) est **exigeant.**

haute saison (f.): la période pendant laquelle il y a le plus de vacanciers. L'inverse est la **basse saison.** On utilise également les expressions synonymes **pleine saison** et **saison creuse.**

versement: action de **verser** (*to pour*), de régler, de payer; paiement. On peut verser un liquide ou de l'argent. Faire perdre l'**équilibre** (*balance*) à quelqu'un ou à quelque chose, c'est les **renverser** (*to overturn, overthrow, capsize*).

Questions

1. Que vont faire M. et Mme. Lesueur pour leurs vacances?
2. À quelle date pensent-ils voyager?
3. Quels renseignements M. Lesueur demande-t-il au voyagiste?
4. Quels sont les vols disponibles sur la PanAm? Sur Air France?
5. Les vols d'American Airlines ont lieu quels jours?
6. Pourquoi M. Lesueur choisit-il cette compagnie aérienne?
7. Quelles réservations M. Lesueur fait-il? Pour quelle date?

8. Le retour des Lesueur est prévu pour quel jour?
9. Quel hôtel de Miami le voyagiste suggère-t-il? Pourquoi?
10. Comment M. Lesueur réglera-t-il le prix des billets?
11. Quel est l'avantage des réservations?
12. Est-il facile d'effectuer des réservations? Pourquoi?
13. Comment fait-on les réservations pour les restaurants?
14. Quand peut-on regretter de ne pas avoir réservé de chambre?
15. Que font les touristes prévoyants?
16. Quel est le meilleur moyen d'éviter les surprises et les ennuis?
17. Les agences de voyages disposent de quels renseignements?
18. Quelles sont les conditions de réservation pour les hôtels?
19. Comment pouvez-vous faire des réservations pour un hôtel que vous connaissez?
20. Que fait-on quand on désire visiter un pays étranger?

Grammaire

A. Les adjectifs qualificatifs:

Les adjectifs qualificatifs servent à exprimer la qualité d'une personne, d'une chose ou d'une idée. Ils se placent devant ou après le nom qu'ils qualifient et s'accordent avec lui en genre et en nombre.

Un vol **hebdomadaire**.   La chambre est **chère**.
Les prix sont **élevés**.   Voilà des vacances **intéressantes**.

1. Formes:

   a. Féminin:

   Féminin = masculin + -e:

   Un prix élevé   Une note élevée
   Le grand repas   La grande évasion

   L'addition du **-e** peut s'accompagner d'un doublement de la consonne finale du masculin:

   -as, -os → -asse, -osse: bas, basse; gras, grasse; las, lasse; gros, grosse
   -el, -eil → -elle, -eille: artificiel, artificielle; continuel, continuelle; naturel, naturelle; pareil, pareille
   -et → -ette: cadet, cadette; douillet, douillette

   Exceptions: complet, complète; concret, concrète; discret, discrète; secret, secrète.

   -ien → ienne: ancien, ancienne; italien, italienne
   -on → -onne: bon, bonne; gascon, gasconne

   Les adjectifs en **-er** et **-ier** prennent un accent grave (`) au féminin: cher, chère; léger, légère; fier, fière; premier, première.

Les adjectifs en **-e** ne changent pas: brave, commode, disponible, moderne, pauvre, riche, raisonnable, triste, valable. . . .

(1) Formes irrégulières et exceptions:
Adjectifs en **-eur** et **-eux** → **-euse**: menteur, ment**euse**; voleur, vol**euse**; heureux, heur**euse**; pieux, pi**euse**. Mais: vieux, vi**eille**.
Exceptions: Les adjectifs suivants en **-eur** (dont les équivalents anglais sont généralement en *-or*) ont un féminin régulier en **-e**:

antérieur	postérieur	meilleur
extérieur	intérieur	ultérieur
inférieur	supérieur	
majeur	mineur	

Certains adjectifs en **-teur** → **-trice**: calculateur, calcula**trice**; conservateur, conserva**trice**; égalisateur, égalisa**trice**; moteur, mo**trice**.

Adjectifs en **-c** → **-che**: blanc, blan**che**; franc, fran**che**; sec, sè**che**.
Exceptions: grec, grec**que**; laïc, laï**que**; public, publi**que**; turc, tur**que**.

Adjectifs en **f** → **-ve**: actif, acti**ve**; bref, brè**ve**; sauf, sau**ve**; veuf, veu**ve**; sportif, sporti**ve**; vif, vi**ve**.

(2) Formes particulières:

beau, be**lle**
doux, dou**ce**
faux, fau**sse**
favori, favori**te**
frais, fraî**che**
gentil, genti**lle**
long, long**ue**
malin, mali**gne**
nouveau, nouve**lle**
roux, rou**sse**

b. Pluriel:
Pluriel = *singulier* + **s**:

un long vol	de* longs vols
une discussion vive	des discussions vives

---

*Noter que l'article partitif **des** devient **de** devant un adjectif qualificatif.

Les adjectifs en **-s** et **-x** ne changent pas:

un veau gras	des veaux gras
un faux problème	de faux problèmes
un vin doux	des vins doux

Formes irrégulières:
Adjectifs en **-al** → **-aux**:

général, génér**aux**	idéal, idé**aux**
oral, or**aux**	vital, vit**aux**

Exceptions: banal, banals; fatal, fatals; final, finals; glacial, glacials; natal, natals.

c. Formes invariables:
Certains adjectifs de couleur (généralement des noms de fruits) et les adjectifs de couleur composés sont invariables:

du papier **orange**, une chemise **orange**, des chemises **orange**
un pantalon **kaki**, une robe **kaki**, des vêtements **kaki**
un tricot **marron**, une veste **marron**, des yeux **marron**
un œil **bleu vert**, une eau **bleu vert**, des yeux **bleu vert**
un tissu **vert clair**, une jupe **vert foncé**, des tapis **rouge vif**

Exception: L'adjectif **châtain** prend un **s** au masculin pluriel:
Il a des cheveux châtains.

2. Position des adjectifs:
a. Adjectifs qui suivent le nom:

- Les adjectifs de couleur: une fleur **bleue**, une nuit **noire**
- Les adjectifs indiquant l'origine: un ami **lyonnais**, la police **canadienne**, des pèlerins **musulmans**
- Les adjectifs longs: un cas **inhabituel**, un plat **traditionnel**
- Les participes passés adjectifs: une région **donnée**, la somme **due**, un délai **établi**
- Les adjectifs de relation: de l'eau **minérale**, la crise **économique**, des ressources **agricoles**, le plan **industriel**

b. Adjectifs qui, d'ordinaire, précèdent le nom:
- Les adjectifs courts et de sens général: un **autre** jour, une **belle***
vue, une **bonne** table, la **grande** maison, la **haute** montagne, un
petit tour, un **long** voyage, une **vieille** histoire.

---

*Les adjectifs suivants ont une forme irrégulière au masculin singulier devant une voyelle ou **h** muet:
beau → bel; fou → fol; mou → mol; nouveau → nouvel; vieux → vieil.
C'est un **bel** hôtel. Je reverrai ce **vieil** ami au **Nouvel** An.

c. Adjectifs qui changent de sens selon leur position:

Devant le nom (sens figuré, distinctif)		Après le nom (qualité particulière)	
un ancien gendarme	*(a former gendarme)*	des livres anciens	*(ancient books)*
un bon professeur	*(a good professor)*	un homme bon	*(a goodhearted man)*
un brave type	*(a nice guy)*	un soldat brave	*(a brave soldier)*
un certain vol	*(a certain flight)*	une réussite certaine	*(an assured success)*
une chère amie	*(a dear friend)*	un hôtel cher	*(an expensive hotel)*
un grand homme	*(a great man)*	un enfant grand	*(a tall child)*
la jeune fille	*(the young girl)*	une femme jeune	*(a young woman)*
un petit homme	*(a small man)*	un homme petit	*(a little man)*
mon propre frère	*(my own brother)*	une chambre propre	*(a clean room)*
le pauvre type	*(the poor guy)*	un pays pauvre	*(a poor country)*
une seule fois	*(only once)*	un individu seul	*(an individual alone)*
un vieil ami	*(an old friend)*	un homme vieux	*(an old man)*

B. Les adverbes:

1. Définition et usage:

L'adverbe modifie un adjectif, un verbe ou un autre adverbe.

> Le prix du billet est **assez** raisonnable.
> Il voyage **souvent**.
> Nous regardons la télévision **très** souvent.

Les adverbes et locutions adverbiales permettent d'exprimer les circonstances (temps, lieu, manière), la quantité, l'intensité, etc.

2. Formes:

a. Adverbes courants:

Fréquence	Lieu	Manière	Quantité	Temps
jamais	ailleurs	ainsi	assez	aujourd'hui
parfois	dedans	bien	aussi	demain
rarement	dehors	mal	beaucoup	encore
souvent	ici	mieux	combien	hier
toujours	là	plutôt	moins	maintenant
	où	vite	peu	tard
	partout			tôt

b. Adverbes réguliers:

Les adverbes réguliers se font selon le schéma féminin de l'adjectif + **-ment**:

total → totalement   doux → doucement

fou → follement   discret → dicrètement

Exceptions: bref, briè**vement**; gentil → gentiment.

Les adverbes formés sur les adjectifs en **-e** prennent un accent aigu (´): aveugl**é**ment, commun**é**ment, conform**é**ment, confus**é**ment, énorm**é**ment, express**é**ment, obscur**é**ment, précis**é**ment, profond**é**ment, uniform**é**ment. Pour les adverbes formés sur les adjectifs en **-é**, on ajoute **-ment** au masculin:

assuré → assuré**ment**   carré → carré**ment**

Pour les adverbes formés sur les adjectifs en **-i** ou **-u**, on ajoute parfois un accent circonflexe (ˆ) à la forme masculine:

hardi → hardi**ment**   vrai → vrai**ment**
assidu → assidû**ment**   gai → gaî**ment**
ingénu→ ingénu**ment**   cru → crû**ment**

c. Adverbes irréguliers:

Les adverbes formés sur les adjectifs en **-ant** et **-ent** se terminent en **-amment** et **-emment**:

élégant → élég**amment**   galant → gal**amment**
évident → évid**emment**   récent → réc**emment**

Exceptions: lent → lent**ement**; véhément → véhément**ement**.

d. Locutions adverbiales:

Nombreuses et faciles à reconnaître, les locutions adverbiales contiennent les prépositions **à, avec, de, en, par** suivies de noms souvent sans articles ou qualifiés, comme **air, allure, façon, manière, pas, ton**, etc., et peuvent être parfois remplacées par un adverbe équivalent.

(1) *Fréquence*: de temps en temps, de temps à autre (parfois), etc.
(2) *Lieu*: au dehors, ci-joint, en dedans, par ici, par là, n'importe où, nulle part, à l'extérieur (dehors), à l'intérieur (dedans), etc.
(3) *Manière*: au fur et à mesure, à la française, de gré ou de force, à reculons, avec élégance (élégamment), avec rapidité, en vitesse, d'un pas rapide (rapidement, vite), en secret (secrètement), tout à coup (soudain, subitement), etc.
(4) *Quantité*: à demi, à moitié, à peine, tout à fait (complètement, totalement), etc.
(5) *Temps*: à présent (actuellement), après-demain, avant-hier, de nos jours (aujourd'hui), tout de suite, sur-le-champ, etc.

3. Position:

a. Avec un adjectif ou un adverbe:

L'adverbe se place devant le mot qu'il modifie:

Il est **bien** petit. Il court **très** vite. Tu viens **trop** tard.

b. Avec un verbe:

Les adverbes courants non formés sur un adjectif se placent généralement après le verbe conjugué ou l'auxiliaire d'un temps composé. Les adverbes en **-ment** se placent selon le contexte:

Elle voyage **souvent**. Il a **bien** dit qu'il venait.
Tu pars **déjà**? Vous avez **mal** compris.
Ordinairement, nous aurions cet article. Elle y est **rarement**.

c. Les adverbes de temps et de lieu:

Les adverbes de temps et de lieu se placent en début ou fin de phrase:

Hier, je suis allé à l'opéra. Je partirai **demain**.
Ici, on parle français. On n'en trouve pas **partout**.

C. L'impératif:

1. Usage:

Il sert à exprimer un ordre, une requête ou un conseil.

2. Formation:

Excepté quelques cas, l'impératif s'obtient à partir du présent en éliminant le pronom personnel sujet.

Présent	Impératif
Tu prends	Prends*
Nous prenons	Prenons
Vous prenez	Prenez

3. Négation

Ne + *impératif* + **pas**:

Ne faites **pas** de bruit, s'il vous plaît.

4. Verbes pronominaux

Impératif + **-toi, -nous, -vous**:

Lève-**toi** de bonne heure demain. Débarrassons-**nous** de lui.
Adressez-**vous** au directeur.

5. Impératifs irréguliers:

Verbe	Présent	Impératif
avoir	as, avons, avez	aie, ayons, ayez
être	es, sommes, êtes	sois, soyons, soyez
savoir	sais, savons, savez	sache, sachons, sachez
vouloir	veux, voulons, voulez	. . . . , . . . , veuillez

---

*Les verbes en **-er** perdent le **-s** à la deuxième personne du singulier: Écoute la radio! Va à l'agence Havas!

Invitation aux voyages

M.K.B.

Mignonne, allons voir
Si le Népal, là-haut
A un ciel aussi bleu
Que le bleu de Mitylène.
Sikkim m'était conté,
J'en Khatmandou pas tant,
J'irais à Béhobie,
Et en Casamance
Et peut-être au Gobi.

Je prendrai mes cliques et mes claques
Pour aller voir les Kazakhs et les Cosaques.
J'irai par la Corée,
J'irai par mon Espagne,
Pourquoi pas au Mexique
Je sais que le Yucatan
M'attend depuis longtemps.

Levons l'ancre pour la Chine!
Allons entendre craquer
Le cratère du Krakatoa
Et voir les Chinois de Cholon
Aux chemises chamarées.

Et de là, à Delhi
De l'Inde allons goûter
Les poules et les marrons!
Pondichéry, Chandernagor!
Ma belle chérie, ma Belphégor!

Embarquons pour Madère!
Laisse les chiens aboyer
À la belle Pampelune,
Et miauler les chats
De Minneapolis!

Connais-tu Tripoli?
Connais-tu Trébizonde?
Tlemcen l'Andalouse,
Laghouat, Djidjelli,
La mer d'Aral, la Terre de Feu,
Le Khorassan et l'Arbre Sec?
Amie, amie! Viens!
N'attendons à demain.
Voyons dès aujourd'hui
Du monde les paradis.

(Poème inédit)

Révision

A. Les jours de la semaine:
   Les jours de la semaine sont:

   dimanche, lundi, mardi, mercredi, jeudi, vendredi, samedi

   Sauf en début de phrase, ils s'écrivent sans majuscule et peuvent prendre un article: **le** vendredi 13. L'article **le** ou **les** sert à indiquer la périodicité:

   L'agence n'ouvre pas **le** samedi.
   Les dimanches, il allait à la pêche.

Pour indiquer une date ou une période écoulée, on ajoute **dernier** ou **passé**:

> Lundi **dernier**, l'empereur, sa femme et le petit prince
> Sont venus chez moi pour me serrer la pince. . . . (Chanson)

Pour un jour futur, on emploie **prochain** et **en huit** pour le même jour une semaine après:

> Nous partons mardi **prochain** à 11 heures.
> Mercredi **en huit**, nous serons à Cannes.

JANVIER

1		JOUR de l'AN
2	S	Basile
3	D	**Epiphanie**
4	L	Odilon
5	M	Edouard
6	M	Mélaine
7	J	Raymond
8	V	Lucien
9	S	Alix
10	D	Guillaume
11	L	Paulin
12	M	Tatiana
13	M	Yvette
14	J	Nina
15	V	Remi
16	S	Marcel
17	D	Roseline
18	L	Prisca
19	M	Marius
20	M	Sébastien
21	J	Agnès
22	V	Vincent
23	S	Barnard
24	D	Fr. de Sales
25	L	Conv S. Paul
26	M	Paule
27	M	Angèle
28	J	Th. d'Aquin
29	V	Gildas
30	S	Martine
31	D	Marcelle

FÉVRIER

1	L	Ella
2	M	Présentation
3	M	Blaise
4	J	Véronique
5	V	Agathe
6	S	Gaston
7	D	Eugénie
8	L	Jacqueline
9	M	Apolline
10	M	Arnaud
11	J	N.-D. Lourdes
12	V	Félix
13	S	Béatrice
14	D	Valentin
15	L	Claude
16	M	**Mardi-Gras**
17	M	**Cendres**
18	J	Bernadette
19	V	Gabin
20	S	Aimée
21	D	**Carême**
22	L	Isabelle
23	M	Lazare
24	M	Modeste
25	J	Roméo
26	V	Nestor
27	S	Honorine
28	D	Romain
29	L	Auguste

Epacte 11/Lettre dominic. CB
Cycle solaire 9/Nbre d'or 13
Indiction romaine 11

MARS

1	M	Aubin
2	M	Charles le B.
3	J	Guénolé
4	V	Casimir
5	S	Olive
6	D	Colette
7	L	Félicité
8	M	Jean de D.
9	M	Françoise
10	J	Vivien
11	V	Rosine
12	S	Justine
13	D	Rodrigue
14	L	Mathilde
15	M	Louise
16	M	Bénédicte
17	J	Patrice
18	V	Cyrille
19	S	Joseph
20	D	PRINTEMPS
21	L	Clémence
22	M	Léa
23	M	Victorien
24	J	Cath. de Su.
25	V	Annonciation
26	S	Larissa
27	D	**Rameaux**
28	L	Gontran
29	M	Gwladys
30	M	Amédée
31	J	Benjamin

JUILLET

1	V	Thierry
2	S	Martinien
3	D	Thomas
4	L	Florent
5	M	Antoine
6	M	Mariette
7	J	Raoul
8	V	Thibaut
9	S	Amandine
10	D	Ulrich
11	L	Benoît
12	M	Olivier
13	M	Henri, Joël
14	J	**F. Nationale**
15	V	Donald
16	S	N.D. Mt-Carmel
17	D	Charlotte
18	L	Frédéric
19	M	Arsène
20	M	Marina
21	J	Victor
22	V	Marie-Mad.
23	S	Brigitte
24	D	Christine
25	L	Jacques
26	M	Anne, Joa
27	M	Nathalie
28	J	Samson
29	V	Marthe
30	S	Juliette
31	D	Ignace de L.

AOÛT

1	L	Alphonse
2	M	Julien-Ey.
3	M	Lydie
4	J	J.M. Vianney
5	V	Abel
6	S	Transfiguration
7	D	Gaétan
8	L	Dominique
9	M	Amour
10	M	Laurent
11	J	Claire
12	V	Clarisse
13	S	Hippolyte
14	D	Evrard
15	L	**Assomption**
16	M	Armel
17	M	Hyacinthe
18	J	Hélène
19	V	Jean Eudes
20	S	Bernard
21	D	Christophe
22	L	Fabrice
23	M	Rose de L.
24	M	Barthélémy
25	J	Louis
26	V	Natacha
27	S	Monique
28	D	Augustin
29	L	Sabine
30	M	Fiacre
31	M	Aristide

SEPTEMBRE

1	J	Gilles
2	V	Ingrid
3	S	Grégoire
4	D	Rosalie
5	L	Raïssa
6	M	Bertrand
7	M	Reine
8	J	Nativité N.D.
9	V	Alain
10	S	Inès
11	D	Adelphe
12	L	Apollinaire
13	M	Aimé
14	M	La Ste Croix
15	J	Roland
16	V	Edith
17	S	Renaud
18	D	Nadège
19	L	Emilie
20	M	Davy
21	M	Matthieu
22	J	AUTOMNE
23	V	Constant
24	S	Thècle
25	D	Hermann
26	L	Côme, Dam.
27	M	Vinc. de Paul
28	M	Venceslas
29	J	Michel
30	V	Jérôme

AVRIL

1	V	Hugues
2	S	Sandrine
3	D	**PAQUES**
4	L	Isidore
5	M	Irène
6	M	Marcellin
7	J	J.-B. de la S.
8	V	Julie
9	S	Gautier
10	D	Fulbert
11	L	Stanislas
12	M	Jules
13	M	Ida
14	J	Maxime
15	V	Paterne
16	S	Benoît-J.
17	D	Anicet
18	L	Parfait
19	M	Emma
20	M	Odette
21	J	Anselme
22	V	Alexandre
23	S	Georges
24	D	Jour du Souv.
25	L	Marc
26	M	Alida
27	M	Zita
28	J	Valérie
29	V	Catherine
30	S	Robert

MAI

1	L	**F. du Travail**
2	L	Boris
3	M	Phil., Jacq.
4	M	Sylvain
5	J	Judith
6	V	Prudence
7	S	Gisèle
8	D	**Armistice 1945**
9	L	Pacôme
10	M	Solange
11	M	Estelle
12	J	**Ascension**
13	V	Rolande
14	S	Matthias
15	D	Denise
16	L	Honoré
17	M	Pascal
18	M	Eric
19	J	Yves
20	V	Bernardin
21	S	Constantin
22	D	**Pentecôte**
23	L	Didier
24	M	Donatien
25	M	Sophie
26	J	Bérenger
27	V	Augustin
28	S	Germain
29	D	**F. des Mères**
30	L	Ferdinand
31	M	Visitation

JUIN

1	M	Justin
2	J	Blandine
3	V	Kévin
4	S	Clothilde
5	D	**Fête Dieu**
6	L	Norbert
7	M	Gilbert
8	M	Médard
9	J	Diane
10	V	Landry
11	S	Barnabé
12	D	Guy
13	L	Antoine de P.
14	M	Elisée
15	M	Germaine
16	J	J.-F. Régis
17	V	Hervé
18	S	Léonce
19	D	Romuald
20	L	Silvère
21	M	ÉTÉ
22	M	Alban
23	J	Audrey
24	V	Jean-Bapt.
25	S	Prosper
26	D	Anthelme
27	L	Fernand
28	M	Irénée
29	M	Pierre, Paul
30	J	Martial

OCTOBRE

1	S	Th. de l'E.J.
2	D	Léger
3	L	Gérard
4	M	Fr. d'Assise
5	M	Fleur
6	J	Bruno
7	V	Serge
8	S	Pélagie
9	D	Denis
10	L	Ghislain
11	M	Firmin
12	M	Wilfried
13	J	Géraud
14	V	Juste
15	S	Th. d'Avila
16	D	Edwige
17	L	Baudouin
18	M	Luc
19	M	René
20	J	Adeline
21	V	Céline
22	S	Elodie
23	D	Jean de C.
24	L	Florentin
25	M	Crépin
26	M	Dimitri
27	J	Emeline
28	V	Sim., Jude
29	S	Narcisse
30	D	Bienvenue
31	L	Quentin

NOVEMBRE

1	M	**TOUSSAINT**
2	M	**Défunts**
3	J	Hubert
4	V	Charles
5	S	Sylvie
6	D	Bertille
7	L	Carine
8	M	Geoffroy
9	M	Théodore
10	J	Léon
11	V	**Armistice 1918**
12	S	Christian
13	D	Brice
14	L	Sidoine
15	M	Albert
16	M	Marguerite
17	J	Elisabeth
18	V	Aude
19	S	Tanguy
20	D	Edmond
21	L	Prés. Marie
22	M	Cécile
23	M	Clément
24	J	Flora
25	V	Catherine L.
26	S	Delphine
27	D	**Avent**
28	L	Jacq.d.l.M.
29	M	Saturnin
30	M	André

DÉCEMBRE

1	J	Florence
2	V	Viviane
3	S	Xavier
4	D	Barbara
5	L	Gérald
6	M	Nicolas
7	M	Ambroise
8	J	Im. Concept.
9	V	P. Fourier
10	S	Romaric
11	D	Daniel
12	L	Jeanne F.C.
13	M	Lucie
14	M	Odile
15	J	Ninon
16	V	Alice
17	S	Gaël
18	D	Gatien
19	L	Urbain
20	M	Abraham
21	M	HIVER
22	J	Fr.-Xavière
23	V	Armand
24	S	Adèle
25	D	**NOËL**
26	L	Etienne
27	M	Jean
28	M	SS. Innocents
29	J	David
30	V	Roger
31	S	Sylvestre

Almanach des PTT

B. Les saisons et les mois:

Les saisons et les mois de l'année sont:

Hiver: décembre, janvier, février
Printemps: mars, avril, mai
Été: juin, juillet, août |u|/|ut|
Automne: septembre, octobre, novembre

C. Les chiffres et les nombres:

Unité	Dizaine	Dizaine + Unité
0 zéro	10 dix	11 onze
1 un	20 vingt	12 douze
2 deux	30 trente	13 treize
3 trois	40 quarante	14 quatorze
4 quatre	50 cinquante	15 quinze
5 cinq	60 soixante	16 seize
6 six	70 soixante-dix*	17 dix-sept
7 sept	80 quatre-vingts*	18 dix-huit
8 huit	90 quatre-vingt-dix*	19 dix-neuf
9 neuf		

*En Belgique et en Suisse, les formes **septante** (70), **octante** (80) et **nonante** (90) sont usitées.

Centaines: 100 (cent), 200 (deux cents), etc.
Milliers: 1.000 (mille), 2.000 (deux mille), etc.
Millions: 1.000.000 (un million), 2.000.000 (deux millions) . . . .
Milliard: 1.000.000.000 (un milliard), etc.

Noter: Quand on ajoute **un** (1) aux dizaines de 20 à 60, on inclut **et**: vingt-et-un, trente **et** un, etc. On l'omet après 80 et les centaines: quatre-vingt-un, cent un (101), deux cent **un**, etc. Au-dessus de 70 et 90, on ajoute les nombres de la troisième colonne: soixante **et onze**, quatre-vingt-**douze**, etc. Au pluriel, **vingt et cent** ne prennent pas de **s** s'ils sont suivis d'un chiffre. **Mille** est invariable.

Structure

Avis au public

Pour s'adresser au public et lui communiquer une interdiction, une requête, un conseil ou l'avertir d'un danger, le français a le choix entre l'impératif, l'infinitif (affirmatif ou négatif) et un nom suivi d'un adjectif qualificatif ou d'un infinitif.

1. Interdictions:

    a. **Défense de** + *infinitif*:

        Défense de fumer   Défense de parler au chauffeur
        Défense d'afficher   Défense de marcher sur la pelouse

    b. **Il est interdit de** + *infinitif*:

        Il est interdit de nourrir les animaux

    c. *Nom* + **(être) interdit/interdit** + . . .:

        Stationnement interdit   Passage interdit
        Baignade interdite   Entrée interdite
        Vente interdite   Interdit aux moins de 18 ans
        Les chiens en liberté sont formellement interdits

    d. *Impératif négatif*:

        Ne traversez pas sans regarder dans les 2 directions!
        Ne roulez pas trop près!
        Ne laissez pas les enfants jouer avec la serrure!

    e. *Infinitif négatif*:

        Ne jeter dans cette boîte ni grosses lettres ni imprimés
        Ne pas déranger

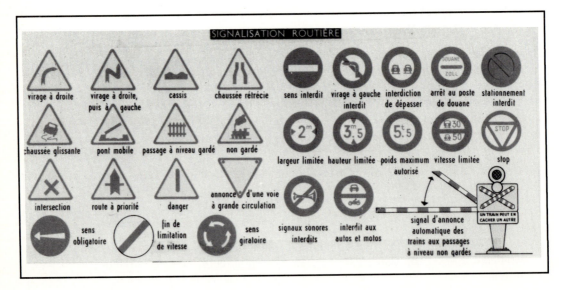

Panneaux de signalisation

2. Requêtes:

    a. **Prière de** + _infinitif_:

        Prière de ne pas se pencher par la fenêtre
        Prière de laisser cet endroit aussi propre que vous l'avez trouvé en entrant

    b. _Impératif_ + . . . s.v.p.:

        Suivez le guide, s.v.p.
        Aux feux de circulation: ATTENDEZ!   TRAVERSEZ!
        À la cafétéria: Servez-vous!
        Dans une cabine téléphonique:
        Mettez 2 pièces de 0,20 F!   Composez le n° d'appel!
        Pour parler, appuyez!

    c. _Nom_ + **s.v.p.**:

        Silence, s.v.p.

3. Avertissements:

        Attention (à)/**Danger** (de) + _nom_:

    Attention! Chien méchant   Attention! Travaux
    Attention à la marche!   Attention à la peinture!
    Danger de mort! Haute tension   Danger! Éboulements

Notes culturelles

Les agences de voyages

Les agences de voyages sont en mesure de[1] vous obtenir et de vous délivrer[2] un billet d'avion et de vous réserver la chambre que vous voulez à l'hôtel de votre choix. Elles organisent également des voyages de groupes à des tarifs forfaitaires[3].

Ces forfaits[4] comprennent les frais de transport aller et retour avec transferts, l'hébergement, les repas dans un restaurant donné et des excursions ou des circuits touristiques avec ou sans guide. Le montant du forfait dépend de la formule[5] retenue. Si vous aimez voyager en première classe, loger dans les hôtels à quatre étoiles et manger dans les restaurants du type de « La Tour d'Argent », vous choisirez la formule appropriée qui n'est pas, bien entendu, à la portée de[6] toutes les bourses[7]. Le touriste avisé qui préfère les forfaits bon marché n'oublie pas que les agences reçoivent une commission sur le prix des billets et la note d'hôtel. Ce pourcentage est la source de leur revenu[8]. Elles ont donc, théoriquement, intérêt à suggérer les formules les plus chères.

Les agences sont au courant de toutes les conditions de séjour à l'étranger. Elles savent quels sont les pays qui exigent un visa d'entrée ou des passeports sanitaires. Elles connaissent également les taux de change[9] et autres renseignements utiles.

Les agences sont regroupées dans la Fédération Internationale des Agences de Voyages (FIAV)*. Ce groupement réglemente les pratiques de ses membres et passe des accords avec d'autres groupements professionnels de l'industrie touristique comme l'Association Internationale de l'Hôtellerie (AIH). Ces deux associations sont liées par une convention qui régit plusieurs domaines, notamment celui des réservations.

L'agence peut annuler une réservation pour des voyageurs individuels sans avoir à payer une indemnité[10] si l'annulation a lieu au moins une semaine à l'avance. Dans le cas de groupes, l'annulation doit être reçue par l'hôtel un mois avant l'arrivée du groupe si celui-ci vient d'un autre continent et trois semaines s'il est en provenance du même continent. Si l'hôtel manque à ses engagements, l'agence a droit à une indemnité proportionnelle au préjudice subi[11].

Une bonne agence sait satisfaire ses clients. Elle a un personnel compétent et est adéquatement équipée et bien gérée. Elle garde le contact avec ses clients en leur envoyant des calendriers, des cartes de vœux[12] en fin d'année et, de temps en temps, un bulletin d'information.

Guides touristiques

*En France, l'Union Syndicale des Agences de Voyages a son siège 76, Avenue Marceau, Paris (VIII).
Aux États-Unis: American Society of Travel Agents; 4400 MacArthur Boulevard NW, Washington, DC 20007. Tél.: (202) 965–7520.

Glossaire

1. **être en mesure de**: *to be able to*
2. **délivrer**: *to issue*
3. **tarif** (m.) **forfaitaire**: *flat rate*
4. **forfait** (m.): *lump sum, agreed price*
5. **formule** (f.): *deal, package*
6. **à la portée de**: *within the reach of*
7. **bourse** (f.): *(archaic) purse; (modern): scholarship*
8. **revenu** (m.): *income*
9. **taux de change**: *rate of exchange*
10. **indemnité** (f.) [ē damnite]: *compensation*
11. **préjudice** (m.) **subi**: *damage suffered*
12. **carte** (f.) **de voeux**: *greeting card*

Questions sur les Notes culturelles

1. Quels sont les services fournis par les agences de voyages?
2. Que comprend un forfait touristique?
3. De quoi dépend le montant d'un tel forfait?
4. De quelle source les agences tirent-elles leur revenu?
5. Quels sont les renseignements que vous donne une agence?
6. Quelle est l'organisme qui regroupe les agences de voyages?
7. Quel est le rôle de cette association?
8. Quand une agence peut-elle annuler une réservation individuelle sans avoir à payer d'indemnité?
9. Quelles sont les caractéristiques d'une bonne agence?
10. Comment une agence garde-t-elle le contact avec ses clients?

Exercices

A. Complétez le dialogue suivant:

Mme Lenormand: _____.

L'agent de voyages: Agence Palavas! À votre service, Madame.

Mme Lenormand: _____.

L'agent de voyages: Quand voudriez-vous partir?

Mme Lenormand: _____.

L'agent de voyages: Au mois de juin, nous avons quatre vols hebdomadaires à destination de Casablanca.

Mme Lenormand: _____.

L'agent de voyages: Les dimanches, mardis, jeudis et samedis. Les vols retour sont prévus les lundis, mercredis et vendredis.

Mme Lenormand: _____.

L'agent de voyages: Oui, sans escale.

Mme Lenormand: _____.

L'agent de voyages: 2.500 francs le week-end et 2.250 en semaine.

Mme Lenormand: _____.

L'agent de voyages: D'accord un aller-retour première classe pour mardi le 10 juin avec retour mercredi 25. Et pour l'hôtel?

Mme Lenormand: _____.

L'agent de voyages: Vous avez de la chance d'avoir des connaissances au Maroc. Quand passerez-vous prendre votre billet?

Mme Lenormand: _____.

L'agent de voyages: Entendu! N'oubliez pas que nous fermons à 1 heure ce jour-là. Au revoir, Madame! A bientôt!

Brochure touristique: forfait «Train + Hôtel.»

B. Complétez les phrases suivantes en vous aidant du texte:
   1. Les réservations sont à _____ des clients et des _____.
   2. Les compagnies _____ essaient d'augmenter leur _____.
   3. On peut se renseigner sur _____ et _____ par le restaurant.
   4. Il vaut mieux _____ que de regretter _____.
   5. Le meilleur moyen _____ ou ennuis est de _____ une agence de voyages.
   6. Les agences ont à leur disposition tous _____. Elles s'occupent aussi des _____.
   7. Les hôtels ne peuvent pas _____ le prix _____ des chambres en _____.
   8. Si l'hôtel exige des _____, celles-ci _____ au prix d'une nuitée.
   9. Un hôtel peut _____ individuelle si le client ne se présente pas _____.
   10. Pour les _____, on peut faire des réservations par _____.

C. Accordez l'adjectif entre parenthèses avec le nom donné et placez-le convenablement:
   1. une affaire (bon)
   2. l'entreprise (industriel)
   3. une traversée (long)
   4. des magasins (général)
   5. la voiture (gros)
   6. une attitude (conservateur)
   7. des relations (secret)
   8. des crevettes (gris)
   9. une viande (gras)
   10. des uniformes (kaki)
   11. des amis (idéal)
   12. des étudiantes (canadien)
   13. la méthode (meilleur)
   14. une identité (faux)
   15. des réservations (tardif)
   16. la semaine (dernier)
   17. une jeune fille (roux)
   18. une employée (travailleur)
   19. des accidents (fatal)
   20. une connaissance (vieux)

D. Qualifiez les noms donnés selon les indications entre parenthèses. Attention à la position de l'adjectif. Employez le modèle suivant:

   Un circuit (en voiture)
   Un circuit **automobile**.

   1. une liaison (par avion)
   2. un ami (de longue date)
   3. un plan (relatif à l'industrie)
   4. un passager (originaire de Belgique)
   5. l'an (le premier janvier)
   6. l'année (à venir)
   7. des immigrés (adeptes de l'Islam)
   8. les ressources (de l'agriculture)
   9. la semaine (qui a précédé celle-ci)
   10. des fêtes (fixées par la tradition)
   11. une adresse (où l'on n'habite plus)
   12. des relations (concernant l'économie)
   13. de l'eau (qui contient des minéraux)

14. des regards (froids comme de la glace)
15. une chemise (de la couleur d'un marron)
16. des réactions (contraires à l'habitude)
17. la cuisine (de l'Italie)
18. un journal (paraissant une fois par semaine)
19. une île (faisant partie de la Grèce)
20. une réunion (ouverte à tout le monde)

E. Remplacez les adjectifs des expressions suivantes par des synonymes choisis dans la liste qui suit. Attention à leur position et à l'accord: **brave, bref, continuel, doux, favori, frais, franc, idéal, original, petit.**

1. mon émission préférée
2. un soldat courageux
3. une conversation courte
4. des difficultés incessantes
5. des point de vue inhabituel
6. une personne ouverte
7. de parfaits résultats
8. une somme modeste
9. des nouvelles récentes
10. une liqueur sucrée

F. Remplacez les adjectifs des expressions suivantes en choisissant un antonyme dans la liste qui suit. Attention à leur position et à l'accord: **blanc, concret, exceptionnel, gras, gros, laïc, oral, menteur, pareil, sec.**

1. une personne franche
2. des examens écrits
3. une journée humide
4. une vache maigre
5. un petit commerçant
6. une occasion ordinaire
7. une voiture différente
8. des offres abstraites
9. une association religieuse
10. une nuit noire

G. Formez les adverbes correspondant aux adjectifs suivants:

1. adroit
2. sec
3. évident
4. aveugle
5. modeste
6. vrai
7. gentil
8. pareil
9. confus
10. actif
11. récent
12. élégant
13. assuré
14. assidu
15. nouveau
16. hardi
17. mou
18. obscur
19. franc
20. jaloux
21. silencieux

H. Remplacez les expressions adverbiales soulignées par un adverbe équivalent selon le modèle donné:

Il travaille <u>d'un air consciencieux</u>.
Il travaille **consciencieusement**.

1. Le nombre des touristes augmente d'une façon régulière.
2. Le garçon nous a répondu d'un air gentil.
3. Le professeur a fait son cours d'une façon savante.
4. Allez au guichet n° 5 d'un pas rapide.
5. Par malheur, il n'en avait pas.
6. Cet employé n'est pas habillé d'une façon convenable.
7. Notre voyagiste travaille d'une bonne manière.
8. Certains automobilistes conduisent à une allure folle.
9. Nous avons été reçus d'une mauvaise manière.
10. Les touristes arriveront ici à une date prochaine.

I. Remplacez les locutions adverbiales soulignées par des adverbes équivalents:

1. De nos jours, voyager est facile.
2. On vous attend à l'extérieur.
3. Travaillez en silence!
4. Je suis en vacances en ce moment.
5. Allons à l'intérieur! Il fait moins froid.
6. Mon agence me fait de bons prix en général.
7. D'ordinaire, les prix sont plus élevés en haute saison.
8. Elle s'habille avec élégance.
9. Tout à coup, nous nous sommes retrouvés seuls.
10. Rester chez soi n'est pas mauvais de temps en temps.

J. Modifiez les phrases suivantes de façon à mettre la partie soulignée à l'impératif. Employez le modèle suivant:

Je vous demande de sortir tout de suite.
Sortez tout de suite!

1. Je suggère que vous attendiez le bus suivant.
2. Il ne faut pas que nous prenions cette rue-là.
3. Il nous faut être tous ici à 7 h.
4. Je vous demande d'avoir patience.
5. Il faut que vous me disiez la vérité.
6. Elle vous conseille de ne pas faire de bruit.
7. Il faut te présenter demain matin à 9 h.
8. On doit demander la brochure gratuite.
9. Nous devons faire preuve d'intelligence.
10. Il vous faut savoir votre leçon.

K. Complétez les phrases suivantes:
1. Les jours de la semaine où l'on ne travaille pas sont _____.
2. Si aujourd'hui est lundi, demain ce sera _____? Après-demain _____?

3. Les gens superstitieux craignent le _____ 13.
4. Nous sommes jeudi. Hier, c'était _____?
5. Le Nouvel An commence le 1er _____. L'année finit le _____.
6. Les mois du printemps sont _____.
7. La prise de la Bastille est célébrée le _____.
8. Le mois de _____ a 28 jours et 29 les années bissextiles.
9. L'été commence le _____ et finit le _____.
10. Le semestre d'automne comprend les mois de _____.

L. Écrivez les nombres suivants en toutes lettres:

1. 11	21	75	80
2. 36	62	93	101
3. 99	181	202	1.001
4. 17	72	999	14.350
5. 22	81	1.201	92.090

M. Remplacez les expressions soulignées dans les phrases suivantes par des expressions équivalentes pour en faire des avis au public:
1. Il ne faut pas fumer.
2. On ne doit pas stationner.
3. Il est défendu de parler au chauffeur.
4. Nous vous demandons d'attendre derrière le guichet.
5. Il est recommandé de ne pas plier la carte, s.v.p.
6. Vous ne devez pas marcher sur le gazon.
7. L'entrée du restaurant n'est pas permise aux chiens.
8. Il est illégal d'afficher sur ce mur.
9. Vous êtes priés de répondre le plus tôt possible.
10. Il est interdit d'apporter de la nourriture dans le magasin.

N. Sur la base des renseignements donnés, indiquez au public ce qu'il faut faire ou avertissez-le d'un danger en utilisant les formules traditionnellement usitées dans les panneaux et les pancartes:
1. Il y a un bouledogue qui mord.
2. On vient de peindre les murs.
3. Il y a des virages dangereux.
4. On ne doit pas parler au chauffeur.
5. On doit attendre son tour.
6. Il faut payer à la caisse.
7. Il y a des ouvriers qui travaillent à proximité.
8. On ne peut pas aller dans cette rue dans ce sens.
9. Il faut vérifier sa monnaie avant de partir.
10. Les jeunes de moins de 16 ans ne doivent pas voir ce film.

O. Vous avez la parole: communication à partir de mots-clés.

   Situation: De Grenoble, où vous étudiez, vous voudriez vous rendre à Paris pour les vacances de Pâques. Un mois plus tôt, vous consultez l'agence HAVAS VOYAGES. Jouez les rôles selon les indications données.

   Le voyagiste: salutation; offrir service.

   Le(la) client(e): salutation; demander prix billet avion et chemin de fer (SNCF) Paris?

   Le voyagiste: période voyage; billet simple/retour?

   Le(la) client(e): donner date approximative; aller avion; retour SNCF.

   Le voyagiste: donner prix 2 classes; vols journaliers Air-Alpes sauf dimanche; tarif TGV Paris–Lyon; total combinaison.

   Le(la) client(e): choisir date aller-retour.

   Le voyagiste: logement hôtel?

   Le(la) client(e): possibilités hôtels bon marché Quartier Latin?

   Le voyagiste: réponse affirmative; indiquer prix approximatifs; recommander réservations.

   Le(la) client(e): choisir Hôtel des Nations; demander quand billets prêts?

   Le voyagiste: aujourd'hui si client pouvoir attendre; mode de paiement?

   Le(la) client(e): chèque de voyage; intention attendre.

P. Traduisez:

En anglais:

1. Notre tarif forfaitaire comprend le prix du billet aller-retour, l'hébergement et les frais administratifs.
2. Veuillez nous réserver deux allers simples classe touristes pour le vol du samedi 15 octobre.
3. On ne paie pas d'indemnité si l'on annule une réservation bien à l'avance.
4. Soyez prévoyant! Demandez à votre agence si un visa et un passeport sanitaire sont exigés pour les étrangers.
5. Une bonne agence saura vous renseigner convenablement sur les formules disponibles et les conditions de séjour.

En français:

1. *Tell the travel agent to cancel the reservation I made for Wednesday, June 21.*
2. *He is an old friend from New Caledonia. His flight is scheduled for 11 o'clock the day after tomorrow.*
3. *Travel agencies get their income from commissions. Do not be surprised if they suggest high rates and package deals.*
4. *I canceled my reservation recently without paying a penalty.*
5. *Let us call your travel agent and ask her if she knows the current rate of exchange for the dollar.*

Chanson

Jamaïca

Robert Paquette

L'automne arrivé, les feuilles tombées, moi veux pas rester.
L'automne arrivé, les feuilles tombées, moi veux m'en aller.
Bientôt la neige va tout tomber, moi veux pas rester, non.
L'année passée j'ai bien trop gelé, cette année moi aller me griller.
Refrain: Oh! Jamaïca
          Montego Bay
          Oh! Jamaïca
          On ne veut plus de CIA.
Tout le monde sait très bien qu'on ne peut pas y aller à pied.
Moi pas plus fou, payé mon trente sous, moi décidé de voler.
Mais quand moi est arrivé là-bas, y faisait beau, faisait chaud
Moi pas plus fou, moi pas plus sot, moi sauter dans l'eau en disant:
Refrain: Oh! Jamaïca. . . .
C'est un pays qui était une colonie qui maintenant s'est libérée.
Si tu me demandes comment ça s'est passé, bien tout l'monde est allé
    voter.
Les gens là-bas sont tous très bien, tout le monde est content.
Le seul problème c'est que maintenant y'a trop de touristes américanos.
Refrain: Oh! Jamaïca. . . .
Dans toutes les rues de tous les quartiers de la ville de Montego Bay,
Tu peux entendre jour et nuit la musique qu'on appelle reggae.
Mais fais attention à toi là-bas tu vas te faire enjôler,
Une bonne fois on va te faire fumer pis là le gros Mongoose va venir
te chercher en disant:
Refrain: Oh! Jamaïca. . . .

(Au pied du courant, Kébec-Disc 959)

Adresses utiles

A. *France*:
   Secrétariat d'État du Tourisme; 65, avenue de la Grande Armée; 75782 Paris.
   Tél.: 502.14.00.
   Accueil des Jeunes en France: 12, rue des Barres; 75004 Paris. Tél.: 272.72.09.
B. *Belgique*:
   Bureau National d'Accueil et d'Information Touristique; Aéroport Bruxelles-
   National; 1930 Zaventem; Bruxelles. Tél.: 02/720.91.40 et 41.
C. *Luxembourg*:
   Office National du Tourisme; Boîte Postale 1001; Luxembourg. Tél.: 48.79.99.

D. *Suisse*:

Association Internationale d'Experts Scientifiques du Tourisme; Varnbuelstrasse 19, CH-9000, St. Gallen, Suisse. Tél.: 071 23.55.11.

E. USA:

United States Travel and Tourism (U.S. Department of Commerce), Washington, DC 20230.

Chapitre 6

Avant donc que d'écrire,
apprenez à penser.

Boileau

La Correspondance _____

Situation

John Durocher, ancien boursier[1] Fulbright à **Toulouse**, envisage de passer ses vacances dans le **Roussillon**. Il écrit à son ami Jean-Pierre Marty pour lui annoncer son prochain passage dans la Ville Rose.

Lettres

Lettre à un ami

Knoxville, le 15-3-1988

Cher Jean-Pierre,

Devine![2] Nous passons par Toulouse cet été, Linda et moi, en route pour Barcelone où j'assisterai au[3] congrès annuel de l'Association Internationale des Ingénieurs Agronomes. Au retour, nous en profiterons pour passer une dizaine de jours sur la Côte Vermeille, à Banyuls plus exactement. Nous serons donc à Toulouse du 7 au 8 août. Dis-moi si vous y serez, Nicole et toi, à ce moment-là. Nous pourrions nous arranger pour nous retrouver[4]. Eh! oui! la nostalgie du bon vieux temps: les **copains** du Capitole et les cassoulets du Coq Hardi! Je suis curieux de voir si la Ville Rose a autant changé qu'on le dit. Pas trop, j'espère.

Fais la bise à Nicole de notre part.

Amitiés,

Lettre à un hôtelier

Knoxville, le 14 février 1988

John Durocher, Fils[5]
1243 Magnolia Lane
Knoxville, Tennessee 37916 USA

                à

Monsieur le Gérant[6] de l'Hôtel Canigou
12, rue des Corbières
Banyuls, Pyrénées Orientales, France

Monsieur,

Je vous serai obligé[7] de bien vouloir me faire savoir si vous pourriez me réserver une chambre pour deux personnes du 10 au 20 août prochain et quels sont vos tarifs en **pension** complète ou demi-pension. J'aimerais également savoir quelles sont vos conditions de réservation.

En vous remerciant d'avance de votre réponse, je vous prie d'agréer, Monsieur, l'expression de mes sentiments distingués[8].

                                        John Durocher, Fils

Personne postant une lettre.

Réponse de l'hôtelier

HÔTEL CANIGOU**
12, rue des Corbières
66234 Banyuls, France
Le 2 mars 1988

Mr. John Durocher, Fils
1243 Magnolia Lane
Knoxville, Tennessee 37916 USA

Cher Monsieur,

Nous avons bien reçu votre aimable lettre du 14 février dernier, et vous en remercions. Nous sommes très heureux de pouvoir vous accueillir du 10 au 20 août. Veuillez trouver ci-joint[9] un dépliant[10] comportant les renseignements que vous avez demandés.

Nous nous permettons de vous rappeler que votre réservation ne sera définitive que lorsque vous nous aurez versé une somme égale au prix d'une nuitée.

Dans l'attente[11] de votre confirmation par retour du courrier[12], nous vous prions, Cher Monsieur, de croire à l'expression de notre considération distinguée.

Robert Pujol, Gérant

Texte

Les lettres d'affaires

Une lettre d'affaires comprend les éléments suivants:

1. L'*en-tête*[13]: nom et addresse de la société ou de l'établissement. Il est généralement imprimés[14] sur le papier à lettre. S'il ne l'est pas, l'**expéditeur** l'inclura après la date et avant l'adresse du destinataire[15] précédée de **à**. Cette disposition est courante dans la correspondance administrative.

2. *La date*: souvent précédée du lieu d'origine, se place au milieu de la ligne ou sur la droite. Le mois peut être en toutes lettres, avec majuscule, ou en chiffres. En ce cas, l'indication du jour précède celle du mois. Il n'y a pas de **virgule** entre le mois et l'année.

Paris, le 6 Novembre 1988
Le 6-11-1988 ou Le 6/11/1988

3. L'*adresse du destinataire*: placée à droite ou à gauche.

4. *L'objet de la lettre et/ou une référence*: indications fréquentes dans les lettres administratives et officielles.

Objet: poste de contrôleur
Réf.: PC10-SE1264

5. *La salutation*[16] *initiale*: titre de civilité avec ou sans **Cher(s)/Chère(s)**, suivi d'une virgule. À l'inverse de l'anglais, le français n'inclut pas le nom du destinataire. On mentionnera plutôt sa qualité ou sa fonction[17].

Monsieur,	Cher Monsieur,	Madame,	Chère Madame,
Messieurs,	Chers Messieurs,	Mesdames,	Chères Mesdames,
Monsieur le Directeur,		Madame la Directrice,	
Monsieur le Professeur,		Madame le Professeur,	

6. *Le corps*[18] *de la lettre*: commence par l'entrée en matière ou introduction comportant généralement une formule figée[19].

J'ai/Nous avons l'honneur (le plaisir/le regret) de. . . .
J'accuse/Nous accusons réception de votre lettre du (date). . . .
Nous avons bien reçu votre lettre du. . . .
En réponse à votre lettre du . . . , j'ai le plaisir de. . . .
Suite à votre lettre du . . . , j'ai le regret de. . . . (expression moins recommandée que les précédentes)

Viennent ensuite les paragraphes généralement séparés par un double **interligne**. Quand le premier mot est en retrait[20], on désigne la ligne et le paragraphe par le terme d'alinéa[21].

7. *La salutation finale*: formule figée que l'on peut nuancer et varier en modifiant une ou plusieurs composantes.

Veuillez (a) agréer (b), Monsieur/Madame*, l'expression (c) de mes (nos) sentiments distingués (d).

a. Je/Nous vous prions de. . . .
b. Croire à, accepter, recevoir, trouver ici. . . .
c. L'assurance. . . .
d. Mes/nos sentiments dévoués, les meilleurs, respectueux; Ma/notre considération distinguée, mon entier dévouement, mon profond respect, mes respectueux hommages (à une dame). . . .

Dans les communications brèves, on peut conclure par:

Croyez, Monsieur/Madame, à mes salutations distinguées.
Agréez, Monsieur/Madame, mes sentiments distingués.

*La salutation initiale est toujours répétée telle quelle (*as is*).

Indications supplémentaires et abréviations

Quand le destinataire d'un envoi habite chez quelqu'un d'autre ou dépend de l'autorité d'une personne plus haut placée, on emploie *Chez* ou *Aux bons soins de*[22] dans l'adresse:

M. Roland Garros
Chez/Aux bons soins de M. Lucien Sauvy
191, Rue de Crimée
75019 Paris

Le code postal[23] précède le nom de la ville et se décompose ainsi: 75 = département, 0 = ville (Paris), 19 = arrondissement. Quand on n'est pas sûr que son correspondant demeure à la même adresse, on ajoute la mention *Faire suivre, s.v.p.*[24]. Si l'on veut être certain que l'envoi arrive à destination, on l'expédie en Recommandé[25]. On recevra, après sa réception, un récipissé[26] ou avis de réception dûment signé par le destinataire. Si l'envoi comporte une photographie, on portera la mention *Ne pas plier*[27], s.v.p. sur l'enveloppe. Si c'est un journal, magazine ou livre, on indiquera *Imprimés*.

Voici quelques abréviations courantes en correspondance:

Appt: Appartement
Av.: Avenue
Bd ou **Boul.**: Boulevard
Cf.: (Confer) se reporter à
Cie: Compagnie
d°: dito ou ditto (de même)
Dest.: Destinataire
Exp.: Expéditeur, -trice
E.V.: En ville
F.M.: Franchise militaire (courrier adressé à un militaire)
M., MM.: Monsieur, Messieurs
Mlle: Mademoiselle
Mme, Mmes: Madame, Mesdames
N.B.: *Nota bene* (Notez bien)
N°: Numéro
Pcc: Pour copie conforme[28]
PS: Post-scriptum
RSVP: Réponse s'il vous plaît
s/: sur (Neuilly s/Seine)
Sté: Société
TSVP: Tournez, s'il vous plaît
Vve: Veuve[29]

Glossaire

1. **boursier, -ière**: _scholar, grantee_
2. **deviner**: _to guess_
3. **assister à**: _to attend_
4. **retrouver**: _to meet again_
5. **Fils** (m.): _Jr. (Junior)_
6. **gérant** (m.): _manager_
7. **obligé**: _grateful_
8. **Je vous prie . . . distingués**: _Sincerely yours_
9. **ci-joint**: _attached, enclosed_
10. **dépliant** (m.): _folder_
11. **attente** (f.): _waiting_
12. **courrier** (m.): _mail_
13. **en-tête** (m.): _heading, letterhead_
14. **imprimé**: _printed_; —(m.): _printed matter_
15. **destinataire**: _addressee, recipient_
16. **salutation** (f.): greeting
17. **fonction** (f.): _title, position_
18. **corps** (m.): _body_
19. **figée**: _fixed, set_
20. **retrait** (m.): _indentation_
21. **alinéa** (m.): _indented paragraph_
22. **Aux bons soins de**: _Care of_
23. **code** (m.) **postal**: _zip code_
24. **Faire suivre, s.v.p.**: _Please forward_
25. **Recommandé**: _Registered mail_
26. **récipissé** (m.): _receipt_
27. **plier**: _to fold_
28. **copie** (f.) **conforme**: _true copy_
29. **veuve** (f.): _widow_

Vocabulaire

Toulouse: Chef-lieu de la région Midi-Pyrénées (Sud-Ouest) et du département de la Haute-Garonne, comptant plus de 500.000 habitants (Toulousains). Grande métropole régionale, sa vieille université et ses grandes écoles attirent de nombreux étudiants français et étrangers. Le Vieux Toulouse, construit de briques roses (d'où le surnom de Ville Rose) s'enorgueillit d'une multitude d'édifices anciens: églises du Moyen Âge (basilique Saint-Sernin), hôtels de la Renaissance, etc.

Roussillon: ancienne province constituant la partie la plus peuplée du département des Pyrénées-Orientales, il englobe, avec la Cerdagne, les régions catalanophones de France. C'est une région principalement agricole connue pour ses fruits (abricots) et ses vins (Banyuls, Corbières, Rivesaltes). Sa côte (appelée Vermeille) attire de nombreux touristes.

copain (m.): les copains et les **copines** sont les **camarades** préférés avec lesquels on s'associe à l'école, au travail ou dans le cadre de toute activité de groupe (*buddies*). Ils aiment souvent se retrouver dans un endroit préféré, généralement un café. *Salut les copains* est un magazine qui s'adresse aux jeunes.

pension (f.): somme payée pour l'hébergement et la nourriture; le lieu où l'on est logé et nourri (*room and board; boarding house*). Quand la pension est **complète,** on prend les trois repas de la journée; en **demi-pension,** on ne paie que pour le déjeuner. Certains établissements éducatifs ont un **pensionnat;** leurs élèves sont des **pensionnaires** (*boarders*).

Des copains à la terrasse d'un café.

expéditeur, -trice: personne qui envoie quelque chose (*sender, dispatcher*). L'envoi du courrier est une **expédition** (*shipping, shipment*). **Expédier** veut aussi dire faire vite (*to expedite*).

virgule (f.): signe de ponctuation (,). Les autres signes sont:

le point (.)	le point-virgule (;)
les deux points (:)	le point d'interrogation (?)
le point d'exclamation (!)	les points de suspension (. . .)
les guillemets (« »)	le trait d'union (-)
l'astérisque (*)	le tiret (——)
les parenthèses ( )	les crochets [ ]
l'accolade: { ou }	la barre (/)

cher: qui coûte beaucoup; dont le prix est élevé; **onéreux**. Le contraire est **bon marché**. On parle de la **cherté** de la vie. Une personne aimée est appelée **chéri**(e) (*darling*). Dans une lettre, **cher** peut être précédé de *mon*, *bien* ou *très* et, selon le cas, suivi d'un terme comme *ami*, *collègue*, etc., d'un terme de parenté ou d'un prénom: *Mon cher ami*, *Très cher collègue*, . . . Une lettre à un parent proche ou à une personne aimée se termine par **Bons baisers** (*Love*), **Je t'embrasse** (*I kiss you*) ou autres termes analogues.

interligne (m.): espace entre deux lignes consécutives. Cet espace peut être **simple** (*single*), **double**, **triple**, etc.

soin (m.): attention, effort pour bien faire (*care*). Si l'on travaille **avec soin**, le travail est **soigné**. On **soigne** un malade. On **prend soin** d'une personne ou d'une chose. On reçoit des **soins de beauté** dans un salon du même nom. On est **aux petits soins** pour quelqu'un quand on a toutes les attentions pour lui. En cas d'accident, on prodigue les **premiers soins** ou **soins d'urgence** (*first aid*) aux blessés (*injured*).

Questions

1. Qui est John Durocher? À qui écrit-il? Pourquoi?
2. Où vont les Durocher? Pour quelle raison? Par où passent-ils?
3. Que feront-ils au retour de Barcelone?
4. Que veut savoir John Durocher à propos des Marty, au début août?
5. De quoi John a-t-il la nostalgie? De quoi est-il curieux?
6. À qui écrit John Durocher pour les réservations d'hôtel?
7. Quels renseignements John demande-t-il?
8. Que lui répond l'hôtelier?
9. Que lui envoie l'hôtelier dans la lettre?
10. Que rappelle-t-il à John Durocher en ce qui concerne la réservation?
11. Que comprend l'en-tête d'une lettre d'affaires? Où place-t-on cet en-tête généralement?

12. Où place-t-on la date? Quelle est sa disposition quand elle est indiquée en chiffres?
13. Qu'appelle-t-on destinataire? Où place-t-on son adresse?
14. Quelle indication suit l'adresse du destinataire?
15. En quoi consiste la salutation initiale? En quoi le français diffère-t-il de l'anglais à ce propos? Donnez des exemples.
16. Que comprend le corps d'une lettre d'affaires? Par quoi les paragraphes sont-ils séparés?
17. Donnez l'exemple de la salutation finale traditionnelle.
18. Modifiez le début et la fin de cette formule figée. Quelle est la partie qui ne doit pas changer?
19. Quand emploie-t-on l'expression « Aux bons soins de . . . »?
20. Indiquez le sens des chiffres dans le code postal 75018.
21. Quelle indication met-on sur un envoi quand on n'est pas sûr si le destinataire habite toujours à la même adresse?
22. Quand expédie-t-on un envoi en Recommandé?
23. Qu'est-ce qu'un récipissé?
24. Quelle indication met-on sur un envoi contenant une photo? un magazine?
25. Quelles sont les abréviations pour les mots suivants: appartement, boulevard, Madame? Que veut dire Exp., MM., Pcc?

Grammaire

A. Le subjonctif:

L'indicatif entrevoit la réalité d'un point de vue *objectif*, le subjonctif sous l'angle *subjectif* (crainte, doute, nécessité, ordre, possibilité, souhait, suggestion, etc.). Il s'emploie presque toujours dans des propositions subordonnées introduites par **que**.

Le français usuel parlé et écrit ne se sert que du présent et du passé du subjonctif, l'imparfait et le plus-que-parfait étant du domaine de la langue littéraire châtiée.

1. Formation du présent:

À l'exception des verbes **avoir** et **être,** tous les verbes prennent les terminaisons suivantes:

	Singulier	Pluriel
1e pers.	-e	-ions
2e pers.	-es	-iez
3e pers.	-e	-ent

Le radical utilisé est:

a. Pour les verbes en **-er**:
   Le même que celui du présent (sauf pour **aller**):

   > Il est possible qu'il **arrive** ce soir.

b. Pour les verbes réguliers en **-ir**:
   Celui du présent à la première personne du pluriel (**finiss-, choisiss-**, etc.):

   > Il faut que vous **finissiez** votre travail.

c. Pour les verbes irréguliers:

   - Certains ont un radical régulier identique à celui du présent à la première personne du pluriel (**connaître, craindre, dormir, écrire, ouvrir, partir, répondre, servir, sortir, vendre**, etc.):

     > Je doute qu'elle **dorme** à cette heure-ci.
     > Souhaitons que vous **écriviez** assez tôt.

   - Certains ont deux radicaux: l'un pour les première, deuxième et troisième personnes du singulier et la troisième personne du pluriel, l'autre pour les première et deuxième personnes du pluriel:

Verbe	1er radical (je, . . .)	2e radical (nous, vous)
aller	**aill-**	**all-**
boire	**boiv-**	**buv-**
croire	**croi-**	**croy-**
prendre	**prenn-**	**pren-**
recevoir	**reçoiv-**	**recev-**
venir	**vienn-**	**ven-**
voir	**voi-**	**voy-**
vouloir	**veuill-**	**voul-**

   - D'autres, comme **avoir, être, faire, pouvoir** et **savoir**, ont un radical spécial:

j'aie	je sois	je fasse	je puisse	je sache
tu aies	tu sois	tu fasses	tu puisses	tu saches
il ait	elle soit	on fasse	il puisse	elle sache
nous ayons	nous soyons	nous fassions	nous puissions	nous sachions
vous ayez	vous soyez	vous fassiez	vous puissiez	vous sachiez
elles aient	ils soient	elles fassent	ils puissent	elles sachent

2. Le passé:
Le passé du subjonctif se fait selon le schéma
subjonctif d'**avoir** ou **être** + *participe passé*:

j'aie vu	je sois parti
tu aies voulu	tu sois venu
il ait dormi	elle soit arrivée
nous ayons fini	nous soyons sortis
vous ayez acheté	vous soyez rentrés
elles aient compris	ils soient montés

3. Emplois:

a. Après les verbes exprimant un désir, un souhait, un ordre, une nécessité, une crainte, une émotion ou un sentiment:

aimer	demander	défendre	avoir peur
désirer	exiger	interdire	craindre
préférer	requérir	prohiber	douter
souhaiter	vouloir		regretter

Il **veut** que les clients **soient** satisfaits.
J'**aimerais** que tu **réussisses**.
Nous **craignons** qu'ils (ne) **fassent** une erreur.*

b. Après des verbes ou expressions impersonnels correspondant aux verbes de la liste ci-dessus:

il faut que	il est nécessaire que	il est préférable
il est douteux que	il est regrettable que	c'est dommage que
il vaut mieux que		

Il **faut** que vous **reveniez** nous voir.
Il **est regrettable** que vous n'y **ayez** pas **pensé**.
C'est **dommage** que nous n'**ayons** pas **trouvé** de places.
Il **vaut mieux** que tu **prennes** un cachet d'aspirine.
Il **se peut** qu'ils **aient égaré** notre adresse.

c. Après certains verbes comme **croire, espérer** et **penser**, à la négation:

Je <u>crois</u> qu'il <u>est</u> chez lui.
Je **ne crois pas** qu'il **soit** chez lui.

Nous <u>pensons</u> qu'elle <u>viendra</u>.
Nous **ne pensons pas** qu'elle **vienne**.

---

*Après les verbes exprimant une crainte le subjonctif avec **ne** (sans **pas**) équivaut au subjonctif à l'affirmation.

d. Après des expressions impersonnelles exprimant la possibilité ou l'improbabilité:

il est possible que	il se peut que
il se pourrait que	il est peu probable que
il est impossible que	il (ne) semble (pas) que

> **Il se peut qu'**il nous **écrive** en arrivant.
> **Il est peu probable** que nous **finissions** avant 7 heures.

e. Après les conjonctions de subordination suivantes:

avant que*	en attendant que	jusqu'à ce que
bien que	quoique	pourvu que
afin que	pour que	de sorte que
à moins que*	de peur que*	de crainte que*
à condition que	sans que	

> Parlez-lui **avant qu'**il (ne) **parte**.
> Elle fait son possible **pour qu'**ils **soient** contents.

f. Dans des exhortations ou des impératifs indirects:

> Ainsi **soit**-il!
> **Vive** la République!
> Il veut partir? Qu'il **parte!**

g. Dans des propositions relatives dont l'antécédent comporte une notion de *subjectivité* (i.e., opinions, superlatifs, etc.):

> C'est **le seul** qui **puisse** m'aider.
> Je cherche quelqu'un qui **connaisse** bien son travail.

B. Les formes verbales en **-ant**:

Les formes se terminant en **-ant** sont le participe présent, le gérondif, l'adjectif ou le nom verbal. Leurs radicaux, à quelques exceptions près, sont les mêmes que pour la première personne du pluriel du présent de l'indicatif.

aller:	**allant**	cuire:	**cuisant**
finir:	**finissant**	dire:	**disant**
vendre:	**vendant**	faire:	**faisant**
partir:	**partant**	luire:	**luisant**
prendre:	**prenant**	nuire:	**nuisant**
boire:	**buvant**	produire:	**produisant**

Exceptions:

avoir: **ayant**	être: **étant**	voir: **voyant**
asseoir: **asseyant**	savoir: **sachant**	

---

*L'addition de **ne** ajoute une notion de crainte mais non de négation.

1. Les participes présent et passé:

Le participe présent exprime une action qui se situe dans le même temps que celui du verbe principal. Il est invariable:

Je cherche des personnes **parlant** anglais.

Le participe passé indique une action antérieure à celle de la proposition principale. Il suit le schéma **ayant** ou **étant** + *participe passé*:

Ayant fini de manger, il a allumé une cigarette.
Étant arrivée trop tôt, elle attendait patiemment.

2. Le gérondif:

Précédé de la préposition **en**, le gérondif exprime les circonstances d'une action (manière, moment, moyen, etc.):

Il ronfle **en dormant**.   Je les ai aperçus **en revenant** du centre ville.

3. L'adjectif verbal:

L'adjectif verbal s'accorde en genre et en nombre avec le nom qu'il qualifie:

Votre histoire est **étonnante**.
Le pilote et le personnel **navigant** logent dans cet hôtel.

Certains n'ont pas le même radical que le participe présent: les adjectifs de **savoir** et **pouvoir** sont **savant** and **puissant** tandis que les participes sont **sachant** et **pouvant**.

4. Le nom verbal:

Le nom verbal est semblable à l'adjectif. Beaucoup sont des noms communs:

- Un(e) **étudiant(e)**: une personne qui étudie.
- Un(e) **commerçant(e)**: une personne qui commerce.
- Un(e) **exploitant(e)**: une personne qui exploite une affaire.
- Un(e) **gérant(e)**: celui ou celle qui gère pour quelqu'un.
- Un **fabricant**: quelqu'un qui fabrique. (le participe: **fabriquant**)
- Un **négociant**: quelqu'un qui fait du négoce.
- Un **possédant**: celui qui possède une propriété.
- Un **passant**: une personne qui passe dans la rue.
- Un(e) **savant(e)**: une personne qui sait beaucoup de choses.
- Un **tranquillisant**: une drogue qui tranquillise.

Révision

Présent et futur de **servir** et **valoir**:

je	sers	vaux	servirai	vaudrai
tu	sers	vaux	serviras	vaudras
il, elle, on	sert	vaut	servira	vaudra
nous	servons	valons	servirons	vaudrons
vous	servez	valez	servirez	vaudrez
ils, elles	servent	valent	serviront	vaudront

L'indétermination et l'absence de choix ou de précision

L'indétermination s'exprime par **quelque** + *nom*.

L'absence de choix peut s'exprimer
par **n'importe** + *adverbe* ou *pronom interrogatif*.
Ces concepts s'appliquent aux domaines suivants:

1. *personnes*: quelqu'un(e)   n'importe qui*
2. *choses*: quelque chose   n'importe quoi*
3. *lieu*: quelque part   n'importe où
4. *moyen*: de quelque manière/façon   n'importe comment
5. *nombre/quantité*: quelques-un(e)s, quelques fois   n'importe combien
6. *moment*: quelquefois   n'importe quand

L'absence de précision peut également s'exprimer
par **n'importe** + **quel(le)(s)** + *nom*:

1. n'importe quel(s) individu(s), n'importe quelle(s) personne(s)
2. n'importe quel(s) papier(s), n'importe quelle(s) enveloppe(s)
3. n'importe quel(s) endroit(s), n'importe quel(s) lieu(x)
4. n'importe quel(s) moyen(s), n'importe quelle(s) méthode(s)
5. n'importe quel(s) nombre(s), n'importe quelle(s) quantité(s)
6. n'importe quel(s) jours, n'importe quelle(s) date(s)
7. n'importe quel moment, n'importe quelle heure

L'expression **n'importe** peut être précédée par une préposition:

1. avec n'importe qui, pour n'importe le(s)quel(le)(s)
2. pour, sur n'importe quoi
3. à n'importe quel endroit, dans n'importe quel pays
4. de n'importe quelle manière, par n'importe quel moyen
5. à n'importe quelle heure, à n'importe quel moment

Un autre moyen d'exprimer l'absence de choix ou de précision
est: **mot interrogatif** + **que** + *verbe au subjonctif*:

1. Qui que vous soyez, faites la queue comme tout le monde!
   Quiconque° n'est pas en tenue ne sera pas admis au club.   *whoever*
2. Quoi que vous fassiez, cela ne changera rien.
3. Où que vous alliez, on vous demandera votre passeport.
4. Quel que soit le moyen employé, cela reviendra cher.
5. Quelle que soit l'heure, le magasin est ouvert.
6. Quelles que soient vos raisons, vous ne devriez pas être ici.

*Quand l'absence de choix implique une catégorie connue de personnes ou de choses, on peut employer
n'importe **lequel/laquelle** (et leur pluriel).

Notes culturelles

A. Indications données dans une adresse:

1. Prénom, nom (en majuscules) et fonction: M. Lucien BRIALY, Directeur
2. Nom de la société ou de l'établissement: Entreprise Agro-commerciale[1] BLÉDOR
3. Adresse avec numéro de l'immeuble[2] suivi d'une virgule, nom de l'artère (Rue, Avenue, Boulevard, Allées, Cours, etc.) ou du lieu (Place, Square, Rond-Point[3], etc.), code postal et ville: 191, Rue de Crimée—75019 PARIS

B. Les Circonscriptions[4] administratives

Sur le plan de l'administration, la France métropolitaine[5] est divisée en 22 régions ayant chacune à sa tête un commissaire de la République nommé par le gouvernement. La plupart d'entre elles portent le nom d'anciennes provinces:

Alsace (Strasbourg)	Limousin (Limoges)
Aquitaine (Bordeaux)	Lorraine (Metz)
Auvergne (Clermond-Ferrand)	Midi-Pyrénées (Toulouse)
Bourgogne (Dijon)	Nord-Pas-de-Calais (Lille)
Bretagne (Rennes)	Basse-Normandie (Caen)
Centre (Orléans)	Haute-Normandie (Rouen)
Champagne-Ardenne (Châlons-s-M)	Pays-de-la-Loire (Nantes)
Corse (Ajaccio)	Picardie (Amiens)
Franche-Comté (Besançon)	Poitou-Charentes (Poitiers)
Île-de-France (Paris)	Provence-Côte-d'Azur (Marseille)
Languedoc-Roussillon (Montpellier)	Rhône-Alpes (Lyon)

Les régions regroupent 96 départements portant des noms géographiques (nom de fleuves, rivières, montagnes, etc.) et ayant un numéro minéralogique* déterminé par ordre alphabétique. Il y a quatre départements d'outre-mer (DOM): la Guadeloupe et la Martinique aux Antilles, St-Pierre-et-Miquelon en Amérique du Nord, la Guyane en Amérique du Sud et la Réunion dans l'Océan Indien. Les territoires français d'outre-mer sont: la Nouvelle-Calédonie, Wallis-et-Futuna, la Polynésie française en Océanie, les Terres australes et antarctiques françaises, et Mayotte dans l'archipel des Comores (Océan Indien). Les départements et territoires d'outre-mer dépendent de l'autorité du Secrétaire d'État aux DOM-TOM.

*Ainsi nommé parce qu'à l'origine et jusqu'en 1928, il était attribué par le service des Mines pour l'immatriculation des voitures.

La ville principale (ou chef-lieu) du département est la préfecture car c'est là que réside le préfet, représentant exécutif du gouvernement. Les départements sont divisés en arrondissements ayant à leur tête un sous-préfet. Leur chef-lieu est la sous-préfecture. Ils sont, à leur tour, divisés en cantons eux-mêmes divisés en communes. La commune ou municipalité est administrée par un maire et un conseil municipal élus.

Paris [dans l'ancien département de la Seine (d'où le n° 75) a un statut spécial (révisé par la loi du 31-12-1975)]. Il regroupe deux collectivités: la Commune de Paris, divisée en 20 arrondissements et dirigée par un Maire, et le Département de Paris. Le Commissaire de la République de l'Île-de-France exerce avec le Maire les attributions de l'exécutif.

Affiches électorales du maire de Paris.

Liste des départements et chefs-lieux

N°	Département	Chef-lieu	N°	Département	Chef-lieu
01	Ain	Bourg	40	Landes	Mont-de-Marsan
02	Aisne	Laon	41	Loir-et-Cher	Blois
03	Allier	Moulins	42	Loire	Saint-Étienne
04	Alpes-de-Haute-Provence	Digne	43	Loire (Haute-)	Le Puy
05	Alpes (Hautes-)	Gap	44	Loire-Atlantique	Nantes
06	Alpes-Maritimes	Nice	45	Loiret	Orléans
07	Ardèche	Privas	46	Lot	Cahors
08	Ardennes	Mézières	47	Lot-et-Garonne	Agen
09	Ariège	Foix	48	Lozère	Mende
10	Aube	Troyes	49	Maine-et-Loire	Angers
11	Aude	Carcassonne	50	Manche	Saint-Lô
12	Aveyron	Rodez	51	Marne	Châlons-sur-Marne
13	Bouches-du-Rhône	Marseille	52	Marne (Haute-)	Chaumont
14	Calvados	Caen	53	Mayenne	Laval
15	Cantal	Aurillac	54	Meurthe-et-Moselle	Nancy
16	Charente	Angoulême	55	Meuse	Bar-le-Duc
17	Charente-Maritime	La Rochelle	56	Morbihan	Vannes
18	Cher	Bourges	57	Moselle	Metz
19	Corrèze	Tulle	58	Nièvre	Nevers
20A*	Corse-du-Sud	Ajaccio	59	Nord	Lille
20B	Haute-Corse	Bastia	60	Oise	Beauvais
21	Côte-d'Or	Dijon	61	Orne	Alençon
22	Côtes-du-Nord	Saint-Brieuc	62	Pas-de-Calais	Arras
23	Creuse	Guéret	63	Puy-de-Dôme	Clermont-Ferrand
24	Dordogne	Périgueux	64	Pyrénées-Atlantiques	Pau
25	Doubs	Besançon	65	Pyrénées (Hautes-)	Tarbes
26	Drôme	Valence	66	Pyrénées-Orientales	Perpignan
27	Eure	Évreux	67	Rhin (Bas-)	Strasbourg
28	Eure-et-Loir	Chartres	68	Rhin (Haut-)	Colmar
29	Finistère	Quimper	69	Rhône	Lyon
30	Gard	Nîmes	70	Saône (Haute-)	Vesoul
31	Garonne (Haute-)	Toulouse	71	Saône-et-Loire	Mâcon
32	Gers	Auch	72	Sarthe	Le Mans
33	Gironde	Bordeaux	73	Savoie	Chambéry
34	Hérault	Montpellier	74	Savoie (Haute-)	Annecy
35	Ille-et-Vilaine	Rennes	75†	Paris	Paris
36	Indre	Châteauroux	76	Seine-Maritime	Rouen
37	Indre-et-Loire	Tours	77	Seine-et-Marne	Melun
38	Isère	Grenoble	78	Yvelines	Versailles
39	Jura	Lons-le-Saulnier	79	Sèvres (Deux-)	Niort

*L'ancien départment de la Corse a été divisé en deux en 1975.
†A l'origine, le département de Paris était celui de la Seine.

Liste des départements et chefs-lieux

N°	Département	Chef-lieu
80	Somme	Amiens
81	Tarn	Albi
82	Tarn-et-Garonne	Montauban
83	Var	Draguignan
84	Vaucluse	Avignon
85	Vendée	La Roche-sur-Yon
86	Vienne	Poitiers
87	Vienne (Haute-)	Limoges

N°	Département	Chef-lieu
88	Vosges	Épinal
89	Yonne	Auxerre
90	Territoire de Belfort	Belfort
91*	Essonne	Évry
92	Hauts-de-Seine	Nanterre
93	Seine-Saint-Denis	Bobigny
94	Val-de-Marne	Créteil
95	Val-d'Oise	Pontoise

Départements d'outre-mer

N°	Département	Chef-Lieu
97–1	Guadeloupe	Basse-Terre
97–2	Martinique	Fort-de-France
97–3	Guyane	Cayenne
97–4	Réunion	Saint-Denis
97–5	St-Pierre-et-Miquelon	St-Pierre
97–6	Mayotte	Dzaoudzi

Glossaire

1. **agro-commerciale**: *pertaining to agribusiness*
2. **immeuble** (m.): *building*
3. **rond-point** (m.): *(circular) crossroad, intersection*
4. **circonscription** (f.): *territorial division*
5. **métropolitain**(e): *pertaining to mainland France*

Questions sur les Notes culturelles

1. Quelles sont les indications données dans une adresse?
2. Quelle est la position du code postal?
3. Quels sont les termes disponibles pour désigner une artère?
4. En combien de régions et de départements la France est-elle divisée?
5. Qui est à la tête de la région? du département?
6. Quels sont les départements d'outre-mer? Où se trouvent-ils?
7. Citez les noms de deux territoires d'outre-mer.
8. Quelles sont les autres circonscriptions administratives?
9. Comment appelle-t-on la ville principale du département?
10. Quel est le statut de Paris? Qui est à la tête de l'exécutif?

*Les départments suivants ont été créés dans la région parisienne en 1968 d'où le manque d'ordre alphabétique.

Exercices

A. Complétez les phrases suivantes en vous inspirant des lettres données en exemple dans ce chapitre.

1. J'ai le _____ de vous _____ que nous avons reçu votre lettre du 18 avril.
2. Veuillez _____, Madame, _____ de nos sentiments _____.
3. Nous _____ réception de _____ du 12 courant.
4. _____ ci-joint notre brochure et nos tarifs.
5. Je vous prie de _____ nous envoyer _____.
6. Nous avons le _____ de vous _____ notre stock est épuisé.
7. Les réservations doivent être _____ d'un _____ d'arrhes.
8. Nous vous _____ que nos tarifs _____ les taxes locales.
9. _____ vous lire, je vous prie de _____, Chère Madame _____ de mes _____.
10. Nous _____ que _____ votre commande du _____ et nous vous _____.

B. Écrivez une lettre à l'Hôtel du Léman pour demander:

- Les possibilités de réservation pour le mois de juillet
- Une chambre à un lit pour une personne
- Les tarifs et conditions
- Les modalités de réservation

C. Rédigez la réponse à la lettre ci-dessus.

D. Indiquez par R (région), D (département), DOM ou TOM (département ou territoire d'outre-mer) la nature des circonscriptions administratives suivantes:

1. Corse (   )
2. Mayotte (   )
3. Bas-Rhin (   )
4. Bretagne (   )
5. Provence–Côte d'Azur (   )
6. St-Pierre-et-Miquelon (   )
7. Wallis-et-Futuna (   )
8. Gironde (   )
9. Aquitaine (   )
10. Alpes-de-Haute-Provence (   )
11. Bouches-du-Rhône (   )
12. Corse-du-Sud (   )
13. Rhône-Alpes (   )
14. Nouvelle-Calédonie (   )
15. Côtes-du-Nord (   )
16. Nord-Pas-de-Calais (   )
17. Ille-et-Vilaine (   )
18. Île-de-France (   )
19. Pyrénées-Atlantiques (   )
20. Haute-Normandie (   )

E. Donnez les chefs-lieux des régions ou départements suivants:

1. l'Alsace:
2. le Doubs:
3. la Lorraine:
4. le Calvados:
5. l'Aude:
6. le Cantal:
7. l'Isère:
8. Midi-Pyrénées:
9. la Loire-Atlantique
10. Île-de-France:

F. De quels départements et/ou régions les villes suivantes sont-elles les chefs-lieux?

1. Toulouse: 6. Perpignan:
2. Marseille: 7. Versailles:
3. Poitiers: 8. Arras:
4. Limoges: 9. Le Mans:
5. Montpellier: 10. Lyon:

G. Articulez les phrases suivantes de façon à former une seule en employant la conjonction de subordination donnée entre parenthèses. Employez le modèle suivant:

> Je l'aide. Il réussit. (pour que)
> Je l'aide pour qu'il **réussisse**.

1. Il finira le travail. Nous revenons. (avant que)
2. Je lui téléphone. Elle n'a pas reçu ma lettre. (de peur que)
3. Nous devons partir. Il est malade. (bien que)
4. Arrivez plus tôt. Nous partons ensemble. (de sorte que)
5. Il n'a pas raté son avion. Il est arrivé en retard. (quoique)
6. Vous restez à l'intérieur. Il fait beau dehors. (bien que)
7. Elle attend. Je finis de manger. (que)
8. Nous faisons notre possible. Vous êtes contents. (afin que)
9. Nous sommes arrivés. Ils sont partis. (avant que)
10. Donne de l'argent aux enfants. Ils vont au cinéma. (pour que)

H. Remplacez les verbes soulignés dans les phrases suivantes par ceux qui sont donnés entre parenthèses. Faites les changements nécessaires:

1. Ils espèrent que nous viendrons. (souhaiter)
2. Je crois qu'il peut le faire. (douter)
3. Vous pensez qu'ils n'ont pas compris. (regretter)
4. Nous savons que vous irez en vacances. (aimer)
5. J'affirme qu'elles sont parties. (craindre)
6. Ils croient que je vais au cinéma. (préférer)
7. Elle sait que nous prenons le train. (suggérer)
8. Nous pensons que tu sais parler l'anglais. (exiger)
9. Vous croyez qu'elles veulent y aller en hélicoptère. (douter)
10. Tu espères que le négociant fera le nécessaire. (vouloir)

I. Mettez le premier verbe des phrases suivantes à la forme négative et faites les changements nécessaires:

1. Je suppose que quelqu'un sera là.
2. Vous croyez qu'il ira en Suisse.
3. Nous espérons que vous ferez un petit détour de notre côté.
4. Je crois que vous savez où se trouve mon bureau.

5. Elle pense que le courrier est déjà arrivé.

6. Vous espérez qu'il finira son travail.

7. Ils supposent que nous avons écrit à la maison.

8. Tu penses qu'elle pourra venir demain.

9. Nous croyons que vous serez de passage cet été.

10. Je pense que vous comprenez la difficulté de la situation.

J. Transformez les phrases suivantes de façon à employer un adjectif en **-ant** dans la partie soulignée. Ajoutez le verbe **être** quand cela est nécessaire. Employez le modèle suivant:

> L'histoire que tu racontes m'étonne.
> L'histoire que tu racontes est **étonnante**.

1. Ils reçoivent des hôtes qui paient.

2. Voilà un travail qui nous satisfait.

3. Nous avons des professeurs qui savent.

4. Le président de la chaîne a du pouvoir.

5. Voilà une affaire qui me surprend.

6. C'est une horloge qui parle.

7. L'atmosphère tranquille de Bora Bora apaise.

8. La camomille est une boisson qui calme.

bothers 9. J'ai affaire à un problème qui gêne°.

10. Ils se trouvent dans une situation qui embête.

K. Remplacez dans les phrases suivantes la partie soulignée par un participe présent. Employez le modèle suivant:

> J'ai rencontré un Américain qui parlait français.
> J'ai rencontré un Américain **parlant** français.

1. Où sont les étudiants qui savent leur leçon?

2. Je cherche une méthode qui puisse faciliter mon travail.

3. Nous préférons des candidats qui ont de l'expérience.

4. Je l'ai trouvé en train d'écrire une demande d'emploi.

5. Comme ils étaient de passage, ils sont venus nous voir.

6. Quel plaisir de rencontrer un étranger qui connaît notre langue.

7. Elle l'a trouvé au café en train de boire une bière.

8. Après avoir fini sa correspondance, il est allé à la poste.

9. C'est une usine qui fabrique des appareils ménagers.

10. Vous avez un costume qui produit beaucoup d'effet.

L. Exprimez l'absence de choix en remplaçant la partie soulignée par une expression avec **n'importe**. Employez le modèle suivant:

> Il s'arrête quel que soit l'endroit.
> Il s'arrête **n'importe où/à n'importe quel** endroit.

1. Nous irons en voyage quelque part.
2. Il fait tout ce qu'il peut pour attirer l'attention.
3. N'allez pas en France avec cette compagnie.
4. Vous y arriverez quelle que soit la manière.
5. Tout le monde sait qui est le maire de Paris.
6. Il mange quelle que soit l'heure.
7. M. Chirac n'est pas un Parisien comme les autres.
8. Quand on a soif, on boit une boisson quelconque.
9. Ces articles valent la même chose; prenez l'un d'entre eux.
10. Passez quel que soit le jour; nous serons là.

M. Mettez les sujets et verbes des phrases suivantes au pluriel s'ils sont au singulier et vice-versa.
1. À quelle heure sert-il le petit déjeuner?
2. Ces billets ne valent rien du tout.
3. Nous servons du café décaféiné.
4. Dans quelques années, cette action vaudra beaucoup.
5. À quoi servent ces appareils?
6. Tu ne vaux pas grand-chose!
7. Je vous servirai de guide pendant votre séjour.
8. Sa voiture vaut 65.000 francs.
9. Sers-toi quand tu voudras.
10. Nous vous revaudrons cela.

N. Traduisez:
En anglais:
1. Téléphonez-moi au retour quelle que soit l'heure d'arrivée.
2. Il faut que vous soyez prêt à tout n'importe où, n'importe quand.
3. Veuillez nous faire parvenir par courrier recommandé des copies conformes
de vos diplômes universitaires.
4. Veuillez croire, Messieurs, à l'assurance de nos sentiments les meilleurs.
5. Quelle que soit la date de votre réponse, il vaut mieux que vous nous écri-
viez à la nouvelle adresse.

En français:

1. *Dear Mr. Laval:*
   I am sorry to inform you that we have not received the deposit for the room reservation.
2. *We are happy to inform you that we have some vacancies for the month of August. . . .*
   Sincerely yours.
3. *Please find enclosed a brochure and a list of our rates.*
4. *We are in receipt of your letter of March 15, 1989, and thank you for it.*
5. *Knowing that you are an expert, I would like you to give me your advice any time.*

Chanson

La jolie sardane

Charles Trénet

	Quelle est jolie la sardane
	Que l'on danse main dans la main
plane tree	Au pays des verts platanes°
	Jeunes filles jeunes gens l'aiment bien.
	Et même les vieux de leur cannes
beat the rhythm	La martèlent° sur les pierres du chemin.
	Ils la connaissent la sardane;
youngsters	Ils l'ont dansé quand ils étaient gamins°.
	Ils l'ont dansé quand ils étaient gamins.

	Amis! c'est la fête à Collioure
decorated	On a pavoisé° le Vieux-Port
surrounds	Et devant la mer qui l'entoure°
steeple	Voici l'éternel clocher° d'or.
pebbles	Sur les galets°, vertes et roses
boats	Les barques° aux tendres couleurs
	Commencent la métamorphose
sails	De leurs voiles° changées en fleurs.
wandering moon	Et, sous la lune vagabonde°,
dance	La sardane forme sa ronde°.

	Quelle est jolie la sardane
	Que l'on danse main dans la main
north wind	Du pays des tramontanes°
neighboring	Elle vole jusqu'au pays voisin°.
	Ce soir combien d'amourettes
hatch	Peuvent éclore° dans les cœurs de vingt ans!
lose	Combien vont perdre° la tête,
	Pour toi sardane du pays catalan!
	Pour toi sardane du pays catalan!
	Pour toi sardane du pays catalan!

(Éd. Breton/Vianelly, Réédition 1985, Pathé Marconi EMI 1562504)

Chapitre 7

*Entre deux maux,
il faut choisir le moindre.*

       Aristote

À la Poste

    Marilyn Smith, une Américaine récemment arrivée à Paris pour y poursuivre des études, se rend au **bureau** de poste[1] du quartier[2] pour poster une lettre et expédier un paquet[3].

Dialogue

Au bureau de poste

Mlle Smith: Pourriez-vous me dire quel est le tarif lettres par avion pour les États-Unis?

L'employé: Pour les lettres par voie de surface, c'est 3 francs jusqu'à 20 **grammes**. Par poste aérienne, c'est plus cher. Le tarif des aérogrammes est de 3,5 F quel que soit le pays. La taxe d'**affranchissement** des lettres ordinaires est de 3,65 F jusqu'à 5 grammes. Au-dessus, il faut compter 0,65 F par 5 grammes supplémentaires. Vous permettez que je pèse votre lettre?

Mlle Smith: Mais bien sûr, Monsieur!

L'employé: Voilà! Elle fait 20 grammes. Ça fait donc 5,60 F. Ça sera tout, Mademoiselle?

Mlle Smith: Non! Il vaut mieux que j'achète des aérogrammes puisqu'ils **reviennent** moins cher que les lettres. Donnez-m'en une dizaine. Donnez-moi aussi cinq timbres[4] à 3 francs et quatre à 65 centimes.

L'employé: Voilà! Ça vous fait en tout 23,60 francs.

Mlle Smith: Et pour les paquets, quels sont les tarifs en **régime** international? Je voudrais envoyer ce paquet de livres aux USA.

L'employé: Pour les colis, il faut vous adresser au guichet[5] 4, à côté. Il vous faudra remplir une déclaration de douane[6]. C'est une étiquette[7] verte. Vous en trouverez parmi les formulaires[8], là-bas sur le comptoir.

Mlle Smith: Merci pour le renseignement! Au revoir, Monsieur!

L'employé: Il n'y a pas de quoi[9], Mademoiselle! Au revoir.

Guichet de la poste.

Texte

Les services postaux

L'administration publique des PTT* est chargée de l'acheminement[10] des objets de correspondance et de leur distribution[11]. Elle a le monopole du transport

---

*En 1959, les Postes, Télégraphes et Téléphones deviennent les Postes et Télécommunications, mais le sigle PTT est maintenu.

des lettres, des papiers d'affaires de moins de 1 kg et des télécommunications. Ce monopole ne s'applique pas aux colis, aux journaux ni aux imprimés expédiés non clos.

Les taxes d'affranchissement, acquittées sous forme de timbres, dépendent du régime intérieur et assimilé (applicable aux départements d'outre-mer et aux **principautés** d'Andorre et de Monaco) ou international, de la nature de l'objet, de son **poids** et des éventuelles surtaxes (poste aérienne, envoi **urgent,** recommandé). Pour un télégramme, le tarif varie selon la destination et le nombre de mots, avec un minimum de 10 mots pour la France et de 7 pour les autres pays. Des tarifs spéciaux sont appliqués aux plis non urgents[12] et aux journaux.

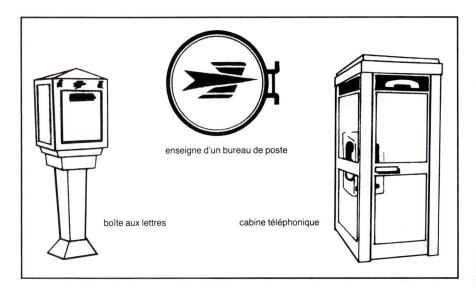

enseigne d'un bureau de poste

boîte aux lettres   cabine téléphonique

Types de services postaux.

L'affranchissement des cartes postales coûte moins cher que celui des lettres. Les PTT vendent des lettres-poste et des cartes-poste d'un format préétabli et dont l'affranchissement est inclus dans le prix de vente.

En plus des services mentionnés ci-dessus, les PTT assurent les services suivants:

- Le téléphone: on peut, au bureau de poste, consulter un annuaire de téléphone (papier ou électronique par le Minitel) et téléphoner à partir d'une cabine[13]. À l'extérieur, certaines cabines ou publiphones permettent aux usagers[14] d'appeler avec la carte Télécom (carte à mémoire). Un audiphone permet à ceux qui disposent d'un téléphone sans répondeur automatique d'écouter des messages enregistrés par d'autres personnes. En faisant le 10, on peut téléphoner en PCV[15] à partir d'une cabine publique. Les numéros verts[16] permettent des communications payées par l'abonné.

- L'envoi ou l'**encaissement** de mandats[17]-cartes et de mandats-lettres. On peut payer ses impôts[18] avec un mandat-contributions.
- Les chèques postaux: le titulaire[19] d'un compte chèques[20] postal (CCP) peut y déposer ou en retirer[21] de l'argent. Son employeur peut y virer[22] directement son salaire.
- Les comptes d'épargne[23] qui, comme les banques, paient un intérêt aux détenteurs[24] de livrets d'épargne.
- Les assurances[25] comme l'assurance-vie Aviposte.
- La poste restante[26]: le courrier adressé au bureau de poste principal de la ville doit être retiré dans un délai de 15 jours.

N° 1   LES FICHES PRATIQUES DE LA POSTE
Les services que peut vous rendre la Poste

Horaires d'ouverture.

Du lundi au vendredi, de 8 h à 18 h ou 19 h (avec parfois une interruption, de 12 h à 14 h ou 15 h) et le samedi matin, de 8 h à 12 h.

Certains bureaux sont ouverts les dimanches et jours fériés.

Les opérations courantes.

– Vente de timbres-poste.
– Envoi de lettres et de paquets, services accélérés, en recommandé, en valeur déclarée, par avion.
– Communications téléphoniques.
– Envoi de télégrammes.
– Philatélie: guichets et vitrines spécialisés.
– Poste restante.

La Poste et votre argent.

– <u>Comptes Chèques Postaux</u>, pour bien gérer les finances familiales ou professionnelles : ouverture, versements, retraits à vue, distribution automatique de billets (Carte Bleue CCP 24/24), carte de paiement (pour la France), postchèques CCP (utilisables à l'étranger).
– <u>Caisse de la Poste d'Epargne</u>, pour faire fructifier ses économies tout en gardant son argent disponible : ouverture de livrets, versements, retraits, procurations.
– <u>Epargne-Logement</u> (livret ou plan), pour accéder à la propriété ou pour bien placer son argent.
– <u>Autres placements de la Poste</u>, pour rentabiliser au maximum son épargne : bons du Trésor et bons d'épargne PTT, Emprunt PTT et Emprunts d'Etat, Sicav.
– <u>Assurances</u> : Aviposte (assurance-vie de la Poste), Caisse Nationale de Prévoyance.
– <u>Emission et paiement de mandats</u> : mandat-lettre, mandat-carte, mandat télégraphique, mandat international.
– <u>Encaissements à domicile</u> : envoi contre remboursement, carte-remboursement, valeurs à recouvrer.

Conservez cette fiche pratique. Prochainement, paraîtra un nouveau dossier "Les Français et la Poste". Vous y trouverez la fiche N° 2.

D'autres suivront et vous pourrez ainsi constituer un fichier familial d'information postale.

17.000 BUREAUX DE POSTE

Les services de la Poste.

Formulaire de mandat-carte.

Glossaire

1. **bureau** (m.) **de poste**: *post office*
2. **quartier** (m.): *block, neighborhood, quarter*
3. **colis** (m.): *package, parcel*
4. **timbre** (m.): *stamp*
5. **guichet** (m.): *window*
6. **douane** (f.): *customs*
7. **étiquette** (f.): *label*
8. **formulaire** (m.): *form*
9. **Il n'y a pas de quoi**: *Don't mention it! You're welcome!*
10. **acheminement** (m.): *forwarding, transportation*
11. **distribution** (f.): *delivery*
12. **plis** (m.) **non urgents**: *third class mail*
13. **cabine** (f.): *booth*
14. **usager** (m.): *user*
15. **PCV (Payable chez vous)**: *collect call*
16. **numéro** (m.) **vert**: *toll-free number*
17. **mandat** (m.): *money order*
18. **impôt** (m.): tax
19. **titulaire** (m./f.): *holder*
20. **compte chèques** (m.): *checking account*
21. **retirer**: *to withdraw*
22. **virer**: *to transfer*
23. **épargne** (f.): *savings*
24. **détenteur** (m.): *holder*
25. **assurance** (f.): *insurance*
26. **poste restante** (f.): *general delivery*

Vocabulaire

bureau (m.): meuble sur lequel on fait du travail d'écriture; la salle où l'on fait ce travail; établissement d'administration publique. En France, les établissements de vente de cigarettes sont des **bureaux de tabac.** Tenus par des **buralistes,** ils vendent les produits de la SEITA (Société Nationale d'Exploitation Industrielle des Tabacs et des Allumettes) ainsi que des timbres postaux et fiscaux.

gramme (m.): unité de poids valent le millième du **kilogramme** (kg). Une **once** (oz) avoirdupoids équivaut à environ 28 g; une **livre** (lb) = 453 g. On peut dire qu'approximativement un kilo correspond à 2,2 livres.

affranchissement (m.): action d'**affranchir,** c'est-à-dire de payer d'avance le **port** (*carrying*) d'un objet de correspondance en y apposant un timbre-poste. Un envoi timbré est donc **affranchi.** Les PTT permettent à certaines sociétés agréées de vendre des **machines à affranchir.** Un **esclave** (*slave*) affranchi est un esclave libéré de l'esclavage.

Un café tabac.

revenir: coûter. Le prix de **revient** d'un produit correspond au coût de sa fabrication. Le prix de **vente** (*sale price*) comprend le prix de revient plus le **bénéfice** ou profit. Le **revenu** est le profit que l'on retire de la vente d'un produit ou de la **prestation** d'un service. L'**impôt sur le revenu** (*income tax*) frappe les profits, les salaires et les traitements. Un **revenant** est un esprit censé venir de l'au-delà (*ghost*).

régime (m.): ce qui **régit**, gouverne. Ordre, règle. L'histoire de France distingue l'Ancien Régime (avant 1789) et le Nouveau Régime instauré par la Révolution française. Quand on suit certaines règles de vie, on dit qu'on **suit un régime** (*one is on a diet*). Les médecins et les **diététiciens** (*nutritionists*) recommandent souvent à leurs patients certains régimes. L'ensemble des fruits du bananier est un **régime de bananes.**

principauté (f.): territoire autonome sous l'autorité d'un **prince**. La principauté d'**Andorre**, entre la France et l'Espagne, est sous l'autorité nominale de deux co-princes: le Président de la République française et l'**évêque** (*bishop*) d'Urgel en Espagne. Celle de Monaco, à la **frontière** (*border*) italienne a à sa tête le prince Rainier. Un traité prévoit que la succession à la **couronne monégasque** (*crown of Monaco*) doit être agréée par la France.

poids (m.): force dépendant de la **pesanteur** (*gravity*), quantité déterminée de la matière d'un objet. En boxe, on distingue les **poids lourds** (*heavyweights*) des **poids légers** (*lightweights*). Les gros **camions** (*trucks*) sont aussi des poids lourds. Déterminer le poids d'un objet, c'est le **peser.**

urgent: qui **urge**, qui est très **pressé** (*in a hurry*). Une activité qui doit être faite **sans tarder** (c'est-à-dire sans délai) est une **urgence** (*emergency*). Le service d'urgence des hôpitaux, les médecins et les pharmaciens **de garde** (*on duty*) s'occupent des malades qui ont besoin de leurs services pendant le week-end. Dans les salles de spectacles et les véhicules de transport en commun, on prévoit des **sorties de secours** (*emergency exits*).

encaissement: action d'**encaisser,** de **toucher** de l'argent, de le mettre dans la **caisse**. Le **caissier** ou la **caissière** est chargé(e) de cette opération. En français familier, *encaisser* est synonyme de **recevoir** quelque chose de négatif. Par exemple: Il a encaissé sans broncher. (*He took it without flinching.*)

Questions

1. Pour quelles raisons Mlle Smith va-t-elle au bureau de poste?
2. Que demande-t-elle à l'employé des PTT?
3. Quels sont les tarifs d'affranchissement des lettres pour les États-Unis?
4. Que fait l'employé pour calculer l'affranchissement de la lettre de Marilyn?
5. Pourquoi Marilyn décide-t-elle d'acheter des aérogrammes?
6. Qu'achète-t-elle en plus? Quel est le montant de ses achats?
7. Que faut-il faire pour l'expédition d'un colis pour les USA?
8. Où se trouvent les étiquettes vertes?

9. De quoi est chargée l'administration des PTT?
10. De quoi dépendent les taxes d'affranchissement des lettres et des colis?
11. De quoi dépend le tarif d'un télégramme?
12. À quoi applique-t-on des tarifs spéciaux?
13. Quels sont les moyens de correspondance en vente à la poste?
14. Que peut-on faire à la poste en matière de téléphone?
15. Qu'est-ce qu'un audiophone? un numéro vert?
16. Comment peut-on envoyer de l'argent par la poste?
17. Qu'est-ce qu'un CCP? Que peut faire son titulaire?
18. Quels sont les autres services postaux disponibles?
19. Que peut-on faire à la poste restante?
20. Où se trouve généralement ce service?

Grammaire

A. Les verbes pronominaux:

1. Définition et formes:

Un verbe pronominal se construit avec un **pronom personnel réfléchi** pouvant être objet direct ou indirect:

Je m'habille. Nous **nous** estimons. (objet direct)
Il **se** pose la question. Ils **se** téléphonent. (objet indirect)

Quand la forme est réfléchie, le sujet et l'objet du verbe sont les mêmes; la forme réciproque exprime l'action de plusieurs sujets les uns sur les autres. Parfois, pour distinguer les deux formes, on ajoute **l'un(e)**, **l'autre** ou **les un(e)s**, **les autres**.

Forme réfléchie	*Forme réciproque*
Je **me** lève.	Nous **nous** connaissons.
Tu **te** trompes.	Vous **vous** écrivez.
Elle **se** lave.	Ils **se** détestent.
Nous **nous** reposons.	Nous **nous** téléphonons.
Vous **vous** énervez.	Vous **vous** aimez.
Ils **s'**ennuient.	Elles **s'**embrassent.
Elles **se** plaignent.	Ils **se** plaignent **l'un de l'autre.**

2. Conjugaison et accord aux temps passés:

Aux temps passés, les verbes pronominaux se construisent avec l'auxiliaire **être**. Quand le pronom réfléchi est objet direct, le participe passé s'accorde en genre et en nombre avec le sujet.

Elle s'<u>est</u> levée à 6 heures.
Nous **nous** sommes endormis avant minuit.

Quand l'objet direct suit ou si le verbe a un sens intransitif, il n'y a pas d'accord.

Elle s'est lavée.
Elle s'est lavé les mains. (*objet direct après le verbe*)
Ils se sont téléphoné. (*sens intransitif*)

À l'interrogation, le pronom réfléchi reste devant le verbe:

Te souviens-tu du bon vieux temps?
Vous êtes-vous couchés tard hier soir?

À la négation, **ne** précède le pronom réfléchi:

Je ne me souviens pas.
Vous ne vous trompez pas.
Ne se sont-ils pas présentés?

À la forme affirmative de l'impératif, le pronom suit le verbe; **te** devient **toi**. À la négation, il reste devant.

Forme affirmative	*Forme négative*
Réveille-**toi**	Ne **te** réveille pas
Levons-**nous**	Ne **nous** levons pas
Taisez-**vous**	Ne **vous** taisez-pas

3. Verbes idiomatiques:

L'aspect réfléchi de certains verbes pronominaux n'est pas toujours évident:

s'apercevoir: remarquer, réaliser
s'en aller: partir
s'asseoir: occuper un siège
se dépêcher: faire vite,
se déplacer: circuler, voyager
se développer: progresser, augmenter
s'effectuer: être fait, avoir lieu
s'élever à: totaliser, atteindre
s'endormir: commencer à dormir
se presser: accélérer l'allure, faire vite
se promener: aller (à pied ou autrement) pour se distraire
se rendre à: aller à
se rendre compte: constater, réaliser
se reposer: cesser d'être en mouvement
se servir de: utiliser, employer
se tromper: faire erreur
se trouver: être (situé)

Certaines formes peuvent correspondre à la tournure anglaise *to get* + *adjectif/participe passé* ou à la *voix passive*:

se compliquer: *to get complicated*
s'effectuer: *to be done*
s'ennuyer: *to get, be bored*
se fâcher: *to get angry*
se fatiguer: *to get tired*
s'habituer: *to get used*
se mesurer: *to be measured*
se mettre en colère: *to get angry, mad*
se mouiller: *to get wet*
se perdre: *to get lost*
se taire: *to be quiet, silent*
se trouver: *to be (located, found, situated)*
se tromper: *to be mistaken*
se vendre: *to be sold*

B. Le comparatif et le superlatif

1. Le comparatif:

Le comparatif sert à comparer des personnes, des choses ou des quantités en indiquant si elles sont égales, supérieures ou inférieures. Les formes varient selon que la comparaison porte sur un adjectif, un adverbe, un verbe ou un nom.

	Égalité	Supériorité	Infériorité
Adjectifs	aussi . . . que	plus . . . que	moins . . . que
Adverbes	aussi . . . que	plus . . . que	moins . . . que
Verbes	. . . autant que	. . . plus que	. . . moins que
Noms	autant de . . . que	plus de . . . que	moins de . . . que

a. Exemples avec les adjectifs et les adverbes:

Ce colis est **aussi** lourd **que** ce paquet-là.
Le bureau ouvre **aussi** souvent **que** possible.
Cet employé est **plus** serviable **que** les autres.
Nous avons attendu **plus** longtemps **que** d'habitude.
La voie de surface est **moins** chère **que** la voie aérienne.
Nous avons attendu **moins** longtemps **que** d'habitude.

b. Exemples avec les noms et les verbes:

Il gagne **autant** d'argent **que** toi.
Elle travaille **autant que** toi.
Elle a acheté **plus de** timbres que moi.
Ce paquet pèse **plus que** l'autre.
J'ai passé **moins de** temps en France **que** toi.
Il travaille **moins que** les autres.

c. Formes irrégulières du comparatif de supériorité:

Les adjectifs **bon(ne)(s)** et **mauvais(e)(s)** deviennent **meilleur (e, s, es)** et **pire(s)**. **Plus mauvais(e)(es)** est aussi usitée. La forme **moindre(s)** est parfois employée à la place de **plus petit(e)(s)**.

Les adverbes **bien** et **mal** deviennent **mieux** et **pis** (ou **plus mal**).

2. Le superlatif:

Le superlatif sert à comparer une ou plusieurs entités dans le cadre d'un groupe pour indiquer un degré absolu de supériorité ou d'infériorité.

a. Formation:

Supériorité	Infériorité
le, la, les plus + *adjectif*	**le, la, les moins** + *adjectif*
le plus + *adverbe*	**le moins** + *adverbe*
le plus de + *nom*	**le moins de** + *nom*
verbe + **le plus**	*verbe* + **le moins**

b. Formes irrégulières:

Les superlatifs de supériorité de **bon** et de **mauvais** (ainsi que de leurs féminins et pluriels) sont **le, la, les meilleur(e)(s)**, **le, la, les pire(s)**. Les adverbes **bien** et **mal** ont comme superlatifs **le mieux** et **le pis** (ou **le plus mal**).

c. Exemples:

Le train est le moyen de transport **le plus** commode.
Le bateau est le moyen **le moins** cher pour expédier des colis.
Le plus tôt sera **le mieux**.
C'est lui qui gagne **le plus** d'argent.
C'est lui qui se plaint **le moins**.
Les gens se marient pour **le meilleur** et pour **le pire**.
Le mieux est d'attendre sa réponse.

Révision

Les verbes impersonnels

Certains verbes comme **falloir**, **neiger** et **pleuvoir** ne se conjuguent qu'avec **il**. **Neiger** et **pleuvoir** peuvent, au sens figuré, accepter un pluriel.

Il faut manger pour vivre et non vivre pour manger.
En hiver, il pleut souvent. Parfois il neige.
Les punitions pleuvaient sur les pensionnaires récalcitrants.

Conjugaison

Présent:	Il faut	il neige	il pleut
Imparfait:	Il fallait	il neigeait	il pleuvait
Futur:	Il faudra	il neigera	il pleuvra
Passé composé:	Il a fallu	il a neigé	il a plu
Subjonctif:	Qu'il faille	qu'il neige	qu'il pleuve

D'autres verbes peuvent devenir impersonnels dans des constructions idiomatiques comme **il vaut mieux, il fait froid** (chaud, etc.), **il est nécessaire** (de, que), **il y a,** etc.

Il vaut mieux que vous l'envoyiez par avion.
Il fait froid dans le Nord canadien.

weather forecast   D'après la Météo°, il fera chaud cet été.
Il y avait une boîte aux lettres au coin de la rue.

Structure

Les indications spatiales:

Pour indiquer où se trouvent des personnes ou des choses, on se sert de prépositions et d'adverbes.

Prépositions	Adverbes	Prépositions	Adverbes
à côté de	à côté	en avant de	en avant
à l'intérieur de	à l'intérieur	en bas de	en bas, là-bas
dans	dedans	en haut de	en haut, là-haut
à l'extérieur de	à l'extérieur	en face de	en face
derrière	derrière	hors, hors de'	dehors, en dehors
devant	devant	sous	dessous
		sur	dessus
			ici, là

Les cabines sont **dans** le bureau de poste.
Elles sont **dedans.**

L'employé travaille **à l'intérieur du** bâtiment.
Il travaille **à l'intérieur.**

Cette maison est située **hors de** la ville.
Elle se trouve **dehors.** (ou **au-dehors**)

La boîte aux lettres se trouve **à l'extérieur de** la poste.
Vous la trouverez **à l'extérieur.**

Les enveloppes sont **sous** le livre.
Elles sont **dessous.**

Les formulaires sont **sur** le comptoir.
Ils sont **dessus.**

*Hors de est surtout usité en français écrit. En français usuel, **hors** se rencontre dans des expressions telles que **hors sujet** (irrelevant), **hors taxe** (duty-free), **hors jeu** (offside), **hors-la-loi** (outside the law, outlaw).

Les adverbes **dessous** et **dessus** entrent dans les expressions **au-dessous, en-dessous, ci-dessous** et **par-dessous** (*underneath, below*), **au-dessus, en-dessus, ci-dessus** et **par-dessus** (*above*). Ils forment également des locutions prépositionnelles avec **de**:

Il fait cinq degrés **au-dessous de** zéro.
Un aigle plane **au-dessus de** la forêt.

Pour indiquer l'orientation par rapport à une personne ou une chose, on se sert des adverbes ou prépositions (avec **de**) ci-après: **à gauche (de)**, **sur la gauche (de)**, **à droite (de)**, **sur la droite (de)**. En termes géographiques, on se sert d'adverbes et de prépositions construits sur les points cardinaux: **au nord (de)**, **au sud (de)**, **à l'est (de)**, **à l'ouest (de)**.

Marseille se trouve **au sud de** Paris. Lille est **au nord**.

Notes culturelles

L'administration et un petit lexique des PTT

A. L'administration des PTT:

L'administration publique des PTT est coiffée par un Directeur général qui dépend lui-même du Ministre des PTT. Elle compte environ 18.000 bureaux de poste. Plus de la moitié d'entre eux sont des recettes de plein exercice[1] offrant tous les services pouvant être offerts par cette administration. Dans les petites localités touchées par l'exode[2] rural, des recettes-distribution ou de simples agences postales servent d'antenne[3] administrative assurant non seulement les services postaux habituels, mais aussi des services officiels dépendant d'autres administrations publiques. Elles délivrent[4] des cartes grises[5] (ordinairement délivrées par la préfecture) et des permis de chasse[6], effectuent les opérations de la Sécurité Sociale, etc. Le CIDEX (courrier individuel à distribution exceptionnelle) permet l'amélioration du service postal dans les zones rurales. Dans les grandes villes, le code CEDEX (courrier d'entreprise à distribution exceptionnelle) facilite le tri[7], permettant une distribution plus rapide du courrier d'entreprise.

Pour toucher un mandat ou retirer un pli à la poste restante, il faut présenter une pièce d'identité (passeport ou carte d'identité). Les bureaux de poste sont ouverts de 8 h à 18 h, du lundi au vendredi et jusqu'à midi le samedi. Dans les grandes villes, le bureau principal assure un service réduit les dimanches et jours fériés[8].

La vente des timbres est également assurée par les bureaux de tabac[9] qui les obtiennent avec une remise[10] de 2% et par des distributeurs automatiques[11]. Les PTT encouragent la philatélie[12] par l'émission[13] de beaux timbres commémoratifs susceptibles[14] d'intéresser les collectionneurs[15] français et étrangers.

Comme on a pu le voir plus haut, les postes françaises assurent bien plus de services que leurs homologues[16] américaines. Elles connaissent un effort de modernisation sans précédent axé[17] sur la technologie de pointe[18]: emploi de fibres optiques, de satellites, de visiophones, de compteurs téléphoniques à domicile[19], etc.

Le facteur[20] des postes ou préposé est l'employé chargé de la distribution du courrier. Fin décembre, au cours de sa tournée[21], il distribue gratuitement l'almanach des PTT aux usagers qui l'invitent à boire un coup ou lui donnent de l'argent comme étrennes[22]. C'est un personnage familier de la vie quotidienne, aussi familier que l'était le laitier[23] en Amérique.

Circulaire aux philatélistes américains (à gauche).
Affichage des timbres en vente (à droit).
Verso d'un récipissé (à droit).

TAUX DE RECOMMANDATION CHOISI

— *pour une lettre (LR) ou un paquet-poste (PR) à destination de la France métropolitaine, des départements et territoires d'outre-mer, de Monaco ou d'Andorre,* il existe 4 taux de recommandation (R 1, R 2, R 3, R 4). A chacun d'eux correspond un montant maximum d'indemnité en cas de perte.

— *pour les autres destinations,* il n'existe qu'un seul taux de recommandation, la case Ét (Étranger).

METTEZ UNE CROIX, AU RECTO,
DANS LA CASE CORRESPONDANT AU TAUX CHOISI
RATURES ET SURCHARGES INTERDITES

● CONSERVEZ LE PRÉSENT RÉCÉPISSÉ, car sa présentation est obligatoire en cas de réclamation.

● SACHEZ QUE LES RÉCLAMATIONS sont recevables dans n'importe quel bureau de poste pendant un an à compter du lendemain du jour de dépôt.

IN 4 110352 O 68 F

B. Petit lexique des PTT:

Boîte postale (BP)(f.): *post office box*
Circuit (m.) interurbain/international: *long-distance network*
Communication (f.) de circonscription: *local call*
Compte courant postal (CCP) (m.): *postal checking account*
Contre remboursement: *charge on delivery*
Coupon réponse international (m.): *international reply coupon*
Courrier départ: *outgoing mail*
Écoutes téléphoniques (f.pl.): *wiretapping*
Emballage (m.): *packing, wrapping*
Émission (f.) (de timbres): *issue (of stamps)*

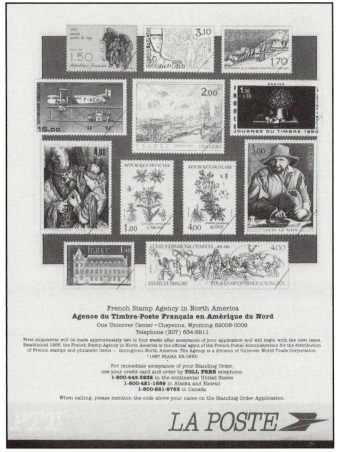

Timbres de Collection.

Services disponibles avec la Carte CCP 24/24.

Exprès: *Express*

Franchise (f.): *exemption*

Levée (f.) **du courrier**: *mail pick-up*

Liste rouge (f.) **(être sur la —)**: *unlisted numbers (to have—)*

Livrer: *to deliver*

Machine à affranchir (f.): *postage meter*

Oblitérer: *to cancel (a postage stamp)*

Payable à l'arrivée: *collect*

Porteur (au)(m.): *(to the) bearer*

Porteur spécial: *special (mail) carrier*

Postadex: (Poste adaptée à la demande des expéditeurs): *contractual mail service*

Postexpress: (service de distribution par porteur spécial): *express mail service*

Raccordement (m.): *hookup*

Radiotéléphone (m.): *car telephone*

Receveur (m.) **des postes**: *postmaster*

Récipissé (m.): *receipt*

Réexpédition (f.): *forwarding*

Réservé au service: *For official use only*

Téléalarme (f.): *emergency calling device*

Téléphone sans fil: *portable phone*

POSTEXPRESS UN NOUVEAU SERVICE EN ILE DE FRANCE

La rapidité, l'efficacité et la ponctualité sont les qualités que vous recherchez pour acheminer vos lettres et vos paquets urgents.

C'est pour répondre à ces besoins que la Poste a créé un nouveau service : POSTEXPRESS.

NOUVEAU

POSTEXPRESS est créé pour vous garantir une livraison ultra rapide de vos lettres et paquets jusqu'à 5 kg (format aux normes postales) en région parisienne.

RAPIDE

« Déposé le matin, livré l'après-midi », POSTEXPRESS, c'est l'assurance que votre document, votre pièce détachée ou votre bande d'ordinateur sera à destination en quelques heures.

ETENDU

POSTEXPRESS vous permet de bénéficier d'un rayon d'action particulièrement étendu en région parisienne. Il couvre tout Paris, les Hauts-de-Seine, la Seine-Saint-Denis et le Val-de-Marne, plus la majorité des localités importantes de l'agglomération parisienne des départements voisins (voir carte présentée au verso).

PRATIQUE

POSTEXPRESS, service d'acheminement et de distribution accélérés, fonctionne dans les heures d'ouverture des bureaux de poste, du lundi au vendredi.

● **en quelques heures, le jour même**

Vos envois seront remis à leur destinataire, si vous les déposez au bureau de poste avant une heure limite qui varie selon les lieux de dépôt et de destination :

Lieu de dépôt	Destination	Heure limite de dépôt
PARIS	PARIS	14 h 30 jusqu'à 5 kg 16 h 30 jusqu'à 100 g
PARIS	BANLIEUE*	14 h 30
BANLIEUE	PARIS	12 h 30 à 14 h 30
BANLIEUE	BANLIEUE Même département	15 h à 16 h 30 (12 h 30 à 14 h pour 78 et 95)
BANLIEUE	BANLIEUE* Autres départements	12 h 30 à 14 h 30

* Pour les localités du Val-d'Oise et des Yvelines autres que Versailles et Argenteuil, se renseigner au guichet.

● **tôt, le lendemain matin**

Au-delà de ces heures limites qui vous seront précisées à votre bureau de poste, vos envois seront remis à leur destinataire par porteur spécial, le lendemain, en tout début de matinée.

COMPETITIF

POSTEXPRESS vous propose une tarification simple (Voir au verso) s'échelonnant de 30 à 80 F en fonction du poids et de la destination de vos envois.

EFFICACE

Quelques exemples de l'efficacité de POSTEXPRESS :

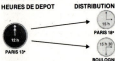

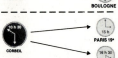

Service postal accéléré: POSTEXPRESS.

Glossaire

1. **de plein exercice:** *full-fledged*
2. **exode** (m.): *exodus*
3. **antenne** (f.): *outpost*
4. **délivrer:** *to issue*
5. **cartes grises:** *car registration cards*
6. **permis** (m.) **de chasse:** *hunting license*
7. **tri** (m.): *sorting*
8. **jour férié:** *holiday, nonworking day*
9. **bureau de tabac** (m.): *tobacco shop*
10. **remise** (f.): *discount*
11. **distributeur** (m.) **automatique:** *vending machine*
12. **philatélie** (f.): *stamp collecting*
13. **émission** (f.): *issuance*
14. **susceptible:** *likely*
15. **collectionneur** (m.): *collector*
16. **homologue** (m.): *counterpart*
17. **axé sur:** *centered on*
18. **de pointe:** *high (tech), advanced, top*
19. **à domicile:** *at home*
20. **facteur** (m.): *mailman, postman*
21. **tournée** (f.): *round*
22. **étrennes** (f.pl.): *New Year's gifts*
23. **laitier** (m.): *milkman*

«Tiens! Voilà le facteur.»

Questions sur les Notes culturelles

1. Qui est à la tête des PTT? De qui dépend-il?
2. Quel type de poste trouve-t-on dans les petites localités?
3. Quels sont les autres services qu'assurent les PTT dans les petites agences postales?
4. À quoi sert le code CIDEX? celui du CEDEX?
5. Que demande-t-on à la personne qui veut encaisser un mandat ou retirer une lettre de la poste restante?
6. En dehors des postes, où peut-on acheter des timbres?
7. Comment les PTT encouragent-ils la philatélie?
8. Que peut-on dire des PTT comparés aux postes américaines?
9. Sur quoi est axée la modernisation des PTT?
10. Qui est le facteur? Quels sont ses rapports avec les usagers des PTT?

Exercices

A. Complétez le dialogue suivant:

Francis: _____?

L'employée des PTT: Il faut d'abord le peser. Voyons . . . 500 grammes. Cela fait 9,50 F.

Francis: _____?

L'employée des PTT: En recommandé, cela dépend de la valeur du colis. Pour l'étranger, ça coûte 2,10 F par 350 F de valeur déclarée.

Francis: _____.

L'employée des PTT: Veuillez donc remplir la déclaration de douane, s'il vous plaît.

Francis: _____?

L'employée des PTT: Là-bas, à gauche, sur le comptoir. C'est une petite étiquette verte.

Francis: _____.

L'employée des PTT: Je vous en prie, Monsieur.

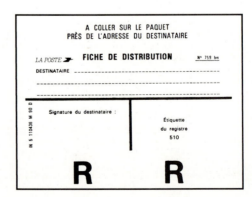

Fiche pour envoi recommandé.

B. Complétez les phrases suivantes en vous inspirant du texte:

1. Les PTT sont chargés de _____ des objets de correspondance et de _____.

2. Les taxes d'affranchissement dépendent du _____, de _____ et de _____.

3. Le tarif d'un télégramme varie selon _____ et _____.

4. Des tarifs spéciaux sont appliqués aux _____ et aux _____.

5. Au bureau de poste, on peut acheter des _____ et des ____ d'un format préétabli.

6. Pour connaître le numéro d'un abonné, on consulte un _____ ou le _____.

7. Un _____ permet d'écouter des _____ par d'autres personnes.

8. À la poste, on peut envoyer ou encaisser des _____ et des _____.

9. Le titulaire d'un _____ peut déposer ou _____ de l'argent.

10. On peut se faire adresser du courrier à _____ et le retirer dans _____.

C. Remplacez les phrases données par une seule dans laquelle vous vous servirez d'un verbe à la forme réciproque. Employez le modèle suivant:

Je parle à Louise. Elle me parle.
Nous nous parlons.

1. Mon ami me sert. Et moi, je le sers aussi.
2. Vous n'admirez pas cet homme. Il ne vous admire pas.

Publicité de la Poste.

3. Madeleine aime follement Yves. Yves aime Madeleine autant.
4. Tu m'estimes. Je t'estime.
5. Charles n'adresse pas la parole à Francis. Francis n'adresse pas la parole à Charles.
6. J'écris à Patrick. Il m'écrit.
7. Marthe regarde Evelyne. Celle-ci la regarde à son tour.
8. Paul téléphone souvent à Pierre. Pierre lui téléphone aussi.
9. Elle admire son amie. Son amie l'admire aussi.
10. Tu ne l'écoutes pas. Il ne t'écoute pas, non plus.

D. Remplacez les verbes soulignés par des synonymes tirés de la liste suivante: **se déplacer, se développer, s'élever à, s'en aller, se presser, se rendre, se rendre compte, se servir de, se tromper, se trouver.**
   1. Le facteur <u>circule</u> en motocyclette.
   2. Le trafic postal a <u>progressé</u> ces dernières années.
   3. Certains <u>vont</u> à la poste pour téléphoner.
   4. Le tirage de l'annuaire du téléphone <u>totalise</u> 21 millions d'exemplaires.
   5. Le bureau de poste <u>est situé</u> en face de la banque.
   6. Pour téléphoner à partir d'une cabine publique, on <u>utilise</u> des pièces de monnaie ou une carte Télécom.
   7. Vous <u>avez fait erreur</u>, Monsieur. Il fallait un timbre à 3 F.
   8. Je n'ai pas <u>réalisé</u> que j'avais le mauvais numéro.
   9. Il faut que nous <u>fassions vite</u>; le message est urgent.
   10. C'est l'heure de la fermeture. Il faudra bientôt <u>partir</u>.

E. Mettez les verbes des phrases suivantes au pluriel s'ils sont au singulier et vice versa:
   1. Je me brosse les dents le soir avant de me coucher.
   2. Levez-vous de bonne heure, demain matin.
   3. Elle ne se rend pas compte de la distance.
   4. Tu t'apercevras trop tard de l'erreur.
   5. Ne te fâche pas!
   6. Taisez-vous, s'il vous plaît!
   7. Nous nous ennuyons dans cette petite ville de province.
   8. Ils se sont endormis sans tarder.
   9. Je me suis trompé de numéro encore une fois.
   10. Vous vous trouverez dans une situation délicate.

F. Mettez les verbes des phrases suivantes au passé composé. Faites attention à l'accord du participe passé:
   1. Leurs rapports professionnels se compliquent.
   2. Nous ne nous téléphonons pas souvent.
   3. Marilyn se fatigue à faire la queue au bureau de poste.
   4. Paul et Robert ne se parlent pas depuis un mois.

5. Vous vous rendez à la poste au moins une fois par semaine.
6. Juliette se trouve obligée de téléphoner en PCV.
7. Je me perds dans tous ces formulaires à remplir.
8. Elles se pressent pour arriver avant la fermeture de la poste.
9. Heureusement, nous nous apercevons de l'erreur.
10. Ils ne se lavent pas les mains avant de manger!

G. Posez les questions qui ont entraîné les réponses suivantes:

1. Ce matin Jean s'est levé à sept heures.
2. Je me promenerai sur les quais de la Seine.
3. Nous ne nous sommes pas couchés dans la chambre du fond.
4. Le bureau de poste se trouve au coin de la rue.
5. Rasez-vous avec un rasoir électrique!
6. Elle se déshabille pour aller au lit.
7. Les usagers se plaignent de la lenteur du service.
8. Je me suis réveillé plus tôt aujourd'hui.
9. Il ne se brosse pas les dents parce qu'il a oublié sa brosse.
10. Paul s'en va parce qu'il s'ennuie.

H. Comparez les éléments donnés en faisant une phrase à partir des indications données entre parenthèses. Employez le modèle suivant:

> Le bureau de tabac/la poste. (égalité: être loin d'ici)
> Le bureau de tabac est **aussi** loin d'ici **que** la poste.

1. Les Américains/les Français. (supériorité: se téléphoner souvent)
2. Le tarif par bateau/le tarif par avion. (infériorité: revenir cher)
3. L'annuaire du téléphone/l'édition française. (superlatif: avoir un gros tirage)
4. Un facteur/un postier. (égalité: gagner de l'argent)
5. Ce préposé/Les autres. (supériorité: avoir de l'expérience)
6. Le film d'aujourd'hui/Celui d'hier. (égalité: ne pas être intéressant)
7. L'expédition des colis par la SNCF/leur expédition par la poste (supériorité: être bon marché)
8. Robert/Paul. (supériorité: se lever tôt)
9. Dans ce restaurant/dans l'autre. (supériorité: on/bien manger).
10. Le personnel du notre bureau de poste/tous les employés des PTT. (superlatif de supériorité: être affable)

I. Dites le contraire de ce qui est dit dans les phrases suivantes en utilisant le comparatif ou superlatif opposé. Employez le modèle suivant:

> Jean est plus grand que Pierre.
> Jean est **moins** grand que Pierre.

1. Le téléphone coûte plus cher en France qu'aux USA.
2. Le train est plus économique que l'avion.

3. Robert se lève moins tôt que moi.
4. Le vin que nous buvons est le meilleur de tous.
5. Cette année, le dollar est moins cher que l'année dernière.
6. Les Américains mangent moins de pain que les Français.
7. Je vais moins bien aujourd'hui.
8. Parlez plus fort!
9. Votre travail est pire que le sien.
10. Elle se sent plus fatiguée qu'hier.

J. Faites des phrases en établissant des comparaisons avec les éléments donnés (trois possibilités). Employez le modèle suivant:

Un envoi recommandé/un envoi exprès (coûter cher)

   a. Un envoi recommandé coûte aussi cher qu'un envoi exprès.
   b. Un envoi recommandé coûte moins cher qu'un envoi exprès.
   c. Un envoi recommandé coûte plus cher qu'un envoi exprès.

1. Le buraliste/la poste (vendre des timbres)
2. Les colis par train/les colis par autocar (aller vite)
3. Le métro/l'autobus (être bon marché)
4. L'avion/le bateau (coûter cher)
5. Le train/l'autocar (prendre du temps)
6. L'employé du guichet 2/celui du guichet 4 (être serviable)
7. Paul/Robert (bien travailler à l'école)
8. Aujourd'hui/hier (faire chaud)
9. René/Suzanne (obtenir de bons résultats)
10. Cet employé/les autres (se tromper souvent)

K. Remplacez les expressions soulignées par les verbes impersonnels équivalents (**il faut, il vaut mieux** et **il y a**). Employez le modèle suivant:

Il est nécessaire de peser votre lettre.
Il faut peser votre lettre.

1. Il est obligatoire de remplir la déclaration de douane.
2. C'est préférable de l'expédier par avion.
3. Il sera nécessaire de la retirer à la poste restante.
4. Il a été nécessaire de présenter mon passeport.
5. Autrefois, on trouvait un bureau de poste dans chaque village.
6. La pluie et la neige tombent généralement en hiver.
7. C'était absolument nécessaire de payer d'avance.
8. Je crois qu'il sera préférable d'envoyer un télégramme.
9. Est-il obligatoire de présenter une pièce d'identité?
10. On ne trouvait pas de bureau de poste dans ce hameau°.   *hamlet*

Le facteur fait sa tournée à bicyclette.

L. Remplacez les expressions soulignées par des équivalents adverbiaux. Employez le modèle suivant:

> La valise est <u>sous la table</u>.
> La valise est **dessous**.

1. Il y a un salon de coiffure <u>à l'extérieur du centre commercial</u>.
2. J'ai mis la clé <u>sur le bureau</u>.
3. Le télégramme se trouve <u>sous l'annuaire</u>.
4. La boîte aux lettres est <u>hors de l'immeuble</u>.
5. Essuyez-vous les pieds sur le paillasson°.   *doormat*
6. Le parking se trouve <u>à l'intérieur du bâtiment</u>.
7. Passez <u>derrière l'escalier</u>.
8. La poste est située <u>devant le grand magasin</u>.
9. Elle a laissé la clé <u>sous le paillasson</u>.
10. Nous vous attendrons <u>en face du parc municipal</u>.

M. Remplacez les indications spatiales soulignées par des indications de sens contraire. Employez le modèle suivant:

La lettre est <u>sur</u> le livre.
La lettre est **sous** le livre.

1. J'ai mis le paquet <u>devant</u> la chaise.
2. Ce régime n'est pas valable <u>à l'extérieur</u>.
3. Il vaut mieux les mettre <u>dedans</u>.
4. Ne passez pas <u>par-dessus</u>.
5. Vous apercevrez le bureau de tabac sur <u>votre gauche</u>.
6. Mes parents habitent <u>au nord-est</u> de Paris.
7. Nous avons construit une maison <u>en haut de</u> la colline.
8. Elle passe souvent ses vacances <u>dans le Sud</u>.
9. Hier, il a fait 5° <u>au-dessous de</u> zéro.
10. <u>Derrière</u> chez moi, il y a une cabine publique.

N. Vous avez la parole: communication à partir de mots-clés.
   Situation: Vous avez reçu un télégramme de vos parents vous demandant de téléphoner d'urgence. Vous allez au bureau de poste du quartier pour le faire. Jouez les rôles selon les indications données.

Vous: salutation; désir téléphoner numéro en Alabama avec carte d'abonné.
L'employé(e): dire aller cabine 2; renseignements appels internationaux avec carte dans cabine à côté appareil.
Vous: (Vous allez à la cabine et composez les numéros selon les renseignements indiqués, mais vous n'arrivez pas à obtenir la communication.) Expliquer situation à employé; demander communication PCV avec 205-683-8248; dire 205 = indicatif régional.
L'employé(e): demander nom ville et le vôtre?
Vous: MARION, votre nom + prénom, épeler.
L'employé(e): communiquer renseignements standardiste international; dire aller cabine 2 et décrocher.
(Le téléphone sonne à l'autre bout du fil, mais personne ne décroche.)
Vous: indiquer absence réponse; intention attendre instant et revenir retéléphoner.
L'employé(e): indiquer accord poli.
Vous: prendre congé momentané.

O. Traduisez:

En anglais:
1. Le nouveau facteur se trompe moins souvent depuis qu'il s'est habitué à notre quartier.
2. Le tarif par avion d'une lettre ordinaire revient plus cher que le prix d'un aérogramme.

3. Le meilleur moyen de se reposer est de s'asseoir devant la télé et de s'endormir en regardant une émission ennuyeuse.

4. Ne te lève pas de bonne heure demain matin. C'est dimanche et le petit déjeuner est servi plus tard que d'habitude.

5. Tu ne te rends pas compte que la situation est pire: plus ils se parlent et moins ils se comprennent.

En français:

1. *I realized there were more people in front of window 4 than here.*
2. *If you wrote each other more often and called less, you would save as much money as she does.*
3. *The telephone booth is a little further, on the left, across from the tobacco shop.*
4. *It would be better to send your parcel by registered mail. It costs more, but it is safer.*
5. *Don't get angry! I am not mistaken as often as you think.*

N° 698   TÉLÉGRAMME

Étiquettes

Ligne de numérotation

ZCZC

N° télégraphique

Taxe principale.

Taxes accessoires

Total . .

Timbre à date

N° d'appel :

INDICATIONS DE TRANSMISSION

N° de la ligne du P.V. :

Bureau de destination   Code Postal ou Pays

Bureau d'origine   Mots   Date   Heure   Mentions de service

Services spéciaux demandés :
(voir au verso)

Inscrire en **CAPITALES** l'adresse complète (rue, n° bloc, bâtiment, escalier, etc...), le texte et la signature (une lettre par case ; **laisser une case blanche entre les mots**).

Pour accélérer la remise des télégrammes indiquer le numéro de téléphone (1) ou de télex (3) du destinataire

TF_____TLX _____

Nom et adresse

TEXTE et éventuellement signature très lisible

Pour avis en cas de non-remise, indiquer le nom et l'adresse de l'expéditeur (2) :

728678 Y · Imp. Mod. Limoges · 7.06.11.101

Formulaire d'un télégramme.

Chapitre 8

*Faute d'argent, c'est
douleur non pareille.*
Rabelais, Pantagruel

À la Banque

Situation

Quelques jours après son arrivée à Grenoble où il passera une année d'études universitaires, Jerry Cartwright se rend au Crédit Lyonnais pour effectuer quelques opérations financières. Il s'adresse à l'employé chargé des renseignements.

Un bureau du Crédit Lyonnais.

L'ouverture d'un compte

L'employé: À votre service, Monsieur.

Jerry: Pourriez-vous me dire qui est la personne que je dois voir pour l'ouverture d'un **compte**?

L'employé: Adressez-vous à Mme Constant, la dame au fond[1], à droite.

Jerry: Merci. . . . Madame Constant? Je voudrais me faire ouvrir un compte-**chèques** et **échanger** des dollars.

L'employée: Oui, Monsieur! Veuillez remplir ce formulaire. N'oubliez pas de le signer. Quelle somme voulez-vous y **déposer**?

Jerry: Oh! 500 dollars. Je pense que ça **suffira**. Quel est le taux de change[2] en ce moment?

L'employée: Voyons! Le cours[3] du dollar américain est aujourd'hui à 6,20 F pour les chèques de voyage et 6,10 F pour les billets de banque.

Jerry: Hum! Il a un peu **baissé** depuis mon départ des USA. Mais je n'y peux rien. Tenez, j'endosse ces chèques de 100 dollars. J'en dépose 500 et j'échange le reste en espèces[4].

L'employée: Puis-je avoir votre passeport, s'il vous plaît? . . . Vous recevrez vos chéquiers par la poste dans une semaine. En attendant, vous pourrez utiliser ce carnet[5] de chèques. Sachez[6] que vous pourrez effectuer des virements de votre compte en banque aux USA à celui-ci en déposant de simples chèques à vue.

Jerry: Est-ce que vous avez des cartes à mémoire pour les opérations bancaires automatiques?

L'employée: Mais bien sûr, Monsieur! Tenez, remplissez cette fiche[7]. Votre carte ne sera pas prête avant une dizaine de jours.

Jerry: Ça n'a pas d'importance. En cas de nécessité, je peux toujours utiliser ma Carte Bleue.

L'employée: Vous avez parfaitement raison. Mais avec notre carte vous pourrez effectuer toutes vos opérations bancaires 24 heures sur 24 grâce aux nombreux distributeurs automatiques de billets et guichets automatiques[8] de banque que nous avons un peu partout à travers la France.

Texte

Les services bancaires

Les banques sont indispensables à la vie économique de la société moderne. Elles facilitent la circulation de l'argent aussi bien entre les sociétés qu'entre les particuliers[9]. Les services qu'elles assurent simplifient les opérations financières et réduisent au minimum les transferts de fonds en espèces.

En ouvrant un compte en banque, on se fait délivrer des chéquiers qui permettront de régler les achats, notes et diverses dépenses. On peut, pour les services publics[10] (téléphone, électricité et gaz) autoriser le règlement automatique des factures. On peut faire virer directement son **traitement** ou son salaire à son compte. On peut également, pour le paiement des impôts, autoriser un **prélèvement fiscal** mensuel. Si l'on ne tient pas à jour[11] l'historique des mouvements[12] de son compte, on risque d'émettre un chèque sans provision[13], émission pouvant entraîner des poursuites judiciaires. On prévient de tels inconvénients, en se faisant accorder une autorisation de découvert[14], autorisation qu'une banque n'accorde qu'aux clients sûrs. Si l'on dispose d'économies, on peut les placer dans un compte d'épargne ou dans un compte de dépôts à terme. Les banques assurent également la location[15] de coffres-forts[16], la garde de titres[17], le paiement des coupons d'actions[18], les opérations de bourse[19], la gestion de portefeuilles[20] et le placement d'obligations[21].

Les guichets automatiques de banque (GAB) permettent des services informatisés à toute heure de la journée et de la nuit: dépôts d'espèces et de chèques, retraits d'espèces, virements de compte à compte, relevé du dernier solde,[22] commande[23] de chéquiers ou de relevés d'identité bancaire (RIB)[24], etc.

Un guichet automatique de banque (GAB).

Glossaire

1. **au fond:** *at the end*
2. **taux de change:** *exchange rate*
3. **cours** (m.): *market quotation*
4. **espèces** (f.pl.): *cash*
5. **carnet** (m.): *booklet; notebook*
6. **Sachez:** *Be advised*
7. **fiche** (f.): *card*
8. **guichet automatique** (m.): *automatic teller*
9. **particulier** (m.): *indivdual*
10. **services publics** (m.pl.): *utilities*
11. **à jour:** *up to date*
12. **historique** (m.) **des mouvements:** *statement of transactions*
13. **émettre un chèque sans provision:** *to write a bad check*
14. **découvert** (m.): *overdraft*
15. **location** (f.): *rental*
16. **coffre-fort** (m.): *safe*
17. **titre** (m.): *security*
18. **action** (f.): *share (of stock)*
19. **bourse** (f.): *stock exchange*
20. **portefeuille** (m.): *portfolio*
21. **placement** (m.) **d'obligations** (f.): *investment of bonds*
22. **relevé** (m.) **du dernier solde:** *balance inquiry*
23. **commande** (f.): *order*
24. **relevé d'identité bancaire:** *bank identification card*

Vocabulaire

compte (m.): disponibilité que l'on a auprès d'un organisme de crédit. Les comptes bancaires peuvent être individuels ou **joints, à vue** (pas de versement d'intérêt) ou **à terme** (avec intérêt mais retrait à date fixée). Les banques suisses ont des **comptes numérotés** préservant l'anonymat de leurs titulaires. Les commerçants se font ouvrir des **comptes courants commerciaux.** Les caisses d'épargne gèrent des **comptes sur livrets** (sans carnets de chèques). Le titulaire d'un compte reçoit un **relevé** (*statement*) mensuel des opérations (crédit et débit) effectuées. La différence entre les sommes créditées et les sommes débitées constitue **le solde** (*the balance*).

chèque (m.): ordre de paiement **émis (tiré)** par le titulaire d'un compte ou **tireur** au profit d'un bénéficiaire ou **tiré.** Pour le toucher, celui-ci l'**endosse** (le signe **au dos**). Cette signature constitue l'**endos** ou **endossement.** La partie du chèque que l'on garde dans le **chéquier** (*checkbook*) constitue le **talon** (*stub*). En cas de **perte** (*loss*), le signataire d'un chèque peut **faire opposition** (*stop payment*) en avertissant sa banque dans les plus brefs délais. Un **chèque en blanc**

ne comporte pas le nom du tiré. Un **chèque au porteur** ou un **chèque certifié** garantit le transfert d'une somme d'argent importante. Un **chèque de banque** est émis par une banque sur ses agences ou ses correspondants. Sa durée de validité est de trois ans. Les **chèques de voyage** sont des **chèques à ordre** délivrés par les établissements de crédit qui prélèvent une commission. En cas de perte ou de vol, ils sont remboursés.

échanger: donner une chose et recevoir une autre en contrepartie. Quand on échange une **monnaie** (*currency*) *contre* une autre, on effectue une opération de **change.** On obtient des **devises** (*foreign currency*) dans une banque ou dans un bureau de change. Les opérations de change sont effectuées par un agent de change, un **cambiste** ou **changeur** (*foreign exchange broker*). Les fluctuations des **taux de change** sur les places financières internationales reflètent les hauts et

Chèque ordinaire et chèque barré.

les bas économiques des pays concernés. La page financière des journaux publie le **cours** (*market quotation*) de la monnaie locale vis-à-vis des principales devises étrangères.

déposer: mettre en **dépôt**, donner en garde. Celui qui effectue un dépôt est un **déposant** (*depositor*). L'opération inverse est un **retrait**. L'intérêt versé à un **dépôt à terme** (*certicate of deposit*) est supérieur à celui d'un compte d'épargne ordinaire.

suffire: satisfaire une norme quantitative, être **suffisant** (*sufficient*). Un pays qui produit tout ce dont il a besoin, est **autosuffisant**. Il a atteint l'**autosuffisance** (*self-sufficiency*). Chez une personne, la **suffisance** (*smugness*) dans le comportement est un défaut qui ressemble à l'arrogance.

baisser: diminuer, réduire, pousser vers le **bas**. La **baisse** (*decrease, lowering*) est le résultat ou l'action de baisser. L'inverse est la **hausse**. Un individu qui commet un acte répréhensible **s'abaisse** moralement. Son **abaissement** est condamnable.

traitement: émoluments (*fees, salary*) reçus par un **fonctionnaire** (*civil servant*). L'argent que reçoit un individu pour ses services dépend de son poste ou emploi: un fonctionnaire est **traité**, un ouvrier est **salarié**; les membres des **professions libérales** (médecins, avocats et notaires) reçoivent des **honoraires** (*fees*), les militaires de carrière <u>une</u> **solde**, les domestiques et employés de ferme des **gages** (*wages*).

prélèvement (m.): action de prendre préalablement une portion d'un tout. L'État **prélève** mensuellement l'impôt sur le revenu des **contribuables** (*taxpayers*). Un médecin **prélève** du sang pour faire faire des analyses. Les deux sortes de prélèvements font mal!

Questions

1. Pourquoi Jerry Cartwright va-t-il à la banque?
2. Que lui fait faire l'employée?
3. Quel est le taux de change du jour? Qu'en pense Jerry?
4. Est-ce que l'employée lui remet un chéquier?
5. Que peut faire Jerry avec une carte à mémoire?
6. Pourquoi les banques sont-elles indispensables de nos jours?
7. Quelles sont les sortes de règlements que l'on peut effectuer par l'intermédiaire d'une banque?
8. Que peut-il arriver si l'on ne tient pas son compte bancaire à jour? Comment peut-on éviter un tel inconvénient?
9. Quels sont les autres services assurés par les banques?
10. Quels sont les avantages des guichets automatiques de banque?

Grammaire

Le tour factitif ou causatif; les pronoms relatifs; l'adjectif, le pronom indéfini et l'adverbe **tout**

A. Le tour factitif—**faire** + *infinitif:*

Le tour factitif ou causatif sert à indiquer que le sujet du verbe **faire** cause ou provoque l'action exprimée par l'infinitif, mais qu'il ne la fait pas en réalité.

Un bon professeur **fait** travailler ses étudiants.
Il **a fait** étudier les leçons à ses étudiants.
Je ne **ferai** pas venir le médecin pour si peu.

Le tour peut se construire à la forme pronominale:

Jerry **s'est fait** délivrer une carte de crédit.
On va **se faire** couper les cheveux chez le coiffeur.

Le sujet réel de l'infinitif peut être remplacé par un pronom personnel. Celui-ci est direct si le complément d'objet n'est pas exprimé et en présence des adverbes **en** et **y**:

Je ne **le** ferai pas venir pour si peu.
Faites-**la** venir tout de suite!
Un bon professeur **les** fait travailler.
Il **les** y fait entrer. Elle **les** en fait sortir.
Faites **m'en** voir!

Le sujet réel est indirect quand l'objet direct est exprimé ou remplacé par un pronom personnel, et même seul à l'impératif.

Elle **leur** fait étudier les leçons.
Elle **les leur** fait étudier.
Il **leur** en fait voir. (**En** = pronom personnel partitif)
Vas-y! Fais-**moi** rire!

En présence de deux pronoms personnels compléments d'objet de l'infinitif, le pronom objet direct se place:

1. *Devant* les objets indirects **lui, leur, en** et **y:**

Le professeur **la lui** fait apprendre.
Elle **les leur** a fait* étudier.
Nous **les en** ferons sortir à 11 heures.
Vous **nous y** ferez conduire en voiture.

2. *Après* **me, te, se, nous, vous:**

Tu ne veux pas **me la** faire voir?
On va **te les** faire couper chez le coiffeur.
Jerry **se l'**est fait délivrer.
Le professeur **nous les** a fait* apprendre par coeur.

*Il n'y a jamais accord du participe passé.

Les pronoms personnels **en** et **y** se placent toujours en deuxième position que le pronom qui les précède soit direct ou indirect:

Il **nous en** fait goûter hier.
Elle **vous y** fera remplir des formulaires compliqués.

On peut utiliser **laisser** dans le tour causatif dans les mêmes conditions que **faire**:

Laisse-le entrer, s'il te plaît!
Il m'a **laissé** partir sans argent de poche.
Laissez refroidir la sauce avant de servir.

B. Les pronoms relatifs:

1. Formes:

Sujet	**qui**
Objet direct	**que**
Objet indirect d'un verbe avec la préposition **de**	**dont, de qui*, duquel, de laquelle, desquels, desquelles**
Objet indirect d'un verbe avec la préposition **à**	**à qui*, auquel, à laquelle, auxquels, auxquelles**
Objet indirect d'un verbe avec des prépositions autres que **à** et **de**	*préposition* + **qui*, lequel, laquelle, lesquels, lesquelles**

2. Usage:

Le mot que remplace le pronom relatif est son **antécédent**. La phrase introduite par le pronom (dite **proposition relative**) fournit un renseignement sur l'antécédent:

L'employée **qui** s'occupe de Jerry s'appelle Mme Constant.
L'employé **que** vous voyez là-bas s'occupera de vous.
Les chèques **que** dépose Jerry sont des chèques de voyage.
Le client **dont** s'occupe Mme Constant est Jerry Cartwright.
Le client **de qui** Mme Constant s'occupe est Jerry Cartwright.
Voilà la banque **dans laquelle** je travaille.
La banque **où** elle travaille est la Société Générale.

L'antécédent de **où** peut être une indication de temps:

Il le fera le <u>jour</u> **où** les poules auront des dents.[†]

---

[*]Avec une préposition, **qui** ne s'emploie que pour les personnes. L'adverbe interrogatif de lieu **où** est aussi considéré comme un pronom relatif (= dans, durant **le(s)quels, laquelle, lesquelles**).

[†]*He will do it the day (when) hens have teeth (. . . when hell freezes over).*

Quand on veut établir une distinction entre deux ou plusieurs possibilités, on emploie **auquel** et **duquel** (ou leurs autres formes) à la place de **à qui** et de **dont** ou de **de qui**:

Les clients **desquels** Mme Constant s'occupe sont satisfaits.
La dame **à laquelle** vous vous êtes adressé parle anglais.

Le pronom **dont** peut être suivi d'un complément:

Les articles **dont** le prix est élevé ne sont pas nécessairement meilleurs que les autres.

Les pronoms relatifs peuvent avoir des pronoms démonstratifs ou personnels pour antécédents:

Tout **ce** qui brille n'est pas or.
Celle que vous avez perdue n'est plus valable.
Vous qui entrez ici, abandonnez tout espoir.
On l'a volé, **lui** dont on connaît l'extrême méfiance.

C. L'adjectif, le pronom indéfini et l'adverbe **tout**:

1. Formes:

	Masculin	Féminin
Singulier	tout	toute
Pluriel	tous	toutes

2. Emplois:

a. L'adjectif:

Tout s'accorde en genre et en nombre avec le nom qui le suit. Devant un nom sans article, **tout** a le sens de **chaque**, de **n'importe quel(le)(s)** (*any, every*):

Tout homme est mortel.
Toute médaille a son revers.
Tous chèques sans provision resteront impayés.

Avec un nom précédé d'un article, d'un adjectif démonstratif ou possessif, **tout(e, s, es)** indique la totalité (*all, whole*):

J'ai travaillé **tout** un dimanche.
La banque est ouverte **toute** la journée.
Il a perdu **tous** ses chèques de voyage.
Nous acceptons **toutes** ces cartes de crédit.

b. Le pronom:

tout, toute, tous, toutes* impliquent la totalité:

Tout est tranquille ici. J'ai **tout** perdu à la Bourse.
Tous sont venus. Ils sont **tous** venus.
Il l'a **toute*** mangée. Tu les as **tous** reçus.
Toutes sont fermées, le dimanche. Elles sont **toutes** fermées.

***Toute** ne s'emploie pas comme sujet et très rarement comme objet.

Le contraire de **tout** est **rien**:

Rien ne sert de courir; il faut partir à point. (La Fontaine, *Fables*, « Le lièvre et la tortue »)

c. L'adverbe:

Tout (= complètement, tout à fait, très) est invariable sauf devant un adjectif féminin commençant par une consonne ou un **h** aspiré:

Je me suis fait **tout** petit devant une poupée. . . . (G. Brassens)
Ils étaient **tout** couverts de poussière.
C'est une **toute** petite erreur, **tout** anodine.
Elles sont **tout** honnêtes et **toutes** honteuses.
Il dit **tout** bas ce que tout le monde pense **tout** haut.

Révision

Genre et nombre des noms composés

La plupart des noms composés sont du masculin même quand ils comportent un nom féminin: un essuie-glace, le pare-brise, un porte-monnaie, un soutien-gorge, etc. Beaucoup sont invariables: des coupe-circuit, des porte-monnaie, des essuie-glace, etc.

Les éléments qui restent invariables dans les mots composés sont:

- *Les verbes*: des **essuie**-mains, des **garde**-robes (f.), des **garde**-manger, des **pare**-chocs, des **ouvre**-boîtes, les **tire**-bouchons,
- *Les adverbes*: des **haut**-parleurs, les **bien**-pensants
- *Les noms collectifs*: des porte-**monnaie**, des lave-**vaisselle**
- *Les noms abstraits ou dont le nombre est fixé par la logique*: le bien-**être**, le **laissez**-faire, le **savoir**-faire, des porte-**bonheur**, des arcs-en-**ciel**, un compte-**chèques**, des essuie-**glace**, des paquets-**poste**, un pare-**chocs**, un porte-**avions**, un porte-**bagages**, un porte-**documents**, un porte-**clés**, des porte-**parole**.

Noter: Certains mots composés, comme *portefeuille* et *portemanteau*, ont perdu leur trait d'union.

Structure

L'indétermination du sujet

Les façons de ne pas préciser le sujet réel d'une action sont:
1. Les tournures impersonnelles **il faut, il vaut mieux**, *etc.*:

Il faut faire attention aux voleurs.
Il vaut mieux être assis que debout et couché qu'assis.

2. Le pronom indéfini **on**:

   On peut avoir diverses nuances en français usuel:

   a. Dans les dictons et proverbes **on** équivaut à *toute personne*, *tout le monde*:

   > **On** doit manger pour vivre et non vivre pour manger. (Dicton)
   > **On** se lasse de tout, sauf de l'argent. (Proverbe grec)

   b. Quand la personne qui parle s'inclut dans le groupe, **on** équivaut à *nous*:

   > **On** sort ce soir.
   > Ici, **on** n'accepte pas les billets canadiens.
   > **On** accepte toutes sortes de chèques de voyage.

   c. Quand la personne qui parle s'exclut du groupe:

   (1) **On** équivaut à *ils*, *les gens*, *vous*:

   > **On** raconte beaucoup de blagues à Marseille.
   > **On** regrette toujours quand c'est trop tard.

   (2) **On** équivaut à *quelqu'un*:

   > **On** m'a dit de m'adresser à vous.
   > **On** m'a volé ma carte de crédit.

   Si l'on veut éviter un hiatus (si + on) ou que l'on n'aime pas un certain son en langue écrite (qu'on), on emploiera **l'on**.

3. La forme pronominale ou la voix passive:

   > Le vin **se vend** en bouteilles.
   > Le vin **est vendu** en bouteilles.

   > Le français **se parle** à Bruxelles, à Genève et à Montréal.
   > Le français **est parlé** en Belgique, en Suisse et au Canada.

   On peut remplacer ces tournures verbales par d'autres avec **on**:

   > **On** vend le vin en bouteilles.
   > **On parle** français en Belgique, en Suisse et au Canada.

Notes culturelles

A. Les banques françaises:

La Banque de France est la banque des banques. En tant que banque centrale, elle a le privilège exclusif d'émission des billets de banque. Elle surveille[1] l'évolution des crédits, contrôle le montant de la masse monétaire, intervient sur le marché des changes, facilite les règlements interbancaires, etc.

Les principales banques françaises sont dans l'ordre: la Banque Nationale de Paris (BNP), le Crédit Agricole, le Crédit Lyonnais, et la Société Générale. Sur le plan mondial, la BNP se place au troisième rang après Citicorp et Bankamerica.

Nationalisées en 1984 par les Socialistes, les banques privées retrouvent leur statut dès 1986 à la suite des mesures de privatisation décidées par la nouvelle majorité dirigée par Jacques Chirac, maire de Paris et chef du gouvernement jusqu'en 1988.

La COMPAGNIE GENERALE DE BANQUE Soficam en bref

• Un capital détenu à près de 80% par deux grands groupes d'Assurances, les MUTUELLES UNIES et le Groupe DROUOT.

• Des fonds propres de 150 millions de F (*).

• Des crédits à l'économie de 2,5 milliards de F (*).

• Un total de bilan de plus de 3 milliards de F (*).

• Avec sa filiale, la COMPAGNIE BORDELAISE DE BANQUE, un réseau de 12 agences, tant à Paris que dans les principales métropoles régionales.

– Une capacité à traiter toutes les opérations d'épargne et de crédit.
– Une gamme complète de services.
– Une compétence nationale et une ouverture internationale.
– Une clientèle très variée de particuliers, commerçants, professions libérales, entreprises individuelles et Sociétés.

• Un Style : des contacts directs et personnels.

• Efficace : des solutions adaptées, des décisions rapides.

(*) Chiffres au 31/12/1982

une banque privée à taille humaine...

Compagnie Générale de Banque Soficam

Janvier 1984

Brochure publicitaire d'une banque.

B. Les modes et moyens de paiement:

En France, comme ailleurs, l'usage des chèques se généralise. Même dans les campagnes, les bas de laine[2] ne sont plus qu'un mythe folklorique. Les établissements de crédit mettent toutes sortes de chèques à la disposition de leur clientèle: chèques barrés[3] payables au client uniquement auprès de l'établissement où il a un compte, chèques-vacances émis par l'Agence Nationale des Chèques-Vacances, chèques bilingues (français–breton) émis par le Crédit Mutuel[4] de Bretagne, etc.

Les billets de banque français ne sont pas, comme les billets américains, de format et de couleur uniformes. Les billets français sont multicolores et plus grands que les billets américains. Cela explique, en partie, l'aspect volumineux des portefeuilles en France. Alors qu'aux États-Unis on y reproduit les effigies de présidents, les coupures[5] (terme employé pour les billets dont la valeur est inférieure à 1.000 francs) portent celles de poètes, d'écrivains, de compositeurs et d'artistes célèbres:

- Billet de 10 F: Hector Berlioz (1803–1869, *Symphonie fantastique*)
- Billet de 20 F: Claude Debussy (1862–1918, *La Mer*)
- Billet de 50 F: Maurice Quentin de la Tour (1704–1788, portraitiste)
- Billet de 100 F: Eugène Delacroix (1799–1863, peintre)

Les pièces de monnaie françaises portent d'un côté le buste de Marianne qui symbolise la République française et la fameuse devise[6] « Liberté, Égalité, Fraternité. » Sur les pièces de 50 centimes, de 1, 2 et 5 francs, Marianne est représentée en « Semeuse »[7]. On dit « Marianne » en parlant de la République française comme on dit « l'Oncle Sam » en parlant du gouvernement des Etats-Unis.

Billets et pièces de monnaie.

En langage courant, l'avers d'une pièce s'appelle face[8] et le revers s'appelle pile[9]. Quand on veut laisser le hasard[10] décider de quelque chose, on joue à « pile ou face » en jetant[11] une pièce en l'air et en essayant de deviner de quel côté elle tombera. L'homme de la rue désigne la menue monnaie ou pièces de petite valeur par le terme de ferraille[12].

Les banques encouragent leurs clients à dépenser de l'argent et à en emprunter[13] en leur délivrant des cartes de crédit. Les banques françaises émettent les mêmes cartes de crédit que la plupart des banques étrangères. Les plus importantes sont la Carte Bleue du Groupe Visa et l'Eurocard du Groupe Mastercard. Les PTT émettent leur propre Carte CCP 24/24 et délivrent une Carte Bleue de la Poste. Parmi les cartes plastiques non bancaires, on compte l'American Express et la Diner's Club. Les grands magasins[14] comme les Galeries Lafayette, les magasins de vente par correspondance (VPC)[15] comme La Redoute et les agences de location de voitures émettent leurs propres cartes de clientèle. Beaucoup de cartes de crédit se perdent ou sont volées. Quand on ne fait pas attention, on peut s'endetter[16]. L'usage de « puces »[17] ou microprocesseurs[18] dans les cartes plastiques tend à minimiser les risques et les escroqueries[19] en cas de perte ou de vol.

Dépliant du Groupe Visa
« Pile ou face? » (à gauche)

Glossaire

1. **surveiller:** *to keep an eye on, monitor*
2. **bas** (m.) **de laine:** *nest egg (formerly in a wool sock)*
3. **barré:** *crossed*
4. **crédit mutuel** (m.): *credit union*
5. **coupure** (f.): *denomination, small note*
6. **devise** (f.): *motto*
7. **Semeuse** (f.): *woman sowing*
8. **face** (f.): *heads*
9. **pile** (f.): *tails*
10. **hasard** (m.): *chance*
11. **jeter:** *to throw;* **—en l'air:** *to flip, toss up*
12. **ferraille** (f.): *junk metal*
13. **emprunter:** *to borrow*
14. **grand magasin** (m.): *department store*
15. **vente par correspondance:** *mail order, catalogue sale*
16. **s'endetter:** *to go into debt*
17. **puce** (f.): *flea*
18. **microprocesseur** (m.): *microchip*
19. **escroquerie** (f.): *swindle, cheating, racket*

Questions sur les Notes culturelles

1. Quelles sont les principales fonctions de la Banque de France?
2. Quelles sont les principales banques françaises?
3. Qu'est-il arrivé aux banques privées en 1984 puis en 1986.
4. En quoi les billets de banque français sont-ils différents des billets américains?
5. Que représente l'expression « liberté, égalité, fraternité »? Que symbolise Marianne?
6. Qu'appelle-t-on pile? face? ferraille?
7. Comment les banques encouragent-elles leurs clients à emprunter de l'argent?
8. Quelles cartes de crédit peut-on se faire délivrer en France?
9. Qui délivrent des cartes de clientèle?
10. Quel est l'avantage des « puces » dans les cartes de crédit?

Exercices

A. Complétez le dialogue suivant:

Helen: _____

L'employé de banque: Veuillez remplir ce formulaire et cette fiche.

Helen: _____

L'employé de banque: Je regrette, Mademoiselle. Vous ne pourrez pas obtenir une autorisation de découvert sans avoir un traitement domicilié chez nous.

Helen: _____

L'employé de banque: Il a baissé ces jours-ci. Il est à 6 F pour les chèques de voyage.

Helen: _____

L'employé de banque: Ça fait 1.800 F moins la commission. En quelles coupures les voulez-vous?

Helen: _____

L'employé de banque: Vous les recevrez par la poste dans une semaine. La carte à mémoire vous sera envoyée sous pli séparé.

Helen: _____

L'employé de banque: Je vous en prie, Mademoiselle. Au revoir!

B. Complétez les phrases suivantes en vous inspirant des textes:

1. Quand on se fait ouvrir un compte, on reçoit des _____ qui permettent de _____ les diverses dépenses.
2. On peut faire virer son _____ à son compte en banque et autoriser _____.
3. En tenant à jour _____, on évitera d'émettre des chèques _____.
4. L'autorisation de _____ n'est accordée qu'aux _____.
5. Quand on a des économies, on les place dans un _____ ou un _____.
6. Les _____ permettent des services informatisés à _____ ou de la nuit.
7. Le gouvernement de Jacques Chirac a décidé la _____ des banques _____ en 1986.
8. On peut tirer au sort avec une _____ en jouant à _____ ou _____.
9. Eurocard et Visa sont des _____; l'American Express et la Diners's Club des _____.
10. Les grands magasins et les _____ délivrent des _____.

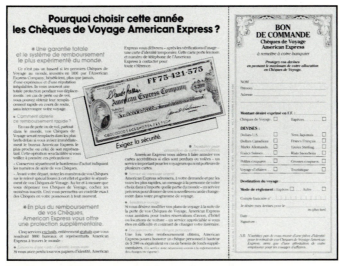

Brochure publicitaire pour chèques de voyage.

C. Remplacez les phrases suivantes par des phrases équivalentes contenant le tour causatif **faire** + *infinitif*. Respectez le temps du verbe. Employez les modèles suivants:

> Les étudiants travaillent sous la direction du professeur.
> Le professeur **fait travailler** les étudiants.
>
> On m'a coupé les cheveux.
> **Je me suis fait couper** les cheveux.

1. Le médecin est venu à la demande de la garde-malade.
2. On m'ouvrira un compte-chèques demain matin.
3. L'employée de banque a délivré une carte de crédit à Jerry.
4. L'étudiant apprenait sa leçon à la demande du professeur.
5. On nous conduit à la cérémonie en voiture.
6. Son histoire a provoqué un fou-rire général.
7. Attendez-vous devant le guichet à cause de l'employé?
8. Demandez que l'on vous explique comment fonctionne cet ouvre-boîte automatique.
9. Je ne voudrais pas vous obliger à revenir une fois de plus.
10. On leur construira une maison en banlieue.

D. Remplacez les mots soulignés par des pronoms personnels directs (**le, la, les**) ou indirects (**lui, leur, en**) que vous mettrez à la place et dans l'ordre qui conviennent. Employez le modèle suivant:

> Le professeur fait apprendre le <u>lecon aux étudiants</u>.
> Le professuer **la leur** fait apprendre.

1. Faites entrer <u>le client</u>!
2. Elles ont fait venir <u>le médecin du village</u>.
3. Je ferai couper <u>les cheveux à mon frère</u>.
4. T'a-t-on fait ouvrir <u>les bouteilles</u> avec un tire-bouchon?
5. Nous faisons expliquer <u>la grammaire au professeur</u> de français.
6. Vous ne nous ferez pas commettre <u>d'erreurs</u>.
7. Les professeurs font étudier <u>le français à leurs élèves</u>.
8. Le colonel a fait raser <u>la barbe aux conscrits</u>.
9. Faites-vous délivrer <u>des chèques de voyage</u> par Eurocard.
10. As-tu fait mettre <u>les bijoux dans le coffre-fort</u>?

E. Combinez les deux phrases données en une seule en employant la seconde comme relative. Employez le modèle suivant:

> Le film est amusant. Nous allons le voir.
> Le film **que** nous allons voir est amusant.

1. Où avez-vous acheté le journal? Vous lisez le journal.
2. Nous cherchons un magasin. On y accepte toutes les cartes de crédit.
3. L'homme est le directeur de la banque. Elle lui parle.
4. La banque se trouve au coin de la rue. Elle travaille là.

5. Elle a des chèques vacances. Ce magasin ne les accepte pas.
6. Vous avez des idées. Je ne suis pas d'accord avec elles.
7. La banque ferme les samedis. Vous en parlez.
8. Je voudrais une brochure. Toutes les adresses utiles y sont.
9. L'employeé s'appelle Mme Constant. Je me suis adressé à elle.
10. Elles attendent le bus. Il va au centre ville.
11. Vous connaissez la personne. Elles parlent d'elle.
12. L'étudiante est une de mes amies. Son père est directeur de l'Agence du Crédit Mutuel.
13. L'agence ouvre toute la journée. Nous travaillons pour elle.
14. Le bureau de change se trouve à la gare. Je m'y suis adressé.
15. Signez les deux formulaires. Je vous les ai donnés.

F. Remplacez dans les phrases suivantes le pronom relatif souligné par un autre formé sur **lequel, laquelle,** etc. Employez le modèle suivant:

> La personne dont je parle est la directrice.
> La personne **de laquelle** je parle est la directrice.

1. L'employé à qui je me suis adressé parle anglais.
2. J'ai déjà touché les chèques dont tu parles.
3. La banque où nous travaillons n'ouvre qu'à huit heures.
4. C'est un numéro dont je ne me souviens plus.
5. Il se fait comprendre par les personnes à qui il parle.
6. La caissière avec qui tu bavardais s'est fait réprimander.
7. On lui a volé le portefeuille où il y avait tous ses chèques de voyage.
8. Les étudiants à qui le professeur a donné de bonnes notes sont tout heureux.
9. Les autorisations dont vous parlez ne sont accordées qu'aux clients sûrs.
10. Voici des brochures où vous trouverez tous les renseignements nécessaires.

G. Ajoutez l'adjectif **tout, toute, tous** ou **toutes** devant les mots soulignés dans les phrases suivantes:

1. Les banques ne sont pas ouvertes le samedi matin.
2. Elle travaille la nuit.
3. La banque ferme les dimanches.
4. Gisèle n'a pas perdu ses chèques de voyage.
5. As-tu dépensé ton argent?
6. On perd son temps à attendre ici.
7. Les Américains n'ont pas les yeux bleus.
8. On accepte les cartes de crédit.
9. Nous ferons respecter la consigne.
10. Ils seront absents la journée.
11. Les hommes ne sont pas des phallocrates.
12. On ferme les lundis.
13. Monique a perdu ses affaires.
14. Je ne leur ai pas appris la leçon.
15. Elles sont fermées aujourd'hui.

H. Transformez les phrases suivantes en remplaçant **on** par un équivalent (quelqu'un, les gens, ils, nous, vous) ou en les mettant à la forme pronominale ou à
   la voix passive):

   1. On désire toujours ce que l'on n'a pas.
   2. On finit de manger et on va au cinéma.
   3. On m'a dit que la banque était ouverte aujourd'hui.
   4. Ici, on parle le russe.
   5. On est de bons amis quand même.
   6. On traite très bien les clients dans cette banque.
   7. On pense qu'il va pleuvoir aujourd'hui.
   8. On vend partout les œufs à la douzaine.
   9. De nos jours, on préfère payer par chèques.
   10. C'est une chose qu'on n'avait jamais vue.
   11. On m'a dit que le bureau de poste n'était pas loin.
   12. On se comprend tous les deux, n'est-ce pas?
   13. On ne me trompe pas facilement.
   14. Il n'y a pas longtemps qu'on a rénové ce bâtiment.
   15. Ça, c'est une chose qu'on ne fait pas.

I. Faites des mots composés en combinant adéquatement
   les mots des colonnes I et II. Trouvez leur traduction dans la colonne III:

I	II	III
1. pare-	a. circuit	A. *loudspeaker*
2. porte-	b. vaisselle	B. *circuit breaker*
3. essuie-	c. fort	C. *aircraft carrier*
4. coupe-	d. poste	D. *driving school*
5. haut-	e. plats	E. *hearing impaired*
6. chasse-	f. clés	F. *dishwasher*
7. paquet-	g. glace	G. *safe*
8. porte-	h. être	H. *windshield wiper*
9. lave-	i. neige	I. *postal parcel*
10. coffre-	j. avions	J. *dumbwaiter*
11. mal-	k. école	K. *well-being*
12. monte-	l. gouttes	L. *windshield*
13. compte-	m. brise	M. *snowplow*
14. auto-	n. parleur	N. *dropper*
15. bien-	p. entendant	P. *key ring*

J. Mettez les mots composés des phrases suivantes
   au pluriel s'ils sont au singulier et vice versa:

   1. On peut se faire ouvrir des comptes-chèques à la poste.
   2. On utilise peu souvent un porte-monnaie de nos jours.
   3. Le porte-parole du Quai d'Orsay s'est abstenu de faire toute déclaration à
      la presse.

4. Les paillassons ou essuie-pieds sont indispensables à Paris, ville où le nombre des chiens est élevé.
5. On considère que l'arc-en-ciel est un porte-bonheur.
6. Les pare-chocs des nouvelles voitures sont légers mais solides.
7. Un coupe-papier n'est pas aussi tranchant qu'un couteau.
8. Servez-vous des compte-gouttes vendus en pharmacie.
9. En France, on doit souvent passer par une auto-école pour obtenir un permis de conduire.
10. Le passe-partout et le porte-clés sont dans la poche de ma veste.

K. Vous avez la parole: communication à partir de mots-clés.

   Situation: Vous allez à une banque du centre de Dijon pour des opérations de change. Jouez les rôles selon les indications données.

Vous: salutation; désir changer dollars; taux dollar?

L'employé(e): donner taux chèques voyage, billets banque; ajouter montant commission (6F); somme à changer?

Vous: somme en chèques voyage + somme billets.

L'employé(e): prière signer chèques; demander passeport.

Vous: donner passeport; demander instrument pour écrire.

L'employé(e): donner stylo; calculer somme francs; donner papier et dire passer caisse.

Vous: remercier. (Vous allez à la caisse.)

Le(la) caissier(e): M./Mme (+ votre nom)? compter somme et remettre passeport.

Vous: demander poliment 10 F en pièces de 1 F.

L'employé(e): accord poli; demander si être de passage?

Vous: réponse affirmative: visite Bourgogne puis aller Alsace.

L'employé(e): souhaiter bon séjour, bon voyage.

Vous: remercier; prendre congé.

L. Traduisez:

En anglais:

1. Quand on a des économies, il vaut mieux les placer dans un compte à terme. L'intérêt qu'il rapporte est plus élevé que celui d'un compte d'épargne.
2. Les chèques de voyage doivent être endossés en présence de toute personne qui l'encaisse.
3. Les guichets automatiques de banque sont commodes pour les retraits d'espèces surtout quand on n'a pas de chéquier sur soi.
4. Je me suis fait délivrer une carte de crédit dont je ne me sépare pas et que je peux utiliser dans tous les pays d'Europe.
5. Jouons à pile ou face pour savoir si on va au cinéma ou à la discothèque.

En français:

1. *All the banks in my town are open on Saturdays, except for the one where I opened an account.*
2. *They accept all kinds of credit cards in that department store over there.*

3. Jack lost his billfold, some $50 bills, and all his traveler's checks, but he was reimbursed for the latter.
4. You cannot cash this check without endorsing it in front of the bank employee.
5. He who speaks about everything all the time is not always listened to.

Fable

Le Savetier et le Financier

Jean de La Fontaine

shoemaker	Un savetier° chantait du matin jusqu'au soir:
	C'était merveilles de le voir,
hear	Merveilles de l'ouïr°; il faisait des passages
	Plus content qu'aucun des septs sages.
	Son voisin, au contraire, étant tout cousu d'or,
	Chantait peu, dormait moins encor;
	C'était un homme de finance.
slumbered	Si, sur le point du jour, parfois il sommeillait°,
	Le savetier alors en chantant l'éveillait;
	Et le financier se plaignait
	Que les soins de la Providence
	N'eussent pas au marché fait vendre le dormir,
	Comme le manger et le boire.
mansion	En son hôtel° il fait venir
	Le chanteur, et lui dit: « Or ça, sire Grégoire,
	Que gagnez-vous par an? —Par an? Ma foi, Monsieur,
joking tone	Dit, avec un ton de rieur°,
cheerful	Le gaillard° savetier, ce n'est point ma manière
pile up	De compter de la sorte; et je n'entasse° guère
	Un jour sur l'autre: il suffit qu'à la fin
catch	J'attrape° le bout de l'année;
	Chaque jour amène son pain.
	—Eh bien, que gagnez-vous, dites-moi, par journée?
sometimes	—Tantôt° plus, tantôt moins: le mal est que toujours,
	(Et sans cela nos gains seraient assez honnêtes),
intermingle	Le mal est que dans l'an s'entremêlent° des jours
stay idle	Qu'il faut chômer°; on nous ruine en fêtes;
priest	L'une fait tort à l'autre; et Monsieur le curé°
sermon	De quelque nouveau saint charge toujours son prône° »
	Le financier, riant de sa naïveté,
	Lui dit: « Je vous veux mettre aujourd'hui sur le trône.
crowns	Prenez ces cent écus°; gardez-les avec soin,
if necessary	Pour vous en servir au besoin°. »

Le savetier crut° voir tout l'argent que la terre   *thought*
    Avait depuis plus de cent ans
    Produit pour l'usage des gens.
Il retourne chez lui; dans sa cave il enserre°   *hides in his basement*
    L'argent et sa joie à la fois.
    Plus de chant: il perdit° la voix   *lost*
Du moment qu'il gagna ce qui cause nos peines°.   *sorrows*
    Le sommeil quitta son logis°;   *dwelling*
    Il eut pour hôtes les soucis°,   *worries*
    Les soupçons°, les alarmes vaines.   *suspicions*
Tout le jour il avait l'œil au guet°; et la nuit,   *watching out*
Si quelque chat faisait du bruit°,   *noise*
Le chat prenait l'argent. À la fin le pauvre homme
S'en courut° chez celui qu'il ne réveillait plus: *ran*
« Rendez-moi, lui dit-il, mes chansons et mon   *sleep*
    somme°,
    Et reprenez vos cent écus. »

Chapitre 9

L'éducation développe les facultés, mais ne les crée pas.

(*Voltaire*, Poème sur la loi naturelle)

À l'Université

Situation

Quelques jours après son arrivée à **Grenoble**, Jerry Cartwright a fait connaissance d'un étudiant, Jean-Paul Fournier. Assis à la terrasse d'un café, Place[1] de **Verdun**, ils discutent de leurs projets immédiats au seuil[2] de la nouvelle année scolaire.

Dialogue

Les Inscriptions

Jerry: Vous vous êtes **inscrit?**

Jean-Paul: Non, pas encore[3]. On peut se **tutoyer**, après tout!

Jerry: Pourquoi pas! Moi non plus, je ne me suis pas encore inscrit; mais je pense le faire demain matin.

Jean-Paul: Tu sais où se trouve le Domaine Universitaire et comment y aller?

Jerry: À peu près[4]. On m'a dit que c'était à Saint-Martin d'Hères, sur l'Avenue **Gabriel Péri** et de prendre le bus en face du Musée d'Histoire Naturelle.

Jean-Paul: Oui. L'arrêt[5] d'autobus est juste à côté, à moins de 200 mètres d'ici. Le campus est à 10 minutes d'ici. Mais si tu veux, nous pourrons y aller ensemble avec ma **bagnole.**

Jerry: C'est très chic de ta part. Après mon inscription, il faudra que je me mette à la recherche[6] d'une chambre car je suis encore à l'hôtel Stendhal.

Jean-Paul: Tu as essayé les foyers et résidences universitaires[7]?

Jerry: Presqu'impossible! J'aurais eu plus de chances, si j'étais boursier[8]. En tant[9] qu'Américain, je n'ai pas de priorité.

Jean-Paul: Eh bien! il faudra aller au CROUS, en ville.

Jerry: Qu'est-ce que c'est le « crousse »?

Jean-Paul: C'est le Centre Régional des Œuvres[10] Universitaires et Sociales. Leur service de logement a la liste des propriétaires[11] qui louent des chambres aux étudiants. Tu pourras aussi te faire délivrer ta carte de **restau.** Je te montrerai où c'est. N'oublie pas d'apporter une photo pour la carte.

Jerry: C'est gentil de ta part de m'aider dans tout ça.

Jean-Paul: Je t'en prie, ce n'est pas grand-chose! Donc **rendez-vous** ici demain matin à 9 heures. O.K.?

Jerry: D'accord! À demain!

Texte

Les universités françaises

La France compte en tout 70 universités (13 à Paris et 57 en **province**). Elles dépendent du Ministère de l'Éducation Nationale par l'intermédiaire de la Direction Générale des **Enseignements** Supérieurs et de la **Recherche.**

À la suite[12] des mouvements **protestataires** estudiantins de mai 1968, l'organisation des universités a subi plusieurs réformes visant à la décentralisation et à l'autonomie. Une université est dirigée par un président élu pour cinq ans par trois conseils:

- Le Conseil d'administration[13] dont les membres (30 à 60) élus au suffrage[14] direct sont des enseignants et des chercheurs[15] (40% à 45%), des représentants[16] d'étudiants (20% à 25%), des personnalités extérieures (20% à 30%) représentant les collectivités[17] locales, et des représentants du personnel administratif et technique (10% à 15%). Ce conseil détient le pouvoir de décision et d'exécution tandis que la gestion effective de l'université est assurée par le Secrétaire général nommé par le Ministère sur proposition du président.

- Le Conseil scientifique qui définit la politique et les programmes de recherche et dont le rôle est surtout consultatif.

- Le Conseil des études et de la vie universitaire composé à 40% d'étudiants et visant à aider l'orientation des étudiants et à améliorer leurs conditions de vie et de travail.

L'université est composée d'unités de formation et de recherche (UFR) qui ont remplacé en 1984 les unités d'enseignement et de recherche (UER) et dont certaines sont les héritières[18] des facultés[19] d'avant 1968. Les UFR regroupent des départements dispensant, dans une discipline donnée, un enseignement **gradué** en unités de valeur[20] (UV).

Ouvert aux **bacheliers,** l'enseignement universitaire est échelonné[21] sur trois cycles:

- Le premier cycle sanctionné au bout[22] de deux ans par le diplôme d'études universitaires générales (DEUG). Parmi les matières enseignées, certaines sont obligatoires, d'autres optionnelles ou libres. À ce niveau, l'enseignement technique est dispensé par des instituts universitaires de technologie (IUT) délivrant un diplôme universitaire de technologie (DUT).
- Le deuxième cycle sanctionné la première année par une licence et la deuxième par une maîtrise[23]. L'acquisition des connaissances au niveau des premier et deuxième cycles est contrôlée par des examens périodiques et terminaux sanctionnés par des **notes.**

Cour de la Sorbonne

Amphithéâtre de la Sorbonne

● Le troisième cycle pouvant mener aux:

1. Doctorat de troisième cycle au bout de deux à trois années dont la première aura été sanctionnée par un diplôme d'études approfondies[24] (DEA);
2. Diplôme de docteur ingénieur après trois ans (avec un DEA la première année) et la soutenance[25] d'une **thèse**;
3. Doctorat d'État impliquant soit[26] la préparation (cinq ans) d'une thèse sous le contrôle d'un directeur de recherches et sa soutenance devant un jury soit la présentation en soutenance d'un ensemble de travaux originaux. Les candidats à ce grade[27] doivent être titulaires d'une maîtrise et, dans certains cas, d'un DEA ou d'un DESS (Diplôme d'études supérieures spécialisées, obtenu un an après la maîtrise pour une insertion plus directe dans la vie professionnelle).

Glossaire

1. **Place** (f.): *Square*
2. **seuil** (m.): *threshold*
3. **pas encore**: *not yet*
4. **À peu près**: *approximately*
5. **arrêt** (m.): *stop*
6. **se mettre à la recherche de**: *to start looking for*
7. **cité** (f.) **universitaire**: *university residence halls, dorms*
8. **boursier, -ière**: *scholar (scholarship holder), grantee*
9. **En tant que**: *as*
10. **Œuvres** (f.pl.): *works, activities*
11. **propriétaire** (m./f.): *landlord, landlady; owner*
12. **À la suite de**: *following, as a result of*
13. **Conseil** (m.) **d'administration**: *Governing Board, Board of directors, of regents*
14. **suffrage** (m.): *balloting; election, vote*
15. **enseignant** (m.): *instructor, teacher*
16. **représentant** (m.): *representative, delegate*
17. **collectivité** (f.): *community, group*
18. **héritière**: *heir*
19. **faculté** (f.): *college*
20. **unité** (f.) **de valeur**: *credit unit*
21. **échelonné**: *spaced out*
22. **au bout de**: *at the end of, after*
23. **maîtrise** (f.): *master's*
24. **approfondie**: *(deepened) advanced*
25. **soutenance** (f.): *defense*
26. **soit . . . soit**: *either . . . or*
27. **grade** (m.): *degree*

Vocabulaire

Grenoble: chef-lieu du départment de l'Isère, capitale de l'ancienne province du Dauphiné. Avec son agglomération, la ville compte 400.000 habitants (**Grenoblois**). Centre administratif, commercial, industriel et universitaire, la plus grande ville des Alpes attire un nombre important de touristes (sports d'hiver). Siège des Jeux Olympiques d'hiver de 1968, Grenoble possède d'importantes installations sportives. Le romancier Stendhal (Henri Beyle, 1783–1842), connu pour *Le Rouge et le Noir*, y est né.

Verdun: chef-lieu d'arrondissement de la Meuse, cette ville de 30.000 habitants (**Verdunois**) est surtout connue pour l'une des principales batailles (1916) de la **Première Guerre Mondiale** (WWI) durant lesquelles 380.000 combattants français, et presqu'autant d'**Allemands** (*Germans*), furent **tués ou blessés** (*casualties*). Le procédé de purification de l'eau par addition de très faibles doses de chlore, la **verdunisation** (*chlorination*), tire son nom de celui de la ville lorraine.

s'inscrire: mettre son nom sur une liste ou un **registre**. Le résultat est une **inscription** (*enrollment*). Quand on s'inscrit à un établissement éducatif, on paie des **droits** ou frais d'inscription (*registration fees*). Attention: on **enregistre** des sons (i.e., musique) pour produire un **enregistrement** (*recording*).

tutoyer: employer les formes familières **tu, te** et **toi** quand on s'adresse à quelqu'un. Le **tutoiement** est l'action de tutoyer. Pour marquer le respect, la subordination, le manque de familiarité ou la distance à l'égard d'une personne, on la **vouvoie**.

Gabriel Péri: Journaliste [L'*Humanité*, quotidien du PCF (parti communiste français)] et homme politique né à Toulon en 1902. Membre de la Résistance, il est arrêté par les Allemands et **fusillé** (*shot by firing squad*) à Paris en 1941.

bagnole (f.): terme populaire désignant une **voiture**. On dit aussi une **auto**. Beaucoup de mots de même origine, comme par exemple **bécane** pour désigner une bicyclette ou une moto (*a bike*), finissent par passer dans la langue de tous les jours.

restau (m.): abréviation courante du langage universitaire pour désigner le restaurant. Les élèves des lycées et collèges et les étudiants ont l'habitude d'abréger beaucoup de termes et d'expressions dont ils usent souvent ou d'employer des acronymes. Par exemple: le **labo** (*the lab*), une **manif** (*a demonstration*), le **surgé** (surveillant général d'un lycée), la **B.U.** (bibliothèque universitaire), etc. Voir les Notes culturelles.

rendez-vous (m.): i'impératif de **se rendre**. Exhortation à se trouver à un endroit et à une heure convenus (*see you, be there!*); le lieu où l'on doit se rendre. Le mot sert pour les affaires, le travail, les liaisons amoureuses, etc. (*appointment, date, tryst*). Les personnes **se donnent rendez-vous**. Il est **manqué** s'il n'a pas lieu. Si l'une d'elles n'y va pas, elle « pose un lapin ».

O.K.: Beaucoup de Français utilisent cette expression américaine pour dire « D'accord! » et « N'est-ce pas? »

province (f.): tout ce qui n'est pas Paris. L'épithète **provincial** comporte une connotation péjorative en raison de la domination de la capitale sur le reste du pays, colonialisme intérieur appelé « parisianisme ».

enseignement (m.): le fait d'**enseigner** ou son contenu; une personne qui le fait est un(e) **enseignant(e)**. Dans un **établissement éducatif** (*educational institution*), l'ensemble des professeurs constitue le **corps enseignant** (*faculty, teaching body*). On emploie les termes d'**éducation**, d'**instruction** et de **formation** comme synonymes, mais l'usage a cependant consacré les expressions suivantes: l'enseignement **primaire (secondaire ou supérieur)**, l'éducation **nationale**, l'instruction **publique** et la formation **continue**. Voici un tableau susceptible de préciser les nuances existant entre les termes usités dans ce domaine:

Nom d'action	Domaine	Nuance	Agent	Traduction
apprentissage	professions écoles	pratique	maître	*vocational learning*
enseignement	niveaux	générale	enseignant	*teaching*
éducation	pays, famille groupe	intellectuelle morale	éducateur maître	*education upbringing*
formation	stages	spéciale	formateur	*training*
instruction	public, armée	spéciale	instructeur	*instruction*

recherche (f.): action de chercher, de **rechercher**. Au singulier, le mot a le sens d'**investigation** scientifique ou de **soin**; au pluriel, celui de **perquisition**, d'**enquête** (judiciaire, policière, etc.). Un(e) **chercheur(-euse)** s'adonne à la recherche. Le **CNRS** (Centre national de la recherche scientifique) est chargé de développer et de coordonner les activités dans ce domaine.

protestataire: qui proteste; relatif à une **protestation**. Une **manifestation** est l'expression d'une protestation. Un participant est un **manifestant**. Un **protestant** est un adepte de la religion réformée ou **protestantisme**. (Environ 1 million en France.)

gradué: divisé en degrés (comme un thermomètre), progressif. Les étudiants qui ont reçu un **grade** universitaire (diplôme) sont (des) **diplômés**. Le niveau atteint sera indiqué par le cycle: étudiant(e), études ou diplôme du premier cycle (*undergraduate . . .*) ou des deuxième et troisième cycles (*graduate . . .*). La **remise des diplômes** ou la **distribution des prix** (*graduation*) (dans un collège ou lycée) est la cérémonie officielle qui marque la fin des études pour ceux qui ont été **admis** ou **reçus**. Ceux qui ont **échoué** (i.e. subi un **échec**) devront **se présenter** (i.e. **passer** leurs examens) une autre fois.

bachelier, -ière: titulaire du **baccalauréat** (**bac** ou **bachot** en langage usuel), diplôme de fin d'études secondaires.

note (f.): appréciation de la valeur d'un **devoir** (*homework*), d'une **dissertation** (composition littéraire ou philosophique), d'un examen, etc. Le système de **notation** peut aller de A à E ou de 20 à 0, C et 10 constituant la **moyenne** (*average*).

thèse (f.): points de vue sur un sujet choisi que l'on **soutient** (*defends*) devant un jury universitaire (*dissertation*). Pour la maîtrise, la thèse est souvent appelée **mémoire** (m.) (*thesis*).

Questions

1. De quoi parlent Jerry et Jean-Paul?
2. Est-ce qu'ils se vouvoient ou est-ce qu'ils se tutuoient?
3. Où se trouve le Domaine universitaire et comment peut-on y aller?
4. Que propose Jean-Paul à Jerry pour aller au campus?
5. Quels renseignements Jean-Paul donne-t-il à Jerry en ce qui concerne le logement?
6. Que font les deux étudiants en se quittant?
7. Combien y a-t-il d'universités en France? De qui dépendent-elles?
8. Quand et pour quelles raisons les universités ont-elles subi des réformes?
9. Qui est à la tête d'une université et par qui est-il élu?
10. Qui assure la gestion effective de l'établissement?
11. Quels sont les conseils qui participent à la direction de l'université? Quel est le plus important? Quels groupes représente-t-il?
12. Quelles sont les unités qui composent une université?
13. Que faut-il avoir pour entrer à l'université en France?
14. Quels sont les trois niveaux de l'enseignement supérieur, leur durée et les diplômes auxquels ils aboutissent?
15. Comment l'acquisition des connaissances est-elle mesurée et contrôlée au niveau universitaire?

Grammaire

La voix passive, le passé simple et le passé antérieur

A. La voix passive:
1. Formation et conjugaison:
La voix passive se fait selon le schéma **être** + *participe passé*. À la voix active l'action est faite **par** le sujet grammatical:

Le secrétaire **délivre** la carte de restaurant.

À la voix passive l'action est faite **sur** ce même sujet. Le sujet réel ou **agent**, quand il est exprimé, est précédé de **par:**

La carte de restaurant **est délivrée** par le sécrétaire.

Le temps du verbe **être** à la voix passive est celui du verbe à la voix active. Le participe passé s'accorde avec le sujet.

Temps	Équivalence Voix active/Voix passive
Présent	Le CROUS **donne** les adresses. Les adresses **sont données** par le CROUS.
Passé comp.	Le CROUS **a donné** les adresses. Les adresses **ont été données** par le CROUS.
Imparfait	Le CROUS **donnait** les adresses. Les adresses **étaient données** par le CROUS.
Futur	Le CROUS **donnera** les adresses. Les adresses **seront données** par le CROUS.
Conditionnel présent	Le CROUS **donnerait** les adresses. Les adresses **seraient données** par le CROUS.
Conditionnel passé	Le CROUS **aurait donné** les adresses. Les adresses **auraient été données** par le CROUS.
Subjonctif présent	. . . que le CROUS **donne** les adresses. . . . que les adresses **soient données** par le CROUS.
Subjonctif passé	. . . que le CROUS **ait donné** les adresses. . . . que les adresses **aient été données** par le CROUS.

2. Emplois:

- La voix passive est employée quand le sujet réel (ou agent) n'est pas connu, quand il est sous-entendu ou quand il est superflu de le mentionner:

  Toutes les chambres **ont été** louées.
  Les droits d'inscription devront **être acquittés** avant le 10.

- La voix passive s'emploie moins souvent en français qu'en anglais. Le français préfère la voix active avec **on** ou la voix pronominale de sens passif.

  On a loué toutes les chambres.
  Les frais d'inscription **se règlent** au secrétariat.

● Contrairement à l'anglais, l'objet indirect d'attribution de verbes comme **délivrer, demander, dire, donner, envoyer, fournir, offrir, parler, permettre, promettre, vendre,** etc. (qui prennent la préposition **à**) ne peut jamais être sujet à la voix passive:

She was issued a student card.
Une carte d'étudiant lui **a été délivrée.**
On lui **a délivré** une carte d'étudiant.

She was given a number and told to wait.
On lui **a donné** un numéro et **dit** d'attendre.

Jerry was spoken to in French. He was asked the time.
On **a parlé** à Jerry en français. **On lui a demandé** l'heure.

B. Le passé simple et le passé antérieur:

1. Formes:

a. Le passé simple:

Verbes en **-er**	Verbes réguliers, 2e et 3e groupes	Verbes irréguliers, 3e groupe*
je donnai	finis, servis	eus, fus
tu donnas	finis, servis	eus, fus
on donna	finit, servit	eut, fut
nous donnâmes	finîmes, servîmes	eûmes, fûmes
vous donnâtes	finîtes, servîtes	eûtes, fûtes
ils donnèrent	finirent, servirent	eurent, furent

*Verbes irréguliers du 3e groupe: boire, conclure, connaître, courir, croire, devoir, falloir, lire, moudre, mourir, plaire, pouvoir, pourvoir, savoir, taire, valoir, vivre, vouloir. Sauf pour **mourir** (mourus, mourûmes, . . .), le passé simple de ces verbes se forme en ajoutant ses terminaisons à leur participe passé. Donc bu → b**ûmes,** par exemple. Le passé simple de **tenir** et **venir:** tins, tînmes/vins, vînmes.

b. Passé antérieur:

Le passé antérieur se forme selon le schéma **avoir** ou **être** au *passé simple + participe passé:*

Après que nous lui **eûmes donné** la permission, il sortit.
Dès qu'elles **furent arrivées,** elles se couchèrent.

2. Emplois:

Les passé simple et antérieur sont des temps littéraires (narration et récit historique). Le second sert à indiquer l'antériorité par rapport au premier. En français parlé, ils sont remplacés par le passé composé. Le passé antérieur est aussi remplacé par des tournures équivalentes.

Après que nous lui **avons donné** la permission, il **est sorti**.
Après **avoir obtenu** notre permission, il **est sorti**.

Elles **se sont couchées** dès qu'elles **sont arrivées**.
Elles **se sont couchées** en arrivant.
Elles **se sont couchées** dès leur arrivée.
Une fois **arrivées**, elles **se sont couchées**.

Révision

Les pluriels irréguliers

1. Mots en **-al** et **-ail**:

Noms		Adjectifs	
un animal	des animaux	idéal*	idéaux
un canal	des canaux	initial	initiaux
un cheval	des chevaux	rival	rivaux
un hôpital	des hôpitaux	rural	ruraux
un journal	des journaux	terminal*	terminaux
un bail	des baux	total*	totaux
un corail	des coraux	vital	vitaux
un émail	des émaux		
du travail	des travaux		
un vitrail	des vitraux		

*Ces adjectifs sont aussi des noms.

Exceptions:

Noms: bal, carnaval, chacal, cérémonial, festival, récital, régal (Domaine des festivités et spectacles!), chandail, détail, épouvantail, éventail, gouvernail, rail.

Adjectifs: fatal, final, glacial, natal, naval.

2. Pluriels irréguliers en **-eux** et en **-oux**:

   a. En **-eux**: (aïeul) aïeux, (ciel) cieux, (œil), yeux.
   b. En **-oux**: bijoux, cailloux, choux, genoux, hiboux, joujoux, poux.

Structure

L'exclamation

L'exclamation sert à exprimer un commentaire ou jugement qualitatif ou quantitatif. Elle peut se faire des façons suivantes:

1. L'intonation:

Adjectifs	*Noms*	*Verbes*
Formidable!	La brute!	J'en ai eu, du mal!
Incroyable!	Le chameau!	Vous plaisantez!
Inoubliable!	Le cochon!	Il exagère!
Pas possible!	Le salaud! (pop.)	Ça suffit!

2. L'adjectif **quel** + *nom* (seul ou qualifié):

> **Quel** dommage! **Quels** beaux yeux elle a!
> **Quelle** affaire! **Quelles** belles vacances nous avons passées!

3. Les conjonctions **que** et **comme** + *verbe*:

> **Que** c'est long! **Comme** c'est long!
> **Qu'**il parle bien! **Comme** il parle bien!

4. La conjonction **que** + **de** + *nom* = exclamation sur la quantité:

> **Que de** monde! **Que de** gens! **Que d'**eau!

En langage usuel, on emploie **ce que** au lieu de **que**:

> **Ce qu'**elle est heureuse! **Ce qu'**il est bête!

Notez: À l'inverse de l'anglais, en français on n'emploie pas d'inversion dans les phrases exclamatives:

> *Isn't she happy!* → **Comme** (ou **Ce qu'**) elle est heureuse!

Notes culturelles

L'enseignement français; l'argot et le tutoiement

A. L'enseignement français:

L'enseignement public français est le monopole de l'État. L'enseignement privé est partiellement soumis à son contrôle et peut en recevoir des subsides à certaines conditions. L'instruction comporte trois niveaux: primaire, secondaire et supérieur.

L'enseignement primaire, depuis la loi Jules Ferry de 1881 (ce qui explique pourquoi de nombreux établissements scolaires portent ce nom), est obligatoire (6–16 ans), gratuit et laïc[1]. L'instruction est dispensée par des instituteurs et institutrices qui jouent un rôle important dans leurs communautés, surtout dans les petites agglomérations rurales où ils cumulent souvent les fonctions de maire ou de secrétaire de mairie[2]. Au-delà de l'école maternelle[3] ou des classes enfantines, l'enseignement primaire comprend trois cycles: préparatoire (un an: CP), élémentaire (deux ans: CE1 et CE2) et moyen (deux ans: CM1 et CM2), à la suite duquel on entre dans l'enseignement secondaire, à l'âge de 11 ou 12 ans. Ce passage s'opère au niveau de la sixième.

L'enseignement secondaire est dispensé par des professeurs dans des collèges et des lycées dirigés respectivement par des principaux et des proviseurs. Les études dans les collèges (établissements qui ont remplacé les CES et les CEG (collèges d'enseignement secondaire/général) durent quatre ans et englobent[4] le cycle d'observation (sixième et cinquième) et le cycle d'orientation (quatrième et troisième). À ce stade[5], un élève peut obtenir le brevet des collèges (qui a remplacé le BEPC ou brevet d'études du premier cycle). S'il ne redouble[6] pas, il continue, sur la recommandation du conseil de classe (professeurs et parents) vers le lycée où il entre au niveau de la seconde. L'enseignement général long y dure trois ans (deuxième, première et terminale) au bout desquels on passe le bac dans une série déterminée selon l'option[7] ou la filière[8] choisie:

- A1: Lettres–Sciences; A2: Lettres et Langues; A3: Lettres et Arts
- B: Série économique et sociale
- D': Sciences agronomiques et techniques
- E: Mathématiques et Techniques
- S: Études supérieures de mathématiques et physiques, médicales, d'agronomie ou de sciences naturelles.

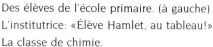

Des élèves de l'école primaire. (à gauche)
L'institutrice: «Élève Hamlet, au tableau!»
La classe de chimie.

À côté de cet enseignement général, il existe des enseignements optionnels complémentaires (éducation musicale et arts plastiques), un enseignement agricole long cycle pouvant mener au BTA (brevet de technicien agricole), au BTSA (brevet de technicien supérieur agricole) ou au bac série D'; un enseignement professionnel dispensé dans des lycées du même nom (LEP) et aboutissant[9] soit au BEP (brevet d'études professionnelles) après deux ans de scolarité soit au CAP (certificat d'aptitude professionnelle) au bout de trois ans; et enfin un enseignement spécialisé destiné aux élèves handicapés.

La rentrée[10] pour les établissements primaires et secondaires a lieu début septembre. L'année scolaire se termine fin juin. Le nombre de jours de vacances s'élève à environ 110. Les dates des vacances d'hiver, de printemps et d'été diffèrent selon la zone considérée. La zone 1 comprend, entre autres, les académies[11] d'Aix-Marseille, Lyon et Toulouse; la zone 2: celles de Paris, Créteil et Versailles; la zone 3: celles de Bordeaux, Grenoble, Lille, Montpellier, etc.

L'enseignement supérieur est dispensé non seulement par les universités, mais aussi par les écoles normales[12], des instituts et les grandes écoles. L'admission à celles-ci, temples prestigieux dont les initiés accaparent[13] les hautes fonctions de l'État, se fait par concours[14] après une ou deux années préparatoires. Parmi ces établissements nationaux, citons, à titre d'exemple, l'École Normale Supérieure (ancien élève[15] célèbre: Jean-Paul Sartre), l'École Polytechnique, l'École des Hautes Études Commerciales (HEC), et l'École Nationale d'Administration (ÉNA) créée en 1945 par Charles de Gaulle et comptant parmi

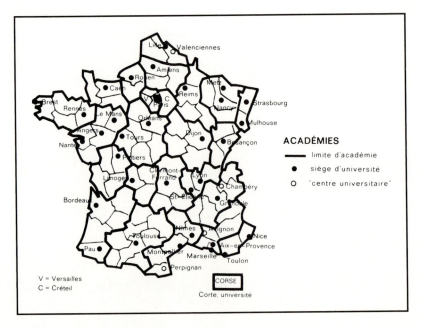

Circonscriptions universitaires

ses anciens élèves (ou « énarques ») un ancien président de la République (Valéry Giscard d'Estaing), deux premiers ministres (Jacques Chirac et Laurent Fabius) et plusieurs ministres, anciens et actuels.

En dehors de ces établissements réservés aux élites, l'enseignement supérieur est de nos jours accessible à un plus grand nombre de candidats grâce aux universités d'été (une vingtaine) et aux universités du troisième âge[16] qui, depuis l'exemple de celle de Toulouse en 1973, se sont multipliées dans presque la moitié des villes universitaires de France et de Navarre*. L'admission se fait sans diplômes et le montant des frais d'inscription est très minime (100 F ou moins).

B. L'argot[17] et le tutoiement:

Les jeunes et les étudiants se tutoient entre eux et se plaisent à employer des mots de la langue populaire ou de l'argot qui finissent par entrer dans la langue familière. On dit, par exemple, très souvent « en avoir ras le bol » pour « en avoir marre »[18] la « bouffe » pour la nourriture ou l'action de manger, le « plumard » pour le lit, etc. On recommande aux étudiants américains en France de s'informer du sens de pareils mots, mais d'éviter autant que possible de s'en servir outre mesure[19] sinon ils finiront par ne plus distinguer le français argotique ou populaire du français standard appris au lycée ou à l'université. Tout argot est un code social que l'on emploie pour marquer l'appartenance à un certain groupe et l'exclusion des personnes étrangères à ce groupe. L'emploi de l'argot par un étranger, même sans être excessif, peut paraître comme une intrusion ou un non respect des distances que les Français aiment garder entre eux et qu'ils n'abolissent que progressivement pour les quelques copains[20] et amis admis à partager leur intimité. Quant[21] au tutoiement, les professeurs de français étrangers ont bien raison: quand on ne sait pas si l'on doit tutoyer ou vouvoyer quelqu'un, il vaut mieux être top poli qu'impoli. Si la personne préfère le tutoiement, elle vous le fera savoir. Si une personne vous tutoie pour vous montrer de la condescendance, vouvoyez-la quand même. À l'inverse de votre interlocuteur (-trice), vous ferez preuve[22] de tact, de classe et de bonne éducation.

C. Petit lexique du jargon estudiantin:

l'agrèg: concours national pour les professeurs du secondaire (agrégation)

l'AGÉ(.): l'Association Générale des Étudiants + adjectif relatif aux habitants de la ville universitaire: l'AGET (—Toulousains)

l'amphi: l'amphithéâtre (*the auditorium*)

bachoter: préparer intensivement le bac; étudier intensivement en vue du bac

la B.U.: la bibliothèque universitaire (*the university library*)

bûcher, potasser: étudier intensivement (*to cram for an exam*)

la B.M.: la bibliothèque municipale (*the city library*)

*L'expression «royaume de France et de Navarre» signifie toute la France.

caler à un examen: échouer à un examen

un certif: un certificat

la fac: (l'ancienne) faculté (*the college*)

histoire-géo: histoire et géographie

un(e) instit: un(e) enseignant(e) de l'école primaire (*elementary school teacher*)

la khâgne: la classe préparatoire au concours d'entrée à l'École Normale Supérieure

une manif: une manifestation (*a protest, demonstration*)

une piaule: une chambre

le, la prof de philo: le, la professeur de philosophie

sciences nat, sciences-pô: sciences naturelles, —politiques

une U.V.: une unité de valeur (*a unit of credit*)

Glossaire

1. **laïc, -que**: *secular, lay*
2. **mairie** (f.): *city hall, mayorship*
3. **école maternelle** (f.): *nursery school*
4. **englober**: *to embrace, comprise*
5. **À ce stade**: *at this stage*
6. **redoubler**: *to repeat*
7. **option** (f.): *option; major*
8. **filière** (f.): *track*
9. **aboutir à**: *to lead to, to end in*
10. **rentrée** (f.): *beginning of the school year*
11. **académie** (f.): *territorial division in education*
12. **école normale**: *teacher's school*
13. **accaparer**: *to monopolize*
14. **concours** (m.): *competitive exam, competition*
15. **ancien élève** (m.): *alumnus*
16. **troisième âge** (m.): *senior citizens*
17. **argot** (m.): *slang*
18. **en avoir marre**: *to be fed up*
19. **outre mesure**: *beyond reason, excessively*
20. **copain** (m.): *buddy*
21. **quant à**: *as for*
22. **faire preuve de**: to show proof of, demonstrate

Questions sur les Notes culturelles

1. Quels sont les trois niveaux de l'enseignement?
2. Quels sont les principes qui régissent l'enseignement primaire depuis la loi Jules Ferry (1881)?

3. Quels sont les cycles de l'école primaire et leur durée?
4. Comment appelle-t-on ceux qui enseignent à ce niveau?
5. Comment s'appellent les établissements de l'enseignement secondaire? Qui les dirigent?
6. À quels âge et niveau entre-t-on dans le secondaire?
7. Quels sont les niveaux et la durée des études dans un collège?
8. Quel diplôme un élève peut-il obtenir à la fin du cycle d'orientation?
9. Quelle est la durée des études dans un lycée et leurs niveaux respectifs?
10. Quel diplôme obtient-on à la fin du secondaire. Est-il le même pour tout le monde?
11. Quels autres types d'enseignement existe-t-il en dehors de l'enseignement général?
12. Quand commence l'année scolaire? Quand finit-elle?
13. Que pouvez-vous dire des vacances scolaires en France?
14. Quels genres d'établissements d'enseignement supérieur trouve-t-on en France en dehors des universités?
15. Que savez-vous sur l'ÉNA?
16. Comment a-t-on rendu l'enseignement supérieur accessible à un plus grand nombre d'individus?
17. Comment les étudiants parlent-ils entre eux?
18. Quand un étudiant dit « en avoir ras le bol de la bouffe du restau universitaire » que veut-il dire en français usuel?
19. Est-il conseillé à un étranger d'employer l'argot?
20. Quels conseils donneriez-vous en matière de tutoiement à un ami anglophone allant en France?

Une classe d'anglais au lycée.

L'éducation selon deux humanistes de la Renaissance

A. François Rabelais (1494–1553):

> J'entends et veux que tu apprennes les langues parfaitement. Premièrement la grecque, comme le veut Quintilien, secondement la latine, et puis l'hébraïque pour les saintes lettres, et la chaldaïque et l'arabique pareillement. . . .
>
> Des arts libéraux, géométrie, arithmétique et musique, je t'en donnai quelque goût quand tu étais encore petit, en l'âge de cinq ou six ans; poursuis le reste, et de l'astronomie sache-en tous les canons. . . . Du droit civil, je veux que tu sache[s] par cœur[1] les beaux textes et me les confère[s] avec philosophie.
>
> Et quant à la connaissance des faits de nature, je veux que tu t'y adonne[s] curieusement: qu'il n'y ait mer, rivière, ni fontaine dont tu ne connaisse[s] les poissons, tous les oiseaux[2] de l'air, tous les arbres[3], arbustes et fructices[4] des forêts, toutes les herbes de la terre, tous les métaux cachés[5] au ventre[6] des abîmes[7], les pierreries de tout l'Orient et Midi, rien ne te soit inconnu.
>
> Puis soigneusement revisite les livres des médecins grecs, arabes et latins, sans condamner les talmudistes et les cabalistes, et par fréquente anatomies acquiers-toi parfaite connaissance de l'autre monde, qui est l'homme. . . . [En] somme[8], que je voie [en toi] un abîme de science. . . . Mais, parce que selon le sage Salomon sapience[9] n'entre point en âme[10] malivole et science sans conscience n'est que ruine de l'âme, il te convient [de] servir, aimer et craindre Dieu. . . .
>
> (« Lettre de Gargantua à Pantagruel », *Pantagruel*, chap. 8)

B. Michel de Montaigne (1533–1592):

> À un enfant . . . qui recherche les lettres . . . pour s'en enrichir et parer[11] au-dedans, je voudrais qu'on fût soigneux de lui choisir un conducteur[12] qui eût plutôt la tête bien faite que bien pleine. . . .
>
> Qu'il ne lui demande pas seulement compte des mots de sa leçon, mais du sens et de la substance, et qu'il ne juge du profit qu'il aura fait non par le témoignage[13] de sa mémoire, mais de sa vie. . . .
>
> Le gain de notre étude, c'est en être devenu meilleur et plus sage. . . .
>
> Savoir par cœur n'est pas savoir: c'est tenir ce qu'on a donné en garde à sa mémoire. Ce qu'on sait droitement, on en dispose sans regarder au patron[14], sans tourner les yeux vers son livre.
>
> (« De l'institution des enfants » *Les Essais*, Livre I, chap. 16)

Glossaire

1. **par cœur:** *by heart*
2. **oiseau (m):** *bird*
3. **arbre:** *tree*
4. **fructices** (= buissons): *bushes*
5. **cachés:** *hidden*
6. **ventre:** *belly*
7. **abîmes:** *abysses*
8. **en somme:** *in short*
9. **sapience** (= sagesse): *wisdom*
10. **âme:** *soul*
11. **parer:** *to adorn*
12. **conducteur:** *tutor*
13. **témoignage:** *testimony*
14. **patron:** *pattern, model*

Exercices

A. Complétez le dialogue suivant:

Kathy: _____?

Hélène: Oui, je me suis inscrite hier. Et toi?

Kathy: _____?

Hélène: Il faudra que tu ailles t'inscrire au secrétariat de l'université.

Kathy: _____?

Hélène: Il y a une ligne d'autobus directe pour le campus. On peut en prendre un à la place Verdun pas loin d'ici.

Kathy: _____?

Hélène: Non, je ne connais personne qui ait une chambre à louer. Tu peux essayer le Foyer des Étudiantes ou le CROUS.

Kathy: _____?

Hélène: C'est le Centre Régional des Œuvres Universitaires.

Kathy: _____?

Hélène: 5, rue d'Arsonval. Ils ont un service de logement.

Kathy: _____.

Hélène: De rien! Je suis sûre que tu en ferais autant si c'était moi qui te demandais ces renseignements aux Etats-Unis.

B. Complétez les phrases suivantes en vous inspirant des textes:

1. Les réformes qui ont suivi _____ de mai 1968 avaient pour objectifs _____ des universités.
2. Le _____ est élu au _____ direct par les enseignants, les chercheurs et des _____ du personnel administratif.
3. Le conseil des études et de _____ aide à l'amélioration des _____.
4. Une université est composée de _____ dont certaines ont succédé aux _____ d'avant 1968.
5. Le _____ est sanctionné par le _____ (ou DEUG).
6. La licence et la _____ sont obtenues à la fin du _____ de _____ supérieur.
7. On obtient le _____ après la _____ d'une _____ devant un jury.
8. Dans les petits villages, les _____ cumulent souvent les fonctions de _____ ou de _____.
9. Un _____ dirige un lycée. Les élèves de terminale préparent le _____.
10. L'admission aux _____ se fait par _____ après une ou deux annés de préparation.

C. Donnez le sens des abréviations ou sigles suivant ainsi que leurs équivalents dans la vie américaine:

1. l'AGÉ
2. le bac
3. une instit
4. la B.U.
5. bûcher
6. la fac
7. une manif
8. le prof d'histoire-géo
9. l'amphi de sciences nat
10. une U.V. en philo

D. Comparez en quelques petits paragraphes l'enseignement français et l'enseignement américain en faisant ressortir les différences au niveau du primaire, du secondaire et du supérieur.

E. Mettez les phrases suivantes à la voix passive en respectant le temps des verbes. Employez le modèle suivant:

> Le secrétaire **délivre** les cartes de restaurant.
> Les cartes de restaurant **sont délivrées** par le secrétaire.

1. Le service de logement du CROUS donne la liste des loueurs de chambres.
2. Les étudiants ont versé les droits d'inscription.
3. Les autorités lui accorderont un visa d'étudiant.
4. L'agent de police m'a indiqué le chemin.
5. Jean-Pierre attendait Jerry en face du Musée.
6. Ses parents régleront ses frais d'études.
7. Le professeur de psycholgie donnerait un examen lundi.
8. Le locataire devra payer un mois de loyer d'avance.
9. Les élèves remettront les devoirs à la fin du trimestre.
10. Jean-Pierre conduit prudemment cette vieille voiture.

F. Remplacez les phrases suivantes par des phrases équivalentes soit à la voix active avec sujet réel ou avec **on** soit à la forme réfléchie quand cela est possible. Employez le modèle suivant:

> En France, l'essence **est vendue** au litre.
> En France, **on vend** l'essence au litre.
> Ou: En France, l'essence **se vend** au litre.

1. Le campus a été interdit aux manifestants étrangers à l'université.
2. Les études supérieures sont divisées en trois cycles.
3. Quelle malchance! La chambre avait déjà été louée.
4. Les droits seront perçus au secrétariat de l'UFR.
5. Beaucoup de candidats auraient été admis en première année de médecine.
6. Certains livres de classe sont repris par les librairies en fin d'année scolaire.
7. Ces calculatrices sont fabriquées au Japon.
8. Les examens et les devoirs devront être soigneusement rédigés.
9. La cité universitaire est desservie par les lignes d'autobus 5 et 8.
10. Le petit déjeuner n'est pas servi à la cafétéria.

G. Mettez les verbes des phrases suivantes au passé simple:
1. Il s'est levé de bonne heure et s'en est allé.
2. Nous sommes partis sans rien dire car nous étions déçus.
3. Elles n'ont pas fait leurs devoirs. Elles ont reçu de mauvaises notes.
4. Le président De Gaulle est mort en 1970. Il a été enterré à Colombey-les-Deux-Églises.
5. On a dit qu'il a eu le cœur brisé par les résultats du référendum.

6. Georges Pompidou lui a succédé à la présidence de la République en 1969. Il est mort cinq ans plus tard.

7. Les événements de mai 1968 ont entraîné des bouleversements dans la vie des Français.

8. L'université française n'a plus été la même après 1968. Tout a changé.

9. Les anciennes structures n'ont pas pu résister à la poussée revendicatrice des masses estudiantines et ouvrières. On a dû instituer des réformes pour éviter une nouvelle révolte.

10. Je suis venu, j'ai vu, j'ai vaincu.

H. Mettez les verbes des phrases suivantes au passé composé:

1. Il voulut partir, mais j'essayai de l'en dissuader. Il resta.

2. Louis XIV fut un grand roi et eut un long règne. Il vécut longtemps et mourut en 1715.

3. Nous l'attendîmes devant l'amphithéâtre, mais elle ne vint malheureusement pas.

4. Ils se rencontrèrent au café Saint-Sernin, se plurent et se marièrent, mais n'eurent pas beaucoup d'enfants.

5. Elles durent attendre la fin du cours. Puis elles lurent le journal et burent du thé au citron.

6. Vous crûtes triompher et me fîtes souffrir.

7. Il me fallut patienter un moment. Je sus me taire et pus ainsi me tirer d'affaire.

8. Son manque d'assiduité lui valut de mauvaises notes. Elle connut l'échec et le désespoir.

9. Elles allèrent faire leurs études à Paris. Elles furent studieuses et réussirent à leurs examens.

10. Le succès leur valut des admirateurs qui leur firent la cour.

I. Mettez au pluriel les mots soulignés dans les phrases suivantes et faites tous changements nécessaires:

1. Il lui a acheté un beau bijou.
2. C'est un travail idéal.
3. Elle fait son internat dans un hôpital parisien.
4. Le bleu du vitrail brille de mille feux.
5. Le carnaval de Nice n'a pas de rival en France.
6. Je ne connais pas le détail du calcul, mais le total est exact.
7. Le journal d'hier a donné la date du festival d'été.
8. Vous n'aimez pas le chou de Bruxelles? Dommage! Un régal!
9. Dans la forêt lointaine, le hibou répond au coucou.
10. Mon aïeul était un Andalou à l'œil bleu.
11. Il a mal au genou.
12. En France, le cheval est un animal apprécié pour sa chair.
13. Quel corail! Quel ciel! Une île paradisiaque!
14. Il est fou de mettre ce gros caillou sur le rail.
15. Le bal d'étudiants suit l'examen final.

J. Faites des phrases exclamatives selon les indications données dans chaque cas.

1. Dites que les frais d'inscription sont élevés.
2. Indiquez que vous êtes fatigué.
3. Faites un commentaire positif ou négatif à propos d'un cours (difficulté, intérêt, organisation).
4. Exprimez un sentiment d'horreur ou d'incrédulité à la suite d'un récit que l'on vient de vous faire.
5. Indiquez que le repas que vous avez fait vous a plu.
6. Vous êtes devant un paysage. Exprimez votre admiration.
7. On vient de vous dire qu'il n'y aura pas (de) classe demain. Exprimez votre surprise, votre étonnement (ou votre joie!).
8. Vous venez de voir un film. Exprimez votre bonne ou mauvaise opinion.
9. L'amphithéâtre est plein de monde. Montrez que vous avez remarqué la situation.
10. Dites que vous avez passé des vacances merveilleuses.

K. Communiquez à partir de mots-clés:

Situation: Vous allez au Centre Régional des Œuvres Universitaires et Sociales pour obtenir votre carte de restaurant universitaire et des adresses de chambres à louer. Jouez les rôles selon les indications données.

L'étudiant(e): salutation; désir carte restaurant; formalités à remplir?

Le(la) secrétaire: certificat inscription, deux photos, pièce identité + si boursier gouvernement français, attestation bourse.

L'étudiant(e): indiquer être boursier Fulbright.

Le(la) secrétaire: boursiers Fulbright pas tarif réduit.

L'étudiant(e): pas de photos, désir repasser.

Le(la) secrétaire: possibilité obtenir photos cabine Photomaton Magasin Prisunic, proximité; fermeture bureau CROUS 4 h 30.

L'étudiant(e): remercier pour renseignement; désir trouver chambre en ville.

Le(la) secrétaire: donner liste adresses.

L'étudiant(e): remercier; intention repasser cet après-midi; prendre congé.

Le(la) secrétaire: réponse à remerciement, salutation!

L. Traduisez:

En anglais:

1. Les manifestants, enseignants et chercheurs, se sont donné rendez-vous devant le bureau du secrétaire général.
2. Comme il est sévère! Rares sont les étudiants de deuxième cycle qui obtiennent la moyenne avec lui. La plupart échouent.
3. L'enseignement supérieur est ouvert aux bacheliers. Les diplômes sont délivrés par l'intermédiaire du Ministère de l'Éducation Nationale.
4. Les élèves des lycées d'enseignement professionnel reçoivent une formation théorique et pratique sanctionnée par un brevet de technicien ou un CAP.
5. L'enseignement secondaire et supérieur français encourage l'apprentissage des langues étrangères à tous les niveaux.

En français:

1. I *registered and paid the enrollment fees, but I was not issued a student body card.*
2. *What a crowd! The student body organized this demonstration to protest against the proposed graduate study program.*
3. *The lab work is worth one credit. It is required; one cannot graduate without it.*
4. *He took final exams and passed all of them. Isn't he lucky? He's never failed one yet.*
5. *She was told by her dissertation adviser that her research work must be finished at least a semester before the defense.*

Chapitre 10

Le travail c'est la santé.
Dicton français

Le Travail

Situation

Charles Anderson, étudiant de littérature et civilisation françaises à l'université Paris III (Sorbonne-Nouvelle), a décidé de rester dans la capitale pendant les grandes vacances et d'y chercher un emploi pour subvenir à ses besoins[1]. Il rencontre un camarade, Jean-Pierre Dubedoud, garçon de café au Pergola.

Dialogue

À la recherche d'un emploi

Charles: Salut[2]! Jean-Pierre! Ça va?

Jean-Pierre: Pas trop mal. Que de touristes! C'est l'invasion, en été. Il faut être polyglotte pour s'en sortir[3] dans ce métier[4]. Et toi, qu'est-ce que tu racontes[5]?

Charles: Il me faut trouver du travail pour subsister jusqu'à la rentrée. Un emploi à mi-temps ferait vraiment mon affaire[6].

Jean-Pierre: Qu'est-ce que tu voudrais faire comme boulot[7]? Ou plutôt qu'est-ce que tu sais faire?

Charles: J'ai fait **pas mal** de métiers chez moi, aux États-Unis. De la plonge[8] dans un restaurant, de la programmation chez un expert-comptable[9], de la distribution d'échantillons[10] publicitaires, et même un peu de mécanique.

Jean-Pierre: Ce n'est pas facile de trouver du travail, même un emploi occasionnel, avec tous les **chômeurs** qu'il y a en ce moment, tu sais. Pour les étrangers, il faut un **permis** de travail qui n'est délivré que sur présentation d'un permis de séjour. En tant qu'étudiant, tu n'as qu'un permis de séjour temporaire.

Charles: Qu'est-ce que tu suggères?

Un garçon de café.

Jean-Pierre: Eh bien! Profite du fait que tu parles anglais. Lis les **annonces classées** de *France-Soir*, du *Parisien Libéré* et surtout du *New-York Herald Tribune*. Il y a parfois des **offres** d'emplois pour des gens sachant l'anglais. Tiens, les hôtels, par exemple. Essaie aussi les écoles de langues comme Berlitz.

Charles: Oh! Tu sais les journaux! Il y a plus de demandes d'emplois que d'offres.

Jean-Pierre: Mets donc une annonce dans les journaux. Avec ton expérience en informatique et ta connaissance de l'anglais, tu devrais facilement trouver quelque chose.

Charles: Je vais **rédiger** une demande d'emploi et l'envoyer avec un curriculum vitae aux éventuels employeurs. Dans le nombre, il y aura peut être une réponse positive.

Jean-Pierre: Bonne chance, mon vieux. Si je trouve quelque chose pour toi, je te donne un coup de fil. En attendant, est-ce que tu as besoin d'être **dépanné?**

Charles: Non, merci quand même[11]. Je peux tenir le coup[12] avec ce qui me reste. Je repasserai te voir après-demain. Au revoir!

Jean-Pierre: À bientôt, Charles.

Exemple d'annonce

OFFRES D'EMPLOI

● Donne cours apprentissage lecture du français 1er degré enfants ou adultes 93.41.51.49 M.

Société Distribution

PUBLICOM

recherche personne possédant véhicule Break ou similaire, connaissant la région pour travail à temps partiel.

Se présenter le lundi 3/11/86 de **9 h à 11 h** au 36 Rue Barla.

● Cherche conducteur sachant faire marcher machine Offset (G.T.O) et Typographique platine connaissant Typographie. Tél. 93.30.29.90. Imprimerie Rosso.(MN)

● T.I.T. maîtrise Math, donne cours Math région Menton. Tél. 93.57.10.76.(M)

● Leçon tennis piano 30 F 1/2 H, concours golf soir 93.26.04.18 N

Texte

Le marché de l'emploi

Comme le commerce, le marché du travail comprend deux éléments: l'offre et la demande. La première concerne les employeurs; la seconde les employés. L'idéal consiste à équilibrer[13] l'une avec l'autre. En cas de déséquilibre, il y a soit pénurie[14] de personnel (offre supérieure à la demande) soit chômage (demande supérieure à l'offre).

Les pénuries de personnel sont plus rares que les cas de chômage. Un emploi peut rester vacant pour diverses raisons: faible croissance[15] démographique, rémunération peu élevée, manque d'avantages[16] sociaux (retraite[17], assurances, etc.), métier mal considéré (éboueurs[18], **manœuvres**), emploi nouveau exigeant des compétences[19] particulières.

Les facteurs du chômage sont par contre plus nombreux. Un individu peut être sans emploi parce qu'il a été **licencié.** La modernisation de l'équipement et de la gestion de toute entreprise tend à accroître la productivité tout en réduisant les charges[20] salariales. Cette tendance se retrouve surtout au bas de l'échelle[21] du personnel: on réduit l'effectif[22] en remplaçant la main-d'œuvre non qualifiée par des machines. Une société en mutation, comme celle dans laquelle nous vivons, voit la disparition de certaines professions et la création d'autres. Certains chômeurs ont ainsi besoin de **se reconvertir** et de tenter leur chance dans un autre métier.

La poussée démographique et le marasme[23] économique contribuent à l'élévation du taux de chômage. Certains pays manquant de ressources sont exportateurs de main-d'œuvre tandis que d'autres, en plein développement, en importent. Mais les conditions économiques sont loin de demeurer stables. Le chômage peut faire suite au plein emploi. Les pays importateurs de main-d'œuvre se retrouvent alors avec un problème social et politique épineux[24]: des **immigrés** désœuvrés. Souvent aux immigrés légaux s'ajoutent les clandestins qui offrent leurs services à bon marché car ils n'ont ni carte de séjour, ni carte de travail, ni qualifications professionnelles. C'est le travail noir.

Les gouvernements essaient de faire face à la crise de l'emploi en encourageant l'économie, en particulier les secteurs générateurs d'emplois. Les demandeurs d'emplois (chômeurs ou nouveau-venus sur le marché du travail) s'inscrivent auprès d'un organisme gouvernemental qui leur verse des **allocations.** En France, les bureaux de l'ANPE (Agence Nationale pour l'Emploi) centralisent les offres d'emplois que leur envoient les employeurs et les communiquent aux demandeurs.

Dans le secteur privé, les employeurs et les demandeurs d'emplois essaient de pourvoir directement à leurs besoins en passant par des annonces insérées dans la presse locale, régionale ou nationale. Les employeurs invitent les candidats à envoyer un dossier comprenant une demande, un curriculum vitae et toute documentation utile.

Des immigrés.

Glossaire

1. **subvenir à**: *to provide, satisfy*
2. **Salut**: *Hi! Hello!*
3. **s'en sortir**: *to manage, find a way out*
4. **métier** (m.): *job, profession*
5. **tu racontes**: *you have to say*
6. **ferait mon affaire**: *would suit me fine*
7. **boulot** (m.) (fam.): *work, job*
8. **plonge** (f.): *dishwashing*
9. **expert-comptable** (m.): *certified accountant*
10. **échantillon** (m.): *sample*
11. **merci quand même**: *thanks all the same*
12. **tenir le coup**: *to manage, hold on*
13. **équilibrer**: *to balance*
14. **pénurie** (f.): *shortage*
15. **croissance** (f.): *growth, increase*
16. **avantage** (m.): *benefit*
17. **retraite** (f.): *retirement*
18. **éboueur** (m.): *garbage collector*
19. **compétence** (f.): *skill*
20. **charge** (f.): *expense, cost*
21. **échelle** (f.): *ladder, scale*
22. **effectif** (m.): *manpower, work/labor force*
23. **marasme** (m.): *doldrums, slowdown, stagnation*
24. **épineux**: *thorny*

pas mal: un assez grand nombre. Pour exprimer une opinion positive, sans marquer un excès d'enthousiasme, le Français a recours à cette expression comme indication quantitative (= un assez grand nombre) ou qualitative (= assez bien, assez bon).

chômeur, -euse: personne sans emploi. Quand on n'est pas employé, on est **en chômage**. Les jours de congé sont des jours **chômés**. Le gouvernement subvient aux besoins des chômeurs en leur versant des **allocations de chômage** (*unemployment benefits*).

permis (m.): autorisation, **permission** écrite (*permit, license*). Il existe des **permis de conduire** (*driving license*), de **chasse** (*hunting—*), de **séjour** (*residence—*), etc. Un militaire est en **permission** quand il est autorisé à partir en congé (*on leave*).

annonces classées ou **petites annonces** (f.pl): les divers messages publiés dans la presse écrite (journaux et magazines), dans une page réservée à cet effet. Ces annonces sont groupées, classées par catégories ou **rubriques** (*sections*): Demandes d'emploi (*Wanted*), Offres d'emploi (*Employment Opportunities*), Appartements à louer, Voitures d'occasion (*Used cars*), etc. Les **annonces publicitaires** dans la presse parlée (radiodiffusée et télévisée) sont appelées **spots** (*commercials*). Ces spots sont payés par des **annonceurs** (*sponsors*).

offre (f.): le fait d'**offrir**; ce qui est **offert**. Dans le commerce, on distingue deux éléments principaux: **l'offre et la demande** (*supply and demand*). Quand on négocie, on **fait une offre**, c'est-à-dire une **proposition**. Quand on répond à une offre d'emploi, on envoie **une demande** (*application*) manuscrite ou dactylographiée (*typewritten*).

rédiger: écrire, composer par écrit. Le fait de rédiger constitue la **rédaction**. Un(e) **rédacteur (-trice)** est la personne qui rédige ou édite les articles d'un journal ou d'un magazine. Les personnes responsables du contenu d'un journal constituent **la rédaction** (*editorial board*).

dépanner: quand un véhicule ou un appareil s'arrête de fonctionner, il **tombe en panne** (*has a breakdown*); quand on le répare, il est **dépanné**. Un **dépanneur** ou une entreprise de **dépannage** (*towing company*) vient en aide aux automobilistes **en panne** (*stranded*). Dans un sens figuré, on peut donc être **en panne** d'argent et avoir ainsi besoin d'être **dépanné**.

manœuvre (m.): **ouvrier** non qualifié qui travaille exclusivement de ses mains. Les ouvriers qui exécutent des travaux constituent la **main-d'œuvre** (*manpower, labor*). Quand une personne ne travaille pas elle est **désœuvrée** (*idle*). Le chômage est un **désœuvrement** forcé. Les **ouvrages** (m.) d'un auteur sont des **œuvres** (f.) (*works*) et la meilleure d'entre elles est son **chef-d'œuvre** (*masterpiece*).

licencié: mis à la porte, congédié, renvoyé (*fired*). Le fait de **licencier** des employés constitue le **licenciement**. Le titulaire d'une **licence** (permis, brevet ou diplôme) est un **licencié** (*licensed, degree holder*).

se reconvertir (dans): changer de profession. Une **reconversion** peut être le résultat d'une décision personnelle ou de l'élimination d'un emploi. Quand on acquiert une formation supplémentaire, on dit qu'on **se recycle**. Les métiers qui évoluent vite exigent des **recyclages** (*retrainings*) fréquents. La réutilisation de certains produits ou métaux à des fins économiques et/ou écologiques s'appelle la **récupération** (*recycling*).

immigré, -e: personne qui a **émigré** de son pays d'origine pour s'installer dans un autre où il est d'abord un(e) **immigrant(e)**, puis, après son installation, un(e) **immigré(e)**. Le phénomène constitue l'**immigration**. Les oiseaux **migrateurs** changent de régions selon les saisons.

allocation (f.): le fait d'**allouer** une somme; la somme **allouée**. Il existe plusieurs types d'**allocations**: (de) chômage, familiales, (de) logement, (de) maternité, (de) vieillesse, etc. Elles sont versées par les **caisses** (*funds*) correspondantes.

Vocabulaire supplémentaire

ancienneté (f.): *seniority*
attestation (f.) **de travail**: *work certificate*
avancement (m.): *promotion*
blocage (m.) **des salaires**: *salary freeze*
caisse (f.): *agency, office*; **—de retraite**: *retirement fund*
conventions collectives (f.pl.): *collective bargaining agreements*
cotisation (f): *membership dues, fees*
démissionner (= **donner sa démission**): *to resign*
direction (f.): *management, leadership*
échelle (f.): *scale; ladder*
fiche (f.) **de paie**: *paycheck*
grève (f.): *strike*; **faire la—**: *to go on strike*; **gréviste**: *striker*
heures supplémentaires (f. pl.): *overtime*
indemnité (f.): *allowance*
jour férié, jour de congé (m.): *holiday*
jour ouvrable: *working day*
ouvrier non qualifié (m.): *unskilled worker*
patronat (m.): *management*
prime (f.): *bonus*; **—de licenciement**: *severance pay*
revendication (f.): *demand, claim*
syndicat (m.): *(trade) union*
syndicaliste (m.): *union member*
Salaire Minimum Interprofessionnel de Croissance: *minimum wage*
usine (f.): *factory*

Questions

1. Quelle est la situation de Charles Anderson? Que cherche-t-il?
2. Qui est Jean-Pierre Dubedoud et que fait-il?

3. Quels métiers Charles a-t-il faits?

4. Est-ce qu'il est facile, selon Jean-Pierre, de trouver un emploi?

5. Que suggère Jean-Pierre à son copain? Qu'en pense celui-ci?

6. Que décide de faire Charles pour trouver du travail? Que lui souhaite Jean-Pierre? Que lui offre-t-il?

7. Quelle est la réponse de Charles à ce sujet?

8. Quels sont les deux principaux éléments du marché du travail?

9. Qu'y a-t-il quand ces deux élements sont en déséquilibre?

10. Pourquoi un emploi peut-il rester vacant?

11. Quels sont les facteurs du chômage?

12. Quels sont les pays qui exportent de la main-d'œuvre et ceux qui en importent?

13. Qui sont ceux qui, généralement, travaillent au noir?

14. Comment les gouvernements essaient-ils de réduire le chômage?

15. Que font les demandeurs d'emplois et les employeurs pour se contacter?

Fable

Le laboureur et ses enfants

Jean de La Fontaine

Travaillez, prenez de la peine:
C'est le fonds qui manque le moins.

Un riche laboureur, sentant sa mort prochaine,
Fit venir ses enfants, leur parla sans témoins°.   *witnesses*
« Gardez-vous, leur dit-il, de vendre l'héritage°   *inheritance*
   Que nous ont laissé nos parents.
   Un trésor est caché° dedans.   *hidden*
Je ne sais pas l'endroit: mais un peu de courage
Vous le fera trouver, vous en viendrez à bout.
Remuez° votre champ dès qu'on aura fait l'oût°:   *move   harvest*
Creusez°, fouillez°, bêchez°; ne laissez nulle place   *dig   excavate*
   Où la main ne passe et repasse. »   *(search)   hoe*
Le père mort, les fils vous retournent le champ
Deçà, delà, partout: si bien qu'au bout de l'an
   Il en rapporta° davantage.   *yielded*
D'argent, point de caché. Mais le père fut sage°   *wise*
   De leur montrer, avant sa mort,
   Que le travail est un trésor.

(*Fables*, Livre V, ix)

Grammaire

Les noms géographiques et l'orientation géographique

A. L'article défini avec les noms géographiques

La majorité des noms géographiques sont précédés de l'article défini.

- *Pays*: la Belgique, le Canada, les Pays-Bas
- *États*: la Floride, le Vermont, les Carolines
- *Provinces ou régions*: la Savoie, le Béarn, les Antilles
- *Îles et archipels*: l'Islande, le Groenland, les Hawaï

Les articles **le** et **les** se contractent avec les prépositions à (au, aux) et de (du, des).

Exceptions: Les cas suivants ne prennent pas d'articles:

- Les noms de villes sauf exceptions (Le Havre, La Rochelle)
- Certains pays et îles: Cuba, Israël, Tahiti

B. Les prépositions avec les noms géographiques:

Pour marquer l'emplacement ou la direction avec les noms géographiques, on emploie à ou **en**.

1. à (ou **au, aux**) avec:

a. Les noms de villes:

> Nous allons à Paris. Elle habite à Oran.
> Vous travaillez **au** Havre. On arrive à La Rochelle.

> Pour les noms commençant par A, les puristes préfèrent **en**: en Avignon, **en** Alger.

b. Les noms géographiques masculins commençant par une consonne:

> Je vais **au** Mexique. La guerre fait rage **au** Liban.
> Elle se rend **au** Vermont*. Nous allons **au** Manitoba*.

c. Les noms d'îles commençant par une consonne:

> As-tu été à Tahiti? Non, je suis allé à Cuba.

d. Les noms géographiques pluriels:

> Nous allons **aux** Pays-Bas cet été. Tu vas **aux** Hawaï?
> Il passe ses vacances **aux** Seychelles; moi, **aux** Philippines.

2. **en** avec:

a. Les noms géographiques féminins singuliers:

> Elle a passé deux ans **en** France et trois **en** Islande.
> Ils vont **en** Amérique. Nous restons **en** Europe.

*Dans de pareils cas (état, province, région), on peut remplacer **au** par **dans le**: Il travaille **dans le** Colorado.

b. Les noms géographiques masculins singuliers commençant par une voyelle:

> Il était **en** Équateur, mais maintenant il va **en** Israël.

3. **De:**

Pour marquer la provenance, l'origine ou l'attribution, on emploie **de** et ses formes contractées **du** et **des**. Sur la base des distinctions établies ci-dessus, on emploiera:

a. **De** là où l'on emploie **à**:

> Je viens **de** Toulouse. Il parle **de** Tahiti.

b. **De** (ou **de l'**, **de la**) là où l'on emploie **en**:

> Elle revient **de** France. Ils discutent **de l'**Iran.
> Nous parlons **de la** Floride et non **de l'**Alabama.

c. **Du** là où l'on emploie **au**:

> Nous ne venons pas **du** Liban. Vous êtes **du** Connecticut?
> Elle parle **du** Montana. Je reviens **du** Canada.

d. **Des** là où l'on emploie **aux**:

> L'université **des** Hawaï se trouve à Honolulu.
> Ils reviennent **des** Pays-Bas. Tu parles **des** Antilles?

C. L'orientation géographique:

Les quatre points cardinaux sont: le **nord**, le **sud**, l'**est**, l'**ouest**. Ces directions peuvent être combinées: le **nord-est**, le **nord-ouest**, le **sud-est** et le **sud-ouest**.

Avec majuscules, ces termes désignent des régions. En France:

- Le Nord: l'Artois et la Picardie
- Le Nord-Est: la Lorraine et l'Alsace
- Le Nord-Ouest: la Normandie et la Bretagne
- Le Sud ou le Midi: le Languedoc et la Provence
- Le Sud-Est: le Dauphiné, la Provence, la Côte d'Azur
- Le Sud-Ouest: l'Aquitaine, le Béarn, la Gascogne.

Comme noms ou adjectifs, ils peuvent se combiner avec des termes géographiques pour indiquer des régions et des origines:

- L'Afrique du Nord: nord-africain; l'Amérique du Nord: nord-américain; la Corée du Nord: nord-coréen
- L'Afrique du Sud: sud-africain; l'Amérique du Sud: sud-américain; la Corée du Sud: sud-coréen
- L'Allemagne de l'Est: est-allemand
- L'Allemagne de l'Ouest: ouest-allemand
- L'Asie du Sud-Est; le Sud-Est asiatique

Les synonymes usuels des points cardinaux et leurs dérivés s'appliquent à des zones géographiques ou divisions politiques:

- Le **Midi** pour le <u>Sud</u> de la France (adjectif: **méridional; sudiste** s'applique à un partisan politique du Sud)
- L'**Orient** pour l'<u>Est</u> (l'Asie) **(oriental)**
- L'**Occident** pour l'<u>Ouest</u> (Europe, Amérique) **(occidental)**

Les adjectifs correspondant à **Nord** sont **septentrional** (géographie), **nordique** (origine ethnique) et **nordiste** (politique).

Certains termes géopolitiques sont d'un usage fréquent:

- Le **Proche-Orient:** Chypre, la Turquie, le Liban
- Le **Moyen-Orient:** l'Égypte, Israël, la Syrie, la Jordanie, l'Irak, l'Iran, le Koweït, les Émirats, l'Arabie Séoudite, le Yémen, l'Afghanistan et le Pakistan
- L'**Extrême-Orient:** la Chine, la Corée, le Japon, le Viet-Nam

D. L'origine géographique ou nationale—adjectifs et noms:
Le nom prend une majuscule; l'adjectif n'en prend pas:

C'est un **Français**. Le gouvernement **français** est d'accord.

On obtient un dérivé en ajoutant un suffixe au terme géographique. Le système de dérivation n'est pas régulier.

-ain = africain, américain, cubain, mexicain, porto-ricain, romain, roumain, toulousain

-ais = anglais, bordelais, finlandais, hollandais, irlandais, japonais, lyonnais, marseillais, new-yorkais, néo-zélandais*, orléanais, polonais, portugais, sénégalais, thaïlandais

-en = coréen, européen, guinéen, libyen, nancéen (de Nancy), panaméen, uruguayen

-ien = algérien, arlésien, artésien (Arras, Artois), canadien, égyptien, hawaïen, haïtien, libérien, mauricien, nigérien (Niger), parisien, tahitien

-ois = chinois, danois, finnois, grenoblois, liégeois, lillois, luxembourgeois, niçois, nîmois, strasbourgeois, suédois

Dans certains cas, l'adjectif tiré d'un nom de ville sert à désigner la région qui l'entoure. La plupart d'entre eux se terminent en **-ais** ou **-ois**:

- Le **Boulonnais** (Boulogne), le **Bordelais** (Bordeaux), le **Charolais** (Charolles), le **Lyonnais**, le **Nivernais** (Nevers), l'**Orléanais**. . . .
- L'**Albigeois** (Albi), l'**Algérois** (Alger), l'**Angoumois** (Angoulême), l'**Artois** (Arras). . . .

---

*Les noms **Nouveau** ou **Nouvelle** ont des dérivés en **néo-**.

D'autres suffixes sont plus rares:

-an	=	kenyan, nigérian (Nigéria), texan
-ard	=	picard, savoyard
-eau	=	manceau (le Mans/Le Maine), tourangeau (Tours/Touraine)
-èque	=	aztèque, guatémaltèque
-evin	=	angevin (Angers/Anjou), poitevin (Poitiers/Poitou)
-in	=	limousin (Limoges/région), monténégrin
-ite	=	saoudite, yéménite
-ol	=	cévenol (Cévennes), espagnol
-on	=	Berrichon (Berry), letton (Lettonie), nippon
-ote	=	Caïrote (le Caire), Chypriote (Chypre)

Certains adjectifs et noms d'origine ont des formes particulières ou raccourcies: allemand, arabe, belge, bulgare, grec, malgache (Madagascar), monégasque (Monaco), turc, russe, serbe, suisse, tchèque, etc.

Le terme qui désigne la langue est souvent le même que2 l'adjectif de nationalité ou d'origine; il est toujours du masculin: l'arabe, l'anglais, le chinois, l'espagnol, le français, le grec, l'italien, le malgache, le portugais, etc.

Révision

A. Verbes en **-yer**:

Au présent, les verbes en **-ayer**, **-oyer** et **-uyer** prennent un **i** au lieu de **y** au singulier et à la troisième personne du pluriel.

essayer	employer	essuyer
j' essaie	j' emploie	j' essuie
tu essaies	tu emploies	tu essuies
il essaie	elle emploie	on essuie
nous essayons	nous employons	nous essuyons
vous essayez	vous employez	vous essuyez
ils essaient	elles emploient	ils essuient

Au futur, le radical prend un **i**: **essaier-**, **emploier-**, **essuier-**, etc.

Exception: Le radical du verbe **envoyer** est **enverr-**.

B. Verbes en **-cer** et **-ger**:

Devant **a, o, u**, le **c** de verbes comme **avancer, devancer, épicer, lancer, percer, concevoir, percevoir** . . . devient **ç**:

Je commençai. Nous commençons. Elle conçut un système.
Elle a été reçue. Il est déçu: il n'a pas perçu sa prime.

Devant **a** et **o**, le **g** de verbes comme **arranger, corriger, déranger, loger, manger, plonger, rager, ronger, songer** prend un **e**:

Nous mangeons. Elle songea. Vous plongeâtes.

Structure

L'antériorité et la postériorité

Soient deux actions consécutives, I et II:

I. Il éteint la lumière.
II. Il se couche.

on peut indiquer de plusieurs façons que I est antérieure à II ou que II est postérieure à I.

1. La juxtaposition ou la coordination:

Il éteint la lumière; il se couche.
Il éteint la lumière **et** il se couche.

2. Les prépositions **avant de** et **après**:

Il éteint la lumière **avant de** se coucher.
Il se couche **après** avoir éteint la lumière*.

Avant et **après** peuvent s'employer avec un nom quand il existe:

Il éteint la lumière **avant** le coucher.
Il se couche **après** le brossage des dents.

3. L'antériorité avec le participe présent ou passé:

Ayant éteint la lumière, il se couche.
La lumière **éteinte**, il se couche.

4. Les temps composés:

L'action I est indiquée par un verbe à un temps composé choisi en fonction du temps simple de l'action II. Le verbe I est précédé d'une conjonction du type **après que, aussitôt que, dès que, lorsque, quand**. La concordance suit le schéma suivant:

I	II
passé composé	présent
Dès qu'il a éteint la lumière,	il se couche.
passé antérieur	passé simple
Dès qu'il eut éteint la lumière,	il se coucha.
plus-que-parfait	imparfait
Dès qu'il avait éteint la lumière,	il se couchait.

*****Après** est toujours suivi de l'*infinitif passé*.

I	II
futur antérieur	futur
Dès qu'il aura éteint la lumière,	il se couchera.
conditionnel passé	conditionnel présent
Dès qu'il aurait éteint la lumière,	il se coucherait.
subjonctif passé	subjonctif présent
Il faut qu'il ait éteint la lumière,	**pour qu'**il se couche*.

Notes culturelles

A. L'ANPE:

L'Agence Nationale pour l'Emploi (ANPE) centralise les offres et les demandes d'emplois pour essayer de mettre en contact employeurs et employés. Cette agence publie des bulletins et place des annonces à la radio. Elle a des bureaux dans les principales villes de France. Elle dépend du Ministère de l'Emploi. D'autres organismes aident également les chômeurs: les Associations pour l'Emploi dans l'Industrie et le Commerce (ASSEDIC) et l'Union Nationale pour l'Emploi dans l'Industrie et le Commerce (UNEDIC).

B. La Sécurité Sociale:

La Sécurité Sociale française est une forme de protection obligatoire couvrant l'assurance maladie, maternité, les accidents du travail, les allocations familiales et la retraite. Le financement du système est assuré par l'employeur et l'employé qui versent chacun une cotisation[1] (environ 35% et 10% du salaire) à la caisse de Sécurité Sociale. Les prestations[2] familiales et les accidents du travail sont uniquement à la charge de l'employeur. Les membres des professions indépendantes, notamment dans l'industrie, le commerce et les services, sont organisés en régimes autonomes distincts du régime général qui compte plus de 13 millions de cotisants et couvre plus de 40 millions d'assurés. Quand le cotisant ou un membre de sa famille est malade, il va voir un médecin conventionné[3] qui lui délivre une ordonnance[4] et signe la « feuille de maladie ». Le malade va à la pharmacie, achète des médicaments et présente la feuille de maladie au pharmacien qui y appose son cachet[5]. Les produits pharmaceutiques remboursés par la Sécurité Sociale sont munis[6] d'une vignette[7] détachable indiquant leur prix. Le malade colle[8] cette vignette sur la feuille qu'il envoie à la caisse régionale de la Sécurité Sociale qui lui rembourse environ 75% des frais médicaux et pharmaceutiques. La Sécurité Sociale prend également en charge les frais d'hospitalisation.

*Quand le sujet des verbes de I et II est le même, on évite le subjonctif pour le remplacer par l'infinitif:
Il faut éteindre la lumière pour qu'il se couche.

C. Les travaileurs immigrés:

La proportion des immigrés en France atteint officieusement[9] 10% environ de la population (un peu plus de 5 millions). Les Maghrébins (Algériens, Marocains et Tunisiens) viennent en tête avec près de 2 millions d'individus, suivis des Portugais (un million), des Italiens, des Espagnols, des Turcs, des Polonais, des Yougoslaves, des Belges, et des ressortissants[10] de l'ancienne Afrique Occidentale Française (Maliens et Sénégalais). Environ 30% d'entre eux occupent des emplois généralement fatigants, salissants et mal rémunérés (bâtiment[11], travaux publics, génie[12] civil, industrie automobile). À peu près 60% des étrangers habitent et travaillent dans trois régions principales: la région parisienne, Rhône-Alpes et Provence-Côte-d'Azur.

La montée du chômage et de la délinquance s'est accompagnée d'une recrudescence[13] du racisme vis-à-vis des immigrés, notamment des Maghrébins et des Noirs, et par une certaine popularité des groupements politiques de droite prônant[14] le renvoi[15] chez eux des immigrés (cf Front National du député Jean-Marie Le Pen). Pour lutter[16] contre cette tendance, les mouvements libéraux et de gauche organisent des campagnes anti-racistes dont l'une d'elles avait pour slogan « Touche pas à mon pote! »[17]

Un jeune immigré.

D. Le curriculum vitae:

Un curriculum vitae français comporte les éléments suivants:

- Nom de famille (souvent en majuscules) et prénoms
- Date et lieu de naissance, ou âge
- Nationalité
- État civil[18]: marié, célibataire[19], divorcé, nombre d'enfants
- Titre ou qualité[20]
- Adresse ou domicile (actuels et permanents)
- Formation (universitaire ou professionnelle): diplômes ou certificats obtenus; copie du livret scolaire[21] ou relevé[22] de notes
- Expérience professionnelle: postes[23] ou emplois occupés et relevé des prestations
- Poste ou emploi actuel
- Références: noms et adresses d'employeurs ou de personnes pouvant recommander le candidat; attestations

Le nombre et la disposition de ces indications ne sont pas nécessairement les mêmes en France qu'en Amérique. Aux États-Unis, on peut omettre son âge, son état civil et éviter tout élément concernant la race ou la religion. La loi de l'égalité devant l'emploi[24] interdit d'exiger ces renseignements. Les Français joignent[25] souvent une photo à leur c.v. Un curriculum bien présenté est dactylographié, clair et précis. C'est la première impression que reçoit d'un candidat un employeur éventuel. D'où l'importance d'en soigner la présentation.

Glossaire

1. **cotisation** (f.): *dues, assessment*
2. **prestation** (f.): *allowance, benefit*
3. **conventionné**: *approved, agreed by government contract*
4. **ordonnance** (f.): *prescription*
5. **cachet** (m.): *stamp, seal*
6. **muni**: *provided*
7. **vignette** (f.): *sticker*
8. **coller**: *to glue*
9. **officieusement**: *unofficially*
10. **ressortissant(e)** (m., f.): *citizen, national*
11. **bâtiment** (m.): *construction industry*
12. **génie** (m.): *engineering*
13. **recrudescence** (f.): *upsurge*
14. **prôner**: *to preach, recommend*
15. **renvoi** (m.): *return, sending back*
16. **lutter**: *to fight*
17. **Touche pas à mon pote**: *Hands off my buddy!*
18. **état civil** (m.): *civil status*
19. **célibataire**: *single; bachelor*

20. **qualité** (f.): *capacity, title*
21. **livret scolaire** (m.): *school record*
22. **relevé** (m.): *transcript*
23. **poste** (m.): *position*
24. **loi de l'égalité devant l'emploi**: *equal employment opportunity law*
25. **joindre**: *attach,* include

Questions sur les Notes culturelles

1. Quel est l'objectif principal de l'Agence Nationale pour l'Emploi?
2. Comment essaie-t-elle d'atteindre cet objectif?
3. Quels sont les deux autres organismes qui aident les chômeurs?
4. Quelles sont les formes de protection sociale assurées par la Sécurité Sociale en France?
5. Comment est-elle financée?
6. Combien de cotisants, d'assurés compte-t-elle?
7. Comment un assuré se fait-il rembourser les frais médicaux?
8. Que fait-il pour se faire rembourser les frais pharmaceutiques?
9. Quel est le nombre des immigrés en France et leurs origines?
10. Quels genres d'emplois occupent-ils en général?
11. Dans quelles régions sont-ils principalement concentrés?
12. Quelles sont les causes de la montée du racisme en France?
13. Quelles sont les réactions des groupements de droite et de gauche vis-à-vis du racisme anti-immigrés?
14. Est-ce qu'un curriculum vitae français comporte les mêmes indications qu'un curriculum vitae américain?
15. Quelles sont les indications que la loi américaine interdit d'exiger?
16. Quelles sont les caractéristiques d'un curriculum vitae bien présenté?

Exercices

A. Complétez le dialogue suivant:

Robert: Cet été, je ne pars pas en vacances. Il faudra que je trouve quelque chose à faire car j'ai besoin d'argent.

Stéphanie: _____?

Robert: N'importe quel emploi bien rémunéré et pas trop fatigant.

Stéphanie: _____?

Robert: Oui, je les ai lues; mais il n'y a pas grand-chose. On cherche soit des spécialistes en informatique soit des ouvriers du bâtiment.

Stéphanie: _____.

Robert: Tiens, c'est une idée. Je mettrai: étudiant physique-chimie cherche emploi laboratoires industriels ou pharmaceutiques. Ça ira?

Stéphanie: _____. _____?

Robert: Oui, j'en ai un peu. J'ai travaillé l'été dernier comme laborantin chez un pharmacien. C'est une référence, au moins.

Stéphanie: _____. _____?

Robert: Non, je n'en ai pas; mais je vais en rédiger un tout de suite et le faire taper à la machine.

Stéphanie: _____!

Robert: Je te donnerai un coup de fil si je trouve quelque chose. Et merci de tes bons conseils.

Stéphanie: _____. _____.

B. Complétez les phrases suivantes en vous inspirant des textes:

1. L'offre concerne les _____ et la demande les _____.
2. Quand l'offre est _____ à la demande, il y a _____, et _____ quand elle lui est supérieure.
3. Les _____ sont plus rares que le _____.
4. Une personne peut être sans _____ parce qu'elle a été _____.
5. On peut réduire l' _____ en installant des _____.
6. La _____ démographique et le _____ peuvent contribuer à l'élévation du _____ de _____.
7. Certains pays en plein _____ importent de la _____.
8. Les _____ d'emplois s'inscrivent auprès de _____ qui leur verse des _____.
9. L'ANPE centralise les _____ et les _____ et utilise la radio pour _____.
10. La _____ est une forme de protection couvrant l'_____, les _____, les _____ et la _____.
11. Le médecin conventionné appose son _____ sur _____.
12. Une _____ détachable indique le prix du _____ remboursé par la Sécurité Sociale.
13. Le chômage et la _____ s'accompagnent d'une recrudescence du _____ vis-à-vis des _____.
14. Certains groupements politiques prônent le _____ des immigrés, d'autres _____ contre cette tendance en organisant des _____.
15. Dans un curriculum vitae, les références indiquent les _____ des personnes pouvant _____ le candidat à un emploi.

C. Complétez les phrases suivantes en y incorporant les indications données entre parenthèses avec la préposition qui convient. Modèle:

Il habite _____. (la Hollande)
Il habite **en** Hollande.

1. Sébastien et Brigitte sont revenus _____. (le Mexique)
2. L'an prochain, nous irons en vacances _____. (Tahiti)
3. Les parents de Charles résident _____. (Cherbourg)
4. As-tu été _____? (la Californie)
5. Ces travailleurs sont originaires _____. (les Antilles)

6. J'ai des amis qui habitent _____. (le Québec)
7. Vous n'irez pas _____, cette année. (Avignon)
8. Il est commis voyageur: il va souvent _____. (le Midi)
9. _____, il fait toujours beau. (les Hawaï)
10. Ces ordinateurs viennent _____. (la Corée du Sud)

D. Changez dans les phrases suivantes les verbes soulignés par les verbes **venir** ou **être originaire de:**

1. Mes parents n'<u>habitent</u> pas aux États-Unis.
2. Les Martin <u>sont nés</u> en Savoie.
3. Les kiwis <u>sont produits</u> en Nouvelle-Zélande.
4. Laurent <u>réside</u> au Canada.
5. Nous <u>habitons</u> en Israël.
6. Le rum français <u>est produit</u> aux Antilles.
7. Elle parle français, mais elle n'<u>est</u> pas <u>née</u> en France.
8. Les immigrés maghrébins sont ceux qui <u>ont quitté</u> l'Afrique du Nord.
9. Mon père <u>est né</u> à Descartes, ma mère à Tassin.
10. Si tu <u>étais né</u> à Paris, tu parlerais avec l'accent parisien.

E. Remplacez les expressions soulignées dans les phrases suivantes par les noms ou les adjectifs d'origine correspondants:

1. Les <u>gens de Marseille</u> aiment raconter des galéjades.
2. Les <u>ouvriers de Toulouse</u> ont l'intention de faire la grève.
3. Les <u>produits du Japon</u> envahissent les marchés d'Europe.
4. Les Canaques <u>de Nouvelle-Calédonie</u> ont boycotté les élections.
5. Certains confondent les <u>habitants de Tahiti</u> avec les <u>habitants d'Haïti</u>.
6. La délégation syndicale <u>d'Afrique du Sud</u> n'a pas participé aux débats contre l'apartheid.
7. La cuisine <u>de Chine</u> est réputée.
8. Le coton <u>d'Égypte</u> est échangé contre du pétrole <u>de Russie</u>.
9. À nous les petites demoiselles <u>d'Angleterre</u>!
10. Les Français aiment les belles <u>voitures d'Amérique</u>.

F. Donnez les noms d'habitants correspondant aux termes géographiques suivants:

1. Bordeaux:	le Canada:
2. la Roumanie:	Nancy:
3. le Luxembourg:	le Texas:
4. Rome:	la Thaïlande:
5. le Libéria:	l'Amérique du Sud:
6. les Antilles:	Lille:
7. Cuba:	le Panama:
8. la Suède:	la Belgique:
9. les Hawaï:	Haïti:
10. l'Espagne:	Strasbourg:

11. le Kenya: Chypre:
12. Limoges: la Californie:
13. le Berry: Le Mans:
14. la Touraine: la Bulgarie:
15. le Portugal: le Sénégal:

G. Complétez les phrases suivantes en donnant la région ou la direction opposée:
   1. Le Brésil se trouve en Amérique du Sud, le Canada en _____.
   3. Nancy est une ville du Nord-est, Toulouse une ville du _____.
   3. Monaco est située au sud-est de la France, l'île de Jersey au _____.
   4. Le Texas est un état du Sud-ouest des États-Unis, le Vermont et le Maine sont des états du _____.
   5. Les Johannesbourgeois habitent l'Afrique du Sud, les Algérois _____.
   6. La Belgique est au nord de la France, l'Espagne est au _____.
   7. La Syrie est un pays du Moyen-Orient, le Japon un pays de _____.
   8. Lille est une ville du Nord, Marseille une ville du _____.
   9. Bonn est la capitale de l'Allemagne de l'Ouest, Berlin celle de _____.
  10. Les pays nord-européens sont plus riches que les pays _____-_____.

H. Quelles sont les villes principales des régions suivantes:

   1. l'Albigeois: 6. le Limousin:
   2. l'Orléanais: 7. l'Oranais:
   3. le Lyonnais: 8. le Poitou:
   4. le Nivernais: 9. le Boulonnais:
   5. l'Artois: 10. le Charolais:

I. Remplacez dans les phrases suivantes les formes des verbes **contrarier, transmettre** et **verser** par des équivalents formés sur les verbes **ennuyer, envoyer** et **payer:**
   1. Je lui transmets ton dossier.
   2. Ils versent leurs cotisations régulièrement.
   3. Sylvie me transmet sa lettre de candidature.
   4. Les problèmes d'argent me contrarient toujours.
   5. Nous leur transmettrons votre demande dès que possible.
   6. Le directeur me contrarie avec ses exigences.
   7. Vous verserez la moitié des fonds à notre compte.
   8. Est-ce que tu lui transmets ton curriculum vitae?
   9. J'espère que ma demande ne vous contrarie pas trop?
  10. Nous ne versons pas de prime de licenciement.
  11. Tu me transmettras ton adresse permanente.
  12. Cette affaire ne me contrariera pas du tout.
  13. Ils verseront leur part si vous le leur demandez.
  14. Suzanne te transmet ses meilleurs vœux.
  15. Les revendications des grévistes contrarieront le patronat.

J. Mettez les verbes des phrases suivantes au pluriel s'ils sont au singulier et vice versa:

1. Je commence à travailler demain à la gare du Nord.
2. Nous recevons souvent du courrier des États-Unis d'Amérique.
3. Je ne mange pas à la cafétéria de l'usine.
4. Nous apercevons le contremaître.
5. Je ne vous dérange pas, par hasard?
6. Ils reçoivent des allocations de chômage.
7. Nous concevons une nouvelle méthode de travail.
8. Je voyage souvent en train en Europe.
9. Nous ne vous décevons pas si nous ne mangeons pas beaucoup?
10. J'avance difficilement dans cette nouvelle profession.

K. Remplacez, dans les phrases suivantes, la postériorité par l'antériorité ou vice versa tout en gardant le verbe au même temps dans la nouvelle phrase. Employez le modèle suivant:

> Je prends un bain **avant** d'aller au lit.
> Je vais au lit **après** avoir pris un bain.

1. Les grévistes sont rentrés chez eux après avoir manifesté.
2. Il a rédigé son curriculum vitae avant d'envoyer sa demande.
3. Le pouvoir d'achat des ouvriers s'est stabilisé après avoir un peu baissé.
4. Attendez quelques minutes avant de manger!
5. Prière d'envoyer un dossier complet après avoir téléphoné.
6. Je me brosse les dents avant de me coucher.
7. Elle s'est inscrite à l'ANPE avant de recevoir des allocations de chômage.
8. Nous irons à Taïwan après avoir visité la Malaisie.
9. Après nous être rendus au Mexique, nous avons mis le cap sur la Jamaïque.
10. Avant de se mettre à table, il prend toujours un apéritif.

L. Les actions des phrases suivantes sont consécutives. Combinez-les en marquant l'antériorité ou la postériorité de façons diverses (avec **avant de, après, dès que,** participe présent ou passé, etc.). Respectez la concordance des temps:

1. Je finirai mes études. Je travaillerai.
2. Il rédige son curriculum vitae. Il a envoyé sa demande.
3. Nous avons reçu votre annonce. Nous l'avons insérée.
4. Elle arrivera. Avertissez-moi!
5. Vous remplissez la feuille de maladie. Vous l'envoyez à la caisse régionale.
6. Tu trouveras une offre d'emploi. Je t'enverrai une attestation.
7. M. Rivière prendra son congé annuel. Toute la famille ira en vacances au Maroc.
8. Tu finis ton travail. Nous allons au café boire un coup.
9. Le chômage a augmenté. Le racisme anti-immigrés s'est accru.
10. Ils finissaient de manger. Ils regardaient la télévision.

M. Composition:

1. Rédigez votre curriculum vitae à la française selon les indications données dans les Notes culturelles.
2. Écrivez une demande d'emploi au patron d'une entreprise française qui cherche un représentant aux USA. Pour le format de la lettre, reportez-vous au Chapitre 6 (La correspondance).
3. Rédigez une demande d'emploi pour les annonces classées d'un journal de Bruxelles. Employez un style télégraphique comparable à celui des exemples donnés en illustration ci-après.

Annonces classées: offres et demandes d'emploi.

N. Communiquez à partir de mots-clés:

   Situation: À la suite d'une offre d'emploi (garde d'enfants) dans les petites annonces du journal local, vous avez pris rendez-vous et vous vous présentez pour l'entrevue. On vous reçoit à la porte. Jouez les rôles selon les indications données.

   Vous: vous présenter; donner raison votre venue.

   Le parent: exclamation + rappeler conversation téléphonique; inviter entrer.

   Vous: remercier.

   Le parent: demander si Anglais(e), occupation actuelle.

   Vous: répondre Américain(e), étudiant de français Université X.

   Le parent: demander si inscription à Sécurité sociale, expérience enfants, recommandation?

   Vous: expérience USA avec frères sœurs + voisins; absence recommandation; mais membre association BABY-SITTING SERVICE.

   Le parent: montrer satisfaction; donner noms et âges enfants à garder (2: garçon et fille); indiquer jours et heures garde; demander si horaire convenable et possibilité garde samedis?

   Vous: réponse affirmative; pour samedis prévenir semaine avant.

   Le parent: exprimer accord; indiquer rémunération horaire; demander si possibilité débuter après-demain.

   Vous: accord; donner adresse et numéro téléphone; prendre congé.

   Le parent: salutation!

O. Traduisez:

   En anglais:

   1. Certains emplois sont occupés par des immigrés parce que beaucoup de Français préfèrent le chômage à un emploi salissant ou mal rémunéré.
   2. La radio toulousaine a diffusé les offres d'emplois de l'Agence Nationale pour l'Emploi: Électro-Midi cherche des électriciens titulaires du CAP.
   3. La caisse régionale rembourse 75% des médicaments munis de la vignette de la Sécurité sociale.
   4. J'enverrai ma demande d'emploi aussitôt que j'aurai rédigé mon curriculum vitae.
   5. Après avoir travaillé pendant cinq ans dans la construction aéronautique Serge Dumas s'est reconverti dans les assurances.

   En français:

   1. *Many retired New Yorkers go to Florida to live.*
   2. *Most of the Parisian garbage collectors and construction workers are immigrants from North Africa and former French West Africa.*
   3. *Several small businesses employ foreign laborers and pay them low salaries and no social benefits.*
   4. *I placed an ad in the papers in southern France for a position in a civil engineering firm. I do not like living in the north.*
   5. *Our company had to reduce its labor force; it dismissed the unskilled workers. They registered with the National Employment Office and are receiving unemployment benefits.*

Initiales et sigles usuels

ANPE: Association Nationale Pour l'Emploi
ASSEDIC: Association pour l'Emploi dans l'Industrie et le Commerce
BTP: Bâtiment Travaux Publics
CAP: Certificat d'Aptitude Professionnelle
CFA: Centre de Formation des Apprentis
CFDT: Confédération Française Démocratique du Travail (syndicat)
CFT: Confédération Française du Travail (syndicat)
CFTC: Confédération Française des Travailleurs Chrétiens (syndicat)
CGC: Confédération Générale des Cadres (syndicat)
CGT: Confédération Générale du Travail (syndicat)
CGT–FO: CGT–Force Ouvrière (syndicat)
CIF: Congé Individuel de Formation
CNFP: Confédération Nationale du Patronat Français
FNE: Fonds National de l'Emploi
ONI: Office National de l'Immigration
OP: Ouvrier Professionnel
OS: Ouvrier Spécialisé
P-DG: Président Directeur Général
PME: Petites et Moyennes Entreprises
SMIC: Salaire Minimum Interprofessionnel de Croissance
UNEDIC: Union Nationale pour l'Emploi dans l'Industrie et le Commerce.
UDT: Union Démocratique du Travail (syndicat).

Abréviations usuelles des Annonces Classées (Offres d'Emplois)

cher.: cherche
Cie: compagnie
C.V.: curriculum vitae
Écr.: Écrire
Env.: Envoyer
Éts: Établissements
expér.: expérience
P.L.: (permis de conduire) poids lourds
rech.: recherche
réf.: références
r.-v.: rendez-vous
s'adr.: s'adresser
se prés.: se présenter
sté: société
tél.: téléphone, téléphoner
Z.I.: zone industrielle

Chapitre 11

Qui a santé, il a tout;
qui n'a santé, il n'a rien.
Proverbe français du XVe siècle

Chez le Médecin

Situation

Souffrant d'un **mal** de dos après un week-end en montagne, Christine Fitzgerald décide d'aller voir un spécialiste en **médecine** sportive. Elle prend rendez-vous avec le Dr. Roux. Arrivée chez le médecin, Christine est reçue par la réceptionniste qui la fait entrer dans la salle d'attente puis, quelques minutes plus tard, dans le cabinet de Mme Roux.

Dialogue

Une visite médicale

Le médecin: Bonjour, mademoiselle!
Christine: Bonjour, docteur!
Le médecin: D'après votre nom, je dirais que vous êtes irlandaise?
Christine: Non, madame. Je suis américaine.
Le médecin: Et qu'est-ce qui ne va pas?
Christine: Mon dos me fait terriblement mal depuis mon retour de la station de ski. J'arrive à peine à me pencher[1]. Au lit, j'éprouve des difficultés à me retourner[2].

Le médecin: Nous allons d'abord vous prendre la température et la **tension**. Si vous voulez bien vous **déshabiller** et vous allonger à plat **ventre** sur cette table . . . Voyons, est-ce que ça fait mal là?

Christine: Légèrement.

Le médecin: Et là quand j'appuie[3]?

Christine: Ouille! Aïe! Là oui!

Le médecin: Est-ce que vous avez fait une chute[4]?

Christine: Non. Je n'ai fait que du ski de fond[5] toute la journée du dimanche. Je ne me souviens pas être tombée.

Le médecin: Vos **douleurs** se situent principalement dans la courbure[6] du dos, là dans la région des reins[7].

Christine: J'espère que ce n'est pas une infection rénale?

Le médecin: Non! 37° de température, c'est normal. Si c'était une infection vous auriez de la fièvre. Vous avez dû probablement vous forcer[8] un peu. Résultat: vos muscles sont endoloris.

Christine: Ce n'est donc pas grave?

Le médecin: Non; mais comme vous avez une légère scoliose, ça n'aide pas votre colonne lombaire. je vais quand même, par précaution, vous faire une radiographie[9] et une analyse urinaire.

Christine: Pourriez-vous me donner quelque chose contre la douleur?

Le médecin: Je vous prescris des **comprimés** que vous prendrez trois fois par jour après les repas. Des compresses chaudes vous feraient également beaucoup de bien. Mais si à la longue[10], vous voulez **prévenir** la réapparition des douleurs, je vous conseillerai de faire régulièrement les exercices recommandés dans ce petit livret. Je pense que tout ira bien dans une semaine. Téléphonez-moi dans trois jours. J'aurai les résultats des analyses et je vous dirai si vous devez repasser me voir. **Voilà!**

Texte

Les soins médicaux

La santé constitue un élément primordial du bien-être individuel et collectif. Le niveau et la nature des **soins** sanitaires et médicaux disponibles sont une mesure du développement d'un pays. Il n'est donc pas étonnant que les gouvernements consacrent une part importante du budget national à ce secteur étroitement[11] réglementé et géré par un ministère de la santé publique. L'Organisation Mondiale de la Santé (OMS) coordonne les efforts de ces ministères et de leurs **organismes** à l'échelle internationale, car la prévention, la lutte[12] contre les maladies infectieuses et la recherche médicale sont l'affaire de tous et non d'un seul gouvernement. Le thème principal du Congrès International des Soins de Santé Primaires, qui s'est tenu en 1978 dans la ville d'Alma Ata (capitale de la Kazakhie, en URSS), était: « La Santé pour Tous en l'An 2000! » Les ravages du SIDA (Syndrome Immuno-Dépressif Acquis) illustrent douloureusement le bien-fondé[13] de l'approche globale en ce domaine.

L'efficacité de toute politique sanitaire est liée non seulement à l'éducation, mais aussi et surtout à l'infrastructure en place: services d'hygiène, nombre d'établissements (hôpitaux, cliniques, infirmeries) et densité des effectifs médicaux et paramédicaux.

Le personnel médical comprend trois grandes catégories: les médecins, les chirurgiens-dentistes et les pharmaciens. Les futurs praticiens reçoivent un enseignement théorique et pratique long et ardu[14]. Après un internat ou un externat dans les hôpitaux, certains ouvrent un cabinet de médecine générale; d'autres font une spécialité. Les disciplines ne manquent pas: cancérologie, cardiologie, chirurgie (pédiatrique, plastique, maxillo-faciale, etc.), dermatologie, gynécologie-obstétrique, maladies de l'appareil digestif, médecine du sport, médecine du travail, neurologie, ophtalmologie, oto-rhino-laryngologie[15], pédiatrie, urologie—pour ne citer que quelques-unes. C'est souvent le docteur en médecine générale qui **aiguille** le patient sur un spécialiste. Les honoraires de ce dernier sont, bien entendu, plus élèvés que ceux de son **confrère** non spécialisé.

Les frais médicaux, même avec remboursement par la Sécurité sociale et les assurances, constituent une part importante du budget individuel ou familial. Le meilleur moyen de les réduire est de prévenir les infections par l'immunisation dès le bas âge (vaccination contre les maladies infantiles), la pratique de l'hygiène physique et mentale, une alimentation saine et équilibrée, des contrôles[16] médicaux fréquents, et enfin par un mode de vie où l'activité et le repos[17] ont la part qu'ils méritent[18]. La sagesse populaire nous rappelle que « l'excès en tout nuit[19] » et qu'« il vaut mieux prévenir que guérir ».

Chez le pharmacien.

Glossaire

1. **pencher:** *to lean, bend over*
2. **retourner:** *to roll over*
3. **appuyer:** *to press, push*
4. **chute** (f.): *fall*
5. **ski de fond** (m.): *cross-country skiing*
6. **courbure** (f.): *curve, curving, bend*
7. **rein** (m.): *kidney*
8. **forcer:** *to exert, overdo*
9. **radiographie** (f.): *X-ray*
10. **à la longue:** *in the long run, eventually*
11. **étroitement:** *closely*
12. **lutte** (f.): *fight*
13. **bien-fondé** (m.): *sound basis, cogency*
14. **ardu:** *arduous*
15. **oto-rhino-laryngologie** (f.): *otolaryngology*
16. **contrôle** (m.): *check-up*
17. **repos** (m.): *rest*
18. **mériter:** *to deserve*
19. **nuire:** *to be harmful*

Un hôpital parisien.

Vocabulaire

mal (m.): ce qui cause un effet nuisible ou douloureux; **maladie** (*sickness, disease*) ou souffrance physique. La liste des **maux** physiques est malheureusement longue: **mal de cœur** (*heart trouble*), **mal de dents, mal de dos,** etc. Quand on n'aime pas une personne, on peut en dire ou lui faire **du mal.** Un mal léger ou sans **gravité** (*seriousness*) peut n'être qu'un **malaise** (*discomfort*). **Le Malin** (*the Evil One*) est un autre nom du Diable; mais **un malin** (*a sly one*) est une personne rusée ou qui a de la **malice** (*mischievousness*). Une tumeur **maligne** (*malignant*) est dangereuse. Un(e) **malade** est une personne qui souffre d'un mal ou d'une maladie. Un air **maladif** (*sickly, morbid*) dénote une mauvaise santé ou des causes **pathologiques.**

médecine (f.): l'art et la science ayant pour objectifs la conservation de la santé et le **traitement** des maladies; le mode de traitement lui-même ou le **remède.** La **médecine légale** concerne les rapports entre la médecine et le droit (*law*). L'**exercice illégal** (*unlawful practice*) de la médecine est sévèrement réprimé par la loi. Le **médecin** est celui qui exerce la médecine. Son titre est **docteur** (m.) que ce soit un homme ou une **doctoresse.** Quand on va chez le docteur, il/elle vous fait passer une **visite médicale** comprenant notamment une **auscultation** (*physical examination*). Après la visite, le **praticien** vous délivre une ordonnance dans laquelle sont prescrits des **médicaments,** les doses et les moments où les prendre. Les médecins ont la réputation de **griffonner** (*to scribble*) leurs ordonnances et les pharmaciens d'être les seuls à pouvoir les déchiffrer.

tension (f.): le fait d'être **tendu** (*tense*). La **tension artérielle** est la résistance des parois (*walls*) artérielles à la pression du sang. Elle est mesurée avec un **tensiomètre.** En électricité, la tension est la différence de force électromotrice. Les poteaux (*poles, posts*) ou pylônes électriques portent un panneau indiquant leur danger: Haute Tension! (*High Voltage*).

déshabiller (se): ôter ses **habits** ou vêtements; le contraire de **s'habiller.** Un **déshabillé** est vêtement féminin léger, généralement d'intérieur. Être **en déshabillé,** c'est être **en négligé.** Le fait de **dévêtir** est le **déshabillage.** Quand on est **nu** (*naked*), on est dans le plus **simple appareil.**

ventre (m.) ou **abdomen** (m.): la cavité de la partie inférieure du corps (*belly*) qui contient notamment l'**estomac** et les intestins. La **vessie** (*bladder*) se trouve dans le **bas-ventre.** Celui qui abuse des plaisirs de la table finit par être **ventripotent** ou **ventru,** c'est-à-dire par avoir un **gros ventre**—autrement dit en langage familier, par avoir une **bedaine** ou un **bedon** (*a potbelly, paunch*). Un vieux proverbe affirme: « Ventre affamé n'a point d'oreilles. »

douleur (f.): la sensation physique ou affective **pénible** (*painful*), qui fait mal. Les médecins et les pharmaciens désignent les douleurs par le terme de névralgies. Tout ce qui cause ou exprime de la douleur est **douloureux**. Quand un muscle est rendu douloureux, il est **endolori** (*painful, sore*).

comprimé (m.): le médicament sous forme de **pastille** (*drop, lozenge*). On prend de l'aspirine sous forme de **comprimés** (*pills*) ou de **cachets** (*tablets*). Certains médicaments sont vendus en **capsules**, d'autres en **pilules** (*pills*) ou en **ampoules** (*ampules, vials*). Quand on parle de la pilule anticonceptionnelle (*birth control pill*), c'est-à-dire celle que l'on prend pour éviter d'être **enceinte** (*pregnant*), on dit seulement « la pilule ». On peut également éviter une **grossesse** (*pregnancy*) au moyen d'un **stérilet** (*intrauterine device*). En termes officiels, l'**avortement** (*abortion*) est une IVG (interruption volontaire de grossesse).

prévenir (pp. **prévenu**): prendre des mesures (*action*) adéquates pour éviter ou écarter un mal ou un danger (*to prevent*); prévenir quelqu'un c'est l'**avertir** (*to warn*). La prise de mesures **préventives** ou **prévention** est une forme d'assurance. Une personne **prévenante** (*thoughtful*) fait preuve de gentillesse à l'égard d'autrui. En droit, un **prévenu** est un individu sur lequel pèse une accusation (*accused, defendant*).

Voilà!: préposition à valeur démonstrative servant comme exclamation de conclusion pour montrer qu'on a fini ce qu'on faisait ou disait (souvent précédée de Et). (*That's it! There we go!*)

soin (m.): effort, précaution pour préserver le bon état des choses ou la santé des personnes. **Soigner** (*to treat*) des malades est leur donner des soins. En cas d'accident, on donne les **premiers soins** (*first aid*) ou **soins d'urgence** (*emergency care, help*) aux blessés. Le personnel **soignant** (*health provider*) est responsable de la **prestation** (*delivery*) de ces services. Ces soins élémentaires sont souvent prodigués par des **infirmiers(-ières)** (*nurses*) travaillant dans une infirmerie. Ils sont secondés par des **aides-soignants**. Quand un **patient** a été convenablement soigné et traité, il **guérit** (*heals*). Dans certains pays, la médecine traditionnelle est l'affaire de **guérisseurs** (*healers*). Une **guérison** (*cure, recovery*) paraît miraculeuse si l'on en ignore la cause.

organisme (m.): ensemble ou système dynamique composé d'**organes** vivants. Le terme est synonyme de **corps** (*body*). En anatomie, on désigne les diverses parties de l'organisme qui concourent à la même fonction par le terme d'**appareil** (*system*): l'appareil digestif, l'appareil respiratoire. . . . Au sens figuré, il désigne un ensemble organisé ayant une fonction donnée (*agency, organization*).

aiguiller: diriger vers. Les trains sont aiguillés sur une voie ou une autre par l'intermédiaire d'un système d'**aiguillage**. Une **aiguille** (*needle*) sert à **coudre** (*to sew*). En médecine, on se sert d'aiguilles pour les **piqûres** (*injections, shots.*)

confrère, consœur: membre d'une même profession libérale. Les membres d'un même corps doivent faire preuve de sentiments **confraternels**, c'est-à-dire de **confraternité**. Ceux qui travaillent dans le même cadre sont des **collègues**.

Vocabulaire supplémentaire

A. Quelques expressions familières basées sur l'anatomie:

à l'œil = gratis, gratuit
J'ai eu ce billet à l'œil.

à poil = nu, déshabillé
Attendez une minute, je sors du bain. Je suis à poil.

au poil = très bien, convenable
Ce médecin est au poil.

fermer les yeux sur quelque chose = éviter de remarquer
Il a fermé les yeux sur l'incident.

ne pas fermer l'œil = ne pas dormir
Je n'ai pas fermé l'œil toute la nuit.

ouvrir l'œil = faire attention, être attentif
Ouvrez l'œil! Et le bon.

avoir le bras long = avoir des amis bien placés
Vous aurez affaire à moi! J'ai le bras long, vous savez.

une mauvaise langue = une personne qui dit du mal des autres.
Ne l'écoute pas. C'est une mauvaise langue.

une fine bouche = une personne qui apprécie la bonne cuisine.
On ne mange pas au snack-bar quand on est fine bouche.

de bouche à oreille: apprendre par rumeur, verbalement
Ça s'est su de bouche à oreille.

faire venir l'eau à la bouche = exciter l'appétit.
Le caviar me fait venir l'eau à la bouche.

B. Quelques maladies et troubles courants:

une angine: *sore throat, tonsillitis*
l'arthrite (f.): *arthritis*
bronchite (f.): *bronchitis*
brûlure (f.): *burn*
colique (f.): *colic*
constipation (f.): *constipation*
coup (m.) **de soleil**: *sunstroke*
crise (f.) **cardiaque**: *heart attack*
crise (f.) **de foie**: *liver upset*
crise (f.) **de nerfs**: *fit of hysterics*
démangeaison (f.): *itching*; ça me **démange**: *it itches*
diarrhée (f.): *diarrhea*
empoisonnement (m.): *poisoning*
évanouissement (m.): *fainting*; **s'évanouir**: *to faint*

furoncle (m.): *boil*
grippe (f.): *flu*
haleter: *to pant*
intoxication (f.) **alimentaire**: *food poisoning*
luxation (f.): *dislocation*
migraine (f.): *migraine headache*
orgelet (m.): *a sty*
otite (f.): *earache*
rhume (m.): *cold*; **rhume des foins**: *hay fever*
roséole ou **rubéole** (f.): *German measles*
rougeole (f.): *measles*
saignement (m.) (de nez): *(nose) bleeding*; **saigner**: *to bleed*
toux (f.): *cough*; **tousser**: *to cough*
varice (f.): *varicose vein*
varicelle (f.): *chickenpox*
variole (f.): *smallpox*
vomir: *to throw up, vomit*; **vomissement** (m.): *vomiting*

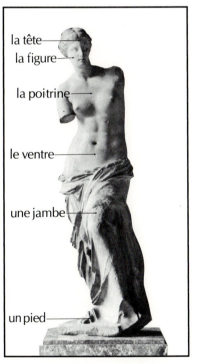
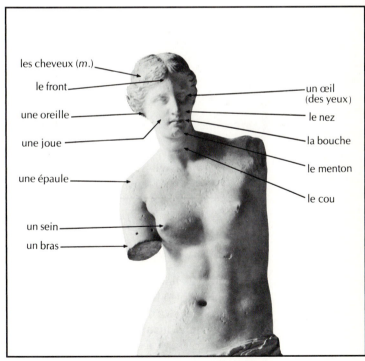

Les parties du corps.

Questions

1. Pourquoi Christine va-t-elle chez le médecin?
2. Qui la reçoit et où la fait-elle entrer?
3. Quels sont les symptômes de Christine?
4. Que fait d'abord la doctoresse? Que dit-elle à Christine?
5. Par quels sons Christine exprime-t-elle la douleur?
6. Où a-t-elle mal selon le médecin? Que craint Christine?
7. Quel est le diagnostic du docteur Roux?
8. Que fait le médecin par précaution?
9. Que prescrit la praticienne à Christine?
10. Que lui conseille-t-elle à la longue?
11. Pourquoi les gouvernements pensent-ils que la santé est un secteur important?
12. Quel est le rôle du ministère de la santé? de l'OMS?
13. Quel était le thème du Congrès d'Alma Ata en 1978?
14. À quoi est liée une politique sanitaire efficace?
15. Quelles sont les principales catégories de personnel médical?
16. Que pouvez-vous dire de l'enseignement médical en général?
17. Que font les jeunes médecins à la fin de leurs études?
18. Si vous faisiez de la médecine, quelle serait votre spécialité? Donnez les raisons de votre choix.
19. Que pensez-vous, en général, des frais médicaux?
20. Quels sont les meilleurs moyens de rester en bonne santé?

Grammaire

Expressions d'exclusion ou de restriction

1. Les prépositions **sauf** et **excepté**:

   Les prépositions **sauf** et **excepté** s'emploient pour marquer l'exclusion dans des phrases exprimant une généralisation (souvent avec **tout** et ses formes ou avec **n'importe . . .**):

   a. **Sauf/excepté** + *nom* ou *pronom*:

   > Elle travaille <u>toute</u> la semaine, **sauf** le dimanche.
   > J'ai <u>tout</u> perdu, **excepté** mes chèques de voyage.
   > Il a interrogé <u>tous</u> les témoins, **sauf** moi.
   > Prenez <u>toutes</u> les valises, **excepté** celles-là.

   Les noms ou pronoms peuvent être précédés d'une préposition:

   > Je vais <u>partout</u> en France, **sauf** <u>à</u> Bordeaux.
   > Tu parles avec n'importe qui, **sauf** <u>avec</u> lui.
   > Il se lève <u>toujours</u> de bonne heure, **excepté** <u>en</u> hiver.

b. **Sauf/excepté** + *nom* sans article

> **Sauf** erreur, le médicament coûte 26 F. (*Barring any error . . .*)
> **Sauf** imprévu, le dentiste sera ici à 10 heures.   (*Barring any unforeseen event. . .*)

Le mot **hors** est employé pour l'exclusion dans des expressions figées comme **hors** taxes (*tax excluded*), **hors** concours (competition: *special category*), **hors** série (*limited edition*).

c. **Sauf/excepté** + *proposition subordonnée*

> Je fume, **sauf** quand je fais du sport.
> Nous irons nous promener, **excepté** s'il fait froid.

2. Les conjonctions **sauf que** et **excepté que**:
Les conjonctions suivantes se construisent avec l'indicatif:

> Elle est guérie, **sauf qu**'elle doit garder le lit.
> Ils ont le même âge, **excepté que** l'un fait plus vieux.

3. La préposition **sans**:

a. **Sans** + *nom* (seul ou déterminé):

> Il prend son café **sans** sucre.
> Elle a trouvé son adresse **sans** difficultés.
> Nous n'y serions pas arrivés **sans** son aide.
> À ta place, je ne ferais rien **sans** l'avis du médecin.

b. **Sans** + *pronom*:

> Ne partez pas **sans** elles!
> **Sans** ça, il n'aurait pas réussi.

c. **Sans** + *infinitif*:

> Entrez **sans** frapper!
> Il en dit du mal **sans** l'avoir essayé.

4. Les adverbes **non** et **pas**:
Non se combine à un nom ou un adjectif pour marquer l'absence:

> Les deux pays ont signé un pacte de **non**-agression.*
> Le nombre des médecins **non** conventionnés est peu élévé.

Pas s'emploie devant des adjectifs et les adverbes:

> C'est quelqu'un de **pas** très drôle!
> **Pas** beaucoup, s'il vous plaît!

---

*Le trait d'union s'emploie quand **non** est suivi d'un nom.

5. La restriction *avec* **ne . . . que, seulement, seul**:

a. Avec un verbe:

On emploie **seulement** ou **ne . . . que**. Celui-ci doit être suivi d'un complément.

> Je bois **seulement**. Je ne fume pas.
> Je bois de l'eau **seulement**.
> Je **ne** bois **que** des boissons non-alcoolisés.

b. Avec les noms et pronoms:

L'adjectif **seul** devant le nom et après le pronom:

> **Seul** un médecin peut l'aider.
> **Seule** la pharmacie de garde est ouverte.
> Eux* **seuls** surveilleront les malades.

Ne . . . que peut se combiner avec **il y a** pour introduire un nom ou pronom seul ou suivi d'une proposition relative dont le verbe sera au subjonctif.

> **Il n'y a que** ce médecin qui puisse le guérir.
> **Il n'y a que** moi ici.

Révision

Verbes en **-aindre, -eindre** *et* **-oindre**

1. Présent de **craindre, atteindre** et **joindre**:

je	crains	j'	atteins	je	joins
tu	crains	tu	atteins	tu	joins
elle	craint	il	atteint	on	joint
nous	craignons	nous	atteignons	nous	joignons
vous	craignez	vous	atteignez	vous	joignez
ils	craignent	ils	atteignent	elles	joignent

2. À l'imparfait et au subjonctif:

Le radical prend **gn** à toutes les personnes: je crai**gn**ais, vous attei**gn**iez; que je joi**gn**e, que nous joi**gn**ions, etc.

3. Au futur et au conditionnel:

Le radical s'obtient en laissant tomber le **e** de l'infinitif:

> j'**atteindr**ai; tu **joindr**as; vous **joindr**iez; ils **craindr**aient.

4. Les participes passés:

Les participes passés se terminent en **-aint, -eint, -oint**:

> Elle a **craint** d'arriver en retard. Il a **atteint** la limite.
> Nous avons **rejoint** nos amis au café.

---

*Seul ne peut s'employer qu'avec les pronoms personnels disjonctifs **moi, toi, lui, elle(s), nous, vous, eux.**

L'expression des états physiques ou mentaux; l'approximation

A. L'expression des états physiques ou mentaux:

  1. Constructions avec **mal:**

    Trois constructions synonymes sont possibles:

    a. **Avoir mal à** + *partie du corps*:

        J'ai mal à la tête.

    b. **Avoir un mal de** + *partie du corps*:

        Pas ce soir, j'ai un mal de tête.

    c. *Partie du corps* + **faire mal**

        Ma tête me fait terriblement mal.

  2. Le verbe **(se) sentir:**

    a. **Sentir** + *adjectif/nom*:

      (1) Donner une sensation:

          Elle sent bon: elle sent l'eau de toilette Sortilège.
          Il sent mauvais: il sent l'ail et le vin.

      (2) Éprouver une sensation:

          Je sens un courant d'air.
          Vous sentez cette odeur étrange?

    b. **Se sentir** + *adjectif/verbe*:

    Éprouver un sentiment/une sensation:

      ● Avec adjectif = le sentiment/la sensation est un résultat:

    Nous nous sentons fatigués. = Nous éprouvons de la fatigue.

      ● Avec verbe = sensation ou sentiment en progrès:

    Je me sens faiblir. = J'éprouve une faiblesse croissante.

B. L'approximation

  1. Avec les verbes, les adjectifs et les adverbes:

    On emploie les adverbes et expressions adverbiales **à peu près, approximativement, environ** et **presque:**

        Il a **à peu près** compris ce que je voulais dire.
        J'ai calculé **approximativement** la somme à payer.
        Il y a **environ** deux heures qu'il est parti.
        La visite est **presque** finie.

2. Avec les noms:

On exprime un nombre, une quantité, un emplacement ou moment approximatif avec les locutions prépositives **autour de, aux environs de, dans les, près de, un peu moins/plus de,** et **vers:**

Cela coûte **autour de** 1.000 francs.
J'ai payé **dans les** 1.000 francs.
Nous habitons **aux environs de** Paris.
Elle arrivera **aux environs de** 10 heures.
Il a dû attendre **près d**'une demi-heure.
Cette voiture pèse **un peu moins d**'une tonne.
Elle touche **un peu plus de** 2.000 francs par mois.
Nous nous retrouverons **vers*** midi, **vers*** le déjeuner.

3. Avec certains nombres:

Les dérivés en **-aine** (dizaines† de 10 à 60, et **centaine**) et le mot **millier** peuvent également exprimer l'approximation:

Robert a une **vingtaine**† d'années. = Il a **environ** 20 ans.
Ça coûte une **centaine**† de francs. = Ça coûte 100 F **environ.**
J'ai besoin de quelques **milliers**† de dollars.

On peut aussi employer pour les verbes **avoisiner** + *nombre arrondi* ou **se situer/osciller entre** + *nombre* et *nombre.*

Le nombre des médecins français **avoisine** les 140.000.
Sa température **oscille entre** 39 et 40.

Notes culturelles

Médecins et médecine en France

La France compte dans les 140.000 médecins dont plus de 15% sont des femmes. La densité médicale (taux pour 100.000 habitants) se situe entre 230 et 250. Sauf pour les médecins appelés dans le cadre du service national[1], ils doivent, pour exercer[2], être inscrits à l'Ordre National des Médecins. La plupart d'entre eux (environ 70%) exercent en tant que médecins libéraux[3] et parmi ceux-ci plus de 99% sont conventionnés.

Le nombre des sages-femmes[4] avoisine les 12.000 dont moins de 10% sont diplômées. Parmi les sages-femmes en exercice, près de 75% travaillent en hôpital ou en clinique; un millier assure la protection maternelle et infantile (PMI). Le reste exerce dans les centres de planification familiale[5], les crèches[6], les garderies[7] et les laboratoires d'analyse.

---

*Vers est surtout employé pour indiquer une heure, un moment, une date approximatifs.

†Ces mots ne doivent pas s'employer avec des nombres sauf dans les calculs où ils indiquent des tranches de nombres.

Les effectifs des professions paramédicales totalisent approximativement 300.000 personnes. Entrent dans ces professions les catégories suivantes: les aides-soignant(e)s[8], les anesthésistes, les assistant(e)s sociaux(-les), les diététicien(ne)s[9], les infirmier(e)s[10], les masseur(-se)s-kinésithérapeuthes, les puéricultrices[11], etc.

Le nombre des pharmaciens atteint presque 43.000 dont 50% sont titulaires d'officines[12]. L'autre moitié exerce dans les pharmacies d'hôpitaux ou de cliniques, les pharmacies mutualistes[13] ou comme fabricants[14] de produits pharmaceutiques. La création des pharmacies est régie par le Code de la Santé publique qui fixe les quorums[15] en fonction de la densité démographique (une pharmacie pour 3.000 habitants dans les villes de 30.000 habitants et plus. Les licences sont délivrées par les préfectures au nom du Ministère de la Santé et de la Solidarité nationale. Les pharmacies dont le chiffre d'affaires[16] dépasse 2.100.000 F (hors TVA[17]) doivent employer un pharmacien assistant et un pharmacien par tranche de 2.100.000 francs.

Que ce soit dans le domaine de la pratique ou dans celui de la recherche, la réputation de la médecine française dépasse les frontières du pays. Les chercheurs de l'Institut Pasteur (25, rue du Dr-Roux, 75015 Paris) sont à l'avant-garde[18] de la recherche fondamentale et appliquée en matière de bactériologie et d'immunologie. L'action bénévole[19] et les entreprises[20] humanitaires de l'organisation Médecins sans Frontières perpétuent la réputation de dévouement[21] et le prestige des « hommes en blanc ».

Une pharmacie de province.

Sigles usuels du domaine médical

AFP: Association Psychanalytique de France
BCG: Bacille Calmette et Guérin (vaccin anti-tuberculeux)
BK: Bacille de Koch (tuberculose)
CHS: Centre Hospitalier Spécialisé en Psychiatrie
DT: Diphtérie, tétanos
FMF: Fédération des Médecins de France
HPP: Hôpital Privé Psychiatrique
IPP: Institut Pasteur Production
IVG: Interruption Volontaire de Grossesse
MD: Docteur en Médecine
MST: Maladies Sexuellement Transmises
OMS: Organisation Mondiale de la Santé (*Engl.*: WHO)
ONCD: Ordre National des Chirurgiens-Dentistes
ONM: Ordre National des Médecins
ORL: Oto-Rhino-Laryngologie (*Otolaryngology*)
PCB: Physique Chimie Biologie
PMI: Protection Maternelle et Infantile
SIDA: Syndrome Immuno-Dépressif Acquis (*Engl.*: AIDS)
SPP: Société Psychanalytique de Paris
SSP: Soins de Santé Primaires (*Engl.*: PHC)

Glossaire

1. **service national** (m.): *draft*
2. **exercer:** *to practice*
3. **libéraux:** *independant, private*
4. **sages-femme** (f.): *midwife*
5. **planification familiale** (f.): *family planning*
6. **crèche** (f.): *day nursery*
7. **garderie** (f.): *nursery, day-care center*
8. **aides-soignant(e):** *health care assistant, helper*
9. **diététicien, -ne:** *nutritionist*
10. **infirmier, -ière:** *nurse*
11. **puéricultrice** (f.): *child care provider*
12. **officine** (f.): *pharmacy, druggist's shop*
13. **pharmacie mutualiste** (f.): *group, union pharmacy*
14. **fabricant** (m.): *manufacturer*
15. **quorum** (m.): *quota*
16. **chiffre** (m.) **d'affaires:** *sales figure*
17. **TVA (Taxe à la valeur ajoutée):** VAT (*Value Added Tax*)
18. **avant-garde** (f.): *forefront, avant-garde*
19. **action bénévole** (f.): *volunteering, nonremunerated activity*
20. **entreprises** (f.): *undertakings*
21. **dévouement** (m.): *devotion*

Questions sur les Notes culturelles

1. Quel est le nombre de médecins en France? le pourcentage des femmes dans ce nombre?
2. Que doivent-ils faire pour exercer?
3. Quel est le nombre des sages-femmes et où travaillent-elles?
4. Quelles sont les catégories de personnel paramédical?
5. Combien de pharmaciens ont une officine? Que font les autres?
6. Par quoi, par qui et comment est régie la création des pharmacies françaises?
7. Quand un pharmacien doit-il employer un assistant?
8. Quelle est la réputation de la médecine française?
9. Quelle est la réputation de l'Institut Pasteur?
10. Qui sont les Médecins sans Frontières? Que perpétuent-ils?

Exercices

A. Complétez le dialogue ci-après entre Dennis Newman et un médecin lyonnais spécialiste des voix respiratoires:

Le médecin: Prenez la peine d'entrer, M. Newman. Qu'est-ce qui ne va pas?

Dennis: _____.

Le médecin: Il y a longtemps que vous avez mal à la gorge?

Dennis: _____.

Le médecin: Ouvrez la bouche. Là! Tirez la langue. Vous avez les amygdales* bien rouges! Est-ce que vous avez mal aux oreilles?

Dennis: _____.

Le médecin: C'est bon signe!

Dennis: _____?

Le médecin: Non, c'est gênant, mais pas grave.

Dennis: _____?

Le médecin: Vous avez une angine rouge.

Dennis: _____?

Le médecin: C'est une infection d'origine virale. L'angine streptoccique, d'origine bactérienne, est plus dangereuse car elle peut entraîner† des complications; une otite par exemple.

Dennis: _____?

Le médecin: Non, il n'y a vraiment pas de remède efficace. Les antibiotiques, c'est bon pour les angines bactériennes. Dans votre cas, il vous faut du repos avant tout. Des boissons chaudes calmeront la douleur et vous aideront à avaler‡. Pour le mal de tête, des cachets à base d'aspirine vous feront du bien. Vous serez rétabli dans une semaine.

*amygdale: tonsils

†entraîner: to cause

‡avaler: to swallow

B. Complétez les phrases suivantes en vous inspirant des textes:
1. La _____ constitue un élément primordial du _____ individuel.
2. La _____ et la lutte contre _____ sont l'affaire de tous.
3. L'efficacité d'une _____ est liée à l'education et à _____.
4. Le _____ comprend les médecins, les _____ et les pharmaciens.
5. Après un _____ dans les _____, certains médecins ouvrent un _____.
6. Certains se spécialisent dans les maladies de l'___ digestif ou en oto ___.
7. Les _____ du docteur en médecine générale sont moins élevés que ceux de son _____ spécialiste.
8. Les _____ constituent une part importante du _____ ou familial.
9. Le meilleur moyen de les réduire est de _____ les infections par l'_____ et la pratique de l'hygiène.
10. L'excès en tout _____. Il vaut mieux prévenir que _____.
11. Pour _____, les médecins doivent être inscrits à l'_____.
12. Parmi les _____ en exercice, 75% travaillent en hôpital et un millier assure la _____ et infantile.
13. La création des _____ est régie par le _____.
14. Quand le _____ d'un pharmacien dépasse 2.100.000 F, il doit employer un _____.
15. Les _____ de l'Institut Pasteur sont à l'avant-garde de _____ en matière de _____.

C. Indiquez l'exclusion ou la restriction dans les phrases suivantes à l'aide de **sauf, excepté, seul** ou **sans** et selon les indications données entre parenthèses. Employez le modèle suivant:

Tout le monde travaille. (Michel ne travaille pas.)
Tout le monde travaille **sauf** Michel.

1. Je suis allé voir le médecin. (Je n'ai pas pris rendez-vous.)
2. Son cabinet est ouvert tous les jours. (Il est fermé les samedi et dimanche.)
3. Je prends mon café. (Mon café n'a pas de sucre.)
4. Ils souffraient tous de la grippe. (Lui n'en souffrait pas.)
5. Prenez ces médicaments après les repas. (Prenez celui-là avant.)
6. Julie et Nathalie sont venues. (Personne d'autre n'est venu.)
7. Toutes les infirmières sont diplômées. (Elle ne l'est pas.)
8. Je voyage partout en Europe. (Je ne vais pas en Scandinavie.)
9. Il y a 140.000 médecins en France. (S'il n'y a pas d'erreur.)
10. J'irais voir n'importe quel dentiste. (Mais pas celui-là.)

D. Faites porter la restriction sur les mots soulignés dans les phrases suivantes à l'aide de **seul, seulement, ne . . . que** ou **il n'y a que**. Employez le modèle suivant:

Il boit de l'eau.
Il **ne** boit **que** de l'eau.

1. Il se repose <u>le dimanche</u>.
2. <u>Ce médicament</u> est efficace contre les migraines.
3. Les médecins américains auscultent <u>avec un stéthoscope</u>.
4. Nous consommons des <u>produits naturels</u>.
5. <u>Elle</u> peut lui donner l'adresse d'un bon spécialiste.
6. Elle boit <u>de l'eau minérale</u>.
7. <u>Le sel</u> est contre-indiqué dans ce cas.
8. Je porte ces lunettes <u>pour travailler</u>.
9. Il y <u>habite</u>; il n'y travaille pas.
10. Les <u>Français</u> se plaignent de leur foie.
11. Je crois <u>ce que tu me dis</u>.
12. <u>Ils</u> viennent en taxi.
13. Avez-vous mal <u>à la tête</u>?
14. <u>Mes yeux</u> me font mal.
15. J'ai <u>un petit mal de tête</u>.

E. Complétez les phrases suivantes pour indiquer l'absence ou l'exclusion au moyen de **hors, non-** ou **pas**:
   1. Ce pharmacien fait un chiffre d'affaires de 2 millions F _____ taxes.
   2. Le Dr. Soubiran fait partie des médecins _____ conventionnés.
   3. Mangez un peu de tout, mais _____ beaucoup.
   4. C'est une voiture _____ série.
   5. Le _____ paiement des frais médicaux entraînera des poursuites judiciaires.
   6. C'est une habitude _____ très saine.
   7. La TVA est _____ comprise, Monsieur.
   8. Il vous faudra faire de l'exercice, mais _____ trop.
   9. J'ai gagné un prix _____ concours.
   10. L'entrée de la piste est interdite aux _____ participants.

F. Remplacez les verbes soulignés (**avoir peur, souffrir, s'élever à, retrouver**) par un verbe équivalent en **-indre (craindre, se plaindre, atteindre, rejoindre)**:
   1. Vous <u>avez peur</u> d'attraper la grippe asiatique.
   2. Le malade <u>souffrait</u> du dos.
   3. Le nombre des médecins français <u>s'élèvera à</u> 150.000.
   4. Vous nous <u>retrouvez</u> devant la pharmacie du coin.
   5. N'<u>ayez pas peur</u> de la piqûre. Ça ne fait pas mal!
   6. Nos amis nous <u>retrouvent</u> dans quelques minutes.
   7. Ses frais médicaux <u>s'élèvent à</u> environ 6.000 F par an.
   8. Elles n'<u>ont</u> pas <u>peur</u> de dire ce qu'elles en pensent.
   9. Sauf imprévu, nous vous <u>retrouverons</u> vers une heure et demie.
   10. Les pharmaciens <u>souffrent</u> de la rigidité des lois.

G. Remplacez les phrases données par des phrases de même sens mais plus courtes selon le modèle suivant:

   J'ai les pieds qui me font mal.   J'ai mal aux pieds.

1. Le bébé a le ventre qui lui fait mal.
2. Est-ce que tu as les dents que te font mal?
3. J'avais le talon gauche qui me faisait horriblement mal.
4. Elle a la cheville du pied droit qui lui fait mal.
5. Nous avons la tête qui nous fait mal.
6. Vous avez les genoux qui vous font mal?
7. Stéphanie avait le sein gauche qui lui faisait mal.
8. Ils ont les hanches qui leur font mal depuis hier.
9. J'ai le coude qui me fait mal après une partie de tennis.
10. Robert avait les oreilles qui lui faisaient mal.

H. Modifiez les phrases suivantes en remplaçant les verbes soulignés (**avoir une . . . odeur, éprouver**) par des équivalents construits sur **sentir** ou **se sentir**. Employez les modèles suivants:

> Il a une bonne odeur. Il **sent** bon.
> Elle éprouve de la fatigue. Elle **se sent** fatiguée.

1. Il éprouvait de la faiblesse.
2. Ce médicament n'a pas une bonne odeur.
3. Ils n'éprouveront pas de repos avant deux jours.
4. Ce poisson n'est pas frais; il a une mauvaise odeur.
5. Éprouvez-vous de la fatigue, le matin?
6. La salle d'hôpital n'avait pas une très bonne odeur.
7. J'éprouverai de la satisfaction quand j'aurai fini.
8. Un dicton affirme que l'argent n'a pas d'odeur.
9. Nous avons éprouvé très peu de tranquillité.
10. Si vous voulez ne pas avoir d'odeur, utilisez un déodorant.

I. Modifiez la partie soulignée pour exprimer l'approximation. Arrondissez les nombres ou quantités et employez autant de structures différentes que possible. Employez le modèle suivant:

> Il revient à 2 h 25.
> Il revient **vers 2 h et demie.**
> Il revient à **2 h et demie environ.** Etc.

1. Elle a 31 ans.
2. J'ai payé ces comprimés 9,95 francs.
3. La pharmacie se trouve à 1,9 km d'ici.
4. Il y avait au moins 100 personnes dans la salle.
5. Nous nous retrouverons à 3 heures.
6. Mes frais médicaux atteignent 1.010 francs par mois.
7. Ils habitent à 19 km de chez nous.
8. Votre température est entre 39° et 40° C.
9. C'est un vieil homme de 89 ans.
10. Ils nous rejoindront à 11 h 57.

J. Décrivez en deux ou trois petits paragraphes ce que fait le médecin au cours d'une consultation dans son cabinet.

K. Communiquez à partir de mots-clés.

Situation: Souffrant d'un mal de dents, vous avez pris rendez-vous avec le dentiste. Vous aller le (la) voir le lendemain. Jouez les rôles selon les indications données.

Le dentiste: salutation! M./Mlle + nom patient(e); indiquer siège opératoire et inviter à s'asseoir.

Le(la) patient(e): indiquer avoir mal mâchoire droite.

Le dentiste: demander ouvrir bouche; toucher dent et demander si présence douleur?

Le(la) patient(e): expression douleur (Aïe/Ouille!).

Le dentiste: indiquer dent sagesse malade; intention prendre radiographie; demander tourner tête, ne pas bouger. (Un instant plus tard.)

Le dentiste: confirmer diagnostic et montrer radiographie dent malade; nécessité arracher dent; demander si allergie à anesthésique local?

Le(la) patient(e): absence réaction allergique; demander si douleur présente après opération.

Le dentiste: réponse affirmative; intention prescrire analgésique postopératoire; intention faire piqûre, faire ouvrir bouche.

Le(la) patient(e): exprimer accord.

Le dentiste: nécessité attendre instant mâchoire s'endormir.

Le(la) patient(e): dire: commencer ne plus sentir douleur; avoir mâchoire lourde et difficulté à parler.

L. Traduisez:

En anglais:

1. Les rhumes et les grippes se soignent surtout par le repos.
2. La science trouvera des remèdes à certaines maladies aujourd'hui incurables.
3. Le meilleur moyen de lutter contre les maladies infectieuses est la prévention par les vaccins.
4. L'aspirine, pour ceux qui la tolèrent, est un médicament efficace contre les maux de tête.
5. Un alimentation saine et équilibrée préviendra les troubles de l'appareil digestif.

En français:

1. *My stomach hurts, and I have pains in my back; I do not feel well. I must see the doctor.*
2. *His medical expenses, excluding the dentist's fees, total about 1,000 F a month.*
3. *French druggists are open all week except on Saturday afternoons and Sundays.*
4. *If you suffer from high blood pressure, a salt-free diet is recommended by most physicians.*
5. *I have a medical check-up about once a year.*

Histoire drôle

Dialogue entre un père et son enfant de dix ans:
—Qu'est-ce que tu veux faire comme métier plus tard?
—Je choisirai une profession libérale qui rapporte de l'argent.
—Avocat?
—Non, chirurgien-dentiste.
—Pourquoi dentiste plutôt que cardiologue ou ophtalmologue?
—Parce que l'homme n'a qu'un cœur, que deux yeux, mais trente-deux dents!

Poème

Recueillement°

meditation

Charles Baudelaire

Sois sage, ô ma Douleur, et tiens-toi plus tranquille.
Tu réclamais° le Soir; il descend; le voici: *clamored for*
Une atmosphère obscure enveloppe la ville,
Aux uns portant la paix°, aux autres le souci.°   *peace   worry*

Pendant que des mortels la multitude vile,
Sous le fouet° du Plaisir, ce bourreau° sans merci,   *whip   torturer*
Va cueillir des remords dans la fête servile,
Ma Douleur, donne-moi la main; viens par ici,

Loin d'eux. Vois se pencher les défuntes Années,
Sur les balcons du ciel, en robes surannées°;   *outmoded*
Surgir du fond des eaux le Regret souriant;

Le Soleil moribond s'endormir sous une arche,
Et, comme un long linceul° traînant à l'Orient,   *shroud*
Entends, ma chère, entends la douce Nuit qui marche.

Les Fleurs du Mal

Chapitre 12

Le triomphe de la société presse-bouton: on achète, on consomme et on jette.
Article de Jean Cau, Paris Match, No 2000, 25-9-87

Les Achats

Situation

Un samedi après-midi, Joy Bennett décide d'aller faire quelques **emplettes** avec son amie française Régine Raynal. Elles se rendent en voiture à Carrefour, un **hypermarché** situé à l'extérieur de la ville, en bordure de l'autoroute.

Dialogue

À l'hypermarché

Régine: Est-ce que tu as beaucoup d'achats à faire?

Joy: Pas mal! J'en ai fait une liste. Je prends un charriot[1] car j'en aurai besoin. Et toi?

Régine: Non, pas beaucoup. Quelques articles de toilette. Un panier[2] me suffira. Où est-ce qu'on se retrouve?

Joy: Au rayon papeterie[3]. Je dois acheter du papier à lettres et des enveloppes et un stylo. À tout de suite!

*Elles se séparent: Régine va au rayon parfumerie et Joy à celui de l'alimentation où se trouvent les **conserves** et autres produits alimentaires dont elle a besoin pour faire un brin[4] de cuisine dans son appartement d'étudiante. De là elle va à la charcuterie.*

Le vendeur: À qui le tour[5], s'il vous plaît?

Joy: Je voudrais 250 grammes de pâté de **campagne** et 200 à 300 grammes de jambon[6] de **Bayonne**.

Le vendeur: Ça fait 270 grammes; ça va? Bon! Et le jambon? Je vous le coupe en tranches[7]? Fines[8] comme ça?

Joy: Parfait!

Le vendeur: Voilà! Et avec ça, Mademoiselle?

Joy: Ça sera tout. Merci.

UN QUART D'HEURE PLUS TARD.

Régine: Eh, bien! Tu es bien ravitaillée, à ce que je vois!

Joy: Eh, oui! Je n'ai pas souvent l'**occasion** de venir ici et leurs prix sont bien meilleurs qu'en ville. Je fais le plein[9].

Régine: Tu as raison! L'épicerie du coin est bien plus chère.

Joy: L'épicier de mon quartier est utile quand on a besoin de quelque chose à la dernière minute. Un autre inconvénient, c'est que je ne connais pas toujours les noms de certains produits en français. Ici, il suffit de savoir lire les étiquettes[10] ou de montrer du doigt quand on ne sait pas.

Régine: Tiens, je n'avais pas pensé à ça. Allons à la caisse numéro 6, la queue[11] est moins longue. Je déteste faire la queue pour quoi que ce soit.

Joy: Moi aussi. Et si tu passais devant? Tu as moins de choses que moi.

Régine: Merci. Je t'aiderai à mettre tout ça dans les **pochettes** en plastique.

Texte

Les magasins

Le **commerce de détail** met à la disposition des acheteurs tout ce dont ils ont besoin pour se nourrir, s'habiller et se distraire ainsi que les fournitures et matériel nécessaires aux activités quotidiennes. Les consommateurs ont le choix entre d'une part[12] les petits magasins et boutiques spécialisés et d'autre part les grands magasins et grandes surfaces où l'on trouve de tout. Ce choix sera déterminé non seulement par la qualité et les prix des produits, mais aussi par la proximité de l'établissement qui les vend.

La proximité des petits magasins de quartier (épiceries, boulangeries-pâtisseries, poissonneries, etc.) et la fraîcheur de leurs produits compensent souvent des prix un peu plus élevés. Les relations amicales qui s'établissent entre le petit commerçant et sa clientèle jouent également en faveur des petits détaillants, leur permettant de résister à la **concurrence** des magasins en libre-service (super/hypermarchés). Vu leur étendue (d'où leur nom de grandes surfaces),

ces magasins géants ont dû s'implanter[13] en dehors du centre-ville, à la périphérie des agglomérations urbaines et dans les **banlieues** des grandes villes. Certains constituent le noyau[14] de centres commerciaux qui, comme celui de La Part-Dieu à Lyon ou celui de Quatre-Temps à Puteaux (dans la banlieue ouest de Paris), ont une superficie totale de plus de 100.000 mètres carrés. Leur implantation et leur expansion n'a été possible que du jour où la majorité des consommateurs possé-daient une voiture pour s'y rendre et un réfrigérateur/congélateur pour stocker les denrées[15] périssables, notamment les produits alimentaires.

Bien que les grandes surfaces soient des magasins à prédominance alimen-taire, on y trouve également des articles[16] d'habillement, des **meubles,** de l'électroménager[17], de la quincaillerie, de la droguerie, du matériel de loisirs, de la bijouterie-joaillerie, et bien d'autres produits habituellement vendus dans des pe-tits magasins ou boutiques specialisés.

Petits magasins de quartier.

Du poisson frais.

Dans la vie ordinaire, faire des achats est une activité sérieuse surtout pour ceux qui n'aiment pas contracter de dettes en achetant à crédit et pour ceux qui éprouvent des difficultés à joindre les deux bouts[18]. Un acheteur avisé attend la bonne occasion: il lit les journaux, écoute les annonces publicitaires à la radio ou à la télé pour savoir quels sont les magasins qui ont des soldes[19], ventes au rabais[20], braderies[21] ou ventes promotionnelles.

Faire des achats peut être aussi un plaisir pour certains, notamment les vacanciers et les touristes. Quand on est en vacances, on a envie de rapporter des souvenirs, on a besoin de cartes postales, de timbres, d'équipement et d'accessoires photographiques (appareil et pellicules[22]), de lunettes[23] de soleil, d'autocollants[24]. Certains magasins et boutiques franches[25] accordent des détaxes[26] ou des réductions aux touristes étrangers payant en devises. Que l'on achète ou que l'on se contente de lécher les vitrines[27], la visite des magasins constitue une activité récréative pour la plupart des vacanciers. Faire du shopping est, selon les psychologues, une distraction et même un sport. Attention aux pays où la pratique du marchandage est admise! Là, le shopping est un art.

Glossaire

1. **charriot** (m.): *cart*
2. **panier** (m.): *basket*
3. **papeterie** (f.): *stationery*
4. **brin** (m.): *bit*
5. **tour** (m.): *turn*
6. **jambon** (m.): *ham*
7. **tranche** (f.): *slice*
8. **fine:** *thin*
9. **faire le plein:** *to fill up*
10. **étiquette** (f.): *label*
11. **queue** (f.): *line*
12. **d'une part . . . et d'autre part:** *on the one hand . . . and on the other hand*
13. **s'implanter:** *to get established, introduced*
14. **noyau** (m.): *nucleus*
15. **denrée** (f.): *commodity*
16. **article** (m.): *item*
17. **électroménager** (m.): *household appliances*
18. **joindre les deux bouts:** *to make both ends meet*
19. **solde** (m.): *sale*
20. **au rabais:** *at a discount*
21. **braderie** (f.): *clearance sale*
22. **appareil** (m.) **et pellicule** (f.): *camera and film*

23. **lunettes** (f.pl.) **de soleil**: *sunglasses*
24. **autocollant** (m.): *bumper sticker*
25. **boutique** (f.) **franche**: *duty-free shop*
26. **détaxe** (f.): *tax exemption*
27. **lécher**: *to lick*; — **les vitrines**: *to window shop*

Vocabulaire

emplette (f.): l'**achat** (*purchase*) d'une marchandise au détail. Quand un enfant va faire des achats pour ses parents, on dit qu'il va **faire les commissions** (*to run errands*). Quand on achète de quoi se nourrir, on fait **des provisions** (*food supplies*), on se **ravitaille** en achetant des **vivres** (*foodstuffs*). Cette activité et les aliments obtenus constituent le **ravitaillement** (*supplying, supplies*).

hypermarché (m.): le **marché** ou **magasin** (*store*) géant où se pratique le libre-service. On le désigne également par le terme **grande surface** car sa surface de vente minimale est de 2.500 m^2. Celle d'un **supermarché** lui est inférieure. Bien que divers produits y soient en vente, c'est l'alimentation qui prédomine. Les **grands magasins** comme les Galeries Lafayette ne sont pas des hypermarchés, mais des points de vente comprenant de nombreux **rayons** ayant chacun une caisse et des **vendeurs (-euses)** (*clerks*). Ceux qui vendent, à leur compte, des **marchandises** dans un marché sont des **marchands**. S'entendre avec une personne pour un affaire commerciale, c'est **conclure un marché** (*to make a deal*). **Marchander**, c'est négocier les termes du marché ou le prix d'une marchandise (*to bargain, haggle*). Si l'on achète une marchandise à bas prix, on dit qu'elle est **bon marché** (*cheap*). Il y a des **marchés couverts** comme les **halles** qui sont permanents et des **marchés de plein air** qui se tiennent périodiquement dans des lieux publics.

conserves (f.): les aliments conservés dans des **boîtes** (*cans*), des **bocaux** (*jars*) ou autres **récipients** (*containers*). On utilise diverses méthodes de **conservation**, notamment la stérilisation par la chaleur, l'addition de **préservatifs** et la réfrigération. [Rappelons, en passant, qu'un **préservatif** est aussi un contraceptif masculin (*condom*).] On achète des produits **congelés** ou **surgelés** (*frozen*) que l'on garde ensuite dans un **réfrigérateur** ou dans un **congélateur** (*freezer*). Souvent le réfrigérateur est désigné par le nom d'une marque: **frigidaire**. Être **conservateur**, c'est avoir une idéologie **conservatrice** à l'opposé de celle d'une personne **libérale**. À la tête d'un musée se trouve le **conservateur**. Un **conservatoire** est un grand établissement public d'enseignement supérieur généralement spécialisé (musique et art dramatique).

campagne (f.): la zone rurale, la région située à l'extérieur de la ville (*countryside*). Les produits de la campagne (pain **de campagne**, pâté **de campagne**, etc.) ont la réputation d'être simples, naturels et sains comme leurs producteurs, les **campagnards**. Les candidats électoraux, comme les chefs militaires, organisent des **campagnes** (*campaigns*) pour atteindre leurs objectifs.

Bayonne: ville du Pays basque, chef-lieu d'arrondissement des Pyrénées-Atlantiques (65.000 hab.), sur l'Adour (Sud-Ouest). Son port exporte des produits chimiques issus de Lacq. La grande station balnéaire de Biarritz, sur le Golfe de Gascogne, se trouve à 8 km de là.

occasion (f.): le moment opportun, propice (*opportunity*). Quand, **à l'occasion** (*occasionally*), on a la chance d'acheter une marchandise à bon marché on dit que c'est une **occasion** (*bargain*), qu'on fait une **bonne affaire** (*good deal*). Une marchandise **d'occasion** (*used*) est quelque chose qui a servi, **de seconde main.**

pochette (f.): l'enveloppe ou le **sac** ouvert par le haut et servant d'**emballage** (*wrapping, packing*) léger. Les disques sont vendus dans des pochettes (*jackets*). Il existe divers types de sacs: les dames portent un **sac à main** (*handbag*), les campeurs transportent leur affaires dans un **sac à dos** (*backpack*). Un **sachet** est un petit sac. Une **sacoche** (généralement en cuir) sert à transporter de l'argent.

Lexique des petits magasins

Magasin	Marchandise	Équivalent anglais
bijouterie	bijoux, montres	*jewelry store*
bonneterie	bas, lingerie, gants	*hosiery*
boulangerie	pain	*bakery*
charcuterie	viande de porc	*pork butcher shop*
confiserie	bonbons. sucreries	*confectionery*
cordonnier	répare chaussures	*shoemaker*
crémerie	lait, beurre, œufs	*dairy*
droguerie	produits chimiques	*drug store*
épicerie	alimentation	*grocery*
fleuriste	fleurs, bouquets	*florist*
horlogerie	horloges, montres	*watchmaker's shop*
joaillerie	joyaux, pierreries	*jewelry store*
librairie	livres, journaux	*bookstore*
marchand de chaussures	chaussures, souliers	*shoe store*
marchand de meubles	meubles	*furniture shop*
marchand de tabac	cigarettes, tabac	*tobacco shop*
marchand de vins	vins et spiritueux	*liquor store*
mercerie	matériel de couture	*notions*
papeterie	papier, crayons/stylos	*stationery store*
parfumerie	parfums, cosmétiques	*beauty shop*
pâtisserie	pâtisseries, gâteaux	*pastry shop*
poissonnerie	poisson, fruits de mer	*fishmarket*
pressing	nettoyage de vêtements	*cleaner's*
quincaillerie	ustensiles de ménage	*hardware store*
traiteur	mets, plats préparés	*caterer*

commerce de détail: la vente de marchandises par des **commerçants de détail** ou **détaillants** (*retailers*) aux consommateurs. Les détaillants se procurent les marchandises auprès de **grossistes** (*wholesalers*). Le **commerce de gros** est dominé par un petit nombre d'individus et d'entreprises tandis que celui de détail est aux mains de **petits commerçants**, des grandes surfaces, des grands magasins et de la **vente par correspondance** (VPC) (*mail order sale*).

concurrence (f.): la compétition entre des magasins ou des entreprises commerciales en vue d'attirer les clients. Un rival commercial est un **concurrent** (*competitor*). Un produit peut **concurrencer** un autre, c'est-à-dire lui **faire concurrence.** Les marchands **se font de la concurrence.**

banlieue (f.): les environs immédiats d'une grande ville dépendant d'elle économiquement (*suburbs*). Les **citadins** du centre-ville, particulièrement les Parisiens, éprouvent de la condescendance vis-à-vis des **banlieusards** (*suburbanites*) et de leurs voisins des quartiers périphériques ou **faubourgs** (*outskirts*). L'accent et le parler **faubouriens** entraînent, pour ceux qui en usent, un **déclassement** (*drop in social status, demoting*) sur le plan social.

meuble (m.): l'objet servant à garnir la pièce d'une maison (*piece of furniture*). L'ensemble des meubles constitue le **mobilier.** Quand on **meuble** une maison, on procède à son **ameublement** (*furnishing*). À l'inverse des **immeubles** (*buildings*), les **biens meubles** (*personal property*) peuvent être déplacés. Un **meublé** ou **garni** est un appartement avec des meubles.

À la pâtisserie.

Questions

1. Qu'est-ce que Joy a décidé de faire un samedi après-midi? Où va-t-elle avec son amie Régine?
2. Est-ce que Régine a beaucoup de choses à acheter?
3. Où les deux amies décident-elles de se retrouver?
4. Pourquoi Joy va-t-elle au rayon alimentation?
5. Qu'achète-t-elle à la charcuterie?
6. Que pense Régine des achats de Joy?
7. Pourquoi Joy « fait-elle le plein » à l'hypermarché?
8. Quand l'épicier du coin est-il utile?
9. Pourquoi Joy préfère-t-elle l'hypermarché à l'épicerie de son quartier?
10. Pourquoi Régine suggère-t-elle la caisse n° 6?
11. Qu'est-ce que le commerce de détail met à la disposition des acheteurs?
12. Quelles sont les sortes de magasins où les consommateurs peuvent faire des achats?
13. Par quoi est déterminé le choix du magasin?
14. Quels sont les avantages des petits magasins de quartier?
15. Qu'appelle-t-on « grandes surfaces »? Où sont-elles implantées?
16. Pourquoi l'expansion des hypermarchés a-t-elle été possible?
17. Quelles sont les marchandises qu'on y trouve?
18. Pour qui faire des achats est une activité sérieuse?
19. Que fait un acheteur avisé?
20. Quelles sont les marchandises que les vacanciers achètent?
21. Que reçoivent les touristes dans les boutiques franches?
22. Est-ce que la visite des magasins peut être récréative?

Grammaire

La forme progressive, le passé immédiat, et le futur immédiat

A. La forme progressive:

Pour indiquer qu'une action est en cours, le français dispose de la construction **être en train de** + *infinitif.*

Cette tournure sert à distinguer entre un présent général ou intemporel et un présent en déroulement.

Il fume. = C'est un fumeur.
Il **est en train de** fumer. = Il fume en ce moment.

Le verbe **être** peut se mettre à l'imparfait et au futur selon que l'action se déroule dans le passé ou dans l'avenir.

Nous **étions en train de** manger quand le téléphone a sonné.
Je **serai en train de** faire la cuisine quand tu reviendras.

Dans ce dernier cas la tournure **être en train de** + *infinitif* permet d'établir la distinction avec l'obligation ou la condition qu'implique le futur simple, différence évidente si l'on compare la phrase précédente à celle qui suit:

Je **ferai** la cuisine quand tu reviendras.

La tournure ne peut s'employer avec des verbes de perception comme **entendre**, **sentir** et **voir**.

B. Le passé immédiat:

Pour exprimer une action récente, on se sert de la tournure **venir de** + *infinitif*, dans laquelle **venir** se met au présent ou à l'imparfait selon le moment dont on parle:

Elle **vient d'**acheter une voiture neuve.
Ils **venaient de** sortir quand tu es arrivé.

C. Le futur immédiat:

Pour exprimer un avenir proche par rapport au présent ou à une action passée, on emploie **aller** + *infinitif*, dans laquelle **aller** se met au présent ou à l'imparfait.

Je **vais** me mettre en colère, si tu continues!
Elle **allait** me répondre quand tu l'as interrompue.

Cette tournure peut insister sur l'imminence d'une action correspondant ainsi à l'expression **être sur le point de** + *infinitif*:

L'épicier **est sur le point** de fermer.
Nous **étions sur le point de** sortir quand tu as téléphoné.

Révision

Variation orthographiques des verbes ayant un **e** muet

Le **e** muet des verbes ach**e**ter, app**e**ler, j**e**ter, l**e**ver, m**e**ner, etc., prend un accent grave (`) ou entraîne le redoublement de la consonne qui le suit, dans les cas suivants:

1. Au singulier et à la troisième personne du pluriel du présent de l'indicatif et du subjonctif.
2. À toutes les personnes du futur et du conditionnel présent.

Présent	Subjonctif	Futur	Conditionnel
j'achète	que j'appelle	je mènerai	je jetterais
tu achètes	que tu appelles	tu mèneras	tu jetterais
il achète	qu'elle appelle	on mènera	il jetterait
nous achetons	que nous appelions	nous mènerons	nous jetterions
vous achetez	que j'appeliez	vous mènerez	vous jetteriez
ils achètent	qu'elles appellent	ils mèneront	ils jetteraient

Structure

Les quantités indéfinies

En plus des articles partitifs **du, de la, des** qui servent à indiquer des quantités indéterminées, on emploie des adjectifs et pronoms indéfinis et des adverbes pour les quantités non mesurées.

  1. Petites ou faibles quantités:

On emploie **quelques** avec ce qui se compte et **un peu de** avec les noms collectifs et les quantités qui ne se comptent pas.

> Elle a acheté **quelques** ustensiles.
> Il y avait **un peu de** monde qui faisait la queue.
> Je voudrais **un peu de** pain de campagne, s'il vous plaît.

Les pronoms correspondants sont **quelques-uns, quelques-unes** et **un peu.** Comme objet, ils se construisent avec **en.**

> Elle **en** a acheté **quelques-uns.**
> **Quelques-unes** attendaient devant le magasin.
> J'**en** voudrais **un peu,** s'il vous plaît.

  2. Quantités insuffisantes:

On emploie **peu de** + *nom/pronom*, que la quantité se compte ou pas, et **peu** comme pronom avec **en** ou seul comme adverbe.

> **Peu de** robes me plaisent.
> Il y a **peu de** clientèle le dimanche matin.
> Je regrette mais j'ai **peu de** pain de campagne aujourd'hui.
> **Peu** me plaisent.
> Il parle **peu.**

  3. Quantités suffisantes:

On se sert d'**assez de** + *nom/pronom* et du seul **assez** qui, comme pronom, prendra **en.** Comme adverbe, **assez** s'emploie seul.

> As-tu acheté **assez de** ceux-là? —Oui, j'**en** ai acheté **assez.**
> Nous n'avons pas **assez de** temps pour passer au supermarché.
> Ils n'**en** ont pas **assez** pour acheter cette voiture.
> J'ai **assez** travaillé pour aujourd'hui.

  4. Grandes quantités:

On emploie **beaucoup de** + *nom/pronom* ou **beaucoup** seul avec ou sans **en** pour exprimer une quantité abondante.

> Tu as l'air d'avoir acheté **beaucoup de** choses.
> Il a **beaucoup d'**argent: c'est un magnat° de la finance.

tycoon

Beaucoup n'aiment pas les produits surgelés.
Vous n'**en** mangez pas **beaucoup**.
Elle a l'habitude de **beaucoup** marchander.

Pour indiquer une quantité ou un nombre majoritaire, on emploie **la plupart + du/de la/des** et **la plupart** comme pronom.

La plupart des Français préfèrent les grandes surfaces.
Tu me trouveras à la maison **la plupart du temps**.
Il n'y a plus de petits magasins. **La plupart** ont disparu.

5. Quantités excessives:

Trop de + *nom/pronom* et **trop** comme pronom avec ou sans **en** ou comme adverbe servent à indiquer l'excès. Ils peuvent être précédés des adverbes **beaucoup** ou **bien**.

Trop de gens ne savent pas faire le marché.
Il y avait **trop de** monde à cette braderie.
N'**en** prends pas **trop**, s'il te plaît.
Je m'en vais! J'ai **beaucoup trop** attendu.
Il parle **trop! Bien trop**, à mon avis.

Notez:

a. **Peu de, quelques-un(e)s, assez de, beaucoup de, trop de** et **la plupart de** doivent être suivis de **entre** si l'on veut employer les pronoms personnels disjonctifs **nous, vous, eux, elles**:

Peu d'entre nous possèdent un yacht.
Quelques-uns d'entre vous devront revenir un autre jour.
Beaucoup d'entre eux apportent leurs propres bouteilles.
La plupart d'entre elles mettent leurs achats dans un filet.

b. Pour exprimer le degré (faible, moyen ou fort) avec les expressions idiomatiques **avoir** + *nom* et **faire** + *nom* où le nom est sans article (**avoir** envie, faim, mal, peur, soif, etc.; **faire** beau, chaud, froid, mal, mauvais, peur, etc.), on emploie **peu, un peu, assez** et les adverbes qualitatifs **bien** ou **très** plutôt que le quantitatif **beaucoup**:

Nous avons **peu** envie de les voir.
Vous n'avez pas **un peu** honte de ce que vous avez fait?
Sabine a **assez** peur de rater son train.
Il fait **bien** froid dans ce pays.
Je n'ai pas **très** faim, aujourd'hui.

Quand le nom désigne un concept absolu, on emploiera **absolument, bien, parfaitement** ou **tout à fait** à la place de **très**:

Elle avait **absolument** raison de refuser la marchandise.
Vous avez **bien** tort de ne pas y aller.

Notes culturelles

Les français et les commerçants

Selon les chiffres de l'INSEE (Institut National de la Statistique et des Études Économiques), le nombre des commerçants (deux tiers de détaillants et un tiers de grossistes) dépassaient les 2,5 millions au début des années 80 soit environ 10% de la population active. La plupart d'entre eux sont salariés. Les autres travaillent à leur compte[1].

Malgré l'expansion du commerce intégré dominé par les grandes surfaces et les grands magasins, les petits commerces (épiceries, boulangeries, boutiques, etc.) n'ont pas disparu comme on semblait le croire il y a une quinzaine d'années. Les petits commerçants ont maintenu[2] leur compétitivité en optant pour le commerce associé. En s'associant en guildes et groupements d'achat ou en choisissant une franchise, ils réduisent leurs frais et leurs prix de revient[3] et augmentent leurs marges de bénéfices[4] tout en évitant l'isolement[5]. Les épiceries de quartier, dont beaucoup sont tenues par des Maghrébins (surtout à Paris), se sont acquis la fidélité d'une clientèle qui préfère le contact humain et le service personnalisé au libre-service anonyme du commerce concentré. De tempérament individualiste, le Français a tendance à résister à tout ce qui s'apparente à l'embrigadement[6] ou à la dépersonnalisation par la masse. Il réagit instinctivement contre l'automatisation des rapports humains, le service à la chaîne[7], la restauration rapide[8] et autres innovations qu'il prétend[9] être une américanisation de son pays, mais qui ne sont en fait que l'intrusion du modernisme postindustriel dans la vie quotidienne.

Un marché aux puces.

Les caisses électroniques avec lecteurs optiques[10] et unités de messages enregistrés[11], ces robots du commerce, ne le reconnaissent pas, ne bavardent[12] pas avec lui ou ne lui demandent pas comment va son petit « toutou »[13]. On peut donc comprendre pourquoi les consommateurs français redécouvrent le charme et l'ambiance[14] du petit commerce et du commerce en plein air[15].

Toutes les villes et bourgades[16] de l'Hexagone ainsi que la plupart des quartiers de Paris ont un marché en plein air, sur la place publique ou dans la rue. Les marchands itinérants, qui transportent en camionnette ou en fourgonnette[17] leurs étals[18] d'un marché à l'autre, y vendent des produits alimentaires frais et bon marché que l'on peut goûter avant d'acheter et d'autres marchandises: vêtements, petits appareils ménagers et ustensiles, livres neufs ou d'occasion, brocante[19] et bric-à-brac[20]. Dans les grandes villes, les marchés aux puces[21] sont généralement des marchés permanents spécialisés dans l'antiquaille[22], la brocante, la fripe[23] et toutes autres vieilleries[24]. Pleins de bruits, de couleurs et de chaleur[25] humaine, les pittoresques marchés de plein air sont populaires auprès du public français et étranger.

Glossaire

1. **travailler à son compte**: *to be self-employed*
2. **maintenir**: *maintain, preserve*
3. **prix de revient** (m.): *costs*
4. **marge** (f.) **de bénéfices** (m.): *profit margin*
5. **isolement** (m.): *isolation*
6. **embrigadement** (m.): *regimentation*
7. **chaîne** (f.): *assembly line, chain*
8. **restauration rapide** (f.): *fast food*
9. **prétendre**: *to claim*
10. **lecteur optique** (m.): *scanner*
11. **unité de messages enregistrés**: *recorded voice announcement (RVA) device*
12. **bavarder**: *to chat*
13. **toutou**: *doggie*
14. **ambiance** (f.): *atmosphere, environment*
15. **en plein air**: *in the open, outside*
16. **bourgade** (f.): *small town*
17. **camionnette, fourgonnette** (f.): *pick-up truck, van*
18. **étal** (m.): *stand, stall*
19. **brocante** (f.): *secondhand, used items*
20. **bric-à-brac** (m.): *odds and ends, junk*
21. **marché aux puces**: *flea market*
22. **antiquaille** (f.): *antiques and other junk*
23. **fripe** (f.): *old, used clothes*
24. **vieillerie** (f.): *old thing*
25. **chaleur** (f.): *warmth*

Questions sur les Notes culturelles

1. Quel est le nombre des commerçants français?
2. Travaillent-ils tous à leur compte?
3. Que pensait-on du petit commerce il y a environ 15 ans?
4. Quels sont les avantages du commerce associé?
5. Pourquoi les épiceries de quartier se sont-elles acquis la fidélité de leur clientèle?
6. Contre quoi l'individualisme français réagit-il?
7. Pourquoi certains consommateurs n'aiment-ils pas les caisses électroniques?
8. Où trouve-t-on les marchés de plein air?
9. Que peut-on y acheter?
10. Comment peut-on caractériser ces marchés?

A. Complétez les dialogues suivants entre l'épicier et un(e) client(e):

1. *L'épicier:* Vous désirez?
   Le client: _____.
   L'épicier: De l'huile d'olives ou d'arachides?
   Le client: _____. _____?
   L'épicier: Je vous conseille celle-ci. Elle vient de Provence. C'est la meilleure et elle est meilleur marché que celle d'Italie. Vous désirez autre chose?
   Le client: _____.
   L'épicier: En voici une douzaine, bien frais. C'est tout pour aujourd'hui?
   Le client: _____.
   L'épicier: Je regrette, il ne m'en reste plus. Mais vous en trouverez à la boulangerie à côté, à moins de 100 m d'ici.
   Le client: _____?
   L'épicier: Un instant, j'additionne le tout. Ça fait 17 francs.

2. *La cliente:* Bonjour Monsieur Leclerc! Vous avez du yaourt?
   L'épicier: _____?
   La cliente: Nature. Le médecin me déconseille le yaourt aux fruits.
   L'épicier: _____? _____?
   La cliente: Eh, oui? Je suis un régime. Quatre me suffiront.
   L'épicier: _____?
   La cliente: Ensuite, je voudrais bien une demi-douzaine d'artichauts. J'espère qu'ils sont tendres?
   L'épicier: _____! _____?
   La cliente: Oui, ceux-là me conviennent.
   L'épicier: _____?
   La cliente: Une petite bouteille de jus de citron. Je crois que ça sera tout pour aujourd'hui.
   L'épicier: _____.
   La cliente: Tenez, voilà 30 francs.

B. Complétez les phrases suivantes en vous inspirant des textes:

1. Les _____ ont le choix entre les _____ et les _____ où l'on trouve de tout.
2. Le choix d'un _____ est déterminé par _____ des produits vendus.
3. Les _____ qui s'établissent entre _____ et sa clientèle jouent en sa faveur.
4. Les _____ ont dû s'implanter en dehors du _____-_____, dans _____ des grandes villes.
5. Les _____ permettent de conserver les _____, notamment les produits alimentaires.
6. En dehors de l'alimentation, on trouve dans les hypermarchés des articles _____, de la _____, du _____ et bien d'autres produits.
7. _____ est une activité sérieuse pour ceux qui n'aiment pas _____ et pour ceux qui ont des difficultés à _____.
8. Un acheteur avisé attend la bonne _____: il écoute _____ pour savoir quels sont les magasins qui ont des _____.
9. Certains _____ offrent des _____ aux étrangers qui paient en _____.
10. Faire _____ peut être une _____; mais il faut faire attention aux pays où se pratique _____.
11. Le nombre des _____ français représente 10% de _____.
12. Les _____ n'ont pas disparu malgré l'expansion du _____.
13. Les _____, dont plusieurs sont tenues par des Nord-Africains, se sont acquis _____ qui aime le contact humain.
14. Individualistes, les Français résistent à _____ et réagissent contre _____.
15. Les caisses électroniques avec _____ et _____ ne _____ avec le client.
16. Les consommateurs français redécouvrent _____ du petit commerce et des marchés _____.
17. Les marchands _____ transportent leurs _____ en _____.
18. Ils vendent des _____ que l'on peut _____ avant d'acheter.
19. Ils vendent également des _____, des livres _____ et _____, de la _____ et du _____.
20. Les marchés de plein air sont pleins de _____, de _____ et de _____ humaine.

C. En vous inspirant du vocabulaire étudié, remplacez les mots soulignés par des mots synonymes ou équivalents:

1. Elle va au magasin faire quelques achats.
2. Le frigidaire est vide: je dois acheter des vivres.
3. Les articles vendus dans les hyper- et supermarchés peuvent être retournés s'ils sont défectueux.
4. J'ai conclu une affaire avec ce marchand honnête.
5. Les produits alimentaires en boîtes sont moins chers que les produits frais.

6. Les habitants des campagnes ne sont pas généralement <u>libéraux</u>.
7. Vas-y, achète ce meuble d'<u>occasion</u>. C'est une <u>bonne affaire</u>.
8. Les commerçants de gros approvisionnent un grand nombre de <u>détaillants</u>.
9. Son <u>rival commercial</u> contrôle le commerce des quartiers périphériques.
10. Il habite un petit <u>meublé</u> dans <u>les environs de la ville</u>.

D. Mettez les verbes soulignés à la forme progressive en employant la construction **être en train de** + *infinitif.* Employez le modèle suivant:

Il <u>travaille</u>.   Il **est en train de** travailler.

1. Ils <u>mangeaient</u> quand nous sommes arrivés chez eux.
2. Beaucoup de gens <u>attendent</u> l'ouverture du supermarché.
3. Je <u>dormais</u> et tu m'as réveillé.
4. Nous <u>ferons</u> quelques emplettes pendant que tu étudieras.
5. Le boulanger <u>rénove</u> son magasin.
6. Elle <u>promenait</u> son chien quand je suis revenu du marché.
7. Je <u>me prépare</u> à un concours très difficile.
8. Certains grands magasins <u>vendent</u> du linge avec 20% de rabais.
9. J'espère qu'il <u>étudiera</u> quand nous reviendrons.
10. Vous <u>faites</u> une grosse bêtise en achetant cet article de luxe.

E. Exprimez, dans les phrases suivantes, que l'action est ou était récente en remplaçant les verbes soulignés par la construction **venir de** + *infinitif.* Employez le modèle suivant:

Ils <u>ont découvert</u> une petite boutique intéressante. Ils **viennent de découvrir** une petite boutique intéressante.

1. Elle <u>a acheté</u> une voiture d'occasion.
2. Il est arrivé trop tard: la boulangerie <u>avait fermé</u> quelques minutes plus tôt.
3. <u>J'ai fait</u> une très belle affaire en achetant cette voiture.
4. Vous <u>aviez vendu</u> la dernière douzaine quand elle en a demandé.
5. Nous <u>sommes allés</u> flâner au marché aux puces.
6. Ta mère m'a dit que tu <u>avais pris</u> le TGV pour Lyon.
7. Un nouveau supermarché <u>s'est ouvert</u> dans notre quartier.
8. <u>J'arrive</u> de chez lui et je te dis qu'il n'est pas là.
9. Nous <u>avions choisi</u> un vieux meuble assez solide quand l'antiquaire nous en a montré un autre de superbe.
10. Les grandes surfaces <u>ont mis</u> en vente au rabais les marchandises légèrement endommagées.

F. Exprimez, dans les phrases suivantes, que l'action est ou était imminente (futur immédiat) en remplaçant les verbes et expressions soulignés par la construction **aller** + *infinitif:*

1. Un instant, s'il vous plaît! Je vous <u>sers</u>.
2. Vous <u>me direz</u> que c'est bon marché.

3. Il était sur le point de répondre, mais a changé d'avis.
4. Je viendrai avec vous à la boulangerie.
5. Elle fera son possible pour trouver du sucre de canne.
6. Nous étions prêts à fermer la boutique quand tu es arrivé.
7. Le magasin ouvre bientôt.
8. Les clients seront surpris par la cherté des marchandises.
9. Elles étaient sur le point de sortir mais je les ai retenues.
10. J'en ai assez! Je suis sur le point de tout abandonner.

G. Remplacez les verbes et expressions soulignés par un équivalent au présent de l'indicatif. Employez le modèle suivant:

> Il vient de me rappeler que je n'ai plus de beurre.
> Il **me rappelle** que je n'ai plus de beurre.

1. Les petits commerçants viennent de relever le prix du café.
2. Il doit être assez riche: il a acheté une voiture neuve.
3. Je me suis rarement levé de bonne heure le dimanche.
4. Nous venons de jeter de vieilles fripes.
5. Tu vas te lever, oui ou non?
6. Elle n'a pas emmené son chien avec elle au marché.
7. Ils l'ont appelée vilaine, avec ses sabots.
8. Les marchands de légumes vont jeter ce qu'ils n'ont pas vendu.
9. Elles se sont rappelé les petits restaurants des Halles.
10. On vient de semer la discorde au sein de l'association des consommateurs.

H. Remplacez les verbes et expressions soulignés par un équivalent au futur de l'indicatif. Employez le modèle suivant:

> Je vais appeler un docteur.   **J'appellerai** un docteur.

1. Nous allons nous geler les pieds à attendre ici.
2. Vous menez une vie plus tranquille à la campagne.
3. Je vais jeter les bas morceaux.
4. Sabine a l'intention de se lever de bonne heure demain.
5. Vous n'allez pas peler cette orange avec ce couteau?
6. As-tu l'intention d'amener tes amis à la maison ce soir?
7. Elles vont congeler le poisson qu'il aura attrapé.
8. Il n'a pas l'intention d'épeler ce mot imprononçable!
9. Comme le dit le proverbe, nous récolterons ce que nous semons.
10. Nous levons la main pour lui indiquer que c'est notre tour.

I. Remplacez dans les phrases suivantes les expressions soulignées (**une petite . . . , une grande, une . . . suffisante**) par leurs équivalents (**un peu, beaucoup, assez**). Employez le modèle suivant:

> Il m'a envoyé une petite somme d'argent.   Il m'a envoyé **un peu** d'argent.

1. Elle avait besoin d'une petite quantité de sucre.

2. Avez-vous <u>une somme</u> d'argent <u>suffisante</u>?
3. Il n'y a pas <u>un grand nombre</u> de grands magasins dans la banlieue.
4. Vous voulez <u>une petite quantité</u> de pain de campagne?
5. L'hypermarché accueille <u>un grand nombre</u> de clients.
6. Je n'ai pas une quantité <u>de tabac</u> <u>suffisante</u>.
7. Elle a acheté <u>une petite</u> quantité de parfum.
8. Il y avait <u>une grande quantité</u> de fruits sur son étal.
9. <u>Un grand nombre</u> de commerçants indépendants se groupe(nt) en coopératives.
10. Nous aimerions avoir <u>un nombre</u> de jours libres <u>suffisant</u> pour faire le marché.

J. Dites le contraire des énoncés des phrases suivantes en remplaçant **peu** (de), **un peu** (de) et **assez** par **trop** (de), **beaucoup** (de) et **pas assez** ou vice versa. Employez le modèle suivant:

> Je vais <u>peu</u> souvent au marché.
> Je vais **trop** souvent au marché.

1. Peu de Français aiment les petites épiceries de quartier.
2. Vous êtes assez satisfait de la marchandise?
3. Je n'ai pas acheté assez de fromage.
4. Il y avait beaucoup de monde dans la laverie.
5. Cela m'a coûté un peu d'argent.
6. Ce tailleur a perdu trop de clients depuis qu'il a augmenté ses prix.
7. Beaucoup de clients sont repartis les mains vides.
8. Il a attendu trop longtemps avant de se décider.
9. Nous n'avons pas passé assez de temps au supermarché.
10. J'ai peu mangé à midi.

K. Ajoutez un degré (faible, suffisant ou important) aux expressions idiomatiques des phrases suivantes selon les indications données entre parenthèses. Employez les modèles suivants:

> Elle avait faim. (*d. faible*) = Elle avait **un peu** faim.
> Il fera froid là. (*d. suffisant*) = Il fera **assez** froid là.
> J'ai chaud. (*d. important*) = J'ai **très** chaud.
> Vous aviez raison (*d. important*) = Vous aviez **bien** raison.

1. Avez-vous envie d'un glace au chocolat? (*d. important*)
2. J'ai peur que l'épicerie soit déjà fermée. (*d. faible*)
3. Ces nouvelles chaussures me font mal. (*d. suffisant*)
4. Il paraît qu'il fera beau cet été. (*d. important*)
5. Elle avait raison de se plaindre de la vendeuse. (*d. important*)
6. Il fait froid dans ce magasin climatisé. (*d. faible*)
7. Nous avons chaud avec les fenêtres ouvertes. (*d. suffisant*)
8. Vous avez tort de ne pas venir avec nous. (*d. important*)
9. Je devrais avoir honte de ce que j'ai fait. (*d. faible*)
10. Sa manière de conduire me fait peur. (*d. suffisant*)

L. Composition:

Vous allez préparer un petit repas pour deux dans votre petit meublé d'étudiant. Dites en un paragraphe ce que vous achèterez et où vous ferez ces achats.

M. Communiquez à partir de mots-clés.

Situation: Vous allez au marché de plein air acheter des ingrédients pour un sauté d'aubergines*. Jouez les rôles selon les indications données.

Le(la) marchand(e): se mettre service client + M./Mme!

L'acheteur(-se): désir poli acheter aubergines; demander poids approximatif deux aubergines.

Le(la) marchand(e): indiquer poids (≠ 1 livre); informer client aubergines origine régionale, apprécier leur beauté interrogativement.

L'acheteur(-se): approbation; demander 1 kilo.

Le(la) marchand(e): poids légèrement supérieur 1 kg; convenable?

L'acheteur(-se): donner accord.

Le(la) marchand(e): client vouloir autre chose?

L'acheteur(-se): petite quantité ail† (têtes), 1 kg tomates mûres, 1 livre oignons secs, 1/2 livre poivrons verts‡.

Le(la) merchand(e): donner produits client; indiquer prix total.

L'acheteur(-se): donner argent.

Le(la) marchand(e): demander client avoir pièce 50 centimes.

L'acheteur(-se): prière attendre, voir dans porte-monnaie; interjection: trouver pièce demandée.

Le(la) marchand(e): satisfaction! rendre monnaie; remerciement + salutation.

L'acheteur(-se): prendre congé.

Marché de plein air à Annecy (4te Savoie).

---

*aubergine (f.): *eggplant*   †ail (m.): *garlic*   ‡poivron vert (m.): *bell pepper*

N. Traduisez:

En anglais:

1. Faire des achats est un plaisir quand on dispose d'assez de temps et d'argent et quand on sait attendre la belle occasion.
2. La plupart des marchands de voitures d'occasion aiment bavarder avec leur clientèle.
3. Un nouveau magasin de meubles va bientôt ouvrir dans la banlieue nord de notre ville.
4. Elle se contente de lécher les vitrines des grands magasins en attendant les soldes qui suivront les fêtes de fin d'année.
5. Beaucoup ont un peu honte de marchander au marché aux puces, mais ils ont bien tort car les brocanteurs s'y attendent.

En français:

1. *I went to the supermarket, where I bought a few items in the food section; from there I went to the department store to buy a pair of shoes.*
2. *Few consumers read the labels of canned food sold in the self-serve stores.*
3. *Small shopkeepers play an important role in the economy.*
4. *A lot of French people prefer the corner grocery store to the giant supermarket.*
5. *Most of the people who have some trouble making ends meet shop in large supermarkets, where everything is cheaper. They are perfectly right.*

À la caisse du supermarché.

Abréviations et sigles courants du commerce

BNC: Bénéfices non commerciaux
BNCI: Banque Nationale pour le Commerce et l'Industrie
BOSP: Bulletin Officiel du Service des Prix
BSEC: Brevet Supérieur d'Enseignement Commercial
BVP: Bureau de la Vérification de la Publicité
c.: centime
C.A.: chiffre d'affaires
cat.: catalogue
C. com.: Code de commerce
ch. comp.: charges comprises
chq: chèque
Cial: commercial
CNC: Centre National de la Consommation
Cpt: Comptant (*cash*)
ESC: École Supérieure de Commerce
ESSEC: École Supérieure des Sciences Économiques et Commerciales
F: Franc (FB: Franc belge; FF: franc français; FS: Franc suisse)
INC: Institut National de la Consommation
mdse: marchandise
SEITA: Société Nationale d'Exploitation Industrielle des Tabacs et Allumettes
TCA: Taxe sur le chiffre d'affaires
TLE: Taxe locale d'équipement
TPS: Taxe de prestation de service
TTC: Toutes taxes comprises
TVA: Taxe sur la valeur ajoutée
UNCAP: Union Nationale des Commerçants Artisans et Professions Libérales
Vd.: Vend

Chapitre 13

*Faites vos jeux! . . . Les jeux
sont faits. Rien ne va plus.*[1]

(*Le croupier, au casino*)

Les Activités Récréatives

Situation

Steve Donaldson a été invité par son ami Pierre Lespinade à passer quelques jours de vacances dans la petite ville de province où habitent les parents de ce dernier. Dimanche après-midi, ils vont passer le temps dans un des cafés du centre. Un groupe d'habitués[2] suit une émission télévisée[3] en poussant des cris[4] d'enthousiasme de temps à autre.

Des étudiants au café.

Dialogue

Au café

Steve: Qu'est-ce qu'ils regardent avec tant d'intérêt?

Pierre: C'est un match de foot[5] entre l'Olympique de Marseille et le Dynamo de Zagreb. Ce sont les huitièmes de finale des clubs champions d'Europe. L'**équipe** de Marseille a gagné le match aller[6]. Si l'Olympique gagne aujourd'hui, elle se qualifie pour les quarts de finale.

Steve: Ah! je vois pourquoi tout le monde s'excite pour cette partie.

Le garçon: Qu'est-ce que je vous sers?

Pierre: Un croque-monsieur[7] et une bière pression[8]. Et toi, Steve, qu'est-ce que tu prends?

Steve: Je prendrais bien une bière moi aussi. Je n'ai pas très faim mais j'ai bien soif. C'est sûrement les anchois[9] de la salade niçoise de midi qui me donnent une soif pareille[10].

Le garçon: Blonde ou brune[11]?

Steve: Blonde et en bouteille. Vous avez de la Mützig?

Le garçon: Mais bien sûr, Monsieur! Une pression, une Mützig et un croque-monsieur.

Pierre: Tiens, il y a Georges et Jean-Louis qui arrivent. Et si on faisait une **partie** de belote[12] tous les quatre?

Steve: Qu'est ce que c'est?

Pierre: Un jeu de **cartes**. Tu sais jouer au bridge? Eh! bien la belote, c'est bien plus simple. Tu verras, ce n'est pas la mer à boire[13]. Tu joueras avec moi contre Georges et Jean-Louis.

Steve: Tu as du courage de prendre un novice comme partenaire.

Pierre: Nous ferons une partie pour rien, pour te mettre dans le bain[14] et après on joue pour de bon[15]. D'accord?

Steve: D'accord, puisque tu insistes! Mais c'est à tes risques.

Pierre: Alors, je les appelle. Eh! les potes[16]. Venez faire une belote.

Georges: Une belote, maintenant avec le match de foot à la télé?

Jean-Louis: Pourquoi pas? On peut très bien jouer et regarder le match en même temps, non? Il y a longtemps que Pierre n'a pas reçu la râclée[17]. Ça le démange[18]!

Pierre: Nous allons voir qui va recevoir la râclée. Norbert apporte-nous un jeu de cartes, s'il te plaît.

Le garçon: Tout de suite, Pierrot.

Georges: Tu as déjà joué à la belote, Steve?

Steve: Non. Mais il paraît d'après Pierre que ce n'est pas difficile. Vous allez m'y initier en faisant une partie pour rien.

Texte

Sports et loisirs[19]

Il y a mille manières d'occuper ses moments de loisir et périodes de vacances. Certains **se délassent** au café en faisant une partie de cartes ou de dominos avec les amis; d'autres jouent aux **dames,** aux **échecs** ou au **billard.** En province, on peut souvent jouer aux **boules** à proximité des cafés. Les personnes actives préfèrent les **sports** individuels ou collectifs qui leur permettent de se détendre[20] tout en satisfaisant le besoin d'exercice.

La nature des sports pratiqués dans une région dépend de la saison, de la géographie et du climat. En hiver, en haute montagne, on pratique les sports d'hiver: ski alpin ou ski de fond, luge[21] et patinage sur glace[22]. L'été, au bord de la mer ou de certains lacs[23], on a l'occasion de faire du ski nautique, de la natation[24], ou de la plongée[25] sous-marine. Quand les conditions climatiques sont favorables, on peut faire de la planche à voile[26], du surf ou du deltaplane[27] (ou aile volante). Certains préfèrent aller à la **pêche** à la ligne ou au lancer[28] sur les bords des **rivières** et des lacs, ou à la pêche en haute mer. Dans les ports de plaisance[29], on peut louer de petits bateaux pour aller à la pêche à l'espadon[30] et participer à des concours organisés à cet effet. Dans une ville sans plans d'eau[31] naturels, ceux qui aiment nager[32] peuvent aller à la piscine[33].

Square du Vert-Galant
75001 PARIS
Tél. : 633.98.38
329.86.19

VEDETTES DU PONT NEUF

Les vedettes du Pont-Neuf.

On peut s'adonner à d'autres sports comme l'équitation[34], le golf, le tennis, le tir aux pigeons ou la chasse[35], qui exigent de l'espace. Les sports d'équipe suivent un calendrier préétabli. Les villes disposant d'installations et de stades adéquats encouragent les associations sportives à les choisir comme lieu de rencontre pour les championnats, coupes et autres grands événements sportifs qui attirent beaucoup de spectateurs.

Les centres de villégiature[36] dotés d'aménagements[37] sportifs ont des magasins où il est possible d'acheter ou de louer l'équipement et les tenues nécessaires aux sports qu'on y pratique: skis, pédalos[38], planches, raquettes, **balles**, etc. Pour l'équitation ou les randonnées[39] dans la nature, les manèges[40] locaux louent des montures[41] aux mordus[42] du cheval.

La plupart des villes ou régions, même les moins pittoresques, ont des monuments historiques, des ouvrages architecturaux, des œuvres d'art, des édifices culturels, des parcs ou des sites naturels pouvant intéresser des visiteurs. Les syndicats d'initiative[43] renseignent le touriste sur les choses à voir et lui fournissent des brochures et des cartes indiquant les moyens de le faire et les itinéraires à suivre. Parmi les lieux dont on recommande généralement la visite dans ces sortes de brochures, on trouve: les statues de personnes célèbres ou de personnages mythologiques, les musées (comme celui du Louvre), les châteaux (comme ceux de la Loire), les cathédrales, les jardins botaniques, les zoos et parcs zoologiques, et enfin tous les édifices et constructions classés historiques tels que la Tour Eiffel, l'Arc de Triomphe, l'Obélisque de la Concorde, etc. L'accès des monuments et sites

La Victoire de Samothrace.

est facilité par les entreprises de transport et les agences de voyages qui organisent des circuits touristiques en limousine ou autocar[44] panoramique, en bateau-mouche ou péniche[45] sur les voies d'eau, en barque ou canot[46] en mer, et parfois en hélicoptère en terrain accidenté[47].

Les distractions de la vie nocturne, dans les grandes villes, sont diverses et le choix des spectacles varié: cinémas, **théâtres,** opéra, cabarets, **boîtes de nuit** et, parfois, casino. La fréquentation de ces lieux dépend de l'âge et des moyens des clients: les jeunes préfèreront aller danser dans un dancing ou une discothèque ou bien voir le dernier film; les gens d'un certain âge éliront de voir une pièce de théâtre, un ballet ou une revue[48] folklorique; les riches iront au casino jouer au poker, au baccara ou à la roulette. Les récitals d'artistes célèbres et les numéros de grands comiques attirent, en général, un public plus divers. Par contre les revues et les shows de certains clubs et cabarets visent exclusivement une clientèle particulière. Le moins qu'on puisse dire, c'est que leur ambiance n'est pas de type familial.

Affiche de spectacle (ballet)

Glossaire

1. Put *down your bets!* . . . *The bets are down! No more bets!*
2. **habitués** (m.): *regular customers*
3. **émission télévisée** (f.): *TV show*
4. **pousser des cris**: *to shout*
5. **match de foot**: *soccer game*
6. **match aller**: *first-round game*
7. **croque-monsieur** (inv.): *grilled ham and cheese sandwich*
8. **bière pression**: *draft beer*
9. **anchois** (m.): *anchovies*
10. **une soif pareille**: *such a thirst*
11. **blonde ou brune**: *light or dark (beer)*
12. **belote** (f.): *card game*
13. **ce n'est pas la mer à boire**: *it's no big deal*

Notre-Dame de Paris.

14. **te mettre dans le bain**: *to give you the feel of it*
15. **pour de bon**: *for good*
16. **pote** (m.): *buddy*
17. **râclée** (f.): *beating, wallop*
18. **ça le démange**: *He is itching for it.*
19. **loisir** (m.): *leisure*
20. **se détendre** (pp. **détendu**): *to unwind, relax*
21. **luge** (f.): *sled, sledding*
22. **patinage** (m.) *sur glace: ice skating*
23. **lac** (m.): *lake*
24. **natation** (f.): *swimming*
25. **plongée** (f.): *diving*
26. **planche** (f.) *à voile: windsurfing (sailing board)*
27. **deltaplane** (m.): *hangglider, hanggliding*
28. **pêche** (f.) **au lancer**: *casting*
29. **plaisance** (f.): *pleasure*
30. **espadon** (m.): *marlin*
31. **plan** (m.) **d'eau**: *body of water*
32. **nager**: *to swim*
33. **piscine** (f.): *swimming pool*
34. **équitation** (f.): *horse riding*
35. **chasse** (f.): *hunting, hunt*
36. **centre** (m.) **de villégiature**: *resort center*
37. **doté d'aménagements**: *equipped, provided with facilities*
38. **pédalo** (m.): *water bicycle*
39. **randonnée** (f.): *hike*
40. **manège** (m.): *riding school, stables; merry-go-round*
41. **monture** (f.): *mount (animal)*
42. **mordu**: *(literally: bitten), crazy about, fan, gung-ho*
43. **syndicat** (m.) **d'initiative**: *tourist information office*
44. **autocar** (m.): *bus*
45. **bateau-mouche** ou **péniche** (f.): *excursion boat or barge*
46. **barque** (f.) ou **canot** (m.): *small boat*
47. **accidenté**: *rough*
48. **revue** (f.): *show*

Vocabulaire

équipe (f.): groupe de personnes participant à une activité commune. Les membres d'une même équipe sont des **coéquipiers** (*teammates*). Une équipe sportive est menée par un **capitaine**; une équipe de travailleurs est sous l'autorité d'un **chef d'équipe**. Pour le travail continu, on divise les ouvriers en **équipes de jour** et de nuit (*day and night shifts*). Un bon joueur fait preuve d'**esprit d'équipe**. L'*Équipe* est un journal sportif français très populaire.

partie (f.): la plupart des jeux se jouent en plusieurs parties (*game, round, set*); un **match** de football se divise en deux **mi-temps** (*halves*). Une partie se termine par la **victoire** d'une équipe ou d'un joueur et la **défaite** de l'**adversaire**: il y a un **vainqueur** ou **gagnant** (*winner*) et un **vaincu** ou **perdant** (*loser*). Une rencontre peut comporter plusieurs parties ou **manches** (*sets*).

cartes (f.pl): feuilles de papier ou de plastique comportant des inscriptions. Il y a des **cartes de visite**, des **cartes de géographie** et des **cartes à jouer**. Le **poker**, la **belote**, le **bridge** sont des jeux de cartes. Un **paquet** (*pack*) de cartes est aussi **jeu** (*set*) de cartes. Les **gitanes** (*gypsies*) ont la réputation de **tirer les cartes**; ce sont des **cartomanciennes** (*fortune tellers*).

délasser (se): faire quelque chose pour se débarrasser de la fatigue ou **lassitude**; **se détendre**. Quand on fait quelque chose pendant longtemps, on **se lasse** (*one tires, gets tired*); il faut alors **se reposer**, changer d'activité, avoir un **délassement**.

Affiche du Tour de France 1984

dames (f.pl.): le jeu de **dames** se joue à deux, sur un **damier** (*checkerboard*). On déplace des **pions** (*checkers*) sur des **cases** (*squares*) noires et blanches. Quand un pion arrive à la ligne de départ de l'adversaire, il devient une **dame** (*queen*) pouvant se déplacer dans tous les sens. Il existe plusieurs sortes de jeux de dames. En France, on pratique le jeu de dames international ou « dames polonaises ». Il se joue sur un damier à 100 cases et les pions peuvent prendre en avant et en arrière. Aux USA, les dames se jouent sur un damier de 64 cases et on ne prend qu'en avançant. NOTER: jouer **à** + sport/jeu, mais jouer **de** + instrument de musique.

échecs (m.pl): jeu d'origine moyen-orientale se jouant sur un **échiquier** de 64 cases avec huit **pions** (*pawns*) et huit **pièces** de chaque côté (les blancs et les noirs). Le but du jeu est de donner l'**échec et mat** (*checkmate*) à l'adversaire, c'est-à-dire de faire prisonnier son **roi** (*king*). Après le roi, les pièces importantes sont la **dame,** les **tours** (*rooks*), les **fous** (*bishops*), *les* **cavaliers** (*knights*). Chaque pièce a une façon particulière de se déplacer sur l'échiquier.

billard (m.): jeu d'**adresse** (*skill*) qui se joue avec des **boules** d'ivoire et des **bâtons** (*sticks*) appelés **queues** (*cue sticks*). Il existe différentes sortes de billard. En France, le billard se joue avec trois boules, dont une blanche.

boules (f.): objets sphériques. Le **jeu de boules,** notamment la **pétanque,** est une activité récréative pratiquée avec des boules métalliques et un petit **cochonnet** en bois dont on essaie de se rapprocher le plus possible. Le **bouliste** est un **joueur** de boules. Ce sport peut se pratiquer sur un **boulodrome** (*bowling alley*).

Une partie d'échecs en plein air.

sport (m.): pratique méthodique d'exercices physiques. La course à pied, le sprint, le saut (en hauteur ou en longueur), le javelot, **l'athlétisme** (*track and field*) sont des sports individuels, mais pour lesquels on peut **concourir** (*compete*) contre d'autres athlètes. Le basket-ball, le football, le hand-ball, le rugby et le volley-ball sont des sports collectifs. En France, toute personne qui **pratique un sport, fait du sport** ou s'y intéresse est un **sportif**. Quand on a l'esprit sportif, on fait preuve de **sportivité** (*sportsmanship*). On **s'entraîne** en vue d'une **épreuve sportive** sous l'autorité d'un **entraîneur** (*coach*). Dans un bar ou un cabaret, une **entraîneuse** pratique un sport particulier: elle pousse les clients à consommer.

pêche (f.): action d'attrapper du **poisson** (*fish*), de **pêcher**. On le fait avec une **canne à pêche** (*fishing pole, rod*). Attention à l'accent circonflexe ^! Pécher (avec un accent aigu, ´) veut dire faire une chose contraire aux préceptes religieux. Il existe plusieurs façons de pêcher et divers types de **pêcheurs**.

rivière (f.): **cours d'eau** plus important qu'un **ruisseau** (*brook, creek, stream*), mais moins qu'un **fleuve**. Une rivière peut être l'**affluent** (*tributary*) d'un fleuve. Les bords d'un cours d'eau sont des **rives** (*banks, waterfronts*). À Paris, on distingue la Rive Gauche de la Seine de la Rive Droite. Ceux qui habitent en bordure sont des **riverains**.

balle (f.): objet rond, généralement en matière élastique, avec lequel on joue. Les balles **rebondissent** (*bounce*). Au tennis, on utilise des balles de petites dimensions. Au football international, on utilise un **ballon** rond; au rugby, un ballon **ovale**.

théâtre (m.): lieu où une **pièce** (comédie ou tragédie) est jouée. En français, le terme ne signifie jamais une **salle de projection** ou cinéma. Les **acteurs** (comédiens ou tragédiens) jouent dans les pièces de théâtre, sur une **scène** (*stage*). On dit qu'ils **font du théâtre**. Les comédies, les tragédies et les drames font partie du **genre dramatique** (*drama*). Il y a des personnes dont le comportement est **théâtral**.

boîtes (f.) **de nuit**: lieux de distraction nocturne. Les **clubs**, les **cabarets**, certains **dancings** peuvent être désignés par ce mot. Le mot **boîte** peut désigner tout établissement où plusieurs individus étudient ou travaillent: école, lycée, usine, etc.

Vocabulaire supplémentaire

arbitre (m.): *referee*
bicyclette (f.), **vélo** (m.): *bicycle*
but (m.): *goal*; **gardien de —**: *goalkeeper*
chasseur (m.): *hunter*
coureur (m.): *racer, runner*
course (f.): *race*
cyclisme (m.): *bicycle racing*
donner les cartes: *to deal cards*

enjeu (m.): *stakes*

footballeur (m.): *soccer player*

hippodrome (m.): *horseracing track*

jeu: *game; play; set;* **— de cartes**: *pack of cards;* **— d'adresse**: *game of skill;* **— d'échecs**: *chess;* **— de dés**: *dice;* **— d'esprit**: *intellectual pastime (e.g. mots croisés);* **— de hasard**: *game of chance;* **hors- —**: *out of play, offside;* **maison de —**: *gambling house;* **salle de —x**: *gambling room;* **terrain de —**: *playing field*

joueur (m.): *player; gambler*

ligne (f.) **d'arrivée**: *finish line*

loterie (f.): *lottery*

loto (m.): *bingo*

manège (m.): *merry-go-round*

match nul (m.): *tie game*

pari (m.): *bet;* **PMU (Pari Mutuel Urbain)**: *horserace betting agency*

parier: *to bet*

patins (m.pl.) **à roulettes**: *rollerskates;* **— à glace**: *iceskates*

pelote basque (f.): *jai alai*

piste (f.): *trail, path, way, tracks*

prolongations (f.pl.): *overtime*

rugbyman (m.): *rugby player*

saut (m.) **à la perche**: pole vaulting

sifflet (m.): *whistle*

score (m.): *score*

shooter: *to kick, shoot (soccer)*

tiercé (m.): *horse race betting*

touche (f.): *sideline;* **juge de —**: *linesman, umpire*

tricher: *to cheat;* **tricheur**: *cheater*

vélodrome (m.): *bicycle racing track*

Questions

1. Que font Steve et Pierre un dimanche après-midi?
2. Quelle émission les habitués regardent-ils ce jour-là?
3. Quelles consommations les deux amis commandent-ils?
4. Pourquoi Steve a-t-il soif?
5. Que propose Pierre en voyant arriver Georges et Jean-Louis?
6. Comment définit-il la belote à Steve?
7. Que pense Steve de la proposition de Pierre?
8. Quelle est la réaction de Georges?
9. Quelle est celle de Jean-Louis?
10. Comment les trois Français vont-ils initier Steve au jeu?
11. Quels sont les jeux que l'on peut jouer dans un café?

12. De quoi dépendent les sports pratiqués dans une région?
13. Quelles sortes de sports d'hiver peut-on pratiquer?
14. Quels sont les sports qu'on peut pratiquer l'été sur l'eau?
15. Où peut-on pratiquer la pêche? Quelles sortes?
16. Quels sports pratique-t-on dans les régions sans plans d'eau?
17. Quelles sortes d'équipement sportif peut-on louer pour pratiquer un sport donné?
18. Quels monuments et édifices peut-on visiter à Paris?
19. Quels sont les moyens de transports utilisés pour les excursions et les circuits touristiques?
20. Quels sont les établissements de spectacles ouverts la nuit?
21. Quels types de spectacles attirent les jeunes? les gens d'un certain âge? les riches? un public divers?

_____ **Fable** _____

La Cigale et la fourmi

Jean de La Fontaine

La cigale°, ayant chanté	cricket
Tout l'été,	
Se trouva fort dépourvue	
Quand la bise° fut venue.	cold north wind
Pas un seul petit morceau	
De mouche° ou de vermisseau.°	fly worm
Elle alla crier famine	
Chez la fourmi° sa voisine,	ant
La priant de lui prêter	
Quelque grain pour subsister	
Jusqu'à la saison nouvelle.	
« Je vous pairai, lui dit-elle,	harvest
Avant l'oût°, foi d'animal,	
Intérêt et principal. »	
	lender
La fourmi n'est pas prêteuse°:	
C'est là son moindre défaut.	
« Que faisiez-vous au temps chaud?	
Dit-elle à cette emprunteuse°.	borrower
—Nuit et jour à tout venant	
Je chantais, ne vous déplaise.	
—Vous chantiez? j'en suis fort aise:	
Et bien, dansez maintenant! »	

(*Fables*, Livre I, I)

Grammaire

A. La concordance des temps; les adjectifs numéraux ordinaux

1. Style direct, style indirect:
   Soient les déclarations:

   a. Il m'a dit: « Je <u>fais</u> du sport. »
   b. Il m'a dit: « J'<u>ai fait</u> du sport. »
   c. Il m'a dit: « Je <u>faisais</u> du sport. »
   d. Il m'a dit: « J'<u>avais fait</u> du sport. »
   e. Il m'a dit: « Je <u>ferai</u> du sport. »
   f. Il m'a dit: « J'<u>aurai fait</u> du sport. »

   Si l'on passe du style direct au style indirect, c'est-à-dire si l'on articule les deux phrases, le temps des verbes de la phrase rapportée changera selon les schémas suivants:

   a. Présent → imparfait:

   Il m'a dit qu'il **faisait** du sport.

   b. Passe composé → plus-que-parfait:

   Il m'a dit qu'il **avait fait** du sport.

   c. Imparfait = imparfait:

   Il m'a dit qu'il **faisait** du sport.

   d. Plus-que-parfait = plus-que-parfait:

   Il m'a dit qu'il **avait fait** du sport.

   e. Futur → conditionnel présent:

   Il m'a dit qu'il **ferait** du sport.

   f. Futur antérieur → conditionnel passé:

   Il m'a dit qu'il **aurait fait** du sport.

2. Phrases conditionnelles avec **si:**
   Les temps des verbes précédés de **si** et ceux des verbes de la proposition principale se correspondent selon les schémas suivants:

   a. **si** + *présent → présent/futur:*

   Si je t'aide, tu **peux** bien le faire.
   Si je t'aide, tu **pourras** bien le faire.

   b. **Si** + *imparfait → conditionnel présent:*

   Si je t'**aidais**, tu **pourrais** bien le faire.

   c. **Si** + *plus que parfait → conditionnel passé:*

   Si je t'**avais aidé**, tu **aurais** bien **pu** le faire.

Notez: Ce schéma ne s'applique pas aux cas où **si** introduit non une hypothèse, mais plutôt le doute (avec des verbes comme **savoir, se demander**), une opposition ou un parallélisme:

> Je ne <u>sais</u> pas **si** nous **aurons** le temps de faire une partie.
> Elle <u>se demande</u> s'il **fera** beau demain.
> **Si** l'<u>un</u> regardait la télé, l'<u>autre</u> **lisait** un roman.

3. De l'indicatif au subjonctif:
   Soient les phrases:

   a. Je crois qu'elle **part** en vacances aujourd'hui.
   b. Je croyais qu'elle **partait** en vacances tous les ans.
   c. Je crois qu'elle **partira** en vacances dans deux jours.
   d. Je crois qu'elle **est partie** en vacances hier.
   e. Je croyais qu'elle **était partie** en vacances ce jour-là.
   f. Je crois qu'elle **sera partie** en vacances d'ici-là.

   Si le verbe **croire** est mis à la négation ou remplacé par un verbe qui régit le subjonctif (**craindre, douter, souhaiter**, etc.) les changements de temps se feront selon les schémas suivants:

   - *Présent/futur* → *présent du subjonctif*:

     a. Je <u>doute</u> qu'elle **parte** en vacances aujourd'hui.
     b. Je <u>doutais</u> qu'elle **parte** en vacances tous les ans.
     c. Je <u>doute</u> qu'elle **parte** en vacances dans deux jours.

   - *Passé composé/plus-que-parfait/futur antérieur* → *subjonctif passé*:

     d. Je <u>doute</u> qu'elle **soit partie** en vacances hier.
     e. Je <u>doutais</u> qu'elle **soit partie** en vacances ce jour-là.
     f. Je <u>doute</u> qu'elle **soit partie** en vacances d'ici-là.

B. Les adjectifs numéraux ordinaux:
   1. Formation:
      En dehors de **premier, -ère** et **second(e)**, les adjectifs ordinaux se forment selon le schéma *adjectif numéral cardinal* + *-ième*:

      deux → **deuxième**, trois → **troisième**, quatre → **quatrième**, etc.

   Notez:

      a. Le **e** final de l'adjectif cardinal tombe: onze → **onzième**.
      b. On emploie **deuxième** au lieu de **second(e)** quand l'énumération va au-delà de deux.
      c. Pour les adjectifs cardinaux composés comportant **un**, on emploiera **-unième**: vingt-et-**unième**, quatre-vingt-**unième**, cent-**unième**, etc.

2. Usage:

Les adjectifs numéraux ordinaux servent à l'énumération. À l'inverse de l'anglais, le français ne les utilise pas pour les dates on les titres (monarques, papes, etc.) sauf pour **premier**.

Le **premier** (Ier) mai est la Fête du Travail.
Paul Ier; mais Louis XIV **(quatorze)**. (*Notez: pas d'article!*)

Avec le mot **chapitre**, on utilise l'adjectif cardinal sauf pour **un** ou l'ordinal est également usité:

Chapitre I: chapitre **un**, chapitre **premier**
Chapitre II: chapitre **deux**, etc.

Révision

Genre et nombre des noms propres employés comme noms communs

Il arrive souvent que le nom de fabrique (ou marque) d'un objet ou d'un produit remplace, par ellipse, le nom commun qui désigne ce dernier. Dans ce cas, le genre du nom propre est, en général, celui du nom commun qu'il a remplacé:

- un Boeing, un Constellation: un avion à réaction
- mon Kodak: un appareil photographique
- ce Frigidaire: un réfrigérateur
- le Delco: le dispositif d'allumage (*distributor*)
- du Ricard, du Pernod: du pastis
- du Scotch: du ruban adhésif (*scotch tape*)
- de la Guiness: de la bière
- une Peugeot, ma Renault, cette 2CV (Deux-chevaux): une voiture
- la Sony, une Panasonic: une caméra vidéo
- quelle belle Golden delicious!: une pomme

Ces noms propres restent invariables:

Elle possède deux Renault.
Il a bu trois Ricard.

Si l'on emploie une appellation étrangère ou son sigle, on lui attribuera le genre et le nombre du nom commun qui la désigne en français:

- la CBS: la société, la compagnie
- la CIA: l'agence
- le FBI: le bureau
- les USA: les états

Structure

Les quantités numériques fractionnaires

1. Les fractions:

Le **nominateur** d'une fraction est indiqué par un nombre cardinal et le **dénominateur** par un nombre ordinal sauf quand celui-ci est 2, 3 ou 4.

1/2: un demi, la moitié

Demi est invariable quand il précède le nom et s'accorde avec lui quand il le suit:

une **demi**-heure; une heure et **demie**

2/3: deux **tiers**
3/4: trois **quarts**
4/5: quatre **cinquièmes**
7/10: sept **dixièmes**
1/1000: un **millième**, etc.

2. Les proportions, taux et rapports:

On peut indiquer les proportions, taux et rapports avec les mêmes symboles que pour les fractions, mais ils ne se lisent pas de la même façon (pas de nombres ordinaux):

1/2: un **sur** deux
2/3: deux **sur** trois
4/5: quatre **sur** cinq, etc.

3. Le pourcentage:

Quand le deuxième terme d'un rapport ou d'un taux est fixé à 100, on parle de **pourcentage**: 15/100 = 15%. Le pourcentage se lit comme suit: 15%: quinze **pour** cent.

Notes culturelles

Les sports et les jeux

A. Les sports populaires en France:

Le sport collectif le plus populaire en France est le football. Mené par son capitaine, Michel Platini, le onze de France s'est qualifié pour la Coupe du Monde jouée en Espagne en 1982 et au Mexique en 1986. Chaque fois, l'équipe est parvenue en demi-finale et a perdu devant l'Allemagne de l'Ouest.

Après le football, le rugby est un autre sport populaire, surtout dans le Sud-Ouest de la France. La France est membre du Tournoi[1] des Cinq Nations (avec l'Angleterre, l'Écosse, l'Irlande et le Pays de Galles). Les matchs importants et les championnats de football et de rugby sont télévisés et suivis par un très grand nombre de téléspectateurs[2] avides.

Un autre sport populaire est le cyclisme. Le Tour de France, couru chaque été par des coureurs cyclistes français et étrangers, est un événement sportif que tous les Français suivent soit à la radio, soit à la télévision, ou bien dans les journaux sportifs comme L'*Équipe*. La première étape[3] commence généralement dans une ville de la périphérie, parfois à l'étranger[4]; mais la dernière se termine toujours à Paris, sur les Champs Élysées. Quand le Tour passe par une localité, les habitants se déplacent pour applaudir les coureurs, surtout le « maillot jaune »[5] (le premier au classement du jour) et le « maillot vert » (le vainqueur de l'étape précédente). Les vainqueurs du Tour de France, comme Jacques Anquetil et Bernard Hinault ces dernières années, sont aussi populaires en France que les champions de baseball aux USA. Les Américains s'y intéressent maintenant, depuis que leur compatriote Greg Lemond l'a remporté en 1986.

L'arrivée du Tour de France: devant l'Arc de Triomphe. Greg Lemond, vainqueur du Tour de France, 1986.

B. Les jeux:

Le jeu de boules est autant un sport de détente que de compétition. Hommes et femmes de tous âges, en tous lieux jouent aux boules; certains de temps en temps, d'autres régulièrement. Il existe deux types de jeux de boules: la lyonnaise et la pétanque. D'origine méridionale, la pétanque est plus simple et moins fatiguante. Sport tout terrain, elle peut se jouer à deux, à trois ou en équipes si le nombre des boulistes est quatre ou plus. Dans les petites villes du Midi, la partie de pétanque se joue près du café. Les perdants, surtout s'ils ont été faits « fanny »[6], sont souvent tenus de payer la tournée[7] de pastis[8].

La belote est le jeu de cartes le plus populaire en France. Les amis se rencontrent au café à midi ou le soir pour faire quelques parties. On fixe la durée des parties en établissant le nombre de points que les vainqueurs devront atteindre les premiers (1.000 d'habitude). La belote se joue en général à quatre (deux à deux). Chaque carte, dans les quatre couleurs[9] a une valeur (nombre de points) qui change en atout[10].

la boule obut

première marque mondiale de boules de pétanque

plus de 10 000 boules chaque jour !

une célébrité du haut forez

42380 saint-bonnet-le-château

Publicité pour une marque de boules. [above]
Une partie de pétanque, ça fait plaisir. . . .

Carte	Valeur normale	En atout
l'as	11	11
le roi	4	4
la dame	3	3
le valet[11]	2	20
le 10	10	10
le 9	0	9
le 8	0	0
le 7	0	0

Les couleurs sont le pique[12] et le trèfle[13] en noir, le cœur et le carreau[14] en rouge. Le paquet de cartes totalise donc 32. Le principe de la belote est, quand on « prend » (c'est-à-dire quand on choisit l'atout), d'atteindre plus de points que l'adversaire, soit plus de la moitié du nombre total de points possibles (162 en comptant les 10 points accordés à ceux qui font le dernier pli[15], ce qu'on appelle « le dix de der »). À cela, il faut ajouter les annonces[16] telles que belote proprement dite qui vaut 20 points. On a une belote quand on a le roi et la dame en atout. On montre les annonces au début du deuxième pli. Il n'est pas nécessaire d'annoncer la belote, mais quand on joue le roi ou la dame il faut dire « Belote! » puis « Rebelote » quand on joue la deuxième carte de la belote. Quand les annonces des adversaires sont identiques, elles s'annulent; si l'une est à l'atout, elle compte. Les annonces qu'on a annulent celles qui leur sont inférieures chez l'adversaire. On peut décider de rebattre[17] et de redonner les cartes si l'on a en main un carré de 7s ou de 8s.

Annonces	Explication	Valeur
Tierce	3 cartes consécutives	20
Tierce belotée	tierce + roi et dame à l'atout	40
Quarte	4 cartes consécutives	50
Quinte	5 cartes consécutives	100
Les carrés		
4 valets		200
4 as, rois, dames, 10		100
4 neufs		150

Glossaire

1. **tournoi** (m.): *tournament*
2. **téléspectateurs** (m.): TV *viewers*
3. **étape** (f.): *lap, stage*
4. **à l'étranger**: *abroad*
5. **maillot** (m.) **jaune:** *yellow jersey, shirt*
6. **« fanny »** (f.): *shut-out*
7. **tournée** (f.): *round*

8. **pastis** (m.): *alcoholic drink with anise*
9. **couleur** (f.): *suit*
10. **atout** (m.): *trump*
11. **valet** (m.): *jack*
12. **pique** (m.): *spades*
13. **trèfle** (m.): *clubs*
14. **carreau** (m.): *diamonds*
15. **pli** (m.): *hand*
16. **annonce** (f.): *card sequence, meld*
17. **rebattre**: *reshuffle*

Questions sur les Notes culturelles

1. Quel sport d'équipe est le plus populaire en France? Quelle a été la place de la France à la Coupe du Monde de 1982 et 1986?
2. Quel est l'autre sport collectif populaire surtout dans le Sud-Ouest? Avec quels autres pays la France le joue-t-elle?
3. Qu'est-ce que le Tour de France? Où commence la première étape et où finit la dernière?
4. Qu'appelle-t-on maillot jaune? maillot vert?
5. Citez les noms de récents vainqueurs du Tour.
6. Qui peut jouer aux boules? Quels sont les deux types de jeux?
7. Comment et où peut-on jouer à la pétanque?
8. Que doivent faire les perdants d'une partie de pétanque?
9. Qu'appelle-t-on belote? À combien se joue-t-elle?
10. Quelles sont les quatre couleurs d'un jeu de cartes?
11. Quel est le principe de la belote?
12. Que veut dire *dix de der*?
13. Quelles sont les quatre plus fortes cartes de la belote, à l'atout et sans atout?
14. Qu'appelle-t-on « tierce »? quatre cartes identiques?
15. Quand dit-on qu'on a une belote? Quand la montre-t-on?
16. Quelle est l'annonce la plus forte en belote?
17. Quand annonce-t-on une belote? Que dit-on quand on la joue?
18. Qu'arrive-t-il si un joueur a la même annonce que l'adversaire?
19. Qu'arrive-t-il si l'on a une annonce supérieure à celle de l'adversaire?
20. Que peut-on faire si l'on a en main un carré de 7s ou de 8s?

Exercices

A. Complétez le dialogue suivant:

Jean-Claude: Tu viens faire une partie de pétanque avec nous, Ed?
Edward: _____.
Jean-Claude: On t'apprendras. Tu verras, ce n'est pas difficile.
Edward: _____.
Jean-Claude: Pas de problèmes. Paul a une paire de boules supplémentaire.
Edward: _____?

Jean-Claude: Tu vas jouer avec moi contre Paul et François.
Edward: _____?
Jean-Claude: Je jouerai le premier et je t'expliquerai ce qu'il faudra faire.
Edward: _____?
Jean-Claude: Non, attends! Ne joue pas maintenant. C'est à eux de jouer. Tu joueras si Paul place sa boule plus près que la mienne.
Edward: _____?
Jean-Claude: Oui, maintenant c'est notre tour de jouer. Tu vas pointer.
Edward: _____?
Jean-Claude: Ça veut dire essayer de placer une boule plus près du cochonnet que celle de Paul. Tu nous à vu faire. À ton tour, Ed.

B. Complétez les phrases suivantes en vous inspirant des textes:

1. Certains aiment _____ en faisant une partie de _____.
2. Dans les stations de sports d'hiver, on pratique le _____ ou le _____.
3. Quand les conditions climatiques sont favorables, on peut faire de la ____ ou du _____.
4. Au bord des rivières et des _____, on peut aller à _____.
5. Les grandes villes encouragent les _____ à les choisir comme lieu de _____ des championnats.
6. Il y a des magasins où l'on peut acheter ou _____ de l'équipement et les _____ nécessaires.
7. Les brochures touristiques recommandent la visite des _____ historiques et des _____ culturels.
8. L'accès des _____ est facilité par les _____.
9. La fréquentation des salles de spectacles dépend de _____ et des ____ des clients.
10. Les gens _____ éliront de voir une pièce de théâtre ou une _____.
11. Le _____ le plus populaire en France est le football. En 1982 et 86, la France est parvenue en _____-_____.
12. Les _____ de football et de rugby sont suivis par un grand nombre de _____.
13. Le Tour de France est _____ tous les ans, en été. C'est un _____ que tous les Français suivent de près.
14. Le premier du classement porte un _____. Le _____ de _____ porte un maillot vert.
15. La _____ est un _____ d'origine méridionale.
16. S'ils ont été faits « fanny », les _____ doivent payer la _____.
17. Les _____ d'un jeu de cartes sont le cœur, le _____, le pique et le _____.
18. Quand on a en main le roi et la _____ en _____, on a une belote.
19. On montre les _____ au deuxième _____.
20. Quand deux annonces sont _____, celle qui _____ est celle qui est à l'atout.

C. En vous inspirant du vocabulaire étudié, remplacez les mots soulignés par des synonymes ou équivalents:
   1. On passe à la télé la deuxième partie du match de football.
   2. Le vainqueur est celui qui remporte la victoire; l'autre est le vaincu.
   3. Ce joueur de football fait preuve d'esprit sportif.
   4. On se fatigue de faire toujours la même chose, on doit se délasser en faisant autre chose.
   5. L'objectif du jeu d'échecs est de faire prisonnier le roi de l'adversaire.
   6. Le billard se joue avec des objets sphériques et des bâtons.
   7. Les boulistes se sont rassemblés sur les deux bords de la rivière.
   8. On peut attraper du poisson dans la plupart des grands cours d'eau français.
   9. Les pièces de théâtre comiques et tragiques font partie du genre dramatique.
   10. Dans l'établissement où je travaille, il y a deux groupes de travail de nuit.

D. Passez du style direct au style indirect en articulant les deux parties de la phrase donnée. Employez le modèle suivant:

   Il a dit: « Elle viendra. »
   Il a dit qu'elle **viendrait**.

   1. Steve a déclaré: « Je ne sais pas jouer à la belote. »
   2. L'un des boulistes dit: « Je pointerai en premier. »
   3. Sabine nous a dit: « J'ai beaucoup aimé sa pièce. »
   4. Il m'a répondu: « Nous n'aurons pas fini avant 11 heures. »
   5. Ils nous a dit: « Vous auriez dû nous prévenir. »
   6. Mon partenaire m'a dit: « Tu avais du carreau! »
   7. Jean-Paul a répondu: « Je ne m'en étais pas rendu compte. »
   8. Un joueur a déclaré: « C'est fini. Je ne vais plus jouer. »
   9. Elle m'a dit: « C'est un bon joueur qui t'aidera. »
   10. Il leur a dit en levant les bras: « Je vous ai compris! »

E. Faites des phrases avec une proposition conditionnelle selon les indications données et en choisissant les sujets que vous voudrez. Employez le modèle suivant:

   Si + en avoir l'occasion (imparfait)/jouer au bridge
   Si Robert en **avait** l'occasion, il **jouerait** au bridge tous les jours.

   1. faire du sport/si + ne pas être toujours occupé (imparfait).
   2. si + expliquer (présent)/faire une partie de pétanque.
   3. venir/si + savoir (plus-que-parfait).
   4. si + ne pas se fatiguer (imparfait)/gagner le match de rugby.
   5. avoir une paire de boules (plus-que-parfait)/jouer avec eux.

6. <u>si</u> + <u>s'entraîner</u> (présent)/<u>être en forme.</u>
7. pouvoir obtenir des billets (imparfait)/<u>aller au match.</u>
8. <u>si</u> + <u>ne pas manger</u> d'anchois (plus-que-parfait)/<u>avoir une telle soif.</u>
9. comprendre/<u>si</u> + <u>écouter attentivement</u> (présent).
10. <u>si</u> + <u>faire beau</u> (imparfait)/<u>aller à la campagne.</u>

F. Remplacez les verbes soulignés par les verbes donnés entre parenthèses et faites les changements qui s'imposent. Employez le modèle suivant:

Je <u>crois</u> qu'elle ira à l'opéra ce soir. (ne pas penser)
Je **ne pense pas** qu'elle **aille** à l'opéra ce soir.

1. Elle <u>pense</u> qu'ils sont allés au cinéma. (ne pas croire)
2. Je <u>supposais</u> qu'il avait l'as de carreau. (craindre)
3. Tu <u>croyais</u> que le match se jouerait malgré la pluie. (douter)
4. Vous <u>affirmez</u> que nous sommes les plus forts. (ne pas penser)
5. Paul et René <u>croient</u> que Steve apprendra très vite. (douter)
6. Stéphanie <u>croyait</u> qu'ils avaient fini la partie. (attendre)
7. Je <u>sais</u> que c'est notre tour de jouer. (ne pas croire)
8. Il <u>espère</u> que vous aurez acheté deux billets. (souhaiter)
9. Elle <u>a appris</u> qu'il faisait du sport. (vouloir)
10. Nous <u>pensons</u> qu'elle viendra avec nous au stade. (souhaiter)

G. Écrivez en toutes lettres les nombres donnés en caractères gras dans les phrases suivantes:

1. Le **15** octobre, Jean-Paul **II** a accordé audience au ministre.
2. François **I** a contracté une alliance avec l'Anglais Henri **VIII**.
3. L'histoire de Charles **X** se trouve au Chapitre **I**.
4. Il s'est classé **21** au **2** Rallye Automobile.
5. Il m'a dit que le **3** match de la saison aurait lieu le **I** mai.
6. Le **8** mai 1945 marque la fin de la **2** Guerre Mondiale en Europe.
7. Louis **XVIII** était le frère puîné de Louis **XVI**.
8. Paul **VI** succède à Jean **XXIII** en 1963.
9. Hubert et Yves sont frères; le **I** joue au tennis, le **2** au foot.
10. Nous commencerons le chapitre **II** le **I** avril.

H. Écrivez les fractions, nombres ordinaux et pourcentages suivants en toutes lettres:

1. 1/4; 4e; 1/10; 8%
2. 3/8; 2e; 10e; 1%
3. 1/2; 5e; 11%; 3^e
4. 1/6; 11e; 1/100; 50%
5. 1/15; 21e; 1/1.000; 99%
6. 2/3; 81e; 1/10.000; 0%
7. 2/5; 91e; 3/4; 13%
8. 7/12; 101e; 1/7; 75%
9. 5/6; 1.002^e; 1/9; 100%
10. 1/20; 61e; 1/17; 6%

I. Exprimez les rapports donnés en tant que taux et dites à quelles fractions ou à quels pourcentages ils correspondent. Employez le modèle suivant:

2/5: **Deux sur cinq = deux cinquièmes**

1. 1/2:   6. 31/100:
2. 10/100:   7. 4/5:
3. 2/3:   8. 6/100:
4. 11/100:   9. 6/7:
5. 3/4:   10. 12/100:

J. Complétez les phrases suivantes par des articles, adjectifs démonstratifs ou possessifs en faisant attention au genre à donner au nom propre:

1. Je vous aurais servi _____ Ricard, si _____ Frigidaire marchait.
2. Elle a oublié _____ Kodak sur _____ Boeing 747.
3. C'est _____ Peugeot du directeur de _____ BNP (banque).
4. _____ Cadillac appartiennent _____ FBI.
5. _____ Renault est en panne: _____ Delco est défectueux.
6. J'ai acheté _____ Golden delicious et _____ Brie. (fromage)
7. _____ JVC coûte moins cher que _____ Sony. (caméra vidéo)
8. Jean a commandé _____ Pernod, Robert _____ Mützig. (pastis, bière)
9. _____ Corbières est un vin du Roussillon, _____ Banyuls aussi.
10. As-tu _____ Scotch? J'en ai besoin pour réparer _____ Larousse. (diction-naire)

K. Expliquez à un(e) ami(e) français(e) comment se joue le baseball (ou le football américain) et quelles en sont les principales règles.

L. Composition: rédigez un petit guide à l'intention d'un groupe de visiteurs francophones qui projettent de passer quelques jours de vacances dans votre ville et indiquez-y:

- Les monuments et sites à voir
- Les heures d'ouverture du musée (s'il y en a un)
- Les activités récréatives disponibles le jour
- Les type de spectacles disponibles la nuit
- Les installations sportives municipales et autres
- Les possibilités de location d'équipement sportif
- Les adresses des magasins ou centres commerciaux où l'on peut se procurer cet équipement

M. Communiquez à partir de mots-clés:

Situation: Vous allez au café avec un(e) ami(e). Jouez les rôles selon les indications données.

Vous: indiquer direction table où s'asseoir.
L'ami(e): accord.
Le garçon: salutation; offrir service.
Vous: commander café + eau minérale.
L'ami(e): avoir faim; commander sandwich jambon + jus orange.
Vous: demander ami(e) vouloir aller excursion week-end ski?
L'ami(e): identité organisation excursion? absence équipement.
Vous: association étudiants; possibilité location équipement.

L'*ami(e)*: coût? heures départ et retour.

Vous: fournir renseignements.

L'*ami(e)*: intention participer excursion.

Vous: satisfaction! nécessité s'inscrire: délai jeudi

Le garçon: servir consommations.

Vous: possibilité avoir journal du jour?

Le garçon: acquiescer; intention l'apporter.

L'*amie*: pourquoi demander journal? événement important?

Vous: intention voir résultats Tour de France.

N. Traduisez:

En anglais:

1. Les vacanciers ont l'occasion de se délasser et de pratiquer leur sport favori.
2. Pour faire du surf, il faut aller au bord de la mer là où les conditions climatiques sont propices.
3. Une grande rencontre sportive attire beaucoup de spectateurs.
4. Pour faire de l'équitation, les mordus du cheval doivent trouver un manège où on loue des montures.
5. La visite de certains lieux touristiques n'est pas gratuite.

En français:

1. *Here is a brochure listing all the recreational activities.*
2. *The museum is open all day from 9 to 5.*
3. *They do not play baseball in France.*
4. *I have been told that the man we met is a good chess player.*
5. *This town does not have many facilities where one can relax.*

Les sports en timbres.

La Tour Eiffel.

Paris, Tour Eiffel

M. *Emer*

Lorsqu'on nous demande ce que c'est Paris
On répond toujours: l'Étoile, les Tuileries
Le Bois de Boulogne, le Bois de Vincennes,
Les petites boutiques, les quais de la Seine.
D'autres plus sérieux disent sans hésiter:
C'est la petite Roquette° ou bien c'est la Santé;°   *prisons*
C'est les Grands Boulevards, Pigalle, l'Opéra.
Mais ne les croyez pas.
Paris, mais c'est la Tour Eiffel,
Avec sa pointe qui monte au ciel.
Qu'on la trouve laide,
Qu'on la trouve belle,
Y a pas de Paris sans Tour Eiffel.
On la débine°, on la charrie°;   *malign   denigrate*
Pourtant partout ce n'est qu'un cri:
Paris ne serait pas Paris
Sans être Paris
Mais, c'est la Tour Eiffel.

Un jour, une jeune et belle Américaine
Voulut voir Paris et les bords de la Seine.
Elle visita les monuments, les musées
Les grands magasins, les rues et les cafés.
Mais voilà qu'un soir elle rencontra l'amour.
Et maintenant quand on lui demande à son tour:
« Quel est votre avis, Miss? Sur Paris? Franchement? »
Elle dit en rougissant:

« Paris, mais c'est *le* Tour Eiffel
Avec *son* pointe qui monte au ciel.
Le Tour de Pise, *le* Tour de Nesles,
Le Tour de Londres, oh! *Ils* sont bien moins belles.
On est toujours sûr avec elle
De monter jusqu'au septième ciel.
Paris serait pas Paris sans elle.
Paris, mais c'est *le* Tour Eiffel. . .

Vous voyez: Paris,
Mais c'est la Tour Eiffel.

(Maurice Chevalier, *Chevalier chante Paris*,
RCA Victor, Stereo 530036 M)

Chapitre 14

*On danse encore, bien
que ce ne soit pas fête.*
Dicton **wallon**

Fêtes et Traditions _____

Textes

Les fêtes d'origine religieuse

La célébration des **fêtes** traditionnelles, d'inspiration religieuse ou laïque, permet d'interrompre le cycle du travail, de se reposer et de passer du temps en famille ou avec les amis.

Sans être très pratiquants[1], les Français célèbrent le baptême[2] et la première communion de leurs enfants car ils accordent beaucoup d'importance au renforcement des liens familiaux. Quoique seul le **mariage** civil soit légal, beaucoup de couples se marient à la mairie et à l'**église**. Ces cérémonies sont suivies de réjouissances[3], notamment d'un grand repas auquel sont invités **parents** et amis et où le champagne est de rigueur[4]. Il n'est pas rare, en telle occasion, que les convives chantent et dansent au son d'un petit orchestre ou d'une chaîne hi-fi[5].

Des fêtes religieuses comme l'Épiphanie ou Fête des Rois[6] et la Chandeleur[7] ne sont pas des fêtes légales. Elles se célèbrent en famille; la première par la traditionnelle galette[8] des rois et la seconde par des crêpes[9]

Bien que tout le monde ne les célèbre pas par des cérémonies religieuses, les fêtes du **calendrier** catholique comme Pâques[10], l'Ascension[11], la Pentecôte[12], l'Assomption[13], la Toussaint[14] et la Noël sont officiellement reconnues par l'État comme fêtes légales. Elles donnent lieu[15] à des vacances pour les écoliers et les étudiants et à des jours chômés[16] pour les travailleurs. Quand ces jours fériés tombent un mardi ou un jeudi, les employeurs permettent souvent à leurs employés de « faire le pont », c'est-à-dire de prolonger le week-end en ne travaillant pas le lundi dans le premier cas et le vendredi dans le second. La productivité « en prend un coup »[17], mais rares sont ceux qui s'en plaignent. La circulation routière aussi souffre de ces longs week-ends où tout le monde fuit la ville en voiture. Les embouteillages, les bouchons[18] et, malheureusement, les accidents sont fréquents surtout le 15 août. Pour limiter les dégâts[19], les autorités mobilisent des effectifs supplémentaires (**gardes mobiles**, gendarmes et CRS). Les stations radio du réseau national renseignent les automobilistes sur les voies et routes à éviter.

Les nouveaux mariés.

Les fêtes d'origine civile

Les fêtes d'origine civile sont au nombre de quatre. La célébration du 1er janvier (Jour de l'An) commence la veille[20], fête de la Saint-Sylvestre, par un grand repas et des réjouissances qu'on désigne par le terme de **réveillon**. On réveillonne avec des parents ou des amis soit à la maison soit en ville, dans les cafés ou les boîtes de nuit. Certains jouent au loto, d'autres dansent et s'amusent toute la nuit. Le 1er mai, on célèbre la Fête du Travail par un jour de . . . repos, des défilés[21] de travailleurs et en offrant du muguet[22] aux membres de la famille et aux amis. Le 14-Juillet, anniversaire de la prise de la Bastille lors de la Révolution française de 1789, est la Fête Nationale, célébrée à travers toute la France et les territoires français par un défilé militaire le matin, un feu d'artifice[23] et un bal sur la place publique le soir. Le 11 novembre, anniversaire de l'Armistice de 1918, les autorités civiles et militaires déposent[24] des gerbes[25] au monument aux morts de la ville.

«Aujourd'hui, c'est la fête!»

Les fêtes locales et régionales

La plupart des villes ou régions célèbrent traditionnellement certaines fêtes d'inspiration religieuse, professionnelle ou folklorique. Ici, on honore un saint ou une sainte du pays; là, on célèbre la fin des vendanges[26]. La Bretagne est connue pour ses nombreux **pardons** et pèlerinages[27] accompagnés de processions solennelles[28] de fidèles en costume breton. À Lourdes, dans les Hautes-Pyrénées, on célèbre plusieurs pèlerinages en l'honneur de la Vierge[29] et de sainte Bernadette (Soubirous) à qui elle est apparue 18 fois en 1858. Le plus important est le pèlerinage national français qui a lieu **fin août** et qui dure huit jours. La ville accueille plus de trois millions de pèlerins dont beaucoup d'étrangers. Des villes comme Nice et Albi sont connues pour leur carnaval; d'autres, comme Cannes et Deauville, le sont pour leur festival de cinéma. Avignon est célèbre pour son festival d'art dramatique.

Les municipalités de petite et grande envergure[30] encouragent toutes fêtes permettant au public de se distraire et, ce faisant[31], de dépenser de l'argent. Elles organisent ainsi des activités qui attirent aussi bien les gens du **coin** que les touristes: kermesses[32], rallyes automobiles, jeux, concours, tombolas[33], bals, etc.

«Vive la France!»

Glossaire

1. **pratiquant:** *practicing*
2. **baptême** (m.): *baptism, christening*
3. **réjouissance** (f.): *rejoicing, celebration, festivity*
4. **de rigueur:** *required, a must*
5. **chaîne hi-fi** (f.): *stereo player*
6. **Fête des Rois:** *Feast of the Magi, Epiphany, Twelfth Night*
7. **Chandeleur:** *Candlemas*
8. **galette** (f.): *cake, tart*
9. **crêpes** (f.): *pancakes*
10. **Pâques** (f.pl.): *Easter*
11. **Ascension** (f.): *Ascension Day*
12. **Pentecôte** (f.): *Pentecost, Whitsuntide, Whit Sunday*
13. **Assomption** (f.): *Assumption (of the Blessed Virgin)*
14. **Toussaint** (f.): *All Saints' Day*
15. **donner lieu à:** *to give rise to, entail*
16. **jour** (m.) **chômé:** *day off*
17. **en prendre un coup:** *to suffer from it*
18. **bouchon** (m.): *plug, traffic jam*
19. **dégât** (m.): *damage*
20. **veille** (f.): *eve, preceding day; vigil, watch*
21. **défilé** (m.): *parade*
22. **muguet** (m.): *lily of the valley*
23. **feu** (m.) **d'artifice:** *fireworks*
24. **déposer:** *to lay down, deposit*
25. **gerbes** (f.): *wreaths*
26. **vendanges** (f.pl): *grape harvest*
27. **pèlerinage** (m.): *pilgrimage*
28. **solennel:** *solemn, formal*
29. **Vierge (la):** *(the) Virgin*
30. **envergure** (f.): *size, importance*
31. **ce faisant:** *in so doing*
32. **kermesse** (f.): *benefit*
33. **tombola** (f.): *raffle*

Vocabulaire

wallon: relatif à la Wallonie, région francophone du sud de la Belgique comprenant les provinces du Hainaut, de Liège et de Namur. Bruxelles, la capitale, est bilingue et fait partie de la Flandre, qui est néerlandophone. La question linguistique sépare les communautés **flamande** (*Flemish*) et wallone (minoritaire).

fête (f.): l'ensemble de réjouissances commémorant un événement important. On **fête** un événement civil ou religieux, personnel ou collectif. On assiste aux **festivités**. Celui qui ne s'y amuse pas est un **trouble-fête** (*kill-joy*). Un repas de fête est un **festin**. Un **festival** est une manifestation artistique au cours de laquelle on joue ou représente les œuvres d'un ou de plusieurs artistes. Un jour **férié** est un jour de fête où l'on ne travaille pas. Dimanche est un tel jour pour les chrétiens, samedi (ou le sabbat) pour les israélites et vendredi pour les musulmans. En dehors des dimanches, les jours officiellement **chômés** sont dits fériés. Un **anniversaire** est la commémoration d'une date importante. Les fêtes du calendrier catholique sont désignées par le nom du saint précédé de l'article *la* (le mot *fête* est omis). Par exemple: la Saint-Jean (*Midsummer Day*).

mariage (m.): l'union légitime d'un **couple** dont l'un devient le **mari** ou **époux** (*husband, spouse*) et l'autre la **femme** ou **épouse** (*wife, spouse*). On **épouse** quelqu'un(e), mais on **se marie** *avec* quelqu'un(e). Chacun d'eux devient **un conjoint** (*spouse*) pour l'autre. À la suite du mariage civil, le maire remet un **livret de famille** (*vital statistics booklet*) aux **nouveaux mariés,** livret dans lequel seront inscrits les **naissances** (*births*) et les **décès** (*deaths*) de leurs enfants. La cérémonie **nuptiale** et les réjouissances qui lui succèdent constituent les **noces** (*wedding*). Ceux qui restent unis par les **liens** (*knots, bonds*) du mariage et ont la chance de vivre longtemps peuvent célébrer leurs **noces d'argent** (*silver anniversary*) après 25 ans de mariage, leurs **noces d'or** (50 ans) et parfois même leurs noces de **diamant** (60 ans) et celles de **platine** (75 ans). Actuellement en France, beaucoup de jeunes couples préfèrent la **cohabitation** (*living together*) au mariage traditionnel qui, souvent, est contracté à l'arrivée du premier **nouveau-né** (*newly born child*). En moyenne, un couple français a moins de deux enfants. Ce faible **taux de natalité** (*birth rate*) préoccupe le gouvernement.

Un cortège nuptial.

église (f.): le lieu du culte pour les chrétiens. En France, on réserve ce terme pour le culte catholique. Pour les protestants, on emploie le mot **temple**. Les adeptes du **judaïsme**, ou **juifs**, vont à la **synagogue** tandis que ceux qui pratiquent l'islam, les musulmans, se rendent à la **mosquée**. Les prêtres qui officient dans ces lieux sont respectivement le **curé** (*priest*), le **pasteur** (*preacher*), le **rabbin**, et l'**imam**. Les juifs orthodoxes ne doivent manger que de la viande **cachère** et les musulmans de la viande **hallel** (viande d'animaux tués selon les rites).

parent (m.): la personne avec qui on a des **liens familiaux** ou **liens de parenté** (*family ties, relationships*). En général, quand on parle de parents, il est question du **père** (*father*) et de la **mère** (*mother*); mais le mot inclut également d'autres personnes avec lesquelles on est lié par le **sang** ou le mariage: **grand-père, grand-mère, cousins, neveux** (*nephews*) et **nièces, oncles, tantes** (*aunts*), **beau-père** (*father-in-law/stepfather*), **belle-mère** (*mother-in-law/stepmother*), **beau-frère** (*brother-in-law*), **belle-soeur** (*sister-in-law*). Les parents entrent dans deux grandes catégories: les **parents proches** (*close relatives*) et les **parents éloignés** (*distant relatives*).

calendrier (m.): le système de division du temps, l'**emploi du temps** (*schedule*) **programme**. En France, en fin d'année, le **facteur** (*mailman*) offre un **almanach** des PTT aux usagers qui lui donnent des **étrennes** (*New Year's gifts*) en retour. Le calendrier musulman est un calendrier **lunaire** de 12 mois de 29 ou 30 jours comportant ainsi 12 jours de moins que le calendrier **grégorien** qui, lui, est **solaire**. Par conséquent, les fêtes musulmanes ne correspondent pas à des dates fixes du calendrier occidental.

garde mobile (m.): un membre de la **gendarmerie nationale** chargé de la police des routes. Force armée d'environ 80.000 hommes, la gendarmerie est chargée de missions civiles et militaires. Elle dépend du Ministère de la Défense alors que les autres polices dépendent du Ministère de l'Intérieur. Parmi celles-ci, en plus de la Police nationale et des polices urbaines, on compte les **Compagnies républicaines de sécurité** (CRS), réserves pouvant être envoyées en toute partie du territoire en cas de troubles ou de catastrophes. Un membre de la police est un **agent de police** ou **gardien de la paix**. Dans les petits villages, le seul **représentant de l'ordre** est parfois le **garde champêtre**.

réveillon (m.): les repas et réjouissances qui ont lieu la nuit des fêtes de fin d'année (Noël et Jour de l'An). Ceux qui les célèbrent sont des **réveillonneurs** (*revelers*). On dit alors qu'ils **réveillonnent**.

pardon (m.): le pèlerinage religieux en Bretagne en l'honneur d'une Vierge, d'une sainte ou d'un saint du pays. Les **pèlerins** en costumes folkloriques forment une procession au cours de laquelle on promène des **reliques** (*relics*). L'**office** (*religious service*) est suivi d'une fête populaire où l'on danse au son des **binious**, sortes de **cornemuses** (*bagpipes*) bretonnes.

fin août: façon elliptique de dire à la fin du mois d'août. De la même façon, on peut dire **début octobre, fin 1989**, etc.

coin: en plus de sa signification originelle d'angle comme dans les expressions **coin de rue** (*street corner*), coins de la chambre, l'épicier du coin, etc., le mot peut prendre le sens de **région**, d'**endroit** (*place*) comme dans les expressions les **gens du coin** (*local people*) ou un **joli coin** (*a nice spot*). Quand on est bloqué dans un coin, on est **coincé** (*cornered, caught*). Pour les enfants, le **petit coin** est un euphémisme servant à désigner les **toilettes** ou le **cabinet** (*restroom*).

Questions

1. Quelle peut être l'origine d'un fête traditionnelle?
2. Qu'est-ce qu'une fête légale?
3. Où sont célébrés les mariages en France?
4. De quelles sortes de réjouissances, les cérémonies nuptiales sont-elles généralement suivies?
5. Citez des fêtes religieuses célébrées en famille seulement.
6. Citez des fêtes d'inspiration religieuse reconnues comme fêtes légales.
7. À quelle occasion, les travailleurs « font-ils le pont »?
8. Quels inconvénients les longs week-ends entraînent-ils?
9. Que font les autorités pour limiter les dégâts durant les jours de fêtes?
10. Quelles sont les fêtes civiles légales? Comment les célèbre-t-on en France?
11. Quel genre de fêtes célèbre-t-on Bretagne? À Lourdes?
12. Quelles sont les fêtes traditionnelles célébrées par certains villes comme Nice ou Albi?
13. Citez des villes françaises connues pour un festival.
14. Pourquoi les municipalités encouragent-elles la célébration de fêtes et d'événements traditionnels?
15. Quelles sont les activités que l'on organise à l'occasion de ces fêtes?

Grammaire

L'alternative, le choix et l'opposition

Une alternative constitue:

- La succession de deux choses qui reviennent tour à tour: le jour **et** la nuit.
- Un choix entre deux options ou partis: ceci **ou** cela.

Un choix ou une sélection peut comporter plusieurs options.
L'alternative et le choix peuvent être présentés dans un contexte affirmatif ou négatif.

1. À l'affirmation:

Les tournures et schémas du choix ou de l'opposition sont:

- Et/ou:

Choisis entre lui **et** moi!
Mon père **ou** ma mère t'accueillera*.

*Le verbe se met au singulier si l'un des termes exclut l'autre.

- D'un côté . . . de l'autre; d'une part . . . de l'autre . . .:

    Il y a **d'un côté** des gâteaux, **de l'autre** des boissons.

- Soit . . . soit . . .:

    Soit il est parti en vacances, **soit** il est malade.
    Prenez **soit** l'un, **soit** l'autre.

2. À la négation:
   Les schémas de l'alternative sont:

   - Ne . . . pas . . . . ni
   - Ne . . . ni . . . ni*
   - Ni . . . ni . . . ne . . .*

        Nous **ne** travaillerons **pas** ce jeudi **ni** le suivant.
        Ne prenez **ni** l'un **ni** l'autre.
        Il **n**'a dit **ni** oui **ni** non.
        Ni l'une **ni** l'autre **n**'est d'accord†.

Révision

Présent en **-e** de verbes irréguliers en **-ir**:

Certains verbes du troisième groupe se terminant en **-ir** se conjuguent au présent comme des verbes réguliers en **-er**. On compte dans cette catégorie les verbes **couvrir, cueillir, offrir, ouvrir, souffrir, tressaillir** et les verbes qui en dérivent.

Présent des verbes **accueillir** et **ouvrir**:

j'	accueill**e**	j'	ouvr**e**
tu	accueill**es**	tu	ouvr**es**
elle	accueill**e**	il	ouvr**e**
nous	accueill**ons**	nous	ouvr**ons**
vous	accueill**ez**	vous	ouvr**ez**
ils	accueill**ent**	elles	ouvr**ent**

Le futur de ces verbes est régulier (radical = infinitif) sauf pour **cueillir** et ses dérivés qui se comportent comme des verbes du 1er groupe (radical = **cueiller-**).

Nous **cueillerons** la fraîche violette.

Leur participe passé est en **-ert** (ouvert) sauf pour **cueillir** (et dérivés) et **tressaillir** où il est en **-i** (cueilli).

Le Président de la République s'est **recueilli** devant la Tombe du Soldat Inconnu.

---

*Noter l'absence de **pas** quand **ni** est employé plus d'une fois.

†L'accord au pluriel (« **ne** sont d'accord ») est facultatif.

Structure

Les opérations de calcul; les indications temporelles; constructions idiomatiques avec **faire**

A. Les opérations de calcul:

Les opérations de calcul se lisent comme suit:

1. L'addition:

   $4 + 5 = 9 \rightarrow$ quatre **plus** cinq **égale** neuf.

   On **additionne** 4 et 5 pour obtenir 9. On **ajoute** 4 à 5.

2. La soustraction:

   $11 - 3 = 8 \rightarrow$ onze **moins** trois **égale** huit.

   On **soustrait** |ou **retranche**| 3 **de** 11 pour obtenir 8.

3. La multiplication:

   $2 \times 7 = 14 \rightarrow$ deux **fois** sept **égale** quatorze; ou: deux **multiplié par** sept **égale/ font** quatorze.

   On **multiplie** 2 **par** 7 pour obtenir 14.

4. La division:

   $15 \div 5 = 3 \rightarrow$ quinze **divisé par** cinq **égale** trois; 15 est le **dividende**, 5 le **diviseur** et 3 **le quotient**. Si le **dividende** était 16, 1 serait **le reste**.

   On **divise** 15 **par** 5 pour obtenir 3.

   En français, une division se pose ainsi:

   $$\begin{array}{c|c} 15 & 5 \\ \hline 0 & 3 \end{array}$$

5. Les puissances:

   A^2, A^3, A^4, A^n, etc. $\rightarrow$ A **au carré**, A **au cube**, A **puissance quatre**, A **puissance** n, etc.

   On **met** ou **élève** un nombre à la puissance n.

6. Les racines:

   $\sqrt[n]{A} \rightarrow$ racine $n^{\text{ième}}$ de A. Le signe $\sqrt{}$ s'appelle **radical** et n l'**indice**. Quand l'indice est 2 ou 3, on dit racine **carrée** ou racine **cubique**.

   Quand on **extrait** la racine carrée de 144, on obtient 12.

B. Les indications temporelles:

   Le jour, la semaine, le mois et l'année peuvent s'indiquer soit par rapport au moment où l'on parle soit par rapport à moment situé dans le passé ou l'avenir.

1. Par rapport au présent:
   a. Moment passé:

   - Jour: **hier, avant-hier** pouvant être suivis de **matin** ou **soir.**

     Elle est arrivée **avant-hier,** lui **hier matin** seulement.
     Hier soir, il y a eu un bal masqué à la salle des fêtes.

   - Jour de la semaine, semaine, mois, année: + **dernier(e)/passé(e).**

     Mon anniversaire était dimanche **dernier.**
     Nous n'avons pas eu de devoirs, la semaine **dernière.**
     Je l'ai rencontrée l'année **passée.**

   b. Moment futur:

   - Jour: **demain, après-demain.**

     Nous nous reverrons **demain** devant le monument aux morts.
     Il pense repartir **après-demain matin.**

   - Jour de la semaine, semaine, mois, année: + **prochain(e).**

     Nous n'aurons pas classe lundi **prochain.**
     Le pèlerinage aura lieu le mois **prochain.**
     Ils prendront leurs congés l'année **prochaine.**

2. Par rapport à une date passée ou future:
   a. Moment qui précède:

   - Jour: **la veille,** le jour **d'avant,** le jour **précédent.**

     Elle est arrivée **la veille** de mon départ.
     Je suis parti le 14; elle est arrivée le jour **précédent.**

   - Jour de la semaine, semaine, mois, année: + **précédent(e).**

     Robert est né en 1970, François l'année **précédente.**
     La fête a eu lieu en avril; les invitations avaient été
     envoyées le mois **précédent.**

   b. Moment qui suit:

   - Jour: **le jour d'après, le lendemain, le surlendemain.**

     Il est tombé malade ce soir-là. Il est mort **le lendemain.**
     Je viendrai le 14 et repartirai **le surlendemain** (= le 16).

   - Jour de la semaine, semaine, mois, année: + **suivant(e)/d'après.**

     Le mardi **suivant,** on célébrait son anniversaire.
     Nous viendrons en mai et repartirons le mois **suivant.**
     Il a fini ses études cette année-là et commencé à travailler
     l'année **suivante.**

3. Périodes approximatives:

On exprime approximativement les diverses périodes d'un mois ou d'une année par les mots **début de, mi-** et **fin de** avec article. La langue commerciale les emploie sans article ni **de**.

Il viendra à la **mi-août** et restera jusqu'**au début d**'octobre.
Nous vous enverrons la facture **fin mai** au plus tard.

Pour les décennies, on dira **les années 70, 80** (soixante-dix, quatre-vingt), etc.

C. Constructions idiomatiques avec **faire**:

1. **Il** + **faire** + *adjectif/nom*:

On emploie les tournures impersonnelles pour indiquer le temps: **Il fait** + *beau, bon, chaud, frais, froid, jour, mauvais, nuit, du vent*, etc.

Quand il **fait** encore beau au début de l'automne, on dit que c'est l'été de la Saint-Martin°.   Indian summer
Il **fait** déjà nuit; il nous faut rentrer à la maison.

2. **Faire** + *nom* = obtenir/produire un résultat:

- **Faire** + *mal* = produire de la douleur
- **Faire** + *du mal* = causer des ennuis, des difficultés
- **Faire** + *peur* = effrayer, causer de la crainte
- **Faire** + *silence* = arrêter le bruit, faire taire
- **Faire** + *de la musique, du sport*, etc. = pratiquer la musique, le sport, etc.
- **Faire** + du 120 = rouler à 120 kilomètres à l'heure

3. **Faire** + *adjectif* = **paraître** + *adjectif*:

- **faire** + *élégant, jeune, pauvre, riche, vieux*, etc.

   Robert **fait** jeune pour son âge.

4. **Se faire** + *adjectif* = **devenir** /**se rendre** + *adjectif*:
   L'adjectif s'accorde en genre et nombre avec le sujet:

- **Se faire** + *beau* = s'embellir:

   Elles **se font** belles pour aller au bal du dimanche.

- **Se faire** + *rare* = devenir rare, ne pas sortir souvent:

   L'argent **se fera** rare si la crise économique continue.

- **Se faire** + *vieux* = vieillir:

   Je **me fais** vieux avec tous ces soucis.

5. **Faire** + *profession* = *tenir un emploi*:

- **Faire** + *le barman* = travailler comme barman:

   En été, Jules **fait** le barman.

6. **Faire** + *nom d'origine adjectivale* = **jouer à, prétendre être:**

- **Faire** + *l'idiot, le difficile, l'imbécile, le mort* . . . = agir comme si l'on était idiot, difficile, imbécile, mort . . .:

   Elle **fait** l'idiote depuis un quart d'heure.

Notes culturelles

Les jours de fête

A. Calendrier comparé des jours de fête:
   Abréviations: **avt**: avant; **C**: civile; **F**: fériée; **R**: religieuse;
   dim.: dimanche; **j**: jours

Date	C/F/R	France	U.S.A.
1er janvier	C	Jour de l'An	New Year's Day
6 janvier	R	Fête des Rois (Épiphanie)	N/A
2 février	R	Chandeleur	Groundhog Day
février	R	Mardi-Gras 40 j avt Pâques	Shrove Tuesday
3e lundi, février	CF	Néant*	President's Day
mars/avril[†]	FR	Pâques	Easter
1er mai	CF	Fête du Travail	N/A
mai(jeudi)	FR	Ascension 40 j après Pâques	N/A
mai, dernier lundi	CF	Néant	Memorial Day
mai/juin	FR	Pentecôte 49 j après Pâques	N/A
4 juillet	CF	Néant	Independence Day (Fête Nationale)
14 juillet	CF	Fête Nationale (Prise de la Bastille)	N/A
15 août	FR	Assomption	N/A
septembre 1er lundi	CF	Néant	Labor Day (Fête du Travail)
octobre 2e lundi	CF	Néant	Discoverers' Day
1 novembre	FR	Toussaint	N/A
11 novembre	CF	Armistice (1918)	Veterans' Day
25 décembre	FR	Noël	Christmas

*Néant = *none*, N/A; *nothing applicable*
†Premier dimanche après pleine la lune qui suit l'équinoxe de printemps (22-3 au 25-4)

B. Les traditions de quelques fêtes:

À Noël, on réveillonne généralement en famille après la messe[1] de minuit. Le repas comprend la dinde[2] comme plat de résistance et la bûche[3] comme dessert. L'arbre[4] de Noël, un sapin[5], est illuminé et décoré de friandises[6] et de jouets[7]. Les enfants placent leurs souliers[8] devant la cheminée[9] pour que le Père Noël y mette des cadeaux[10]. Le 25 décembre, les gens se souhaitent « Joyeux Noël! ». La nuit du Nouvel An, on va avec des amis manger dans un restaurant et danser jusqu'au petit matin. À minuit, les réveillonneurs s'embrassent et se souhaitent « Bonne Année! » En fin d'année, on envoie des cartes de vœux[11] aux parents et amis absents.

Pour la Fête des Rois, on mange une galette dans laquelle on a placé une fève[12] (en plastique, de nos jours). Celui ou celle qui la trouve sera roi ou reine du repas.

À la Chandeleur, on prépare des crêpes que l'on fait sauter[13] dans la poêle[14] en tenant une pièce de monnaie dans la main espérant ainsi attirer la fortune pour toute l'année.

La Toussaint qui, comme son nom l'indique, est une fête en l'honneur de tous les saints, est pratiquement confondue avec la Fête des Morts qui a lieu le lendemain. Ce jour-là, les gens honorent les morts de la famille en allant au cimetière pour déposer des chrysanthèmes sur leurs tombes.

Le 11 novembre, anniversaire de l'Armistice, est aussi une fête du souvenir[15] en l'honneur des soldats tombés sur les champs de bataille de la Première Guerre Mondiale. En plus des défilés et des dépôts de gerbes aux monuments aux morts, des membres des associations d'anciens combattants[16] épinglent[17] des bleuets[18] (de papier) à la boutonnière[19] des passants et collectent de l'argent en échange.

Carte de vœux

C. Les fêtes des minorités religieuses:

Les Musulmans, français et immigrés, totalisent environ 3 millions, constituant ainsi le deuxième groupe religieux après les Catholiques. Les principales fêtes célébrées par les adeptes de l'islam sont: l'Aïd-el-Fitr ou Aïd-es-Seghir (Petite Fête) qui marque la fin du Ramadan ou mois du Jeûne[20], l'Aïd-el-Kébir (Grande Fête) pour laquelle on égorge un mouton[21] en l'honneur du sacrifice d'Abraham, et le Mouloud ou anniversaire de la naissance du prophète Mohammed.

Les communautés juives ashkénazes et séfarades comptent environ 750.000 membres. Leur jour de repos est le samedi ou Chabbat. Les Juifs ou Israélites observent cinq grandes fêtes annuelles: Rosh Haschana ou Jour de l'An (entre le début de septembre et le début d'octobre); Yom Kippour ou Jour du Pardon, appelé aussi Sabbat des Sabbats (entre le 20 septembre et le 12 octobre); Soukkot ou Solennité des Tabernacles (7 jours en octobre); Pesah ou Pâque (avril) et Shavouoth ou Pentecôte (50 jours après la Pâque). Il y a d'autres fêtes non chômées comme Hanouka ou Fête des Lumières[22] (fin de décembre) et Pourim (un mois avant la Pâque).

Glossaire

1. **messe** (f.) **de minuit:** *midnight mass*
2. **dinde** (f.): *turkey*
3. **bûche** (f.): *yule log*
4. **arbre** (m.): *tree*
5. **sapin** (m.): *fir tree*
6. **friandises** (f.pl.): *delicacies, sweets*
7. **jouet** (m.): *toy*
8. **soulier** (m.): *shoe*
9. **cheminée** (f.): *fireplace*
10. **cadeau** (m.): *gift, present*
11. **vœu** (m.): *greeting, wish*
12. **fève** (f.): *broadbean*
13. **faire sauter:** *to toss, flip*
14. **poêle:** *frying pan*
15. **souvenir** (m.): *remembrance, memorial*
16. **ancien combattant** (m.): *war veteran*
17. **épingler:** *to pin*
18. **bleuet** (m.): *bachelor's button*
19. **boutonnière** (f.): *lapel buttonhole*
20. **jeûne** (m.): *fasting*
21. **égorger un mouton:** *to slaughter a sheep*
22. **lumière** (f.): *light*

Questions sur les Notes culturelles

1. Quelle est la fête américaine qui correspond au 14 juillet?
2. Quelle est la date de la Fête du Travail en France? aux USA?
3. Que mange-t-on traditionnellement à Noël?
4. Que décore-t-on et avec quoi?
5. Que font les enfants avec leurs souliers la veille de Noël?
6. Que se souhaitent les gens à Noël? le Jour de l'An?
7. Quelle est la date de l'Épiphanie? Qu'est-ce qu'on place dans la galette des Rois?
8. Qu'arrive-t-il à celui ou à celle qui trouve ce légume.
9. Qu'est-ce qu'on prépare, en France, le jour de la fête qui a lieu le 2 février? Que fait-on pour attirer la fortune?
10. Quel est le jour qui suit celui de la Toussaint? Que font les Français ce jour-là?
11. Quels jours de fêtes offre-t-on du muguet? des bleuets? Que célèbre-t-on ces jours-là?
12. Quelles proportions de la population française les Musulmans et les Israélites constituent-ils?
13. Comment s'appelle la fête par laquelle se termine le Ramadan?
14. Quand les Musulmans sacrifient-ils un mouton? En quel honneur?
15. Que célèbrent les Juifs le jour du Rosh Haschana? Par quoi désignent-ils le Jour du Pardon?

Exercices

A. Complétez les phrases suivantes en vous inspirant des textes:

1. Seul le mariage _____ est légal en France. Le mariage religieux est contracté à _____.
2. La Fête des Rois et la _____ ne sont pas des _____.
3. Les fêtes reconnues par l'État donnent lieu à des _____ pour les écoliers et à des _____ pour les travailleurs.
4. La _____ routière des jours de congé est à éviter car il y a beaucoup d'_____ et d'accidents.
5. Le 14-Juillet est _____ des Français: on célèbre l'_____ de la prise de la Bastille.
6. Les Français célèbrent le 14-Juillet par un _____ le matin, et un _____ le soir.
7. Le 11 novembre, les autorités déposent _____ au _____ de la ville.
8. La Bretagne est célèbre pour ses _____ accompagnés de _____ de fidèles en costume breton.
9. Le pèlerinage national de Lourdes, dans les _____-_____ a lieu _____ et dure huit jours.

10. Nice et Albi sont connues pour leur _____; Cannes et Deauville pour leur _____.

11. Les _____ encouragent les fêtes car celles-ci permettent au public de _____.

12. À l'occasion des fêtes locales, on organise des _____, des rallyes automobiles, des _____, etc.

13. À Noël, on _____ en famille après la _____ de minuit.

14. La Fête des Morts a lieu le _____ de la _____.

15. Les membres des association d'_____ _____ épinglent des bleuets à la _____ des passants.

16. Les _____ de France constituent le _____ après les Catholiques.

17. Pour les adeptes de _____, l'Aïd-es-Seghir marque la fin du _____.

18. Pour l'Aïd-el-Kébir, on _____ en l'honneur du _____ d'Abraham.

19. Les communautés _____ ashknénazes et _____ comptent près de 750.000 membres.

20. Rosh Haschana est le _____ des Juifs. _____ ou Fête des Lumières est célébrée à la fin de décembre.

B. Complétez les phrases suivantes en vous aidant du vocabulaire étudié:

1. La commémoration d'une date importante est un _____.

2. Le maire remet un _____ de _____ aux nouveaux mariés.

3. Les Catholiques vont à _____, les Protestants au _____.

4. Les _____ sont des adeptes de l'islam.

5. Le père de ma femme est mon _____.

6. L'épouse de mon oncle est ma _____.

7. Les repas et réjouissances de fin d'année sont des _____.

8. Un pèlerinage religieux en Bretagne est un _____.

9. Le biniou est une _____ bretonne.

10. L'euphémisme qui désigne les toilettes est le _____.

C. Complétez les phrases suivantes selon les indications données entre parenthèses:

_____ (*On the one hand*) les Français ne sont pas très pratiquants, _____ (*on the other*) ils célèbrent toutes les fêtes d'origine religieuse. Ils fêtent Noël _____ (*either*) à la maison avec des _____ (*relatives*) _____ (*or*) en ville avec des amis. Beaucoup ne vont _____ (*neither*) à l'église _____ (*nor*) à la messe de minuit. Certains donnent des _____ (*gifts*) au facteur. _____ (*neither*) l'Épiphanie _____ (*nor*) la Chandeleur ne sont des fêtes légales. Pour le _____ (*New Year's Eve*), les restaurants et les cafés _____ (*receive, host*) beaucoup de clients. Ils restent _____ (*open*) toute la nuit. À la _____-_____ (*mid-August*), la circulation est contrôlée _____ (*either*) par la garde mobile _____ (*or*) par la gendarmerie. _____ (*The following month*), c'est la rentrée. Les embouteillages sont fréquents quoique les autorités mobilisent tous les représentants de l'ordre. Pour éviter les accidents, il est préférable _____ (*either*) de rester chez soi _____ (*or*) de voyager en train.

D. Transformez les phrases données de façon à exprimer l'alternative de deux façons: avec **ou** puis avec **soit . . . soit** devant les termes soulignés:

1. Les fêtes traditionnelles sont laïques et religieuses.
2. Les réveillonneurs passent leur temps en famille et avec des amis.
3. Quand les fêtes légales tombent un mardi, un jeudi, on fait le pont.
4. Le 15 août, la circulation est contrôlée par des gendarmes et par des gardes mobiles.
5. La plupart des villes organisent des kermesses et des bals.

E. Mettez les phrases suivantes à la forme négative soit en employant **ne . . . pas + ni** ou **ne . . . + ni . . . ni:**

1. Nous irons à Nice en voiture ou en train.
2. Elles boivent du champagne ou du vin mousseux.
3. Les fêtes du mois de novembre sont nombreuses et joyeuses.
4. Deauville est connue pour son carnaval et son pèlerinage.
5. Vous avez visité la Bretagne et la Normandie.
6. Ce jour-là, il y a eu un défilé et un feu d'artifice.
7. Nous sommes ouverts samedi et dimanche.
8. Cette famille célèbre la Fête des Rois et la Chandeleur.
9. Lui ou moi accueillerons les invités ce soir.
10. Certains 15 août, il y a des embouteillages et des accidents.
11. Les Musulmans et les Juifs célèbrent Noël.
12. Il reviendra à Pâques ou à la Trinité.
13. Denis et Laurent m'ont souhaité la Bonne Année.
14. Beaucoup de Français célèbrent le baptême et la première communion de leurs enfants.
15. Pour le repas de Noël, je préfère de la dinde ou de l'oie.

F. Mettez les verbes des phrases suivantes au présent de l'indicatif:

1. Les Martin ont accueilli leurs amis d'Arcachon.
2. La salle de spectacles n'ouvrira pas le lundi.
3. Nous y cueillerons la fraîche violette, ma mignonnette.
4. La porte s'est ouverte et j'ai tressailli car il n'y avait personne.
5. Les fleurs étant bien périssables, je t'offrirai des bonbons.
6. Le 11 novembre, le Président de la République s'est recueilli devant la Tombe du Soldat Inconnu.
7. Combattants! Vous avez souffert, mais vous vous êtes couverts de gloire!
8. Tu découvriras sans peine où tes parents ont caché les jouets de Noël.
9. Ils n'ont rien offert comme étrennes au facteur.
10. À Noël, les toits se sont recouverts de neige.

G. Écrire en toutes lettres les opérations suivantes:

1. $2 \times 3 = 6$
2. $75 \div 15 = 5$
3. $91 \times 3 = 273$
4. $\frac{1}{3} + \frac{1}{4} = \frac{7}{12}$
5. $2.119 - 219 = 1.900$
6. $15\% - 5\% = 10\%$
7. $a^2 \times a^3 = a^5$
8. $b^9 \div b^4 = b^5$
9. $\sqrt[2]{4} = 2$
10. $\sqrt[3]{27} = 3$

H. Remplacez les mots soulignés par une expression du type **demain, après-demain, hier, avant-hier, . . . dernier(e), . . . prochain(e), la veille, le lendemain, le surlendemain, . . . précédent(e), . . . suivant(e)**, en tenant compte de la situation donnée en début de phrase. Employez le modèle suivant:

Il arrivera le 1er novembre. <u>Le 2</u>, il ira au cimetière.
Le lendemain, il ira au cimetière.

1. Nous sommes le 10. Nous reviendrons <u>le 12</u>.
2. Nous sommes en 1988. Il est parti <u>en 1987</u>.
3. Ils sont venus le 12. Ils sont repartis <u>le 13 au</u> soir.
4. Elle arrivera le 14 et repartira <u>le 16</u>.
5. Nous sommes le 20. Nous sommes arrivés <u>le 18</u>.
6. Il est allé en Suisse en 1980. Il y est aussi allé <u>en 1981</u>.
7. Nous sommes en 1988. J'irai en Belgique <u>en 1989</u>.
8. Nous sommes en 1988. J'irai en Belgique en 1989 et reviendrai <u>en 1990</u>.
9. Nous sommes le 28. Nous n'avions pas classe <u>le 27</u>.
10. Nous sommes le 20. Elle viendra <u>le 28</u>, le matin.
11. C'est le mois d'avril. Les cours se termineront <u>en mai</u>.
12. Nous avons travaillé la semaine du 15 au 22; <u>du 22 au 29</u>, nous n'avons travaillé que trois jours.
13. C'est mardi. <u>Dimanche</u>, nous avons eu un jour de congé.
14. Lundi dernier, c'était mon anniversaire. <u>Dimanche</u>, nous avons fait un grand repas.
15. Nous sommes jeudi. <u>Vendredi</u>, dès l'aube, je partirai.

I. Remplacez les mots soulignés par des expressions idiomatiques construites sur le verbe **faire**. Employez le modèle suivant:

Robert <u>paraît très jeune</u>.
Robert **fait** très **jeune**.

1. Aujourd'hui, <u>il y a du vent</u>, mais <u>le temps n'est pas froid</u>.
2. Son absence <u>me causait de la douleur</u>.
3. Louise <u>paraît jeune</u> parce qu'elle <u>pratique le sport</u>.
4. Arrêtez <u>de jouer au fou</u>!
5. Il m'<u>effraie</u> quand il <u>roule à 120 km/h</u>.
6. Depuis quand <u>travailles-tu comme garçon</u> dans ce restaurant?

7. C'est quelqu'un qui aime <u>causer des ennuis</u> aux gens.

8. J'espère que <u>la température</u> ne <u>sera</u> pas <u>basse</u> après-demain.

9. Vous <u>devenez</u> de plus en plus <u>rare</u> ces temps-ci.

10. Il <u>a prétendu être difficile</u> pour nous impressionner.

J. Communiquez à partir de mots-clés:

    Situation: Vous discutez avec un(e) ami(e) français(e) de vos fêtes et traditions respectives. Jouez les rôles selon les indications données.

Vous: demander date anniversaire ami(e).

L'amie: répondre et poser même question.

Vous: demander comment célébrer Mardi-Gras ici?

L'amie: bals masqués; même question?

Vous: absence célébration; exception La Nouvelle-Orléans?

L'amie: fête typiquement américaine? type célébration?

Vous: *Thanksgiving*; date; explication; repas: dinde.

L'amie: date fête nationale USA? type de célébration?

Vous: donner date; célébration similaire France, absence bals publics.

L'amie: fêtes USA avec vacances scolaires?

Vous: réponse.

L'amie: absence célébration Toussaint?

Vous: question sur Toussaint?

L'amie: fournir renseignements nécessaires.

Vous: absence Toussaint USA, mais célébration Halloween; expliquer.

K. Traduisez:

En anglais:

1. Au réveillon de Noël, on invite des parents ou des amis.

2. Au mariage, tous les convives font des vœux pour le bonheur des nouveaux mariés.

3. La Fête du Travail est célébrée le premier mai par un jour de repos et des défilés d'associations syndicales.

4. Le 14-Juillet est célébré par un défilé militaire, des feux d'artifice et un bal sur la place publique.

5. À la fin d'août, les pèlerinages sont nombreux en Bretagne.

6. Nous accueillerons un groupe d'anciens combattants à la mi-octobre. Il y aura soit un défilé soit une cérémonie au monument aux morts.

7. Le champagne est de rigueur pour les réjouissances du Jour de l'An.

8. Les vacances de la mi-août sont célèbres pour les embouteillages et autres problèmes de la circulation routière.

9. D'un côté nous sommes heureux de partir en pèlerinage à Lourdes, d'un autre nous regrettons le festival de Deauville.

10. Qu'ils soient chrétiens, juifs ou musulmans, tous les Français accueillent les congés de Noël avec plaisir.

En français:

1. *Cafés are open all night on New Year's Eve.*
2. *Everybody celebrates Labor Day with a day of rest.*
3. *Neither Candlemas nor Epiphany are official holidays.*
4. *Some play bingo, others have fun eating turkey.*
5. *The local city government organized a raffle for the World War I veterans.*
6. *We will not have a holiday tomorrow, nor the day after.*
7. *That day I celebrated my birthday. The day before we celebrated my parents' anniversary.*
8. *I will offer you the opportunity to go to Brittany either at Christmas or at Easter.*
9. *Last year we went to Marienbad. Next year we will be in Jerusalem for Passover.*
10. *The year before, at the beginning of November, the American World War II veterans were hosted by the city of Bruyères.*

Poème

Novembre

M.K.B.

	Qu'il est triste
	Le mois de novembre!
	Le mois des chrysanthèmes
	Le mois des héros
	Le mois des souvenirs jaunis
brings out	Que l'on ressort°
oblivion, forgetfulness	Pour honorer l'oubli°.
	Qu'il est triste
	Le cœur d'une mère
	Un jour de novembre
	Seul avec les médailles
	Des jours officiels
fairs	Qui ressemblent aux foires°
peace	Où pour parler de paix°
end of the hunt	On resonne l'hallali°.
	Qu'elle est triste
	La mémoire des vivants!
wasteland	Cette gaste terre°
	Où ni le soleil de novembre
	Ni le nom d'une rue
	Ni les discours d'occasion
forget-me-not	Ne valent un myosotis°.

Qu'il est triste
Le mois de novembre
Quand la terre en paix
Se repose avec nos fils
Et que nous venons fouler°   *trample, tread on*
Ces cimetières
Que leur mort a bénis°.   *blessed*

Qu'il est triste novembre
Dans le cœur d'une mère
Où le fardeau° des feuilles mortes   *burden*
Hélas, chaque an qui passe
Sans cesse s'entasse°   *piles up*
Sans apporter l'oubli.

(Poème inédit)

Chapitre 15

L'Ordinateur*

Texte

L'informatique

Les progrès accomplis au cours des 20 dernières années dans les domaines de l'électronique, l'invention des « puces » (microprocesseurs) et de nombreuses découvertes d'ordre technologique ont contribué à l'introduction de l'**informatique** dans de nombreux aspects de la vie quotidienne. L'usage des ordinateurs dans les secteurs industriel, économique et commercial, notamment dans ceux de la bureautique[1], des communications, de la télématique, et des transports, offre de nombreux avantages: gestion rapide et efficace des **stocks,** rendement accru[2] avec réduction des effectifs, communication instantanée avec n'importe quel point du globe, meilleur **archivage** avec moins de paperasse[3], etc. La généralisation de cet usage dans les affaires et le développement d'ordinateurs de petites dimensions ont abouti à une baisse appréciable des prix, ce qui a contribué à les mettre à la portée[4] des petites entreprises, des familles et des individus. Avec le micro-ordinateur personnel, l'informatisation est entrée pour de bon[5] dans les mœurs[6].

*Texte supplémentaire

Hebdo **Canada**

Ottawa
Canada

Volume 13, N⁰ 16
le 17 avril 1985

Croissance de l'industrie canadienne des ordinateurs

L'industrie des ordinateurs occupe une place de premier plan dans l'économie canadienne et joue un rôle de plus en plus important à l'étranger.

Chef de file incontesté dans le domaine de la conception et de la fabrication de systèmes de bureautique, le Canada, en 1983, a exporté environ 90 % du matériel informatique qu'il fabrique, fraction qui représente plus de 1 milliard de dollars. Les petites entreprises elles-mêmes sont concurrentielles sur le marché international où elles écoulent leurs produits.

Services disponibles

Dans le sous-secteur des prestations, l'industrie assure une vaste gamme de services de conception, de traitement de données par l'intermédiaire de bureaux de services, de bases de données en direct, de consultation et de logiciel sur mesure.

Le secteur des services est dominé par des sociétés canadiennes (90 % de ses 1 700 entreprises) et emploie plus de 22 000 personnes.

Les Canadiens achètent surtout du matériel importé, ce qui traduit bien la situation privilégiée dont jouissent les multinationales américaines dans ce secteur. Plusieurs succursales canadiennes de multinationales ont cependant acquis une exclusivité mondiale pour certains produits ou certaines gammes de produits. Il en a résulté une importante production destinée à répondre à la demande internationale. Encouragées par le climat économique favorable du Canada et désireuses de tirer parti des compétences spécialisées de la main-d'œuvre canadienne, plusieurs sociétés américaines ont décidé de perfectionner et de fabriquer ici des nouveaux produits informatiques.

Keynote Computers Products de Waterloo (Ontario) conçoit et fabrique une gamme de terminaux graphiques et textuels. Cette société met en montre le KD500G qui réunit quatre terminaux dans un même périphérique.

 Affaires extérieures
Canada   External Affairs
Canada

Article sur le rôle économique des ordinateurs.

L'ordinateur personnel

Le matériel

Un ordinateur est une machine informatique qui comprend le matériel[7] et le programme ou logiciel qui permet de faire marcher le système.

Le matériel comprend l'ordinateur proprement dit ou unité centrale de traitement[8], boîtier[9] où se trouve la mémoire centrale. Il y a deux sortes de mémoires internes: la mémoire morte[10] destinée à la lecture seulement et la mémoire vive[11] ou mémoire à accès sélectif. À l'unité centrale sont rattachés des périphériques d'entrée[12] et de sortie[13]: le clavier[14] qui peut faire bloc avec le boîtier du microprocesseur, l'écran[15] vidéo ou moniteur, appareil qui ressemble à un téléviseur portatif[16], un lecteur de disques[17] (avec mémoire externe), et une **imprimante**.

L'écran d'un moniteur vidéo standard donne une meilleure définition[18] qu'un simple appareil de télévision et une page-écran de 24 lignes de 80 caractères. Il peut être monochrome (noir et blanc par exemple) ou couleur si l'ordinateur la génère.

Le clavier comprend trois ensembles de touches[19]: un clavier de machine à écrire, un clavier numérique séparé et un clavier de fonctions. Le type de clavier employé est désigné par la disposition des cinq premières lettres du clavier alphabétique: AZERTY en France et QWERTY aux USA.

Le contrôleur de disques est un boîtier comprenant un ou deux lecteurs de disquettes. Les disquettes souples[20] sont de formats et de capacités différentes. Leur dimension est passée de 20 cm à 8 cm. Une disquette de 13 cm (5.25 pouces) double face double densité a une capacité de stockage de 360 kilooctets[21] (Ko). Notons que l'usage de disque dur, qui peut emmagasiner plusieurs millions d'octets, devient de plus en plus fréquent malgré son prix.

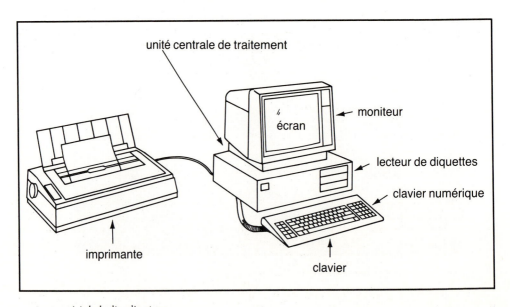

Le matériel de l'ordinateur.

L'imprimante la plus simple est une machine à écrire sans clavier qui fonctionne automatiquement selon les instructions reçues de l'ordinateur. Certaines imprimantes sont alphanumériques, d'autres graphiques. Les imprimantes alphanumériques ont des caractères pleins[22] comme les **machines** à écrire usuelles. Elles impriment au moyen d'une marguerite[23] ou d'une tulipe[24]. Les imprimantes graphiques ont des caractères matriciels[25] ou ponctués. Elles sont plus rapides et moins bruyantes[26] que les premières, mais leur frappe[27] est moins nette. Il existe également des imprimantes à caractères thermiques et des imprimantes graphiques au laser qui coûtent très cher.

Les autres périphériques disponibles sont: les modems (modulateurs-démodulateurs) qui permettent la communication entre deux ordinateurs par voie téléphonique; les tablettes graphiques[28] avec lesquelles on peut dessiner; les synthétiseurs vocaux et musicaux; les **manettes,** utilisées pour les jeux, et les lecteurs optiques.[29] Les périphériques, en général, et les imprimantes, en particulier, sont reliés à l'ordinateur par des **interfaces** en parallèle ou en série.

Le logiciel

Les instructions (ou programme) qui font fonctionner un ordinateur constituent le **logiciel.** L'ordinateur traduit toutes les instructions qu'il reçoit en langage binaire, le seul langage qu'il comprenne. Mais ce langage n'étant pas commode pour le non-informaticien, on a inventé des langages intermédiaires ou assembleurs[30] puis des langages évolués comme BASIC, COBOL, FORTRAN et Pascal. Le plus simple et le plus usité pour les micro-ordinateurs est le langage américain BASIC (_Beginner's All-purpose Symbolic Instruction Code_).

L'utilisateur moyen n'est pas en général un programmeur. Il se sert de logiciels d'application produits par des sociétés de traitement informatique. Chacun choisit des programmes répondant à ses besoins spécifiques. Les programmes de traitement de texte[31] sont les plus usités. Les entreprises utilisent des programmes de traitement de données[32] et de gestion. Il existe des milliers de programmes pour tous les goûts, âges, métiers et professions.

Un employé au travail.

Glossaire

1. **bureautique** (f.): *office science*
2. **rendement** (m.) **accru**: *increased yield, return*
3. **paperasse** (f.): *paper, paperwork*
4. **à la portée**: *at the reach*
5. **pour de bon**: *for good*
6. **mœurs** (f.pl.): *customs, way of life, habits*
7. **matériel** (m.): *hardware*
8. **unité centrale de traitement**: *central processing unit (CPU)*
9. **boîtier** (m.): *housing, case*
10. **mémoire morte**: *read only memory (ROM)*
11. **mémoire vive**: *random access memory (RAM)*
12. **entrée** (f.): *input*
13. **sortie** (f.): *output*
14. **clavier** (m.): *keyboard*
15. **écran** (m.): *screen*
16. **téléviseur** (m.) **portatif**: *portable TV set*
17. **lecteur** (m.) **de disques**: *disk drive*
18. **définition** (f.): *resolution*
19. **touche** (f.): *key*
20. **disquette souple**: *floppy disk*
21. **kilooctet** (m.): *kilobyte*
22. **caractère** (m.) **plein**: *letter-quality character*
23. **marguerite** (f.): *daisywheel*
24. **tulipe** (f.): *thimble*
25. **caractère matriciel ou ponctué**: *dot matrix character*
26. **bruyante**: *noisy*
27. **frappe** (f.): *strike, striking*
28. **tablette** (f.) **graphique**: *drawing pad*
29. **lecteur** (m.) **optique**: *scanner*
30. **assembleur** (m.): *assembly language*
31. **traitement** (m.) **de texte**: *word proccessing*
32. **traitement de données**: *data processing*

Vocabulaire

informatique (f.): la science de l'**information** traitée par les ordinateurs. Un(e) **informaticien(ne)** est un spécialiste de cette science. Quand on se sert de l'informatique dans un système, on dit qu'il est **informatisé** (*computerized*). La combinaison de l'**informatique** et des **télécommunications** aboutit à la **télématique**.

stocks (m.): les marchandises conservées dans un **entrepôt** (*warehouse*) ou un magasin. L'**emmagasinage** des marchandises constitue le **stockage** (*storage*). Pour avoir une idée des quantités stockées, on dresse l'**inventaire** (*inventory*). La quantité de caractères contenus dans la mémoire d'un ordinateur ou d'une disquette dépend de sa **capacité de stockage.**

archivage (m.): l'action ou fait de mettre dans les **archives**. Une **archive** est un document que l'on enregistre et conserve. Ce travail est accompli par un **archiviste.**

imprimante (f.): l'appareil électronique qui **imprime** les instructions de l'ordinateur. Certaines **machines à écrire** électroniques peuvent fonctionner comme imprimantes. Un **imprimeur** possède une **imprimerie** (*press*). Le résultat d'une **impression** est un **imprimé.**

machine (f.): l'appareil ou engin permettant d'effectuer mécaniquement un travail donné. En français on nommera un appareil en ajoutant **à** + **verbe** (indiquant le travail): machine **à calculer** (*calculator*), machine **à coudre** (*sewing machine*), machine **à écrire** (*typewriter*), machine **à laver** (*washing machine*), etc.

Magazine d'informatique.

Annonce publicitaire pour ordinateur personnel.

manette (f.): un petit levier ou une poignée dont on se sert avec la **main** (*switch, lever*). Quand on actionne quelque chose avec les mains, on la **manie** (*handles*) ou **manipule**.

interface (m.): le circuit de **connexion** entre l'ordinateur et un périphérique. Ce circuit comprend une **carte**, un câble et le logiciel qui permet la connexion. La plupart des micro-ordinateurs récents ont deux sorties, l'une en parallèle (transmission simultanée des bits ou « **confetti** » d'un octet) et l'autre en série (transmission consécutive des bits).

logiciel (m.): l'ensemble de programmes permettant le fonctionnement d'un système informatique (*software*). On distingue: le **logiciel de base** qui comprend les langages, les programmes de gestion et les programmes utilitaires, et le **logiciel d'application** qui comprend les programmes d'applications particulières fournis par le constructeur ou produits par l'utilisateur quand celui-ci est aussi **programmeur**. Un logiciel servant à l'enseignement s'appelle un **didacticiel**. Un programme standard pouvant servir à plusieurs **utilisateurs** (*users*) après adaptation aux besoins particuliers constitue un **progiciel** (*software package*).

Petit lexique informatique français—anglais

accès (m.) **aléatoire** ou **sélectif**: *random access*
affichage (m.): *display*
alimentation (f.): *power supply*
annulation (f.): *cancel, escape*
avance (f.) **de ligne**: *line feed*
banque de données: *data bank*
baud (un): *baud* = 10 CPS (*characters per second*)
base (f.) **de données**: *data base*
bogue (f.): *bug*
bouton (m.) **de commande**: *switch*
camembert (m.): *pie chart*
carte (f.): *board, card*
catalogue (m.): *directory*
charger: (*to*) *load* (*a program*)
chariot (m.): *carriage*; **retour de —**: *carriage return*
chiffre (m.) **binaire**: *binary digit*
clavier (m.): *keyboard*
contrôleur (m.): *drive*
convivial: *user-friendly*
copie (f.) **de sécurité** ou de **sauvegarde**: *back-up copy*
coupleur (m.) **acoustique**: *modem*
crayon (m.) **lumineux**: *light pen*
curseur (m.): *cursor*
décalage (m.): *shift*

différé (en): *off line*
disque (m.), **disquette** (f.) **souple:** *floppy disk(ette)*
données (f.pl.): *data*
échappement (m.): *escape*
écran (m.) **à cristaux liquides:** *liquid crystal display* (LCD)
écran vidéo: *cathode ray tube* (CRT)
enseignement (m.) **assité par ordinateur (EAO):** *computer-assisted instruction* (CAI)
entrée (f.): *input*
ergot (m.): *pin (printer)*
erreur (f.): *bug*
fichier (m.): *file*
formatage (m.): *formatting*
fusion (f.): *merge, merging*
gestion de réseau(x): *networking*
imprimante (f.): *printer;* — **matricielle:** *dot matrix printer*
initialisation (f.): *formatting*
kilooctet (m.): *kilobyte*
ligne (en): *on line*
logiciel (m.): *software*
manche (m.) **à balai:** *joystick*
mémoire (f.) **intermédiaire:** *buffer*
mémoire morte: *read only memory* (ROM)
mémoire vive: *random access memory* (RAM)
mise (f.) **au point:** *debugging*

Invitation à croquer la pomme.

mise (f.) **en route**: *running (of a program)*
octet (m.): *byte*
ordinogramme (m.): *flow chart*
parité (f.) **paire**: *even parity;* — **impaire**: *odd parity*
pictogramme (m.): *icon*
piste (f.): *(disk) track*
progiciel (m.): *package (program)*
publipostage (m.): *mailmerge*
puce (f.): *chip*
réglette (f.): *template (for keyboard)*
remise (f.) **à zéro**: *clear(ing); reset(ting)*
répertoire (m.): *menu*
réseau (m.): *network*
rétroaction (f.): *feedback*
sortie (f.): *output*
Système (m.) **d'exploitation de disquettes (SED)**: *Disk operating system* (DOS)
table (f.) **traçante**: *plotter*
tableur (m.): *spreadsheet*
tampon (m.): *buffer*
téléscripteur (m.): *teletype*
temps (m.) **partagé**: *time sharing*
traitement (m.) **de texte**: *word processing*
triage (m.): *sorting*
tube (m.) **cathodique**: *cathode ray tube* (CRT)
unité (f.) **centrale de traitement**: *central processing unit* (CPU)
voyant (m.): *indicator light*

Questions

1. Quels sont les éléments qui ont contribué à l'introduction de l'informatique dans la vie quotidienne?
2. Quels sont les secteurs qui bénéficient de l'usage des ordinateurs?
3. Quels sont les avantages que l'on tire de l'emploi des ordinateurs?
4. Quels sont les éléments qui composent le matériel d'un ordinateur?
5. Quels sont les deux types de mémoire interne?
6. Quels sont les périphériques généralement connectés à l'unité centrale de traitement?
7. À quoi ressemble un moniteur? Quel est son avantage?
8. Que comprend le clavier d'un ordinateur? Quelle est la différence entre un clavier français et un clavier américain?
9. Qu'est-ce qu'un contrôleur de disques? Quelles sortes de disques ou disquettes utilise-t-on?
10. Quel est l'avantage d'un disque dur?
11. Qu'est qu'une imprimante?

12. Quelles sortes d'imprimantes peut-on utiliser?

13. Avec quoi une imprimante à caractères pleins imprime-t-elle?

14. Quels sont les avantages d'une imprimante à caractères matriciels ou ponctués?

15. Quels sont les autres périphériques disponibles?

16. À quoi sert un modem?

17. Comment les périphériques sont-ils connectés à l'ordinateur proprement dit?

18. Qu'appelle-t-on logiciel? quels sont les deux principaux types de logiciels?

19. Qu'appelle-t-on BASIC?

20. Quels sont les programmes les plus usités par les individus et par les entreprises?

L'humour et l'informatique.

(La bande dessinée [B. D.] = *comic strip*)

Appendice

Petit lexique du langage enfantin

Mot/Expression	Définition	Traduction
bobo (un)	petit mal, blessure	*hurt*
dada (un)	cheval	*horsie*
dodo (faire)	dormir	*to sleep*
glou-glou	boire	*to drink*
joujou (un)	jouet	*toy*
maman	mère	*mom, mommy*
mémé (la)	grand-mère	*gramma*
miam-miam	manger	*to eat*
minou (un)	petit chat	*kitty, pussycat*
papa	père	*dad, daddy, pop*
pépé (le)	grand-père	*grandpa*
pipi (faire)	uriner	*to urinate*
tata (la)	tante	*auntie*
tonton (le)	oncle	*uncle*
toutou (un)	chien	*doggie*
zizi (le)	organe sexuel mâle	*male sex organ*

Petit lexique de la langue familière

Mot/Expression	Définition	Traduction
à l'œil	gratuitement	*free (no charge)*
à poil	nu	*naked*
au poil	bien, parfait	*perfect*
bagnole (une)	voiture	*car, wheels*
balles (f.pl.)	francs	*francs*
barbant, -e	ennuyeux, -se	*boring*
bécane (une)	bicyclette	*bike*
bosser	travailler	*to work*
boulot (un)	emploi, travail	*job, work*
bouffe (la)	nourriture, repas	*grub, food*

Petit lexique de la langue familière (Suite.)

Mot/Expression	Définition	Traduction
bouffer	manger	*to gobble up*
boum (une)	surprise-partie	*party*
bled (un)	coin, endroit, pays	*area, country*
calé, -e	qui s'y connaît	*knowledgeable*
caler	ne pas réussir	*to fail*
con (invariable)	stupide	*stupid*
dada (un)	occupation, idée	*hobby, pet subject*
dégueulasse	dégoûtant, mauvais	*disgusting*
dingue	fou, insensé	*crazy, mad*
engueuler	réprimander	*to scold*
fauché, -e	sans argent	*broke*
flemme (la)	paresse	*laziness*
flemmard, -e	paresseux, -se	*lazy*
flotte (la)	eau	*water*
flic (un)	un agent de police	*a cop*
foutaise (de la)	qc. sans importance	*trash, nonsense*
foutre (pp. foutu)	faire, mettre	*to be up to, place*
foutre (s'en)	ne pas accorder d'importance	*to not give a hoot, to not care*
fric (du)	argent	*dough, bread, money*
grouiller (se)	se dépêcher	*to hurry*
gueule (une)	bouche, visage	*mouth, face*
louper	manquer, rater	*to miss*
marrer (se)	s'amuser, rire	*to have fun, laugh*
mec (un)	un individu	*guy, man*
minet (un)	petit chat	*kitty*
moche	laid, mal fait	*bad, ugly*
môme (un,-e)	un enfant	*kid*
nana	femme	*chick, gal*
nippé	habillé	*dressed*
piaule (une)	une chambre, pièce	*a pad, room*
plumard (un)	lit	*bed*
poser un lapin	ne pas aller à un rendez-vous	*to stand some one up*
pot (du)	de la chance (**avoir** +)	*luck*
poulet (un)	un agent de police	*cop; (pl.) the fuzz*
prendre une cuite	se soûler, s'enivrer	*to get smashed*
prendre une veste	échouer, être refusé	*to be rejected*
rigoler	rire, s'amuser	*to laugh, to joke*
roupiller	dormir	*to sleep*
salaud (un)	mauvais individu	*rat, skunk, bastard*
salope (une)	mauvaise femme	*bitch*
sous (des)	argent	*dough*
toubib (un)	docteur, médecin	*doctor*
trouille (la)	peur	*fear*
tuyau (un)	renseignement	*tip, advice*
type (un)	individu	*guy*

Vocabulaire Français-Anglais _____

Abréviations

adj: adjectif   adv.: adverbe   conj.: conjonction
fam.: familier   f.: nom féminin   inv.: invariable
m.: nom masculin   pl.: pluriel   prép.: préposition
pp.: participe passé   qc: quelque chose   qn: quelqu'un
2e: verbe du 2e groupe (e.g., **finir**)

Les acceptions usitées dans le présent ouvrage ont été retenues en priorité.
Les mots dont le sens est évident en anglais et les termes usuels censés avoir été
préalablement assimilés ont été écartés dans la plupart des cas.

A

à destination de: *to, going to*

à jour: *up to date*

à juste titre: *rightfully*

à la portée de: *at the reach of*

à la suite de: *following, as a result of*

à l'étranger: *abroad*

à l'heure: *on time*; **tout—**: *a while ago; later*

à l'occasion: *occasionally*

à l'œil (fam.): *free of charge, gratis*

à la longue: *in the long run, eventually*

à merveille (f.): *marvelously, perfectly*

à partir de: *from, starting from*

à peu près: *approximately, nearly; about*

à point: *at the right time; medium (steak)*

à poil (fam.): *naked*

à titre d'essai: *on a trial basis*

abonné (m.): *subscriber*

abonnement (m.): *subscription*

abonner (s'): *to subscribe*

aboutir à: *to lead to, end in*

abréger: *to abbreviate, cut short*

abriter: *to shelter*; **s'—**: *to take shelter*

académie (f.): *territorial division in education*

accidenté: *rough (terrain)*

accrocher: *to hook up, hang up*

accueil (m.): *greeting, welcoming, hosting*

accueillant: *hospitable*

accueillir (pp. **accueilli**): *to greet, welcome, host*

achat (m.): *purchase*

acheminement (m.): *forwarding, transportation*

acquitter: *to acquit; to pay*; **s'— de**: *to discharge, perform*

action (f.): *action; share (stock exchange)*; **— bénévole** (f.): *volunteering, nonremunerated activity*

addition (f.): *check, bill (restaurant); addition, adding*

additionner: *to add*

adjoint (adj./n.m.): *assistant, adjunct*

adonner (s') à: *to devote oneself to*

adresse (f.): *address; skill*

adversaire (m.): *adversary, opponent*

aérodrome (m.): *airfield*

aérogare (f.): *air terminal*

affaire (f.): *affair; deal; matter*; **-s**: *business; possessions*

agent (m.) **de police**: *policeman, police officer*

agneau (m.): *lamb*

agrocommercial: *pertaining to agribusiness*

Ah! ça non!: *Hold it! That's far enough!*

aïeul (m.): *grandparent; ancestor*

aide-soignant(e): *health care assistant, helper, nurse*

aiguille (f.): *needle; hand (clock, watch)*

aiguiller: *to direct, steer toward*

aile (f.): *wing*

ailleurs: *elsewhere*; **d'—**: *beside, moreover; from someplace else*

ajouter: *to add*

alcoolisé: *alcoholic*; **boisson —**: *alcoholic beverage*

alimentation (f.): *food; feeding; supply (power)*

alinéa (m.): *indented paragraph*

Allemagne (f.): *Germany*

allemand: *German*

allez-y: *go ahead*

allocation (f.): *allocation; allowance; benefit*

allouer: *to allocate*

ambiance (f.): *atmosphere, environment*

aménagement (m.): *development; arrangement; facility and equipment*

ameublement (m.): *furnishing*

ampoule (f.): *ampule, vial; bulb (lamp)*

amuse-gueule (inv.): *appetizer*

amuser: *to amuse, entertain;* **s'—:** *to play, have fun*

anchois (m.): *anchovy*

ancien: *old, former, ancient;* **— combattant** (m.): *war veteran;* **— élève** (m.): *alumnus*

ancienneté (f.): *seniority*

angine (f.): *sore throat, tonsillitis*

anglophone: *English-speaking*

anniversaire (m.): *anniversary, birthday*

annonce (f.): *announcement; advertisement; card sequence, meld;* **—s classées:** *classified ads*

annonceur (m.): *advertiser, sponsor*

annuaire (m.): *directory*

annuler: *to cancel*

antenne (f.): *antenna; outpost*

antiquaille (f.): *"antiques and other junk"*

antiquité (f.): *antique; antiquity*

août (m.): *August*

apéritif (m.): *before dinner drink*

appareil (m.): *apparatus; appliance; apparel; set; system;* **— photographique:** *camera*

appel (m.): *call*

appétissant: *appetizing*

âpre: *harsh, rough*

approfondi: *deepened; advanced*

appuyer: *to press, push; to support (candidate, candidacy)*

arbitre (m.): *referee, umpire*

arbre (m.): *tree; shaft (mechanics)*

arc-en-ciel (m.): *rainbow*

ardu: *arduous, difficult*

argot (m.): *slang*

arlésien: *from Arles*

arrêt (m.): *stop*

arrhes (f.pl.): *deposit, down payment*

arthrite (f.): *arthritis*

article (m.): *article; item*

Ascencion (l'): *Ascension Day*

asperge (f.): *asparagus*

assembleur (m.): *assembly language*

assiette (f.): *plate;* **— anglaise:** *cold meats*

assister: *to assist, help;* **— à:** *to attend*

Assomption (l'): *Assumption (of the Blessed Virgin)*

assurance (f.): *assurance; insurance*

assurer: *to carry out; to insure;* **s'—:** *to make sure*

athlétisme (m.): *track and field*

atout (m.): *trump*

atteindre (pp. **atteint**): *to reach*

attente (f.): *waiting*

atterrir (pp. **atterri**) (2e): *to land*

atterrissage (m.): *landing*

attestation (f.) **de travail:** *work certificate*

aubergine (f.): *eggplant*

auscultation (f.): *physical examination*

autocar (m.): *bus*

autocollant (m.): *sticker (car)*

auto-école (f.) *driving school*

auto-suffisance (f.): *self-sufficiency*

automatique (l') (m.): *direct dialing*

avancement (m.): *promotion*

avantage (m.): *advantage; benefit*

avant-garde (f.): *forefront, avant-garde*

avertir (pp. **averti**) (2e): *to warn*

avion (m.): *plane*

avis (m.): *advice; opinion; notice;* **à mon —:** *according to me*

avocat (m.): *lawyer, attorney; avocado*

avoir (pp. **eu**): *to have;* **— affaire à:** *to deal with;* **— hâte de:** *to be eager to;* **— lieu:** *to take place, happen;* **— le bras long** (fam.): *to have highly placed connections*

avortement (f.): *abortion*

axé sur: *centered on, aimed at*

au bout de: *at the end of, after*

au fond: *after all;* **— de:** *at the end of*

au poil (fam.): *dandy, right*

au rabais: *at a discount*

aux bons soins de: *care of (mail)*

B

bagnole (f.) (pop.): *car*

baignoire (f.): *bathtub*

bain (m.): *bath;* **être dans le —:** *to be in hot water;* **salle de bains:** *bathroom*

baisse (f.): *decrease*

baisser: *to decrease, diminish, lower*

bail (m.): *lease*

bal (m.): *dance, ball*

balle (f.): *ball; bullet*

ballon (m.): *ball (game)*

bande (f.): *tape; strip; group*

banlieue (f.): *suburb(s)*

banlieusard: *suburbanite*

baptême (m.): *baptism, christening*

barque (f.): *small boat*

barré: *crossed*

bas (adj.), -se: *low;* — (m.): *bottom; stocking;* — de laine: *wool stocking*

bateau (m.): *boat*

bateau-mouche (m.): *excursion river boat*

bâtiment (m.): *building; construction industry*

bâton (m.): *stick*

bavarder: *to chat*

BCBG (bon chic bon genre): *clean-cut (person)*

bec (m.): *beak, mouth*

bécane (f.) (pop.): *bike*

bêcher: *to hoe*

bedaine (f.): *paunch, potbelly*

bedon (m.): *paunch*

belote (f.): *card game*

bélier (m.): *ram; Aries (Zodiac sign)*

bénévolat (m.): *volunteering*

bénir (pp. béni) (2e): *to bless*

berceau (m.): *cradle*

beurre (m.): *butter*

bicyclette (f.), vélo (m.): *bicycle*

bien (adv.): *well; good;* — cuit: *well done (steak)*

bien (m.): *property, holding;* — (s) meuble(s): *personal property*

bien-être (m.): *well-being*

bien-fondé (m.): *sound basis, cogency, reasonableness*

bien que (conj.) (+ subjonctif): *although . . .*

bijou (m.) (pl. -x): *jewel*

bijouterie (f.) *jewelry store*

billet (m.): *ticket; bill, note (money)*

biniou (m.): *Breton bagpipe*

bis (adv.): *encore; ditto*

bise (f.): *north wind*

blague (f.): *joke*

blessé: *injured, wounded*

bleu: *blue; rare (meat); green (recruit)*

bleuet (m.): *bachelor's button*

blocage (m.) des salaires: *salary freeze*

blond, (adj.): *blond;* une —: *a lager, light (beer)*

bocal (m.) (pl. -aux): *jar*

bœuf (f.): *steer, ox; beef*

boire (pp. bu): *to drink*

boisson (f.): *drink, beverage*

boîte (f.): *box; can; (fam.) establishment (school, club);* — de nuit: *nightclub*

boîtier (m.): *casing, housing*

bon, —ne: *good;* —!: *well!* pour de —: *for good*

bonbon (m.): *candy*

bonneterie (f.) *hosiery*

bouche (f.): *mouth;* fine —: *food fancier, gourmet;* de — à oreille: *by word of mouth*

boucherie (f.): *butcher shop*

bouchon (m.): *plug, cork; traffic jam;* tire —: *corkscrew*

boulangerie (f.): *bakery*

boule (f.): *ball;* les -s: *bowling*

boulet (m.): *cannonball*

bouliste: *boule player, bowler*

boulodrome (m.): *bowling alley*

boulot (m.) (fam.): *work*

bourgade (f.): *small town*

bourreau (m.): *executioner, torturer*

bourse (f.): *scholarship; stock exchange; purse (archaic)*

boursier, -ère: *scholar (scholarship holder), grantee*

bouteille (f.): *bottle*

boutique (f.): *shop;* — franche: *duty-free shop*

boutonnière (f.): *buttonhole*

braderie (f.): *clearance sale*

branché (argot): *"in" (person), informed*

brancher: *to connect, plug in*

brebis (f.): *ewe*

bric-à-brac (m.): *odds and ends, junk*

bricole (f.): *trifle, trinket*

briller: *to shine*

brin (m.): *bit*

brocante (f.): *secondhand, used items*

bruit (m.): *noise*

brûlure (f.): *burn*

brume (f.): *mist, fog*

brun: *dark, brown;* -e: *brunette; dark (beer)*

bruyant, -e: *noisy*

buanderie (f.): *laundry room, facility*

bûche (f.): *log*

bureau (m.): *office, desk; board;* — de poste: *post office;* — de tabac: *tobacco shop*

bureautique (f.): *office science*

but (m.): *goal, objective, purpose;* gardien de —: *goalkeeper*

butée (f.): *stop (mechanism)*

buveur (m.): *drinker*

C

ça: *this, that; it;* — alors!: *What a bummer!*

cabine (f.): *booth*

cabinet (m.): *cabinet; restroom*

cacher: *to hide*

cachet (m.): *postmark, seal, stamp; tablet*

cadeau (m.): *gift, present*

cadran (m.): *dial*

cadre (m.): *frame, framework; supervisor, executive;* —s moyens: *middle management;* —s supérieurs: *top management*

caillou (m.): *rock, stone, pebble*

caisse (f.): *cashbox, cash register, cashier's; cashier's office;* — d'épargne: *savings & loan establishment;* — de retraite: *retirement fund*

caissier, -ère: *cashier*

calendrier (m.): *calendar; schedule*

caler (à): *to fail (exam); to get stuck*

calvados (m.): *applejack; cheese from Calvados (Normandy)*

cambiste (m.): *currency trader; money changer*

camionnette (f.): *pick-up truck*

campagnard: *from the country;* (m.) *country person*

campagne (f.): *country, countryside; campaign*

canne (f.) à pêche: *fishing pole*

canot (m.): *row boat, small boat*

caractère (m.) matriciel: *dot matrix character;* — plein: *letter-quality character*

carnet (m.): *booklet; notebook*

carreau (m.): *diamonds (cards); tile, pane (window)*

carrefour (m.): *crossroad*

carte (f.): *card; map; card, board (computer);* — de visite: *calling card;* — grise: *car registration card*

cartomancien, -ne: *card reader, fortune teller*

case (m.): *square; box (on a form); compartment*

casse-croûte (m.): *snack*

cassoulet (m.): *pork and beans*

cavalier (m.): *knight; dancing partner; horseman*

ce faisant: *in so doing*

célibataire: *single; bachelor*

central (m.) téléphonique: *switchboard*

chaîne (f.): *chain; assembly line; channel (TV);* — hi-fi (f.): *stereo player*

chair (f.): *flesh*

chaleur (f.): *heat; warmth*

chameau (m.): *camel;* Le —!: *What a boor!*

championnat (m.): *championship*

chandail (m.): *sweater*

Chandeleur (la): *Candlemas*

change (m.): *exchange*

charcuterie (f.): *pork cuts; pork butcher shop*

charge (f.): *burden, load; cost, expense*

chargé: *loaded, heavy;* — de: *responsible for*

charriot (m.): *cart; carriage (typewriter)*

chasse (f.): *hunting, hunt; chase; toilet flush*

chasse-neige (m.inv.): *snowplow*

chasseur (m.): *bellboy, bellhop; hunter*

chaussure (f.): *shoe;* marchand de -s: *shoe store*

château (m.): *castle*

chef (m.): *chief, head; cook;* — de rang (m.): *headwaiter*

chef-lieu (m.): *capital city, county seat*

cheminée (f.): *chimney; fireplace*

chèque (m.): *check;* — de voyage: *traveler's check;* — en blanc: *blank check*

chéquier (m.): *checkbook*

cher, -ère: *dear, expensive*

chercher: *to look for, search*

chercheur, -euse: *researcher*

chère (f.): *food, fare*

chéri(e): *darling; cherished*

cherté (f.): *expensiveness, dearness, high cost*

cheval (m.): *horse*

chevrette (f.): *freshwater shrimp*

chez: *at, at the home, place of*

chic: *classy, thoughtful*

chiffre (m.): *digit; cipher;* — d'affaires: *sales figure*

chômage (m.): *unemployment*

chômer: *to not work, to be unemployed*

chômeur, -se: *unemployed person*

choucroute (f.): *sauerkraut*

chute (f.): *fall*

cidre (m.): *cider;* — bouché: *bubbly cider*

ciel (m.): *sky, heaven*

ci-joint: *attached, enclosed*

circonscription (f.): *territorial division, district*

circuit (m.) interurbain/international: *long-distance network*

citadin: *city dweller, from the city*

cité (f.) universitaire: *university residence halls, dorms*

clavier (m.): *keyboard*

clé (f.): *key;* porte-—s: *key ring*

cloche (b.): *bell*

clocher (m.): *steeple, belfry*

cochon (m.): *pig, hog*

code (m.) postal: *zip code*

coéquipier (m.): *teammate*

cœur (m.): *heart*

coffre-fort (m.): *safe*

coiffer: *to fix the hair, to put or fix a headdress; to head*

coiffeur, -se: *barber, hairdresser*

coiffure (f.): *hairdo, headdress*

coin (m.): *corner; area, place, spot;* les gens du —: *the local people;* **le petit —:** *the toilets, "potty"*

coincer: *to corner; to jam, wedge*

colique (f.): *colic*

colis (m.): *package, parcel*

collectionneur (m.): *collector*

collectivité (f.): *community, group*

coller: *to glue*

combiné (m.): *phone receiver, hand set*

comédien, -ne: *stage actor (comedy)*

commande (f.): *order*

commerçant (m.): *shopkeeper, merchant*

commerce (m.): *business, commerce, trade;* **— de détail:** *retail business;* **— de gros:** *wholesale business*

commis (m.): *busboy; clerk*

commode: *convenient*

communication (f.) **de circonscription:** *local call*

compétence (f.): *skill, competency*

complet: *full (No vacancy); complete*

composer un numéro: *to dial a number*

comprendre (pp. **compris**): *to include; to understand*

comprimé: *pill, tablet*

comptabilité (f.): *accounting department*

comptable (m.): *accountant*

compte (m.): *account;* **— à vue, — chèques:** *checking account*

compte-gouttes (m.inv.): *dropper*

compter: *to count, calculate; to project, envision*

compteur (m.): *counter; meter*

conception (f.): *design*

concevoir (pp. **conçu**): *to conceive, design, think of*

concierge (m./f.): *doorkeeper, custodian, concierge*

conclure (pp. **conclu**): *to conclude;* **— un marché:** *to make a deal*

concourir (pp. **concouru**): *to compete, run*

concours (m.): *competitive exam, competition*

concurrence (f.): *competition*

concurrencer: *to compete with, to rival*

concurrent, -e: *competitor, rival*

conduire (pp. **conduit**): *to lead, direct*

confiserie (f.): *confectionery, candy store*

confrère, consœur: *colleague (doctor, lawyer, etc.)*

congé (m.): *leave, holiday, vacation*

congédier: *to dismiss, fire*

congélateur (m.): *freezer*

congeler: *to freeze (food)*

congrès (m.): *convention, conference*

conjoint, -e: *spouse*

connaissance (f.): *acquaintance; knowledge*

consacrer: *to devote*

conseil (m.): *advice, counsel; council, board;* **— d'administration:** *Governing Board, Board of Directors/Regents*

conservateur, -trice: *conservative*

conservatoire (m.): *conservatory*

conserve (f.): *canned food, preserves*

consigne (f.): *baggage room, lockers; orders; detention (school); deposit (bottle)*

consigner: *to record, enter in a register*

consommer: *to consume, eat, drink*

contenu (m.): *contents*

contre remboursement: *charge on delivery*

contribuable: *taxpayer*

contributions (f.pl): *taxes;* **les —:** *the IRS*

contrôle (m.): *check-up;* **— des naissances:** *birth control*

contrôleur (m.): *conductor, checker, inspector; disk drive*

convenable: *suitable*

convenances (f.pl.): *social conventions*

convenir de (pp. **convenu**): *to agree to*

convention (f.): *agreement, accord, contract;* **— collective** (f.): *collective bargaining agreement*

conventionné: *approved, agreed by government contract (doctor)*

convive (m.): *table companion, dinner guest*

conçu (pp. of **concevoir**): *designed, planned*

copain, copine: *buddy;* **Touche pas à mon pote:** *Hands off my buddy*

copie (f.) **conforme:** *true copy*

cordonnier (m.): *shoemaker*

cornemuse (f.): *bagpipe*

corps (m.): *body;* **— enseignant, professoral:** *faculty, teaching body*

correspondance (f.): *correspondence; connection (transportation)*

côté (m.): *side;* **d'un —. . .:** *on the one hand . . .;* **à — de:** *near, beside, by* cotisation (f.): *dues, assessment, membership dues, fees*

coucou (m.): *cuckoo bird*

coudre (pp. cousu): *to sew*

couleur (f.): *color; suit (card)*

coup (m.): *blow, kick, punch;* boire un —: *to have a drink;* — de fil: *phone call;* — de soleil: *sunstroke*

coupe (f.): *cup; cut (hair)*

coupe-papier (m.inv.): *paper cutter*

coupure (f.): *denomination, small note; cut, interruption; outage*

courbure (f.): *curve, curving, bend*

couronne (f.): *crown*

courrier (m.): *mail;* — départ: *outgoing mail*

cours (m.): *course; market quotation, exchange rate*

course (f.): *race*

coût (m.): *cost*

couture (f.): *sewing; fashion*

couvert (m.): *setting (table), cover charge*

couvrir (pp. couvert): *to cover*

crayon (m.): *pencil*

crèche (f.): *day nursery; manger*

crédit mutuel (m.): *credit union*

crémerie (f.): *dairy*

crêpe: (f.): *pancake*

creuser: *to dig*

creux, -se: *hollow*

crevette (f.): *shrimp*

cri (m.): *shout;* pousser des —s: *to shout*

crise (f.): *crisis; attack; shortage; difficult period;* — cardiaque: *heart attack;* — de nerfs: *a fit of hysterics*

crochet (m.): *hook; bracket (punctuation)*

croissance (f.): *growth, increase*

croque-monsieur (inv.): *grilled ham and cheese sandwich*

cru (adj.): *raw, uncooked*

cru (m.): *vintage wine*

crudité (f.): *rawness;* -s: *raw fruit and vegetables*

crustacé (m.): *shellfish*

cueillir (pp. cueilli): *to pick (fruit)*

cuiller ou cuillère (f.): *spoon*

cuire (pp. cuit): *to cook;* faire — qc: *to cook something*

cuisine (f.): *kitchen; cooking, cuisine*

cuisinière (f.): *cook; kitchen stove*

cuisson (f.): *cooking, baking*

cuivre (m.): *copper*

curé (m.): *priest*

D

damier (m.): *checkerboard*

dame (f.): *lady; queen (games);* les —s: *checkers*

de: *of, from; with*

dé (m.): *die; (-s: dice); thimble*

débarrasser: *to clear;* se — de: *to get rid of*

débit (m.): *outflow, outlet*

déboucher: *to uncork, unplug, open*

débrancher: *to unplug, disconnect*

décalage (m.): *shift, differential, gap;* — horaire (m.): *time change, shift*

décès (m.): *death, decease*

déception (f.): *disappointment*

déchiffrer: *to decipher*

déclassement (m.): *demotion, drop in social status*

décoller: *to take off*

découper: *to carve; to cut out*

découvert (m.): *overdraft;* -e (f.): *discovery*

décrocher: *to pick up phone receiver*

défectueux, -se: *defective, faulty*

défilé (m.): *parade*

définition (f.): *definition; resolution (video monitor)*

défrayer: *to defray*

dégâts (m.pl.): *damages*

déguster: *to taste discriminatingly*

déjà: *already*

déjeuner (m.): *lunch;* petit —: *breakfast*

délai (m.): *allotted time, deadline*

délassement (m.): *relaxation*

délasser: *to relax;* se —: *to rest up*

délivrer: *to issue*

deltaplane (m.): *hangglider, hanggliding*

demande (f.): *application; demand*

démangeaison (f.): *itching*

démanger: *to itch*

démissionner: *to resign*

denrée (f.): *commodity*

dent (f.): *tooth*

de nos jours: *nowadays*

dépanner: *to repair, tow; to help out*

dépasser: *to go beyond; to overtake*

dépense (f.): *expenditure*

déplaire (pp. déplu): *to displease*

de plein exercice: *full-fledged*

dépliant (m.): *folder*

de pointe: *top, high;* heures —: *peak hours*

dépôt (m.): *deposit; depository, warehouse;* — à terme: *term deposit* déposant (m.): *depositor*

déposer: *to lay down; deposit*

déranger: *to disturb*

de rigueur: *required, a must*

descendre (pp. descendu): *to go down; to lower;* — à l'hôtel: *to check into a hotel*

déshabillage (m.): *undressing; striptease*

déshabiller (se): *to undress;* -é: *négligé*

désœuvré: *idle, out of work*

désormais: *henceforth, from now on*

destinataire (m./f.): *addressee, recipient*

détaillant (m.): *retailer*

détaxe (f.): *tax exemption*

de temps à autre: *from time to time*

détendre (se) (pp. détendu): *to unwind, relax*

détenteur, -trice: *holder*

dévouement (m.): *devotion*

deviner: *to guess*

devise (f.): *motto; foreign currency*

devoir (pp. dû): *must, shall, to have to*

dîner (m.): *dinner*

diététicien, -ne: *nutritionist*

digestif (m.): *after-dinner drink*

dinde (f.): *turkey;* dindon (m.): *tom turkey*

diplômé: *graduate*

dire (pp. dit): *to say;* ne pas — grand-chose à: *to not appeal to*

direction (f.): *direction; management, leadership*

dirigeant (m.): *leader*

diriger (se) vers: *to go toward, head for*

disponibilité (f.): *availability*

disponible: *available*

disquette (f.) souple: *floppy disk*

dissertation (f.): *composition, paper (literature, philosophy)*

distraction (f.): *distraction; entertainment; leisure*

distrait: *absent-minded, distracted*

distributeur (m.): *distributor;* — automatique: *vending machine; automatic teller*

distribution (f.): *delivery; distribution, supply*

Dites donc!: *Come on! Wait a minute! Hey, you there!*

docteur, doctoresse: *doctor, physician*

dommage (m.): *loss, injury;* -s: *damages;* —!: *Too bad!*

donner lieu à: *to give rise to, entail*

dos (m.): *back*

doter de: *to equip, provide with*

douane (f.): *customs*

douche (f.): *shower*

douleur (f.): *pain*

douloureux: *painful*

doux: *sweet; soft, gentle*

drapeau (m.): *flag*

droguerie (f.): *chemical product store*

droit (m.): *right; law;* —s: *fees*

d'une part . . . de l'autre: *on the one hand . . . on the other*

E

éboueur (m.): *garbage collector*

échanger: *to exchange, change (currency)*

échantillon (m.): *sample*

échec (m.): *failure;* — et mat: *checkmate;* —s: *chess*

échelle (f.): *ladder, scale*

échiquier (m.): *chessboard*

échouer: *to fail; to run aground*

éclore (pp. éclos): *to blossom out; to hatch*

école (f.): *school;* — maternelle: *nursery school*

économie (f.): *saving; economy*

économiser: *to save*

écoute (f.): *listening, monitoring*

écouteur (m.): *earphone;* —s téléphoniques: *wiretapping*

écran (m.): *screen; display;* — à cristaux liquides: *liquid crystal display (LCD)*

écrevisse (f.): *crayfish*

effectif (m.): *manpower, work/labor force*

effrayer: *to frighten, scare*

égalité (f.): *equality;* — devant l'emploi: *equal employment opportunity*

église (f.): *church*

électroménager (m.): *household appliances*

élevé: *high;* bien —: *well brought up*

élever: *to raise;* s'— à: *to amount to*

émail (m.) (pl. -aux): *enamel*

emballage (m): *packing, wrapping*

embouteillage (m.): *bottleneck, traffic jam, snarl*

embrigadement (m.): *regimentation*

émettre (pp. émis): *to broadcast; emit;* — un chèque: *to write a check;* — un chèque sans provision: *to pass a bad check*

émission (f.): *TV/radio program, show; broadcast; issue (banknotes)*

émoluments (m.pl.): *civil servant's fees*

empêcher: *to prevent, to keep from*

emplacement (m.): *location, place*

emplette (f.): *purchase*

emploi (m.): *employment; job, work; use;* **— du temps:** *schedule*

empoisonnement (m.): *poisoning*

emprunter: *to borrow*

en (prép.): *in, into; to; at;* (pron. pers.): *from, of it/them*

en avoir marre: *to be fed up*

encadrement (m.): *supervision; supervising personnel*

encaisser: *to cash*

enceinte (f.): *pregnant*

en dérangement: *out of order*

endetter (s'): *to run into debt*

endolori: *painful, sore*

endos (m.): *endorsement*

endossement (m.): *endorsement*

endosser: *to endorse*

énergivore: *energy consuming; gas guzzler (car)*

englober: *to embrace, comprise*

enjeu (m.): *stake (bet, challenge)*

ennui (m.): *problem, difficulty, trouble; boredom*

enquête (f.): *inquiry, investigation, research*

en plein air: *in the open, outside*

en prendre un coup (fam.): *to suffer from, be jolted by*

enregistrement (m.): *recording*

enregistrer: *to record, register*

enseignant (m.): *instructor, teacher*

en tant que: *as*

en-tête (m.): *heading, letterhead*

entretien (m.): *maintenance, upkeep; interview, talk*

entourer: *to surround*

entraîner (s'): *to train, practice*

entraîneur (m.): *coach, trainer*

entrée (f.): *entrance, entry; input*

entreprise (f.): *undertaking, enterprise; company;* **— de dépannage:** *towing company*

entretenir (pp. **entretenu**): *to maintain, keep up;* **s'—:** *to talk*

envergure (f.): *size, span; importance*

épais, -se: *thick*

épargne (f.): *savings*

épargner: *to save, spare*

épicerie (f.): *grocery*

épineux (adj.): *thorny*

épingler: *to pin;* (fam.): *to catch*

épouse (f.): *spouse, wife*

épouser: *to marry*

épouvantail (m.): *scarecrow*

époux (m.): *consort, spouse, husband*

équilibre (m.): *balance, equilibrium*

équilibrer: *to balance*

équipe (f.): *team; shift (work);* **esprit d'—:** *team spirit*

équitation (f.): *horse riding*

escale (f.): *stopover*

escroquerie (f.): *swindle, cheating, racket*

espadon (m.): *marlin*

espèce (f.): *kind, sort, species;* **—s:** *cash*

espoir (m.): *hope*

essuie-glace (m.inv.): *windshield wiper*

essuie-main (m.): *hand towel*

essuie-pieds (m.inv.): *doormat*

essuyer: *to wipe*

estomac (m.): *stomach*

établissement (m.): *establishment, institution; company*

étal (m.) (pl.: **-s, -aux**): *stand, stall*

Et alors!: *Is that so! So what!*

étape (f.): *lap, stage*

état (m.): *state, condition;* **— civil:** *civil status*

éteindre (pp. **éteint**): *to put out, turn off*

étiquette (f.): *label; etiquette*

étoile (f.): *star*

être (pp. **été**): *to be;* **bien-—:** *well-being;* **— reçu à un examen:** *to pass an exam*

être (m.): *being*

étrennes (f.pl.): *New Year's gifts*

étroitement: *closely; narrowly*

évanouir (s') (pp. **évanoui**) (2ᵉ): *to faint, pass out*

évanouissement (m.): *fainting*

éveillé: *awake*

éventail (m.): *(hand) fan; range, spread*

éviter; *to avoid*

exercer: *to practice*

exercice (m.): *exercise, practice;* **— illégal:** *unlawful practice*

exigeant: *exigent; exacting*

exigence (f.) *claim, demand, requirement;* **-s:** *exigencies*

exiger: *to require, demand*

exode (m.): *exodus*

expédier: *to send, ship; to expedite*

expéditeur, -trice: *sender, dispatcher, shipper*

expert-comptable (m.): *certified accountant*

exploitant (m.): *operator, manager;* **— agricole:** *farmer*

exploitation (f.): *management, operation; enterprise, business*

exprès (adv.): *on purpose; special delivery*

F

fabricant (m.): *manufacturer*

face (f.): *face, side; heads (coin toss)*

facteur (m.): *mailman, postman; factor*

factitif: *causative;* **le tour —:** *causative construction, structure*

facture (f.): *invoice; bill*

faculté (f.): *college; faculty*

faire (pp. **fait**): *to do, make;* **— beau:** *to be nice (weather);* **— l'affaire de qn** *to suit someone fine;* **— bloc:** *to make one, be united;* **— bon:** *to feel good (weather);* **— chaud:** *to be hot (weather);* **— des commissions, des courses:** *to run errands;* **— le fou (— l'imbécile):** *to act crazy; to act silly;* **—frais, froid:** *to be cool, cold (weather);* **— jour, nuit:** *to be daylight, night-time;* **— mal:** *to hurt, pain;* **— le mort:** *to play dead;* **— part de qc à qn:** *to inform someone of something;* **— peur:** *to scare;* **— le plein:** *to fill up;* **— preuve de:** *to show, demonstrate;* **— sauter:** *to toss, flip;* **— suivre:** *to forward;* **— (se) vieux:** *to age, become older*

fanny (f.): *shut-out;* **être —:** *to be shut-out, scoreless*

fascicule (m.): *booklet*

faubourg (m.): *outskirts, outlying district*

faubourien: *from the outskirts of town*

férié (adj.) (jour): *holiday, non-working (day)*

fermeture (f.): *closing*

fermeture-éclair (f.): *zipper*

ferraille (f.): *junk metal*

festin (m.): *feast (meal)*

fête (f.): *festival, holiday, celebration;* **trouble-fête:** *kill-joy;* **— des Rois:** *Feast of the Magi, Epiphany, Twelfth Night*

feu (m.) **d'artifice:** *fireworks*

fève (f.): *broadbean*

fiche (f.): *form, filing card;* **— de paie:** *paycheck*

fichier (m.): *file, drawer;* **— informatisé:** *computerized file*

figé: *fixed, set*

fil (m.): *line, thread, wire*

filiale (f.): *subsidiary company, branch*

filière (f.): *track*

fils (m.): *son;* . . . **Fils:** . . . Jr. (Junior), Son

fin: *fine; thin;* (n.): *end*

flamand: *Flemish*

Flandre (la): *Flanders*

flâner: *to stroll*

fleur (f.): *flower*

fleuriste (m./f.): *florist*

flocon (m.): *flake*

foire (f.): *fair, exhibit*

fonction (f.): *function, title, position;* **touche de —:** *function key*

fonctionnaire (m.): *civil servant, public official, functionary*

fonctionnement (m.): *operation, running, mechanism*

fondre (pp. **fondu**): *to melt; to merge*

footballeur (m.): *soccer player*

forcer: *to exert, overdo; to force*

formalité (f.): *procedure;* **— de douane:** *custom check*

formation (m.): *training;* **— continue:** *continuing education*

former: *to form, train*

formulaire (m.): *form*

fou (adj.), **folle:** *crazy, insane, mad;* **le —:** *the bishop (chess)*

fouet (m.): *whip*

fouiller: *to excavate; to search*

fouler: *to tread, trample*

fourchette (f.): *fork; bracket (tax)*

fourgonnette (f.): *van*

fournir (pp. **fourni**) (2ᵉ): *to furnish, provide, supply*

fournisseur (m.): *supplier*

fourniture (f.): *provision, supply*

frais, -îche (adj.): *cool, fresh*

frais (m.): *cost, expense;* **faux —:** *miscellaneous expenses;* **— d'inscription:** *registration fees*

franc, -che (adj.): *frank, open; free (duty, tax)*

franchise (f): *exemption; frankness, openness*

francophone: *French speaking*

frappe (f.): *strike, striking;* **faute de —:** *typographical error*

frapper: *to hit*

frère (m.): *brother;* **beau-—:** *brother-in-law*

friandise (f.): *candy, delicacy, sweet*

fripe (f.): *old, used clothes*

frire (pp. **frit**): *to fry*

fruit (m.): *fruit;* **-s de mer:** *seafood*

fuir (pp. **fui**): *to flee, stay away from*

fuite (f.): *flight; leak (gas, information)*

furoncle (m.): *boil*

fuseau (m.) **horaire:** *time zone*

fusiller: *to shoot (by firing squad)*

G

gâteau (m.): *cake, cookie*

gages (m.pl.): *wages (domestic help)*

gagnant, -e: *winner*

galéjade (f.): *joke (Southern), far-fetched story*

galet (m.): *pebble*

galette (f.): *cake, tart*

gamin, -e: *youngster*

gant (m.): *glove*

garçon (m.): *boy; waiter*

garde (m.): *guard, keeper, watchman;* — champêtre: *constable*

garde-malade (m./f.): *nurse*

garde-manger (m.inv.): *pantry*

garde mobile (f.): *national guard;* (m.): *national guardsman*

garderie (f.): *nursery, babysitting house*

gardien (m.): *guard;* — de la paix: *police officer*

garer: *to park*

garni (m.): *furnished apartment*

garnir (pp. garni) (2ᵉ): *to garnish, decorate*

garniture (f.): *garnish, decoration*

gaste (archaïque): *waste;* — terre: *wasteland*

geler: *to freeze*

gêner: *to bother, disturb, embarrass, put a strain on*

génie (m.): *genius; engineering;* — civil: *civil engineering*

genou (m.): *knee*

gentil: *nice, kind*

gérant (m.): *manager*

gerbe (f.): *wreath*

gérer: *to manage, administer, run*

gestion (f.): *management*

gibier (m.): *game (hunting)*

gitan, -e: *gypsy*

givre (m.): *frost*

glace (f.): *ice; ice-cream; mirror*

goulot (m.): *neck (of bottle)*

goûter: *to taste*

gouvernail (m.): *rudder, helm*

grâce à: *thanks to*

grade (m.): *degree; rank;* — universitaire: *college degree*

grand: *big, large, tall; grand; great;* —-chose: *much (in negative statements only);* — magasin: *department store;* —e surface (f.): *giant store, supermarket*

gras, -se: *fat, fatty, greasy*

Mardi-Gras: *Shrove Tuesday*

gravité (f.): *gravity, seriousness*

grève (f.): *strike;* faire la —: *to go on strike*

gréviste (m./f.): *striker*

griffonner: *to scribble*

grippe (f.): *flu*

gros (adj.),-se: *big, bulky, large*

gros (n.m.): *wholesale;* en —: *roughly, wholesale*

grossesse (f.): *pregnancy*

grossir (pp. grossi) (2ᵉ): *to enlarge; to get bigger, put on weight*

grossiste (m.): *wholesaler*

guérir (pp. guéri) (2ᵉ): *to cure, heal, recover*

guérison (f.): *cure, healing, recovery*

guérisseur (m.): *healer*

guichet (m.): *window (bank, post-office, etc.);* — automatique de banque (m.): *automatic bank teller*

H*

habitué (m.): *regular (customer);* — (adj.) à: *used to*

*haleter: *to pant*

*hall (m.): *lobby (hotel)*

hallali (m.): *sound announcing the fall of the quarry in a hunt*

sonner l'hallali.

*halle (f.): *marketplace*

*haricot (m.): *bean*

*hasard (m.): *chance*

*hausse (f.): *increase*

*haut, -e: *high; loud*

*haut (m.): *top;* — de gamme: *top of the line*

*haut-parleur (m.): *loudspeaker*

hebdomadaire: *weekly*

hébergement (m.): *accommodation; housing*

héritage (m.): *inheritance*

héritier, -ère: *heir*

heure (f.): *hour; time;* à l'—: *on time;* tout à l'—: *later, a while ago;* —s supplémentaires: *overtime*

*hibou (m.): *owl*

hippodrome (m.): *horseracing tracks*

historique (m.) des mouvements: *statement of transactions*

*homard (m.): *lobster*

homologue (m.): *counterpart*

homologué: *registered, certified*

honoraires (m.pl.): *professional's fees*

horaire (m.): *schedule*

horloge (f.): *clock*

horlogerie (f.): *watchmaker's shop*

hôte (m.), hôtesse (f.): *host, guest*

hypermarché (m.): *giant supermarket*

I

île (f.): *island*

Il n'y a pas de quoi!: *Don't mention it! You're welcome!*

immeuble (m.): *building*

implanter (s'): *to take root, get established, introduced*

impôt (m.): *tax, income tax*

imprévoyant: *short-sighted, improvident*

imprimé: *printed;* — (m.): *printed matter*

imputer à: *to charge to*

incliner la tête: *to nod*

inconvenant: *improper, unsuitable*

inconvénient (m.): *inconvenience, difficulty*

indemnité (f.): *allowance*

indicatif (m.): *call number, station identification*

infirmier, -ère: *nurse*

informaticien, -ne: *data-processing specialist*

informatique (f.): *data processing, computer science*

informatisé: *computerized*

inscription (f.): *registration; inscription*

inscrire (s') (pp. **inscrit**): *to register (school)*

insensé: *crazy, senseless*

insonorisation (f.): *soundproofing*

installation (f.): *facility; (act of) installing*

intention (f.): *intent, intention;* à l'— de: *for, directed at*

interligne (m.): *space;* **simple, double** —: *single, double space*

interurbain, -e: *intercity, long distance;* l'—: *long-distance network*

intimité (f.): *privacy; intimacy*

intoxication (f.) **alimentaire**: *food poisoning*

invité (m.): *guest*

islandais, -e: *Icelandic*

isolement (m.): *isolation*

J

jamais (adv.): *never; ever*

jambe (f.): *leg*

jambon (m.): *ham*

Japon (le): *Japan;* **-ais, -aise**: *Japanese*

jaune: *yellow*

jaunir (pp. **jauni**) (2ᵉ): *to turn yellow*

jeter: *to throw away, out;* — **en l'air**: *to flip, toss up*

jeton (m.): *token*

jeu (m.): *game; play; set;* — **d'adresse**: *game of skill;* — **de cartes**: *card game; pack of cards;* — **de dés**: *dice;* — **d'échecs**: *chess;* — **d'esprit**: *intellectual pastime (e.g., mots croisés);* — **de hasard**: *game of chance;* **hors-**—: *out of play, off-side;* **maison de** —: *gambling house;* **salle de** —x: *gambling room;* **terrain de** —x: *sports playground*

jeûne (m.): *fasting*

Je vous prie . . . distingués (salutation épistolaire): *Sincerely yours*

joaillerie (f.): *jewelry store*

joindre: *to attach, include; to join together;* — **les deux bouts**: *to make both ends meet*

joue (f.): *cheek*

jouer: *to play;* — **à**: — *(game, sport);* — **de**: — *(instrument)*

jouet (m.): *toy, plaything*

joueur (m.), **-se**: *player; gambler*

joujou (m.): *toy, plaything*

jour (m.): *day; daylight;* — **férié,** — **de congé**: *holiday*

joyau (m.): *jewel*

jus (m.): *juice*

jusqu'à: *until, up to;* — **ce que** (+ subjonctif): *until*

K

kaki (adj.inv.): *khaki*

kermesse (f.): *benefit*

kilooctet (m.): *kilobyte*

kiosque (m.): *bandstand, newsstand*

km/h (kilomètre-heure): *kilometer per hour*

L

lac (m.): *lake*

laïc (adj.), **-que**: *secular, lay*

laisser: *to leave; to let, allow*

lait (m.): *milk*

laitier (m): *milkman*

langouste (f.): *spiny lobster*

langue (f.): *language; speech; tongue;* **mauvaise** —: *backbiter*

lapin (m.): *rabbit;* **poser un** —: *to not honor a date*

las, -se: *tired, weary*

lasser (se): *to tire, get tired*

lassitude (f.): *tiredness, weariness*

lavabo (m.): *wash basin*

lavage (m.): *washing*

laverie (f.): *laundromat*

lave-vaisselle (m.inv.): *dishwasher*

lécher: *to lick;* — **les vitrines**: *to window shop*

lecteur, -trice: *reader;* — **de disque(tte)s**: *disk drive;* — **optique**: *scanner*

léger, -ère: *light*

légume (m.): *vegetable*

levée (f.) **du courrier**: *mail pick-up*

liaison (f.): *link, liaison; love affair*

libéral: *liberal; independent, private (profession)*

librairie (f.): *bookstore*

libre: *free*

libre-service (m.): *self-serve*

licencié: *licensed;* — (m.): *degree holder*

licencier: *to dismiss, fire; to license*

liège (m.): *cork (substance)*

liégeois, -e: *from Liège (Belgium)*

lien (m.): *bond, knot, link; relationship*

lier: *to link; to bind, tie*

lieu (m.): *place, location, spot;* **au — de:** *instead of;* — **de détente** (f.): *place of relaxation;* — **de rencontre:** *meeting place*

liftier (m.): *elevator attendant*

ligne (f.): *line;* **aller à la —:** *to begin a new paragraph;* — **d'arrivée:** *finish line*

linceul (m.): *shroud*

linge (m.): *linen, clothes*

lingerie (f.): *linen; lingerie; linen department*

liste (f.): *list;* — **rouge:** *unlisted numbers*

lit (m.): *bed;* **chambre à un —:** *a single (hotel room)*

livret (m.): *booklet;* — **de famille:** *marriage certificate and family record;* — **scolaire:** *school record, grade transcript booklet*

local, -aux (m.): *facility, premise*

location (f.): *rental*

logiciel (m.); *software, computer program*

loi (f.): *law*

loisir (m.): *leisure*

loterie (f.): *lottery*

loto (m.): *bingo*

luge (f.): *sled, sledding*

lumière (f.): *light;* **allumer, éteindre la —:** *to turn on, off the light*

lune (f.): *moon*

lunettes (f.pl.) **de soleil:** *sun glasses*

lutte (f.): *fight; wrestling*

lutter: *to fight*

luxation (f.): *dislocation*

M

machine (f.): *machine;* — **à affranchir:** *postage meter;* — **à écrire:** *typewriter;* — **à laver:** *washing machine*

magasin (m.): *shop, store*

magnétoscope (m.): *video recorder*

maigre: *thin; meager, lean*

maillot (m.): *jersey, suit;* — **de bain:** *swimming suit;* — **jaune:** *yellow jersey (1st place in Tour de France)*

maintenir (pp. **maintenu**): *to maintain, keep up, preserve*

mairie (f.): *city hall, mayorship*

maîtrise (f.): *master's; mastery*

mal (adv.): *bad, badly;* —**-entendant** (m.): *hearing impaired;* — (m.): *ache, hurt, illness, sickness; evil;* **avoir —:** *to be ill*

maladie (f.): *illness, sickness, disease*

maladif, -ve: *sickly, morbid*

malaise (m.): *discomfort; malaise*

malice (f.): *slyness, mischievousness*

malin (adj.): *sly; evil;* (adj.f.) **maligne:** *malignant*

manche (f.): *sleeve; set (game);* — (m.): *handle*

mandat (m.): *money order; term (of elected official)*

manège (m.): *riding school, stables; merry-go-round*

manifestant, -e: *demonstrator*

manifestation (f.): *demonstration, protest*

manifester: *to manifest; to protest*

manœuvre (f.): *maneuver;* — (m.): *laborer*

manquer: *to miss;* — **à qn:** *to be missed by someone*

marasme (m.): *doldrums, slowdown, stagnation*

marchand (m.): *storekeeper;* — **de chaussures:** *shoe store;* — **de meubles:** *furniture store;* — **de vins:** *liquor store*

marchander: *to bargain, haggle*

marché (m.): *market; deal;* **bon —:** *cheap;* — **aux puces:** *flea market;* — **de plein air:** *open, outside market*

marge (f.): *margin;* — **de bénéfice** (m.): *profit margin*

marguerite (f.): *daisy; daisywheel*

mari (m.): *husband*

mariage (m.): *marriage, wedding*

marier (se): *to get married, to wed;* — **avec qn:** *to marry someone*

marteler: *to hammer*

match (m.): *game; match;* — **aller:** *first-round game;* — **de foot:** *soccer game;* — **nul** (m.): *tie game*

matériel (m.): *hardware; equipment*

mauvais, -e: *bad*

médaille (f.): *medal*

médecin (m.): *doctor, physician*

médicament (m.): *medicine (pharmaceutical product)*

méfiance (f.): *distrust, lack of trust*

mémoire (f.): *memory;* — **morte:** *read only memory (ROM);* — **vive (à accès sélectif):** *random access memory (RAM)*

mer (f.): *sea;* **ce n'est pas la —
à boire:** *it's no big deal*

mercerie (f.): *notions*

mère (f.): *mother;* **belle-—:**
mother-in-law, stepmother

méridional: *Southern, Southerner*

mériter: *to deserve, merit*

messe (f.): *mass*

métier (m.): *job, profession*

métropolitain (e): *pertaining to
the mainland;* (n.m.): **subway**

mets (m.): *dish, food, meal*

mettre (pp. **mis**): *to put;* **—
dans le bain** (fam): *to involve
in a task;* **— (se) à la recherche de:** *to start searching
for*

meuble (m.): *piece of furniture*

meublé (m.): *furnished apartment*

microprocesseur (m.): *micro-
processor, microchip*

midi (m.): *noon; south;* **le Midi:**
the South (of France)

mignonne: *cute;* **-ette:** *cutie*

migraine (f.): *migraine headache*

milieu (m.): *middle; environment;*
le —: *the underworld*

mince: *thin;* **Mince!:** *Darn!
Shoot!*

mitraille (f.): *artillery fire*

mobilier (m.): *furniture*

mœurs (f.pl.): *habits, customs,
morals, way of life*

monnaie (f.): *currency; change*

monte-plats (m.inv.): *dumb-
waiter*

montre (f.): *watch*

monture (f.): *mount (animal)*

monument (m.): *monument;* **—
aux morts:** *war memorial*

mordre (pp. **mordu**): *to bite;*
mordu de: *crazy about, fan,
gungho*

mosquée (f.): *mosque*

moudre (pp. **moulu**): *to grind*

mourir (pp. **mort**): *to die*

mouton (m.): *sheep; mutton*

moyen: *average; mean, middle*

moyenne (f.): *average; mean*

mot (m.): *word, message;* **-s
croisés:** *cross words*

muet, -te: *mute, dumb; silent*

muguet (m.): *lily of the valley*

munir (pp. **muni**) (2e) **de:** *to
provide, furnish with*

myosotis (m.): *forget-me-not*

N

nager: *to swim*

naissance (f.): *birth;* **extrait
(d'acte) de naissance:** *birth
certificate*

naître (pp. **né**): *to be born*

nancéen: *from the city of Nancy
(Lorraine)*

natal: *native;* **ville —:** *home
town*

natalité (f.): *birth rate*

natation (f.): *swimming*

né: *born;* **nouveau-né:** *newborn*

néant (m.): *nothing, nothingness;
None (in a form), N/A*

néerlandophone: *Dutch speaking*

neige (f.): *snow*

nettoyer: *to clean, clean up*

névralgie: *pain, ache*

niveau (m.): *level*

noce (f.): *wedding*

noisette (f.): *hazelnut*

noix (f.): *walnut, nut; round (of
meat)*

nombre (m.): *number (quantity)*

notaire (m.): *notary*

note (f.): *bill, check (hotel, etc.);
note; grade, mark (school)*

nourriture (f.): *food, sustenance*

noyau (m.): *nucleus; pit, stone
(fruit)*

nu: *bare, naked*

nuire (pp. **nuit**): *to harm, be
harmful*

nuisible: *harmful;* **les animaux
-s:** *pests*

nuit (f.): *night, nighttime*

nuitée (f.): *night (hotel)*

numéro (m.): *number (rank);* **—
vert:** *toll-free number (telephone)*

O

obligé: *grateful; obliged; forced*

obtenir (pp. **obtenu**): *to get, ob-
tain*

obus (m.): *shell*

occasion (f.): *opportunity; bargain; occasion;* **d'—:** *secondhand, used*

occupé: *busy; occupied, taken
(seat)*

octet (m.): *byte (computer)*

œil (m.) (pl.: **yeux**): *eye;* **à l'—**
(fam): *free of charge*

œuf (m.): *egg*

œuvre (f.): *work;* **main-d'—**
(f.): *hand labor*

œuvres (f.pl.): *works, activities;
charity work*

office (m.): *religious service; office
(bureau, board)*

officieusement: *unofficially*

officine (f.): *pharmacy, druggist's
shop*

offre (f.): *offer; supply;* **l'— et la
demande:** *supply and demand*

offrir (pp. **offert**): *to offer, give as
a present*

oie (f.): *goose*

oignon (m.): *onion*

ombre (f.): *shade; shadow*
onéreux: *onerous, expensive*
option (f.): *option; major*
or (conj.): *as, since, however;* (m.): *gold*
ordinateur (m.): *computer*
ordonnance (f.): *prescription*
ordre (m.): *order, command;* — du jour: *agenda*
ordure (f.): *trash;* -s: *garbage, refuse, trash*
oreille (f.): *ear*
organe (m.): *organ*
organigramme (m.): *organizational chart*
organisme (m.): *organism, body; agency, organization*
orgelet (m.): *sty*
os (m.): *bone*
otite (f.): *earache*
oto-rhino-laryngologie (f.): *otolaryngology*
ou (conj.): *or;* —`(adv.) *where, when*
oubli (m.): *forgetfulness, omission; oblivion*
oublier: *to forget*
oût (forme archaïque d'août): *harvest*
outre: *beyond, beside, in addition to;* —-mer: *overseas;* — mesure: *beyond reason, excessively*
ouverture (f.): *opening*
ouvrage (m.): *work*
ouvre-boîte (m.): *can opener*
ouvrier, -ère: *worker;* — non qualifié: *untrained worker*
ouvrir (pp. ouvert): *to open*

P

pagaille (f.): *mess, confusion;* en — (fam.): *a lot, plenty*
paillasson (m.): *doormat*

paix (f.): *peace*
panier (m.): *basket*
panne (f.): *breakdown, stoppage;* tomber en —: *to breakdown*
panneau (m.): *sign, billboard;* — indicateur: *roadsign*
paperasse (f.): *paper; paperwork*
papeterie (f.): *stationery, stationery store*
Pâque (la): *Passover;* -s (f.pl.): *Easter*
paquet (m.): *pack, packet; parcel;* —-poste (m.): *postal parcel*
parc (m.): *park;* — automobile: *car pool;* — hôtelier: *total number of hotels*
parcmètre (m.): *parking meter*
pardon (m.): *pardon; forgiveness; religious pilgrimage*
pare-brise (m.inv.): *windshield*
pare-chocs (m.inv): *fender*
pareil, -le: *identical, same, such*
parent, -e: *parent, relative;* (adj.): *related;* — éloigné: *distant relative;* — proche: *close relative*
parfum (m.): *perfume*
parfumerie (f.): *beauty shop*
pari (m.): *bet;* PMU (Pari Mutuel Urbain): *horserace betting agency*
parier: *to bet*
paroi (f.): *wall, lining*
particulier (m.): *individual*
partie (f.): *part; game, round, set, match*
parution (f.): *publishing, issuing, appearance*
pas (m.): *step;* — encore: *not yet;* — mal de: *a good number or amount of*
passer: *to pass;* — un examen: *to sit for an exam*
pastille (f.): *drop, lozenge*

pastis (m.): *alcoholic drink with anise*
patin (m.): *skate;* -s à glace: *iceskates;* -s à roulettes: *rollerskates*
patinage (m.) sur glace: *ice skating*
pâtisserie (f.): *pastry, pastry shop*
patron (m.): *boss*
patronat (m.): *management; managers' union*
pavoiser: *to decorate, display (public activity)*
payable à l'arrivée: *collect*
PCV (Payable Chez Vous): *collect (call)*
pêche (f.): *fishing; peach;* canne à —: *fishing pole, rod;* — au lancer: *casting*
pécher: *to sin*
pêcher: *to fish*
pécheur (m.): *sinner*
pêcheur (m.): *fisherman*
pédalo (m.): *water, paddle bicycle*
peler: *to peel*
pèlerin (m.inv.): *pilgrim*
pèlerinage (m.): *pilgrimage*
pellicule (f.): *thin layer; film (photography);* -s: *dandruff*
PME (Petites et Moyennes Entreprises): *Small and Mid-sized Business*
pencher (se): *to lean, bend over*
pénible: *hard, painful, strainful*
péniche (f.): *barge, flat-bottom boat*
pension (f.): *pension; room and board*
pensionnaire (m./f.): *boarder*
pensionnat (m.): *boarding house*
Pentecôte (la): *Pentecost, Whitsuntide, Whit Sunday*
pénurie (f.): *shortage*

perdant, -e: *loser*

perdre (pp. **perdu**): *to lose;* **se —:** *to get lost*

père (m.): *father;* **beau-—:** *father-in-law, stepfather*

périphérique (m.): *beltway; peripheral (computer)*

permis (m.): *permit, license;* **— de chasse:** *hunting license;* **— de conduire:** *driving license*

perquisition (f.): *search*

perte (f.): *loss*

peser: *to weigh*

pétanque (la): *Southern France bowling*

peur (f.): *fear, scare*

phallocrate (m.): *male sexist*

pharmacie (f.): *drugstore, druggist's, pharmacy; medicine chest;* **— mutualiste:** *group, union pharmacy*

philatélie (f.): *stamp collecting*

pièce (f.): *coin; room; part (mechanics); play (drama);* **— de monnaie:** *coin*

pierre (f.): *stone, rock*

pierreries (f.pl.): *gems, precious stone, jewelry*

pile (f.): *pile, heap; tails (coin toss); battery*

pilule (f.): *pill;* **— anticonceptionnelle:** *birth control pill*

pion (m.): *pawn; school proctor*

pique (m.): *spades (card)*

piqûre (f.): *bite (insect); injection, shot*

piscine (f.): *swimming pool*

piste (f.): *trail, path, way, track; strip; runway*

place (f.): *place; seat; square, piazza;* **à la — de:** *instead of*

placement (m.): *placing; investment;* **— d'obligation** (f.): *investment of bonds*

plan (m.): *plan, project; plane;* **— d'eau:** *body of water*

planche (f.): *board;* **— à voile:** *windsurfing (sailing board)*

planification familiale (f.): *family planning*

platane (m.): *plane tree, sycamore*

plein: *full;* **le —** (n.): *fill-up*

pli (m.): *fold, crease, bend; piece of mail, envelope; hand (cards);* **-s non urgents:** *third-class mail*

plier: *to bend; to fold*

plonge (f.) (fam): *dishwashing*

plongée (f.): *diving;* **— sous-marine:** *scuba diving*

plongeur (m.): *impulse contacts (phone); diver; dishwashing person*

plumard (m.) (fam.): *bed*

plutôt: *rather*

poche (f.): *pocket*

pochette (f.): *little bag; jacket (record)*

poêle: *frying pan*

poisson (m.): *fish;* **— d'avril:** *April's fool*

poissonnerie (f.): *fishmarket*

Pologne (la): *Poland*

polonais: *Polish*

pomme (f.): *apple;* **— de terre:** *potato*

porc (m.): *hog; pork*

porte-avions (m.inv.): *aircraft carrier*

porte-bonheur (m.inv.): *lucky charm*

porte-clés (m.inv.): *key ring*

porte-documents (m.inv.): *letter case*

porte-monnaie (m.inv.): *coin purse*

porte-parole (m.inv.): *spokesperson*

portefeuille (m.): *portfolio; billfold*

portemanteau (m.): *hanger, clothes tree*

porteur (m.) **spécial:** *special (mail) carrier*

portier (m.): *doorman*

Postadex (poste adaptée à la demande des expéditeurs): *Contractual mail service*

poste (f.): *post office, mail;* **— restante** (f.): *general delivery*

poste (m.): *post, position, job; telephone extension*

Postexpress: *Express Mail Service*

potage (m.): *soup*

potager (m.): *vegetable garden*

pote (m.)(fam.): *buddy*

poteau (m.): *pole, post*

pou (m.): *louse*

poule (f.): *hen*

poulet (m.): *chicken;* (argot): *cop*

pour: *for, to, in order to;* **— de bon:** *for good, seriously*

pourboire (m.): *tip, gratuity*

pourvoir (pp. **pourvu**): *to provide, supply with;* **— à:** *to avail*

praticien (m.): *practitioner*

pratiquant: *practicing*

prélèvement (m.): *deduction;* **— fiscal:** *tax withholding*

prélever: *to deduct, withhold*

prendre (pp. **pris**): *to take; to catch*

préservatif (m.): *preservative; condom*

pressing (m.): *dry cleaner's*

pression (f.): *pressure; draft (beer)*

prestation (f.): *delivery (services);* **-s:** *allowances, benefits*

prétendre (pp. **prétendu**): *to claim*

prévenant: *thoughtful*

prévenir (pp. **prévenu**): *to prevent, ward off; to warn*

prévenu, -e: *accused, defendant*

prévision (f.): *forecast, projection*

prévoir (pp. **prévu**): *to foresee, project*

prévoyant: *far-sighted, provident*

prévu: *scheduled, planned, projected, foreseen*

prime (f.): *bonus; premium;* — **de licenciement**: *serverance pay*

prise (f.): *electrical plug; catch, take*

prix (m.): *price; prize;* — **de revient** (m.): *costs*

prolongations (f.pl.): *overtime (game)*

promettre (pp. **promis**): *to promise*

promouvoir (pp. **promu**): *to promote*

prôner: *to preach, recommend, be in favor of*

propriétaire (m./f.): *landlord, landlady*

provisions (f.pl.): *foodstuffs*

puce (f.): *flea; microchip*

puéricultrice (f.): *child care provider*

purée (m.): *purée, mashed substance*

pylône (m.): *pylon, tower*

Q

qualité (f.): *capacity, title; quality*

quand même: *though; anyhow, all the same*

quant à: *as for*

quartier (m.): *block, neighborhood, quarter*

queue (f.): *tail; line (waiting); cue stick (pool)*

quincaillerie (f.): *hardware, hardware store*

quitter: *to leave;* **Ne quittez pas!**: *Hold on! Don't hang up!*

quorum (m.): *quota*

R

raccordement (m.): *hook-up*

raccrocher: *to hang up*

râclée (f.) (fam.): *spanking, beating*

raconter: *to tell (a story)*

radiographie (f.): *X-ray*

radiotéléphone (m.): *car telephone*

raisin (m.): *grapes*

randonnée (f.): *hike*

rappeler: *to recall, remind;* — **qc à qn**: *to remind someone of something*

rapport (m.): *report; yield*

rapporter: *to yield; to bring back*

ravir (pp. **ravi**) (2e): *to ravish, delight, please*

ravitaillement (m.): *supplying, supplies*

ravitailler: *to supply*

rayon (m.): *department (store); radius; ray; spoke (wheel)*

rebattre (pp. **rebattu**): *to reshuffle (cards)*

rebondir (pp. **rebondi**) (2e): *to bounce, bounce back*

récepteur (m.): *receiver*

réception (f.): *reception, party; front desk*

réceptionnaire (m./f.): *front desk manager*

réceptionniste (m./f.): *receptionist*

receveur (m.) **des postes**: *postmaster*

recherche (f.): *research; search*

récipient (m.): *container, vessel*

récipissé (m.): *receipt*

reclassement (m.): *reclassification, upgrading*

recommandé: *registered (mail)*

reconvertir (**reconverti**) (**se**): *to change one's line of work*

recourir (pp. **recouru**) **à**: *to rely upon*

recrudescence (f.): *upsurge*

recueillement (m.): *meditation*

recueillir (pp. **recueilli**): *to collect;* **se** —: *to meditate*

récupération (f.): *recuperation; recycling*

recycler (**se**): *to retrain*

rédacteur, -trice: *editor*

rédaction (m.): *writing, composition; editorial board*

rédiger: *to write up*

redoubler: *to repeat*

réduction (f.): *reduction, discount*

réduire (pp. **réduit**): *to reduce, lower*

réexpédition (f.): *forwarding*

régal (m.); *feast*

regard (m.): *look, glance;* — **fuyant**: *shifty look*

régir (pp. **régi**) (2e): *to regulate, rule*

règle (f.): *rule; ruler*

règlement (m.): *regulation; payment, settlement*

régler: *to pay, settle; to regulate*

rein (m.): *kidney*

réjouissance (f.): *rejoicing, festivity*

relevé (m.): *transcript;* — **bancaire**: *bank statement;* — **d'i-**

dentité bancaire: *bank identification card*

relier: *to link; to bind (book)*

relique (f.): *relic*

remède (m.): *remedy, cure*

remise (f.): *discount*

remplir (pp. rempli) (2e): *to fill*

remuer: *to move, to stir*

recontre (f.): *encounter; meet (sports)*

rencontrer: *to meet*

rendement (m.): *return, yield*

rendre (pp. rendu): *to render, return;* — compte: *to report;* se — de: *to realize, notice;* —(se) à: *to go to*

renommée (f.): *fame, reputation, renown*

renseignement (m.): *piece of information;* (m.pl.): *Information (office)*

renseigner (se): *to inform (oneself)*

rentrée (f.): *beginning of the school year*

renverser: *to upset, upturn, capsize, reverse*

renvoi (m.): *return; dismissal*

répartir (pp. réparti) (2e): *to distribute;* se — en: *to be divided in, to include*

repassage (m.): *ironing*

répondeur (m.) automatique/ enregistreur: *answering machine*

repos (m.): *rest*

représentant (m.): *representative, delegate*

réseau (m.): *network*

responsable: *responsible;* — (m.): *person in charge, executive*

ressortissant, -e: *citizen, national*

restauration rapide (f.): *fast food*

retenir (pp. retenu): *to hold, reserve; to retain*

retenue (f.): *detention*

retirer: *to withdraw*

retourner: *to roll over*

retrait (m.): *indentation; withdrawal*

retraite (f.): *retirement*

retraité: *retired*

retrancher: *to subtract, take off*

retrouver (se): *to meet again*

rêve (m.): *dream*

réveil (m.): *awakening*

réveiller: *to awaken*

réveil-matin: *alarm clock*

revendication (f.): *demand, claim*

revue (f.): *review; show*

rhume (m.): *cold;* — des foins: *hay fever*

rive (f.): *bank, shore*

riverain (m.): *dweller along a bank, a shore, or a street*

rivière (f.): *river*

roman (m.): *novel;* — policier: *detective novel, story*

romancier, -ière: *novelist*

rond-point (m.): *(circular) crossroad, intersection; roundabout (England)*

ronde (f.): *dance*

roséole (f.): *German measles*

rouage (m.): *cogwheel, inner movement, mechanism*

rougeole (f.): *measles*

roumain: *Romanian*

rubéole (f.): *German measles*

rubrique (f.): *(newspaper) column, section*

S

sabot (m.): *wooden shoe*

sac (m.): *bag, sack;* — à main: *handbag;* — sac à dos: *backpack*

sachet (m.): *little bag, packet, sachet*

sachez que . . .: *be advised that . . .*

sacoche (f.): *satchel*

sage: *wise;* —-femme (f.): *midwife*

saignant: *medium rare (steak); bloody*

saignement (m.): *bleeding*

salaire (m.): *salary;* — Minimum Interprofessionnel de Croisssance (SMIC): *Minimum Wage*

salaud (m.) (fam.): *rat, skunk, bastard*

Salut!: *Hi! Hello!*

salutation (f.): *greeting*

sang (m.): *blood*

sapin (m.): *fir tree*

savant: *scientist*

scène (f.): *scene; stage*

scolarité (f.): *schooling, education*

score (m.): *score (game)*

séjour (m.): *stay*

selle (f.): *saddle*

semer: *to sow*

semeur, -se: *sower*

serrer: *to tighten;* — la main (se): *to shake hands*

serveur, -se: *waiter, waitress*

service (m.): *service; department, agency;* — des étages: *floor department; room service;* — national (m.): *draft (French army);* —s publics (m. pl.): *public utilities*

servir (pp. servi): *to serve*

seuil (m.): *threshold*

siffler: *to whistle*

sigle (m.): *acronym, set of initials*

signe (m.) de la tête: *a nod*

ski (m.): *ski; skiing;* — alpin: *slalom skiing;* — de fond: *cross-country skiing*

société (f.): *company, corporation; association; society*

sœur (f.): *sister;* **belle-—:** *sister-in-law*

soignant, -e: *health provider:* **aide-—:** *health care assistant*

soigner: *to care for, treat; to nurse*

soin (m.): *attention, care; aid, treatment;* **premiers —s:** *first aid;* **aux bons —s de:** *care of (mail);* **—s d'urgence:** *emergency care, help, first aid*

soit . . . soit: *either . . . or*

solde (f.): *discount sale; soldier's pay;* **—** (m.): *balance (account)*

solennel, -le: *solemn, formal*

somme (f.): *sum, total*

sommeil (m.): *sleep*

sommelier (m.): *wine steward*

son (m.): *sound*

sonner: *to sound, ring*

sonnerie (f.): *bellring*

sonnette (f.): *bell, ring*

sortie (f.): *exit; outing; output (computer)*

sortir (pp. **sorti**): *to go out, exit;* **s'en —:** *to make it, find a way out*

souci (m.): *worry*

souffrir (pp. **souffert**): *to suffer*

soulier (m.): *shoe*

souper (m.); *supper*

soustraction (f.): *subtraction*

soustraire (pp. **soustrait**): *to subtract*

soutenance (f.): *defense*

soutenir (pp. **soutenu**): *to support, upheld;* **— une thèse:** *to defend a dissertation*

souvenir (m.): *remembrance; souvenir*

souvenir (pp. **souvenu**) **(se) de:** *to remember*

spiritueux (m.): *spirit (alcohol), liquor*

sportif, -ve: *athletic, sports fan*

sportivité (f.): *sportsmanship*

spot (m.): *radio/t.v. commercial*

stade (m.): *stadium; stage;* **à ce —:** *at this stage, at this point*

standard (adj.): *standard;* **—** (m.): *switchboard*

standardiste (m./f.): *telephone operator*

stérilet (m.): *intra-uterine device (IUD)*

stylo (m.): *pen*

subvenir (pp. **subvenu**) **à:** *to provide, satisfy*

sucrerie (f.): *sugar factory;* **-s:** *sweets*

suffisance (f.): *smugness*

suffisant: *sufficient;* **auto-—:** *self-sufficient*

suffrage (m.): *balloting; election, vote*

suivre (pp. **suivi**): *to follow;* **— un cours:** *to take a course*

superficie (f.): *area*

suranné: *outmoded*

surgelé: *frozen (food)*

surveiller: *to keep an eye on, to watch, to monitor*

susceptible: *susceptible;* **— de:** *likely to*

sur le tas: *on the job*

syndicaliste (m.): *union leader*

syndicat (m.): *(trade) union;* **— d'initiative:** *tourist information office*

T

tablette (f.): *pad, plotter (computer):* **— de chocolat:** *chocolate bar*

tailleur (m.): *tailor*

tartine (f.): *slice of bread*

tas (m.): *heap, pile:* **un — de:** *a lot of*

tel (-le, s) quel (-le, s): *as is*

téléalarme (f.): *emergency calling device*

téléphone sans fil: *portable phone*

téléspectateur (m.): *TV viewer*

téléviseur (m.): *television set;* **— portatif:** *portable TV set*

témoigner: *to attest, bear witness*

témoin (m.): *witness*

tendre: *tender, soft*

tendre (pp. **tendu**): *to extend; to tend*

tendu: *tense*

tenir (pp. **tenu**): *to hold;* **— le coup:** *to take it, hang in there, hold on*

tension (f.): *tension, pressure; voltage;* **— artérielle:** *blood pressure*

tenter: *to tempt; to attempt*

tenue (f.): *behavior, bearing; dress, uniform, wear*

TGV (le) (Train à Grande Vitesse): *bullet train*

théâtre (m.): *stage, theater, drama*

thèse (f.): *thesis; (doctoral) dissertation*

Tiens!: *Really! You don't say! Here!*

tiercé (m.): *horse race betting*

tiers (m.): *third; third party*

timbre (m.): *stamp*

tirer un chèque: *to write a check*

titre (m.): *title;* **-s:** *securities*

titulaire (m./f.): *holder*

toit (m.): *roof*

tombola (f.): *raffle*

top (m.): *beep*

touche (f.): *key (in keyboard, piano); touch; sideline;* **juge de —:** *linesman, umpire*

Touche pas! (fam.): *Hands off! Leave it alone!*

tour (f.): *tower; rook (chess);* — (m.): *turn; construction (grammar)*

tournée (f.): *round*

tournoi (m.): *tournament*

tournure (f.): *turn; idiom, construction (grammar)*

Toussaint (la): *All Saints' Day*

tousser: *to cough*

toutou (m.) (fam.): *doggie*

toux (f.): *cough*

traitement (m.): *treatment; civil servant's salary;* unité centrale de traitement: *central processing unit (CPU);* — de données: *data processing;* — de textes: *word processing*

traiter: *to treat; to process*

traiteur (m.): *caterer*

tramontane (f.): *north wind*

tranche (f.): *slice*

travailler à son compte: *to be self-employed*

trèfle (m.): *clubs (cards); clover*

tremper: *to dip, dunk*

trésor (m.): *treasure; treasury*

tressaillir (pp. tressailli): *to be startled, to quiver*

tricher: *to cheat;* tricheur: *cheater*

troisième âge (m.): *senior citizens*

tronçon (m.): *section, stump;* — de turbot Normandie: *piece of (fried) halibut*

trou (m.): *hole*

troupeau (m.): *herd, flock*

truite (f.): *trout*

tué: *killed;* -s et/ou blessés: *casualties*

tulipe (f.): *thimble (printer); tulip*

Tu parles!: *Yeah! That's what you say!*

tutoyer: *to use the familiar form* tu, te, toi; se —: *to be on a first-name basis*

TVA (la) (Taxe à la Valeur Ajoutée): *Value Added Tax (VAT)*

U

unité (f.) de valeur: *credit unit;* — de message enregistré: *recorded voice announcement;* — centrale de traitement: *central processing unit (CPU)*

Untel: *So and So*

usagé: *used, secondhand*

usager (m.): *user*

usine (f.): *factory*

ustensile (m.): *utensil*

utilisateur, -trice: *user*

V

vacance (f.): *vacancy, opening;* -s: *holidays*

vacancier (m.): *vacationer*

vache (f.): *cow*

vagabond: *wandering*

vaincre (pp. vaincu): *to vanquish, beat; to win*

vaincu (m.): *defeated, vanquished*

vainqueur (m.): *victor, winner*

vaisselle (f.): *dishes, china;* faire la —: *to do the dishes*

valet (m.): *house boy; jack (cards)*

valise (f.): *suitcase*

valoir (pp. valu): *to value; to be worth; to cost*

vanter: *to praise;* se — de: *to brag about*

varicelle (f.): *chickenpox*

varices (f.pl.): *varicose veins*

variole (f.): *smallpox*

veau (m.): *calf; veal*

veille (f.): *eve, preceding day, the day before; vigil, watch*

vélo (m.) (fam.): *bicycle, bike*

vélodrome (m.): *bicycle racing tracks*

vendanges (f.pl.): *grape harvest*

vendeur, -euse: *sales clerk*

vengeur, -resse: *vengeful*

vente (f.): *sale;* — par correspondance (VPC): *mail-order business, catalogue sale*

ventre (m.): *belly;* bas--: *lower abdomen;* à plat —: *prostrate*

ventripotent: *potbellied*

ventru: *potbellied*

verdunisation: *chlorination*

verglas (m.): *ice, sleet*

versement (m.): *payment, remittance, installment*

verser: *to pour; to remit, deposit (money)*

vessie (f.): *bladder*

veuf, -ve: *widower, widow*

veuillez . . .: *would you . . .*

viande (f.): *meat*

vide: *empty;* (m.): *blank, void; emptiness*

vieillerie (f.): *old thing*

Vierge (la): *(the) Virgin*

vigne (f.): *grapevine*

vignette (f.): *sticker*

vignoble (m.): *vineyard*

vin (m.): *wine;* — mousseux, pétillant: *sparkling wine*

virage (m.): *turn, bend (road)*

virer: *transfer; to turn*

virgule (f.): *comma*

vitrail (m.): *stained-glass window*

vivre (pp. vécu): *to live*

vivres (m.pl.): *food supplies*

vœu (m.) (pl. -x): *greeting, wish*

voie (f.) hiérarchique: *official route, channels*

voilà . . .: *here is;* —!: *That's it! There we go!*

voile (f.): *sail;* — (m.): *veil*

voisin (m.): *neighbor;* — (adj.):
  neighboring

voiture (f.): *car*

vol (m.): *flight; theft*

volaille (f.): *poultry*

voler: *to fly; to steal*

voleur, -euse: *thief, robber*

vomir (pp. **vomi**) (2e): *to throw
  up, vomit*

vomissement (m.): *vomiting*

vouloir (pp. **voulu**): *to want*

vouvoyer: *to use the formal form
  vous*

voyagiste (m./f.): *travel agent*

W

wallon: *Walloon (French-speaking
  Belgian)*

Y

y (adv.): *there*

y (pronom pers.): *to it/them; at,
  of it/them;* **Allez-y!:** *Go ahead!*

yeux (m.) (pl. **de œil**): *eyes*

Z

zone (f.): *zone, area*

Zut!: *Shoot! Darn!*

PHOTO CREDITS

Chapter One

Page 0	Courtesy of Printemps Publicité Publiques, Paris
Page 2 (left)	Courtesy of Direction des Bureaux de Détaxe aux Aéroports, Paris
Page 2 (right)	Owen Franken
Page 3	Owen Franken
Page 4	Courtesy of *Nouvel Atlas Général*, Editions, Bordas, Paris
Page 5 (top)	Owen Franken
Page 7	Courtesy of Direction des Bureaux de Détaxe au Aéroports, Paris
Page 8	Owen Franken
Page 18 (top)	Courtesy of Madame Jean Coppa
Page 18 (bottom)	Courtesy of Jean-Pax Mefret

Chapter Two

Page 25	Owen Franken
Page 27 (left)	Owen Franken
Page 27 (right)	Courtesy of Hôtel Bora-Bora, Tahiti
Page 29	David Phillips
Page 31 (left)	Courtesy of the Derby Eiffel Hôtel, Paris
Page 31 (right)	Reprinted by permission of Blanc Press, Paris
Page 38	Courtesy of Association Hôtelière, Avignon
Page 39	Courtesy of Hôtel de la Muette, Arles
Page 40 (left)	Courtesy of Hôtel des Nations, Paris
Page 40 (right)	Courtesy of Auberge des Deux Magots Hôtel/Restaurant, Ille-et-Vilaine
Page 41	Courtesy of Climat La Soupière, Aix-en-Provence
Page 42	Reprinted by permission of the Hôtel des Nations, Paris
Page 44	Courtesy of Guide Indicateur des Rues de Paris, Paris

Chapter Three

Page 50	Owen Franken
Page 51	From *Reportage Canada*, photo from the Ministère des Communications, Ottawa, Canada
Page 53	From *Reportage Canada*, Ottawa

Page 56	David Phillips
Page 64	Photo courtesy of La Poste
Page 65	Owen Franken
Page 69	David Phillips

Chapter Four

Page 77	Owen Franken
Page 79 (both)	Owen Franken
Page 80	Owen Franken
Page 81	Owen Franken
Page 83	Photoedit/Tony Freeman
Page 90	From Serryn, Pierre, et al., (1953). *Nouvel Atlas Général*, Paris: Editions Bordas, p. 24.

Chapter Five

Page 98	Owen Franken
Page 99	Courtesy of Central Mapotel, Paris
Page 100	Courtesy of Office de Tourisme, Provins
Page 110	From Cartier-Bresson, J. (Ed.) *Almanach des P.T.T.*, 1988, No. 215.
Page 112	Courtesy of *Petit Larousse Illustré*, Paris
Page 114	David Phillips
Page 116	Reprinted by permission of Groupe FRANTOUR, Paris
Page 125	Owen Franken
Page 130	Owen Franken
Page 139	Owen Franken

Chapter Six

Page 125	Owen Franken
Page 130	Owen Franken
Page 139	Owen Franken

Chapter Seven

Page 148	Owen Franken
Page 150	Courtesy of La Poste
Page 151	Courtesy of La Poste
Page 152	David Phillips
Page 160 (left)	Courtesy of La Poste
Page 160 (top right)	Owen Franken
Page 160 (bottom)	Courtesy of La Poste
Page 161 (left)	Courtesy of Agence du Timbre-Poste Français en Amérique du Nord, Cheyenne, Wyoming, USA

Index